昔阳年鉴

2018

昔阳县地方志编纂委员会办公室 编

方志出版社
Publishing House of Local Records

图书在版编目(CIP)数据

昔阳年鉴.2018/昔阳县地方志编纂委员会办公室编. -- 北京:方志出版社, 2018.12
ISBN 978-7-5144-3539-9

Ⅰ.①昔… Ⅱ.①昔… Ⅲ.①昔阳县—2018—年鉴 Ⅳ.①Z522.54

中国版本图书馆 CIP 数据核字(2019)第 013752 号

昔阳年鉴(2018)

编　　者:昔阳县地方志编纂委员会办公室
责任编辑:冯　松

出 版 人:冀祥德
出 版 者:方 志 出 版 社
地址　北京市朝阳区潘家园东里9号(国家方志馆 4 层)
邮编　100021
网址　http://www.fzph.org
发　　行:方志出版社图书经销中心
电话　(010)67110500
经　　销:各地新华书店
印　　刷:山西省史志印刷厂

开　　本:889×1194　1/16
印　　张:25
字　　数:461千字
版　　次:2018年12月第1版　2018年12月第1次印刷
印　　数:0001~1000册

ISBN 978-7-5144-3539-9　定价:158.00元

《昔阳年鉴》编纂委员会

主　　任　王根元　许利伟

副 主 任　郭丰慧　李显鸣　石立军　李　军　郭春林

李怀仁　赵海斌　张扣生　张月清　陈建鹏

李丽萍

委　　员　乔新军　裴素青　宋以明　李越胜　王世红

李永青　乔斌录　张胜利　李秀军　王拥军

翟世青　王业伟　张东峰　赵贵文　陈乃平

任秀萍　任立斌

《昔阳年鉴》编审人员

主　　编　任立斌

副 主 编　刘利国　张文娟

编　　辑　赵银平　宋志锋　闫丽丽　侯建英　闫瑞芳

杨　鑫

校　　对　王　羽　苏春艳　郑玉洁

摄　　影　聂志明　耿庆华

工作人员　朱瑞清

县城新貌

中央政治局常委、国务院副总理汪洋（右二）在昔阳大寨视察工作

山西省委副书记、省长楼阳生（右一）到大寨视察工作

山西省委常委、组织部部长吴汉圣（左一）看望慰问老劳模宋立英

2017年7月26日，山西省委常委、纪委书记、监委主任任建华（左三）在昔阳大寨廉政教育基地调研

山西省扶贫办主任刘志杰（左二）检查指导昔阳县扶贫工作

晋中市委书记胡玉亭（右三）到昔阳检查指导工作

晋中市委副书记、市长王成（前排右五）到昔阳检查指导工作

现代晋剧《第一书记日记》首演

昔阳县脱贫攻坚“百日决战”誓师大会

电子商务产业助力脱贫攻坚

光伏扶贫项目

易地扶贫搬迁集中安置小区

向贫困户出租的廉租摊位

食用菌产学研基地

桃花源里耕田忙

金谷阳光食品有限公司

生态潘掌

水磨头虹鳟鱼养殖

杏鲍菇采摘

仿真花生产

德兴隆酒业

长岭高筋粉

东固壁红薯粉条

风力发电

大寨汽车场地越野公开赛

国新能源昔阳热电

安平电厂

安广线

高速互通

西寨盘山公路

虎头山上唱新歌

广播电视台

廉政展灯

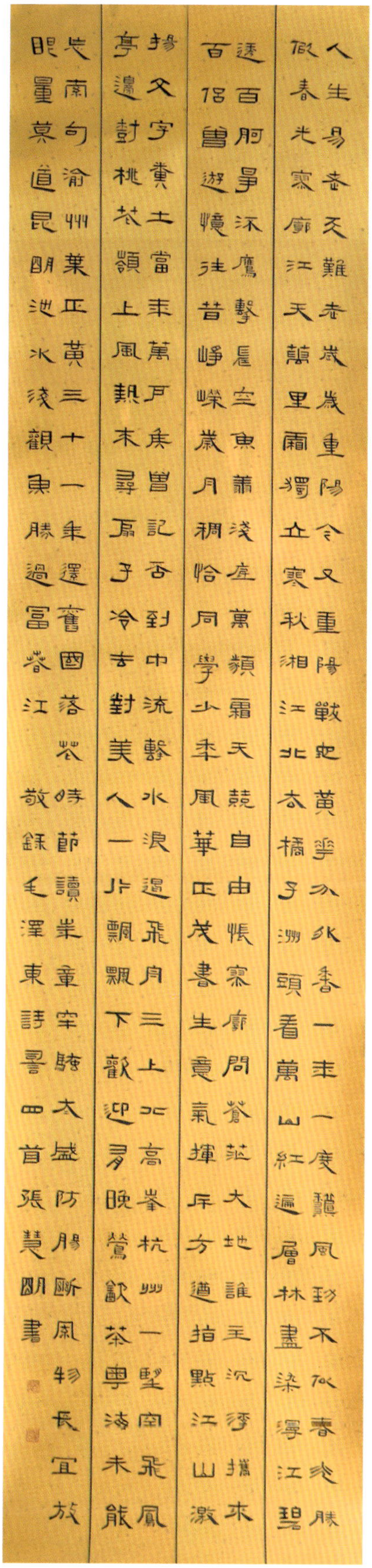

张慧明隶书《毛泽东诗词》四首

张建民画作《意笔诗心》

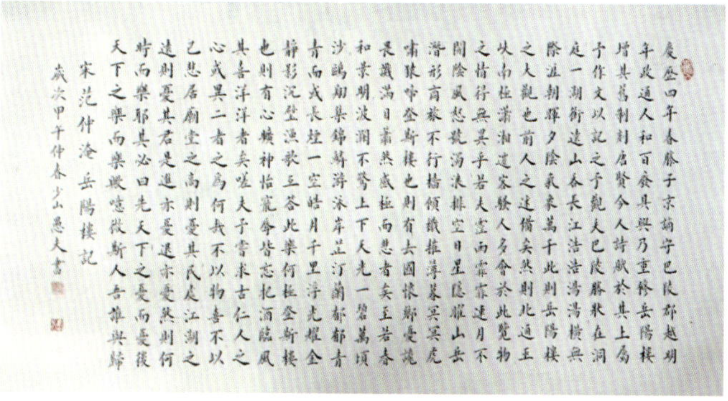

任永福书法作品《岳阳楼记》

井沟农耕体验园

昔阳手绘旅游图

中国·大赛“长寿·读者杯”全国门球挑战赛开幕式

环中国国际公路自行车赛晋中赛段昔阳赛区发车仪式

团结沟渡槽

周恩来纪念亭

军民池

政务中心

松溪公园

颐民公园

蒙山

北岩风光

瓮山风光

石马寺石窟

皋落小东峪冰瀑

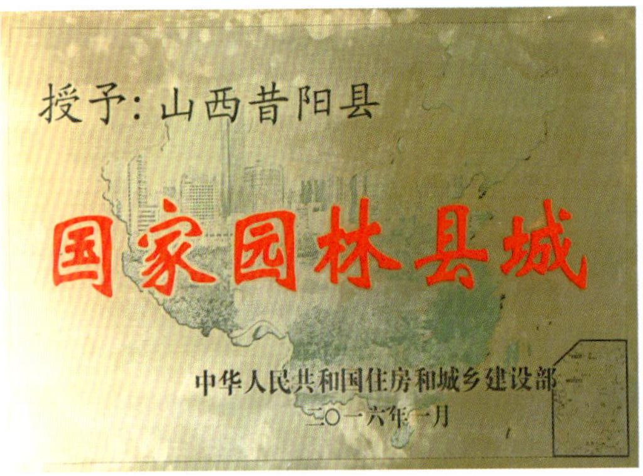

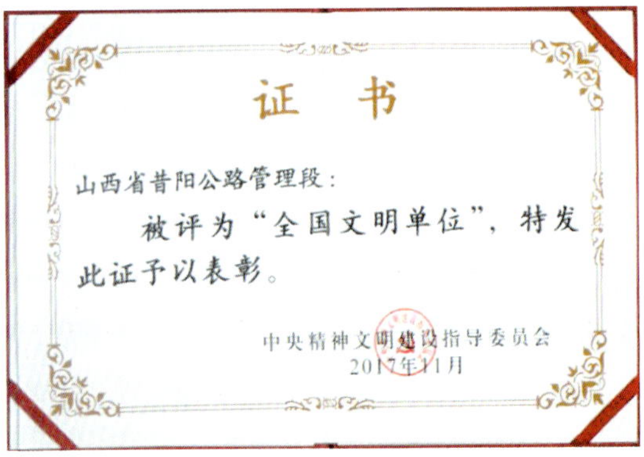

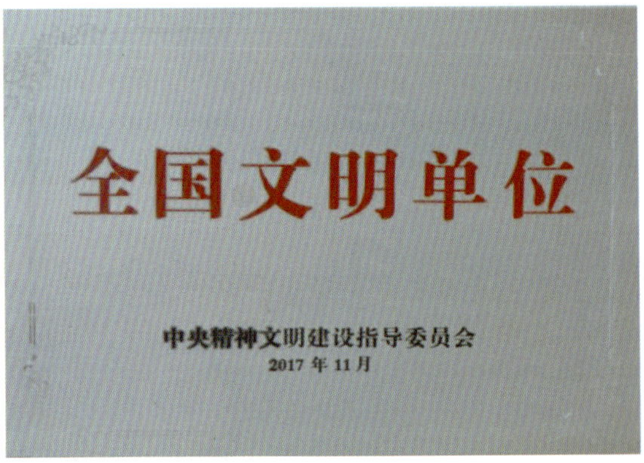

昔阳县2017年度荣誉

编 纂 说 明

一、《昔阳年鉴（2018）》坚持以马列主义、毛泽东思想、邓小平理论、“三个代表”重要思想、科学发展观和习近平新时代中国特色社会主义思想为指导，坚持辩证唯物主义和历史唯物主义的立场、观点、方法，翔实记述境内2017年政治、经济、文化和社会等各方面的发展变化。

二、《昔阳年鉴（2018）》是一部系统记述昔阳县自然、政治、经济、文化、社会等方面情况的年度资料性文献。为广大读者了解昔阳、认识昔阳、研究昔阳、投资昔阳、建设昔阳提供帮助。

三、《昔阳年鉴（2018）》是依照国务院《地方志工作条例》和《山西省地方志工作条例》，根据中国地方志指导小组办公室《地方综合年鉴编纂出版规定（试行）》和山西省地方志办公室《山西省综合年鉴编纂规范（试行）》，编纂出版的地方综合年鉴。记述时限为2017年1月1日至2017年12月31日。大事记时限为2017年1月1日至2017年12月31日。

四、《昔阳年鉴（2018）》采用分类编排法，以类目、分目、条目组成框架结构的主体部分，在部分分目中增加了次分目。全书共设25个类目，即特载、大事记、县情概览、中国共产党昔阳县委员会、昔阳县人民代表大会常务委员会、昔阳县人民政府、中国人民政治协商会议昔阳县委员会、社会团体、军事、法治、经济管理与监督、农业、工业、交通 邮电、城乡建设 环境保护、财政 税务、金融、商贸、卫生 医药、社会生活、教育 科技、文化 体育 旅游、乡（镇、区）、人物、附录等，全书总字数约45万字。

五、《昔阳年鉴（2018）》资料来自全县各部门、单位、乡镇（城区）。经济和社会发展统计资料来源于昔阳县统计局。资料可靠、数据权威。由于部门统计口径不同，如有数据出入，一律以昔阳县统计局发布的统计数据为准。

撰稿人名单

马　进		县委办公室
赵晓峰	眭子龙	县人大常务委员会办公室
赵　彪	王雪波	
王志灏		县政府办公室
高志强	王石林	
王丽丽		政协昔阳县委员会
王世红	赵华峰	县委组织部
常淑华		县纪委监委
张海峰		县信访局
田志芳	李有为	县委统战部　工商业联合会
乔建新	田培方	
刘欢华		县人民武装部
贾旭丽		县总工会
李国平		共青团昔阳县委
赵艳凤		县妇女联合会
杨巨龙	李　蕊	县老干局
梁媛媛		县机构编制委员会办公室
李志珍		县委党校
杨　鑫		县史志研究室
赵珍珠		县科学技术协会
王富来		县关心下一代工作委员会
孔鹏亮		县机关事务管理局
刘卫珍	张　凌	县人力资源和社会保障局
贾旭东		县民政局
高　宇		县审计局
梁　静		县档案局
杨　雪		县残疾人联合会
宋乃军		县地震局
王旭波		县政务中心
赵茂融		县委宣传部
孔旭婷	郭　星	县文化局
张冰清	王彦芳	县新闻中心
李婷玉		县广播电视台
李勤勤		县卫生和生育计划局
李树仁		县爱国卫生运动委员会办公室
聂春玉	赵华梅	县食品药品监督管理局
王瑞珍		县人民医院
田宏梅	乔雨潇	
任志新		县疾病预防控制中心
赵　波		县文学艺术界联合会
刘贵元		县体育中心
王维荣		县医保中心
贾建胜		县妇幼计生服务中心
翟长泉		县发展和改革局
赵宇生		县住房保障和城乡建设管理局
宫　城		县园林局
吴晓云		县统计局
王文娟		县环境保护局
张　杨		县旅游局
商　佳		县投资促进局
任　军		县住房公积金管理中心
傅晓涛		县农业委员会
张　丽		县林业局
刘朵朵		县水利局
宫晓霞		县畜牧中心
冯惠姣		县农业机械中心
瞿爱国		县扶贫办
董方明		县国土资源局
李美青		县农村经济经营管理中心
眭晋华		县气象局
郭旭珍		县委政法委
王建斌	凌　赟	县公安局
陈月英		县人民检察院
王　靓		县人民法院

刘　伟		县司法局
铁润丽	李虎平	县交警大队
李晓帆		县公安消防大队
王培俊		中国农业银行股份有限公司昔阳支行
高　欣		中国工商银行股份有限公司昔阳支行
田长青		中国人民银行股份有限公司昔阳支行
赵柱勇		县国库集中支付中心
毛卓青		县政府采购中心
于海飞		县汽车站
翟佩丽		中国人民保险股份有限公司昔阳支公司
刘树芳		县供销合作社
张镇安		县石油公司
朱晓峰		县烟草专卖局
张锦华		中国移动昔阳县分公司
王卫云		中国电信昔阳县分公司
赵张锁		中国联通昔阳县分公司
吴姝亚		县银监办
李小龙		中国建设银行股份有限公司昔阳支行
卜春梅		国资公司
张　军		县农发办
翟世青		县经济和商务粮食局
赵小红		县财政局
李彦林	宋以刚	
张向阳		县安全生产监督管理局
翟惠青	张红颖	县煤炭工业局
王彦国	单海鸿	县交通运输局
贺海红		县道路运输管理所
胡建华		县工商质监局
陈晓宏	王雪菊	县国税局
郭　曦		县地税局
王丽鹏		县中小企业局
樊国华		县公路段
白春雁		中国邮政集团公司山西省昔阳县分公司
赵　军		县电业局
吴　鹏		县粮食储备中心
杨　帆		县农村信用合作联社
王佳雄		中国银行股份有限公司昔阳支行
李　静		晋中银行股份有限公司昔阳支行
李晓平		阳涉铁路有限责任公司
王　涛	郭晓波	县教育科技局
连元生	丁保生	
张利祥		昔阳中学
禹志刚	梁晓东	职业中学
陈林霞		乐平一中
耿喜花		乐平二中
郭瑞青		示范中学
王　峰	赵素芳	示范小学
田　甜		大寨镇政府
韩纲纲		李家庄乡政府
郭海亮	光怀生	乐平镇政府
张立军		东冶头镇政府
乔雪娇		皋落镇政府
高志坚		闫庄乡政府
郝晓明	赵春美	
乔德庆		赵壁乡政府
郭申慧		孔氏乡政府
郭永孝		界都乡政府
宋晓梅		三都乡政府
李雪梅		西寨乡政府
田　鑫	李许红	沾尚镇政府
卫　鑫		城区社区管委会

总目

ZONGMU

目 录

MU LU

特 载

大事记

县情概览

中国共产党昔阳县委员会

昔阳县人民代表大会常务委员会

昔阳县人民政府

中国人民政治协商会议昔阳县委员会

社会团体

军 事

法 治

经济管理与监督

农 业

工　业

交通　邮电

城乡建设　环境保护

财政　税务

金　融

商 贸

卫生　医药

社会生活

教育　科技

文化　体育　旅游

乡（镇、区）

人物

附录

工作报告

关于县委十五届二次全会以来的工作报告

——2017年12月11日在县委十五届七次全会上

中共昔阳县委书记 王根元

县委十五届二次全会召开近一年来，在中央和省、市委的坚强领导下，县委常委会深入学习贯彻习近平新时代中国特色社会主义思想和习总书记视察山西重要讲话精神，按照省委“一个指引、两手硬”重大思路和市委“两个全面”战略部署，团结带领全县党员干部群众，抓发展、稳提高、保民生、强党建，奋力冲刺脱贫攻坚，加快实现振兴崛起，推动全县各项事业朝着建成小康昔阳目标不断前进。特别是2017年6月，习总书记亲临山西发表的重要讲话，鼓舞人心，催人奋进，极大地增强了我们砥砺前行的信心决心；2017年10月，党的十九大胜利召开，开启了中国特色社会主义事业崭新局面，为我们提供了指引和方向，更加激发起干部群众蓬勃向前的巨大热情和创造活力，推动各项工作取得了新进步。近一年来，县委常委会主要做了以下工作：

一、学用讲话精神，看齐追随有了新境界

这几年，我们昔阳无论是政治生态还是经济发展，无论是民生福祉还是社会稳定，都发生了重大变化，迈上了新的征程。取得这些成就的根本在于，我们始终以习总书记系列重要讲话精神为方向指引，始终以习近平新时代中国特色社会主义思想为根本遵循。

我们始终坚持把讲政治作为第一原则。县委常委会带头旗帜鲜明讲政治，始终用习近平新时代中国特色社会主义思想坚定信仰信念、指导决策部署、化解矛盾问题、衡量工作成效。先后召开了县委十五届二次、三次、四次、五次、六次全会，分别就干部选拔，推荐提名我省出席党的十九大候选人初步人选，学习贯彻习总书记视察山西重要讲话精神、落实省委十一届四次全会、市委四届四次全会精神等重大事项作出决定部署，召开县委常委会40次，研究议题125个，加强对根本性工作和重点工作的推进力度，坚决确保中央、省市委决策部署在昔阳落地生根。

我们始终坚持把学讲话作为首要任务。自觉把学习贯彻习总书记系列重要讲话精神作为看齐追随的必修课，总书记的最新讲话和重要论述，县委常委会都在第一时间学习传达，县委中心组都带头交流研讨，2017年已传达学习16次。尤其是6月份，习总书记视察山西以来，先后召开全县干部大会3次、县委常委会6次、县委中心组学习研讨会5次，传达学习、研究部署、推进落实。近期，我们把学习宣传贯彻党的十九大精神作为一项重要任务和工作主题，组织收听收看了大会开幕盛况，制定出台了“一通知四方案”，对全县学习贯彻落实活动进行了系统安排，精心组织了两次大型宣讲活动，举办了学习贯彻十九大精神科级干部轮训班，组建宣讲团开展“六进”宣讲近百次，迅速在全县兴起了学习宣传贯彻十九大精神新热潮。

我们始终坚持把维护核心作为根本要求。突出“维护核心、见诸行动”鲜明主题，深入推进“两学一做”学习教育常态化制度化，坚定坚决维护核心，不折不扣紧跟核心，切实把向核心看齐贯穿各项工作全过程和各方面。组织开展了学用习总书记系列重要讲话精神专题研讨会、《习近平总书记的成长之路》《习近平的七年知青岁月》学习交流会、纪念建党96周年“十个一”活动；5万多名党员群众踊跃参与“两学一做”知识竞答，凝聚了人心，汇集了力量；精心编排了晋剧现代戏《第一书记日记》，在全市全省产生了积极影响；全面铺开了“双示范、双达标”创建工程，努力以新思路、新举措践行习总书记讲话精神。在县委的示范带动和持续推动下，全县各级党组织和党员干部“四个意识”更加牢固，切实将讲话精神转化为内在动力、转变为工作指南的认识更透彻、思路更清晰、行动更自觉。

二、加快转型升级，园区经济集聚新动能

县委常委会坚定不移学用讲话精神，不断加强对经济工作的领导，贯彻新理念、引领新常态，全县经济保持了稳中有进、稳中向好的发展态势，一二三产业比重由2013年的8:54:38调整为现在的8.5:50.4:41.1，产业结构日趋合理，项目建设提档升级，转型后劲更加充足，园区经济集聚效应正逐步释放。

我们始终把做强支柱产业作为转型之重。工业新旧动能转换加快，电力、化工、煤层气逐步成为推动经济发展的新动能，我县从煤炭大县向煤层气大县、化工大县、电力大县转变的步伐更加坚实；农业产业牵引转向明显，种植结构粮经比例由74:26调整为65:35，依托金谷阳光、厚基伟业、四通润农菌业、晋粮农业等农业龙头企业，小杂粮、食用菌、中药材、干鲜水果等农副产品深加工有声有色，促进了农业产业优化升级；全域旅游转变格局，市老年人体育健身大会展示活动、2017“昔阳安顺杯”山西·大寨中国汽车场地越野锦标赛、2017环中国国际公路自行车赛、2017年中国·大寨“长寿·读者杯”门球挑战赛成功举办，“山水昔阳、户外天堂”品牌越叫越响。

我们始终把做大经济开发区作为转型高地。紧紧抓住全省开发区改革创新发展战略机遇，在阳煤昔阳化工产业园基础上扩区建设了昔阳县经济技术开发区。作为我县破解“一煤独大”、深化转型综改的主战场、大平台，我们一手高起点规划、高标准建设、高效率推进，加快园区申报，一手与北京科莱、石家庄尚太、济南路美斯、华润集团等大集团、大企业主动对接洽谈，推动项目落地。目前，已入驻企业5家，涉及转型项目4个，全部达产后可实现产值40多亿元，园区经济将成为我县经济增长的“新引擎”。

我们始终把做活招商引资作为转型关键。以加快经济转型为主线，按照“主动出击、精准对接”的思路，不断拓展招商渠道、主动创新招商方式、大力推进精准招商，进北京、赴上海、下合肥、到太原，一批新能源、节能环保型项目陆续落地昔阳。2017年1月—11月份签约项目16个，签约项目总投资124亿元，完成签约任务120亿元的103.3%，尤其是锂电池负极新材料一体化项目、华润能化共轨多能互补项目、神雾垃圾热解处理项目，对昔阳未来经济转型发展极具前瞻性、决定性、战略性意义。

三、合力攻坚突破，脱贫成色呈现新亮点

把实现脱贫摘帽作为首要政治任务和第一民生工程，按照习总书记以人民为中心的思想，坚决把脱贫攻坚牢牢抓在手上，截至2016年底，全县退出贫困人口26138人，贫困发生率降到了8.2%，取得了首战首胜的好成绩。2017年我们保基本、兜底线、大攻坚，实现了脱贫进度与质量成色的有机统一。

我们提高站位，明确脱贫路径。提高站位讲政治，聚焦精准抓脱贫，切实把率先脱贫摘帽作为维护核心、看齐追随的生动实践，南下兰考长治，北上岚县岢岚，东至太原阳曲，西到临汾隰县，学习取经、考察观摩，在实践中探索，在探索中前行，创新并实施了“326”脱贫工作法、“135”党建促脱贫工程、“双示范、双达标”创建、统筹脱贫、“六个倾斜”等务实管用的举措办法，得到了省市肯定。

我们对标对表，开展示范创建。坚持脱贫退出标准、退出时间“两个对照”，结合“五洁净”“六要六有”达标和“五抓五提升”环境综合整治，全面铺开了“双示范、双达标”创建活动，以观摩促创建，以整改促提升，配合25项专项行动，共创建示范样板村211个，占到了全县行政村总数的近三分之二，我们脱贫有了分量，摘帽有了底气。

我们全面动员，凝聚脱贫合力。坚持精准方略，拿出“绣花”功夫，身体力行、冲刺攻坚。县级领导以上率下，做到了每人每月至少驻村两天两夜，入户不少于30户，与驻村工作队、乡村党员干部，现场办公、解决问题、推动落实；市县5000余名帮扶干部、151个驻村工作队，带着责任、带着感情，扶真贫、真扶贫，实现了帮扶力量、帮扶成效“两个全覆盖”；社会各界同舟共济、慷慨解囊，募捐爱心款1600余万元，为脱贫事业注入了强大动力。

我们多方聚力，筑牢脱贫保障。用大投入保障大效果，整合各类涉农资金2.22亿元，确保了有限资金用在刀刃上；出台了更加实惠的政策举措，涉及产业扶贫、教育扶贫、健康扶贫、金融扶贫、生态扶贫等诸多方面，群众脱贫路径更宽，增收渠道更广；继续实施万亩造地工程，新造耕地800公顷，保障了脱贫用地，加快了产业发展。

四、关注民生福祉，城乡面貌焕发新气象

县委常委会始终把人民对美好生活的向往作为奋斗目标和工作主向，大力发展社会事业，努力增进民生福祉，优先保障投入，统筹协调推进，不断增强人民群众的获得感、幸福感、安全感。

我们坚持民生优先更注重投入。继续加大保障和改善民生力度，民生领域支出占财政总支出的70%。2017年，总投资8.34亿元的原水泵厂、幸福里、易地扶贫搬迁安置等6个住房安居工程扎实推进；总投资2.05亿元的沾岭路一期二期、城壕街拓宽、朝阳街改造等7个大型市政项目进展顺利；总投资3325万元的县文化馆、图书馆改造，村级卫生室提升，农村危房改造等一批惠民实事件件落地；总投资1573万元的迎宾西街、西外环道路、陶乐公园等绿化工程全部完工，政府优质服务供给更加充足。

我们坚持普惠共享更倾斜农村。结合环境整治和脱贫攻坚，全力以赴改善贫困村基础条件。实施农村饮水安全工程60处，偏远山村群众喝上了自来水；全面改造提升农村电网，所有行政村全部通了动力电；实施道路改造提升工程85项176公里，公路建设投资多、力度大、质量高，我县获“四好农村路全国示范县”荣誉称号；为36个贫困村进行了互联网信号优化升级；全面实施了11440户煤改气工程，广大农村群众过上了城里人一样的生活。

我们坚持满足需求更引导预期。千方百计增加城乡居民收入，前三季度城镇居民人均可支配收入、农村居民人均可支配收入分别同比增长6%、6.5%；前三季度城镇就业、农村劳动力转移就业分别完成年度任务的105%、114%，城镇居民、城镇职工医保参保率分别达到98%、97%，“新农合”参合率达到99.5%，发放各类保障救助金4477.5万元，更多弱势群体得到保障；牢固树立总体安全观，开展社会矛盾大排查、大调解，积极引导群众预期，确保了十九大召开期间没有出现大的信访问题；认真落实安全生产责任制，全面排查整治各类安全隐患，安全生产形势平稳向好，我县成为全省首批“省级食品安全示范县”。

五、聚焦重点领域，深化改革激发新活力

县委常委会勇于“敢闯敢试”，坚信“天道酬勤”，坚持把抓好改革作为实现振兴崛起的关键一招，突出问题导向，聚力改革攻坚，破瓶颈、补短板，全力推动各项改革任务落地生根，为全县发展注入了新活力，释放了新红利。

我们登高望远，以开放的心态推动改革。始终把抓改革作为重大政治责任，调整充实了县委深改领导组，以开放精神加强对深改工作的组织领导和宏观指导，先后召开领导组会议12次，研究审议改革事项40余项，在全市率先实现了县委政研室、改革办、综改办“三合一”，改革指挥体系规范有序、运行高效，坚定不移推动了重大改革任务落实落地。

我们亲力亲为，以全面的眼光抓实改革。认真践行“四个亲自”要求，推行县级领导分工负责制，党政主要负责同志亲力亲为抓改革，领办主抓改革26项，全力当好“施工队长”；为全县抓改革县级领导和承担改革任务的县直部门“一把手”建立三级动态管理台账，划定时间节点、定期对账盘点，将改革软指标变成硬任务，推动部分改革进入全市第一方阵。

我们重点突破，以钉钉子的精神深化改革。基本形成了“四梁八柱”性质的改革主体框架，年初部署的6大类51项重要改革稳步推进，一些重要领域和关键环节取得突破。中小学校长职级制改革正式启动，昔阳中学、职业中学两所高中先行先试，完成改革试点任务，“专家治校、教育家办学”的路子越走越宽；隆重表彰功勋教师等一批优秀教师，再掀兴学重教新热潮；县乡医疗卫生机构一体化改革迈出关键一步，县医疗集团正式挂牌，分级诊疗政策全面落实；深化农村综合改革成效明显，土地确权任务基本完成；旅游景区景点体制机制改革顺利推进，旅游开发实现“两权分离”；群团改革提前完成，挂（兼）职干部全部到位。改革工作稳扎稳打，扩大了改革受益面，使更多改革红利惠及群众。

六、牢守生态底线，发展方式实现新转变

始终坚持节约优先、保护优先、自然恢复为主的方针，牢固树立绿水青山就是金山银山的理念，牢牢把握生态建设和环境保护两大主题，把生态文明融入经济社会发展全过程和各方面，切实增进人民群众生态福祉。

我们在生态改善上见绿。坚持林业生态建设与脱贫攻坚相结合，完成造林任务1233.33公顷，全县森林覆盖率达22.28%。2017年2月，国家住建部公布了首批全国绿色村庄，我县崇家岭村、潘掌村榜上有名。全力实施中小河流治理项目，采取山、水、林、田、沟、渠、路综合施策，主动修复水环境；积极推进白羊岭煤矿、三都煤业、北坪煤业等矿区生态综合治理工程，绝不以牺牲环境为代价，换取经济利益。

我们在节能环保上减标。以超常举措加强环境保护，企业、城市、农村污染一体整治，大气、土壤、水污染治理一体统筹，严格“压煤、治污、管车、降尘”关键环节，完成大气污染防治项目147项，1月—11月份，全县环境空气质量综合指数5.75，优良天数258天，全市排名第一。县城和乡镇饮用水源地、省市河流考核断面全部达到考核标准。中央交办的14批19件和省交办的13批16件环保事项全部整改，构筑了昔阳蓬勃发展的生态屏障。

我们在环境整治上提质。按照“五抓五提升”工作思路，在全县城乡打响环境整治攻坚战，截至目前，拆除违建面积27.78万平方米，腾退土地面积46.58万平方米，攻坚行动取得突破性进展。我们的“五抓五提升”工作思路、城市管理“十集中”模式以及智慧城市建设等典型经验，市里都给予了高度评价，先后有大同市灵丘县、阳泉市爱卫会、晋城市陵川县等市县近800人次到我县考察观摩。现在，我们的乡村更美丽，环境更怡人，更加坚定了实现“全市争上游、东山创一流”奋斗目标的信心决心。

七、主动发挥优势，民主法治迈出新步伐

近年来，全县民主法治建设取得积极进展，县委先后两次听取县人大常委会、县政府、县政协和县法检两院党组工作汇报，定期研究群团工作，针对性提出指导意见，积极支持县人武部开展国防和军民团结工作，把党的领导和政治优势体现到了各领域。

我们支持县人大、县政协依法履行职能。始终把人大、政协工作纳入县委工作总盘子，积极引导县人大、政协班子参与项目建设、脱贫攻坚、环境整治、招商引资、信访维稳等工作。支持人大加强代表联系群众阵地建设工作，组建“人大代表之家”15个。充分发挥协商民主重要作用，围绕品牌战略、产业发展、城乡建设、民生改善等问题，推进协商民主广泛、多层、制度化发展。健全完善代表议案、委员提案办理督办机制，推动整体办理高效完成。

我们支持统战及工青妇开展工作。深入贯彻中央、省市委统战工作会议精神，重大决策部署和重要人事安排及时与各民主党派、工商联、无党派人士通报协商。全市统一战线“三基建设”暨“强基固本”行动现场推进会在我县召开。出台县总工会、团县委、县妇联等改革方案，群团改革稳步推进，党联系群众桥梁纽带作用进一步发挥。

我们不断深化法治昔阳建设。深入贯彻落实中央、省市委关于全面依法治国各项决策部署，党政主要负责同志法治建设责任进一步压实。不断强化社会治安综合治理，全面推开司法体制改革，积极探索建立法律顾问制度，深入开展“七五”普法，平安昔阳、法治昔阳建设各项工作全面推进。

八、强化核心引领，党的建设开启新征程

县委常委会始终以永远在路上的恒心和韧劲，坚定扛起管党治党主体责任，落实党风廉政建设责任制不放松，夯实基层基础基本功不停步，弘扬主旋律，传播正能量，努力实现党内政治生态持久的风清气正。

我们坚定不移提升“三基”建设科学化水平。把干部作为“关键少数”，全面加强领导班子和干部队伍建设。坚持“好干部”标准，调整干部7批224人次，保障了选好人用对人。加大干部培养培训力度，组织高规格外出培训6批次，为400余名县乡村三级干部“充电”“补钙”。在“五一”和“七一”，表彰干部160余人，激发了全县干部干事创业精气神。“两学一做”学习教育不断深入，村和社区“两委”换届基本完成，关注关心离任农村干部，提高生活待遇，启动大寨干部学院建设，出台党内法规制度，筹资4200余万元全面保障基层党建工作有序开展，重心下移、力量下沉、保障下倾的机制正在形成，党的建设科学化水平不断提高。

我们坚定不移运用“四种形态”正风肃纪。出台了《关于进一步贯彻落实中央八项规定精神实施细则》，加强重要时间节点、重要人员和关键岗位的监管，对发现的问题线索严格查办督办。综合运用“四种形态”，雷厉风行抓作风，锲而不舍纠“四风”，严肃惩治基层腐败。截至目前，共处置问题线索276件，立案109件，结案106件，处分党员干部104人。监察体制改革推进有力，监委组建挂牌、转隶工作如期完成，制度优势正转化为治理效能。县乡巡察全面启动，巡察党组织11个，发现问题线索229件。深入开展巡视巡察发现问题整改自行“回头看”，整改问题817个，党内正气上升，社会风气上扬。

我们坚定不移掌握意识形态工作领导权。坚决落实党委（党组）意识形态工作责任制，出台了《昔阳县落实〈党委（党组）网络意识形态工作责任制实施细则〉检查考核办法》《昔阳县网络舆情管控暂行办法》，建立健全了信息发布和政策解读机制，主动回应社会关切，牢牢掌握意识形态主阵地。积极培育健康向上正能量，深入推进文明创建，涌现出了县公路段、县国税局、县气象局等17个文明单位；开展了第五届“昔阳好人”评选，选出正式候选人10名，入选全市“最美晋中人”候选人11名，党风政风引领社风作用更加明显。

在统筹抓好各项工作的同时，近一年来，县委常委会把加强自身建设摆在首要位置，努力为全县各级党组织和广大党员干部带好头、作表率。我们带头坚定信仰。进一步树牢“四个意识”，自觉与以习近平同志为核心的党中央保持高度一致，不折不扣贯彻落实中央和省、市委决策部署，努力把党的事业在昔阳发展好实践好。我们带头科学决策。认真执行民主集中制和各项议事规则，着力完善集体领导和个人分工负责相结合的制度，不断提高决策能力和管理水平。我们带头实干担当。牢记习总书记“大有作为”指示精神，认真落实省委“五个倡导、五个反对”要求，始终保持奋发有为的精神状态，以抓铁有痕、踏石留印的劲头，狠抓各项决策部署落实。我们带头廉洁自律。厉行勤俭节约，大兴求真务实之风，严格执行廉洁自律规定，自觉接受监督，永葆共产党人的政治本色。

各位委员和候补委员对常委会工作给予大力支持和帮助。在此，我代表县委常委会，向各位委员和候补委员，向奋战在各条战线的党员干部，向全县广大人民群众，表示最衷心的感谢！

与此同时，我们也清醒地认识到，全县改革发展还存在不少困难和挑战：一是县域经济整体实力与实现振兴崛起差距较大，做大传统产业、培育新型产业的转型任务艰巨；二是城乡发展还存在不平衡的问题，城市管理需要不断探索，乡村振兴仍需加快步伐；三是脱贫攻坚任务繁重，社会保障水平需不断提升，满足人民对美好生活的需求还任重道远；四是生态环保压力较大，改善环境质量还需要付出艰辛努力；五是基层党组织先进性不强，党员干部还存在能力不足的问题，等等。对此常委会将高度重视，切实担负起政治责任和发展使命，全面贯彻落实党的十九大精神，用累不垮的精神，耗不尽的精力，干不厌的激情，百折不挠的毅力，继续与全县人民一道推动昔阳实现大繁荣、大发展，不断开创新时代昔阳经济社会振兴崛起崭新局面。

政府工作报告

——2018 年 4 月 9 日在昔阳县第十七届人民代表大会第三次会议上

昔阳县人民政府县长　许利伟

一、2017 年工作回顾

2017 年是我县经济转型加快、脱贫承诺兑现、发展成果丰硕的一年。一年来，我们以习近平新时代中国特色社会主义思想为指引，在市委、市政府和县委的坚强领导下，在县人大、县政协的监督支持下，克难奋进、砥砺前行，取得了全县经济社会振兴崛起的新成效！

一年来，我们凝心聚力争上游、创一流，综合实力持续增强。地区生产总值完成 72.5 亿元，同比增长 5.3%；规模以上工业增加值完成 31.5 亿元，同比增长 2.9%；社会消费品零售总额完成 27 亿元，同比增长 7.1%；一般公共预算收入完成 57038 万元，同比增长 9.5%；城镇常住居民人均可支配收入完成 24174 元，同比增长 6.4%；农村常住居民人均可支配收入完成 8587 元，同比增长 10.9%。特别是城乡常住居民人均可支配收入完成13242元，同比增长8.2%，全市排名第一。全县经济运行更加稳健，推进发展更有信心。

一年来，我们众志成城打硬仗、摘穷帽，脱贫攻坚连战连胜。坚持以脱贫攻坚统揽经济社会发展全局，以县为战、以村为体、以户为基，靶向发力、精准施策，四套班子领导以上率下、151个驻村工作队沉到一线、5000余名党员干部真帮实扶；全县整合各类涉农资金2.24亿元，发放小额扶贫贷款1.3亿元，39988人享受了大病救助补充险和意外伤害险，1.37余万人享受了免费诊疗，4518名贫困学生享受了教育资助，2445名贫困群众享受了易地搬迁集中安置；八大增收路径①让151个贫困村村村有主导产业、18405个贫困户户户有两项以上增收措施，60处饮水工程让57个贫困村、1.44万贫困人口吃上了“放心水”，197公里道路里程让58个贫困村、1.16万贫困人口走上了“幸福路”，两大资产性收益让每个贫困村集体经济年收入在1.4万元以上，全县17823户38635人稳定脱贫，146个贫困村整村退出，贫困发生率降到了省定范围之内，顺利通过省级第三方评估验收，交出了率先脱贫的“昔阳答卷”。

一年来，我们千方百计挖潜能、增后劲，经济转型提档升级。坚持“稳煤、扩电、增气、壮化、培新”，煤炭产量稳定在1200万吨，电力总装机容量突破600兆瓦，煤层气年抽采能力实现2.7亿立方米，化工品年产量首次达到60万吨。规划20平方公里的开发区完成了“五规合一”，启动了服务中心提标改造，引进了石家庄尚太锂离子电池负极材料、北京科莱固废处理、济南陆美斯新型蓄光材料等新型项目，开工了皋落风电一期、大寨药业饮片、鼎丰瓦斯发电等一批转型项目。坚持“菜果猪菌药”规模发展、多元发展、链式发展，“金谷阳光”成为国际商标，昔阳小米、双孢菇、压饼、香核桃、乌接茶被认定为国家地理标志产品；培育了厚基伟业肉鸡、大象规模养猪、东合丰牧屠宰、东固壁红薯加工、西峪杂粮加工等一批优势企业和新型合作社，多链缔结、闭合循环的发展格局基本形成。新增农家乐111家，全县家庭农场达到25个，新型农业合作社达到1200余家，走在了东山五县的前列。坚持主打红色、生态、休闲三张牌，实施了大寨干部学院新建、大寨景区路网改造、昔西政府修缮等工程，组织了旅游专列进大寨活动，红色旅游呈现新亮点；上马了龙岩大峡谷丁里线、口上水库库区循环路建设等工程，打造了毛家大院、生态潘掌、界都长岭、田园崇家岭等一批特色民居、乡村旅游服务综合体，生态旅游增添新内涵；举办了汽车场地越野锦标赛、国际公路自行车赛、门球挑战赛等国家级赛事，开展了第四届红叶文化节、首届太行崖柏文化艺术节等活动，休闲旅游迸发新活力，叫响了“山水昔阳、户外天堂”品牌，走出了全域旅游的“昔阳步伐”。2017年游客接待量达到254.8万人次，同比增长25.4%，旅游收入达到

22.1亿元，同比增长26.5%。

一年来，我们动真碰硬拆违建、提品质，城乡面貌更加靓丽。扎实开展了以“五抓五提升”②为主题的“拆违治乱提质”城乡环境大整治行动，拆除违建2192处、31.47万平方米，腾退土地53.12万平方米，县城小吃、果蔬、汽配等“十集中”③走在全市前列，大寨镇被评为“国家园林乡镇”，乐平镇被评为“省级卫生乡镇”，乐平镇瑶湾村、大寨镇河南村、李家庄乡南庄村、西寨乡三烈村等30多个特色示范村脱颖而出。集中实施了硬化、绿化、亮化、美化、文化“五化”提质工程，沾岭路、朝阳街、城壕街、学府路等道路工程相继竣工，迎宾西街、西外环、陶乐公园、澳垴山公园等绿化工程全面完工，社会主义核心价值观、廉政文化、地方民俗等主题亮化、文化工程扮靓县城，提升了城市品位，人民群众获得感明显增强。

一年来，我们坚定不移出重拳、攻难点，生态环境明显改善。深入推进大气、水、土壤三大攻坚行动，投资1.3亿元完成农村“煤改气”11659户，中小学校“煤改电”14所，县城新增集中供热面积29.5万平方米，供热普及率达到88.2%，全县PM10和PM2.5平均浓度同比下降7.6%和10.9%，2017年优良天数达到276天，全市排名第一。全面推行“河长制”工作，全县14条河流实现县、乡、村三级河长全覆盖，饮用水水源地保护持续加强，王寨国考断面、祁家沟省考断面、松曲市考断面水质总体为优。大力推进生态绿化工程，新增造林1233.33公顷，森林覆盖率达到22.3%；完成中央、省市环保督察反馈问题整改，白羊岭煤矸石专项治理、北坪露天煤矿生态恢复治理和县城垃圾处理厂改造推进明显，“绿水青山就是金山银山”的理念更加深入人心。

一年来，我们持续发力扬优势、补短板，民生福祉不断增进。投资5400余万元实施了新城小学、大寨幼儿园等一批新建改造工程；昔阳中学、东冶头中学实现了统一管理，昔阳中学、职业中学完成了校长职级制改革；首次设立了功勋教师奖，重奖了一批优秀教师和班主任，尊师重教的氛围更加浓厚。如期组建了昔阳医疗集团，实现了城乡医疗卫生一体化，荣获“全市深化医药卫生体制改革工作优秀县”称号，全省幸福家庭创建现场会在我县成功召开。国家公共文化服务体系示范区创建迈出坚实步伐，新建的文化馆、图书馆免费开放运营，公共文化服务水平跃升全市上游。不断提升文明创建水平，“省级文明县城”顺利通过复验。建制村通硬化路和通客车率实现“双百”目标，率先成为“四好农村路全国示范县”。新造耕地349.73公顷，为农业调产、农民增收拓宽了空间。新增保障性住房256套，改造农村危房1360户，城乡居民住房条件进一步改善。城镇新增就业2378人，农村劳动力转移就业3606人，城镇登记失业率控制在2.31%。城镇居民、职工医保参保率分别达到97%、96%，“新农合”参合率达到97%，城乡居民养老保险参保率达到95%，城乡 5.6 万人次享受保障救助 5445 万元，社会保障全面提质。始终重视“舌尖上的安全”，率先成为“省级食品安全示范县”。安全生产形势总体平稳，各类信访问题有效化解，“平安昔阳”建设深入推进，在全省社会治安综合治理满意度测评中继续保持前列。

一年来，我们立说立行转作风、优服务，自身建设全面加强。深入推进担当政府、服务政府、法治政府、创新政府、廉洁政府建设，认真履行政府党组党建主体责任，不断推动政府系统全面从严治党纵深发展。扎实推进“两学一做”学习教育常态化制度化，深入学习贯彻党的十九大精神，牢记“四个意识”，坚定“四个自信”，各级干部的党性修养和理论水平进一步提升。坚持依法行政，主动接受人大、政协监督，重大事项向县人大及其常委会报告，办理人大建议 132 件，政协提案 125 件。纵深推进“放管服效接”改革④，积极试行企业投资项目承诺制，大力推进“双随机、一公开”⑤，“13710”工作制度⑥实现县乡全覆盖，“一站式”服务更加便捷，“六最”营商环境⑦不断优化。始终把纪律和规矩挺在前面，严格执行中央“八项规定”精神，坚决纠正新“四风”问题，持续改进工作作风，干事创业的正能量更加强劲，加快发展的主旋律更加响亮。

一年来，审计统计、粮食供销、文物保护、防震减灾、档案史志、应急管理、老龄慈善、残联事业、妇女儿童、气象服务等工作取得喜人成绩，民族宗教、外事侨务、对台工作、国防动员、人民防空、双拥工作等不断加强。

各位代表！过去的一年，全县上下一心一意谋发展、凝心聚力干事业、众志成城攻难关，取得了令人鼓舞的好成绩。这些成绩的取得，得益于习近平新时代中国特色社会主义思想的科学指引，得益于市委、市政府的关心关怀，得益于县委的统揽全局，得益于县人大、县政协的监督支持和全县广大干部群众的砥砺奋斗。在此，我代表县人民政府，向全县广大干部群众，向各位代表、各位委员，向各民主党派、社会团体，向武警官兵、公安民警，向离退休老领导、老同志，向所有关心、支持昔阳发展的朋友们，表示崇高的敬意和衷心的感谢！

安不忘危，兴不忘忧。在看到成绩的同时，我们也清醒认识到我县发展仍面临不少困难和挑战，不平衡、不充分的问题在各个领域不同程度存在，还不能完全满足人民群众对美好生活的向往。我们的经济增长速度仍然不够快，产业集聚度仍然不够高，转型标杆项目仍然不够多，特别是实体经济不大不强不优，结构性体制性素质性矛盾依然存在，资源型经济特征仍未根本性改变。我们的经济发展要素支撑不够，企业家和科技人才严重匮乏，生态环保压力依然较大。我们的经济发展环境还不够宽松，一些干部服务意识不强，工作作风不实，不敢担当现象还不同程度存在等等。对于这些问题，我们一定积极面对，下大力气加快解决。

二、2018年主要工作

2018年是贯彻党的十九大精神的开局之年，是改革开放40周年，是实现经济社会振兴崛起、全面建成小康昔阳的关键一年。做好2017年的政府工作，要以习近平新时代中国特色社会主义思想为指导，全面贯彻党的十九大精神和中央、省市各项重大决策部署，紧扣社会主要矛盾变化，按照高质量发展的要求，紧紧咬定市委“全面挺进全省第一方阵”任务，坚持项目支撑、坚持改革驱动、坚持开放融合、坚持民生共享、坚持党建引领，全力打造乡村振兴示范县、转型综改主阵地、对外开放桥头堡、宜居宜业明星城，全市争上游，东山创一流，奋力开创新时代昔阳经济社会振兴崛起崭新局面。

打造乡村振兴示范县。按照“产业兴旺、生态宜居、乡风文明、治理有效、生活富裕”的总要求，实施脱贫提升和乡村振兴“两步走”战略，创建全市乡村振兴示范县，推动农业全面升级、农村全面进步、农民全面发展。

打造转型综改主阵地。抓住资源型经济转型上升为国家战略的重大机遇，以改革推动转型，以环保倒逼转型，把经济技术开发区作为转型发展的主阵地，形成质量和效益相互支撑、实力与活力共同提升的良性发展格局。

打造对外开放桥头堡。做到眼睛向外，登高望远，加大引资引智和创业创新工作力度，以更加开放的心态、开放的理念、开放的体制，对接环渤海，融入京津冀，营造一流环境，培育竞争新优势，塑造开放新形象。

打造宜居宜业明星城。顺应广大人民群众对美好城市环境的新期待，加强精准化投入，实施精细化管理，建设精品化工程，实现上城、下城、新城差异发展、功能集聚，致力建设山西东部最具魅力、印象独特的明星县城。

综合考虑全县发展形势，建议全县经济社会发展主要预期目标为：地区生产总值增长7%，规模以上工业增加值增长8%，固定资产投资增长12%，社会消费品零售总额增长7.5%，一般公共预算收入增长5.19%，城乡常住居民人均可支配收入分别增长7%和10%，城镇登记失业率控制在4.2%以内，城镇新增就业2400人，各项约束性指标完成市定目标。

围绕上述目标，主要抓好七方面工作：

（一）坚持项目支撑，培育经济增长新引擎

牢牢抓住项目建设“牛鼻子”，全面梳理项目建设中的各种堵点、痛点和难点，因企施策、精准发力，推动项目建设加速进入快车道。

聚力招商引资。始终把招商引资作为项目建设的“一号工程”，坚持“给政策”引商，落实招商引资优惠政策，对重点鼓励发展的产业和列入正面清单的项目和企业，给予“真金白银”的支持，在全县造浓大招商、招大商的氛围。坚持“定任务”招商，突出招商引资目标导向，压实班子成员和乡镇、部门“一把手”担子，健全

完善考核奖励办法，把招商过程、结果作为考核干部的重要依据，确保项目签约、项目落地、项目开工、到位资金四个指标稳步增长，确保2017年签约总投资达到120亿元。坚持“走出去”请商，创新招商引资方式，开展小分队招商、以商招商、驻点招商、产业链招商，用好昔阳在外人士，办好宣传推介活动，争取更多项目落户我县。

聚焦项目建设。全力建好项目建设库和项目储备库，对2017年实施的39项重点工程项目逐一梳理，“把脉问诊”，清单式推进，台账化管理。加快推进19项储备项目的前期工作，条件成熟的尽快转化为建设项目，确保2017年储备项目总投资超过130亿元。全力抓好项目开工，扎实开展“项目集中开工月”活动，做好14项续建项目衔接，强化协调，优先保障，确保4月底前全部复工；做好25项新建项目对接，压实责任，倒排工期，确保4月底前开工40%以上，6月底前全部开工。

聚集保障合力。实行重点项目联审代办制，为项目建设提供“一对一”的指导、跟踪、协调、督促等全方位、精细化服务。实行县四套班子领导包项目责任制，健全落实月调度、双月集中开工、半年政银企对接等机制，扑下身子进工地、到一线、明实情、解难题，确保项目有序推进，确保年度投资全面完成。

（二）立足产业转型，厚植县域经济新优势

坚持园区建设、产业发展、企业培育“三轮驱动”，积蓄优势、放大优势、再造优势，加快构建新型经济体系，实现高质量发展、高水平转型。

发挥园区集聚优势。积极与国家部委、省市部门对接，加快我县主体功能区规划调整；加大开发区水、电、路、网等基础设施投入，重点推进总投资9.5亿元的地下综合管廊、服务中心办公楼、污水处理厂、天然气管道铺设等工程，全面提升园区承载力；大力抓好总投资29.7亿元的石家庄尚太锂离子电池负极材料一体化、阳煤10万吨树脂、济南陆美斯新型蓄光材料生产等6个产业转型项目，全力争取投资60亿元的能化共轨项目立项，实现开发区企业集群、产业集聚、效益集成；组建开发区投资运营公司，借助有利政策机遇，以资本运作驱动土地开发，以土地优势吸引同业入园发展，形成资本、人才、技术汇聚的“洼地效应”。

提升产业比较优势。加快中煤、阳煤、丰汇、安顺四大煤炭集团所属煤矿减量重组，促进煤炭行业健康发展；推进鼎丰瓦斯发电、金寨风力发电、斯能风电二期等工程项目，加快电力大县建设步伐；提升漾泉蓝焰、瑞阳煤层气公司开发研发能力，促进单井抽采量大幅提升；推动阳煤氯碱、阳煤电石等化工企业精细化管理、规范化运行，力争年产量再有新提高。做大“菜果猪菌药”和杂粮“5+1”特色产业，壮大一批家庭农场、合作社和农业龙头企业，打造台上苹果、洪川板栗、长岭高筋粉等十大农产品品牌，带动农业增效、农民增收。围绕全省“太行板块”全域旅游布局，打造山水昔阳、红色昔阳、康养昔阳、动感昔阳、古韵昔阳品牌，继续办好汽车赛、红叶节、古庙会等各类体育赛事和文旅节庆活动，推动大寨特色小镇建设迈出实质性步伐；跟踪推进龙岩大峡谷综合开发、崇家岭和毛家大院康养田园综合体建设，积极探索生态庄园经济发展新模式；不断深化旅游景区两权分离和旅游执法体制改革，成立旅游公安分局、旅游工商所、旅游巡回法庭，力争2017年旅游人数突破300万人次，综合收入达到25亿元。

激发企业竞争优势。实施规模企业培育计划，在土地、资金、政策等方面给予倾斜，支持大唐风电、国新能源煤层气热电联产、丰汇瓦斯发电等企业早日达产达效，确保新培育规上工业企业不少于3户。推进品牌立县、质量强县建设，全面实施品牌创新战略三年计划，打造一批自主创新品牌和名牌产品，力争著名商标注册10件以上，新增国家地理标志产品6个以上，富邦肥业、金谷阳光、大寨酿酒、德兴隆酒业、大寨农产品系列加工等实现精益管理和标准创新。

各位代表！发展是第一要务，项目是第一抓手。没有项目支撑，经济增长就没有后劲，发展也就失去了基础。推进转型发展，必须把项目建设作为硬任务、硬要求、硬指标，抓紧抓实，抓出成效。

（三）推进乡村振兴，谱写“三农”发展新篇章

实施乡村振兴战略，是党的十九大作出的重大决策部署，是新时代做好“三农”工作的总抓手。要围绕20字总要求，规划先行、示范引领、专项实施、分步推进，结合乡村振兴“六大工程”⑧，全力完成三大任务。

持续提升脱贫成效。抓好机制创新。坚持县统筹、乡主导、村实施、户参与，一乡一基地、一村一主体，合作社带动、股份化经营，进一步做强主导产业集群，促进广大农户增收。壮大集体经济。通过资源开发、资产盘活、资金撬动等途径，重点推进12个试点村先行先试，努力带动全县50%以上的村集体经济年收益达到5万元以上。注重典型引路。因村制宜、因势利导，同步谋划推进脱贫后奔小康工程，有效发挥西峪、柏叶底、南营等15个特色示范村作用，多渠道持续增收，大力度改善设施，全方位提升服务。落实兜底保障。继续强化教育、医疗、住房“三保障”，继续执行产业扶贫、光伏扶贫、生态扶贫等扶持政策，切实解决老弱病残、“五保”、低保等贫困群体的兜底保障，确保年内完成市定脱贫目标任务。

精准提质特色产业。加快园区化发展。全力推进以农林复合、果药间作为主的现代农业产业园，以思乐煜峰、安坪四平、安阳岭富安等合作社为主的有机旱作农业示范区，以双孢菇为主的食用菌产业基地，以药食同源中药材为主的育苗基地的“一园一区两基地”建设。推进规模化发展。全力实施东部4万亩核桃增效、1万亩板栗扩规，中部1万亩连翘、1万亩构树种植，西部1万亩沙棘改造和全县

100万平方米食用菌振兴“六个万字号工程”。突出高效化发展。全力创建4个循环农业示范区、4个高端观光采摘园、4个高标准田园综合体、5个特色民宿聚集区，进一步完善特色产业体系，促进农业持续发展。

全面提标美丽乡村。完善生态治理。深入实施农村人居环境整治三年行动，积极推进“垃圾、污水、厕所”三大革命，大力开展美丽宜居示范村“四级联创”，全面铺开农业面源污染整治“五大行动”⑨，年内打造3个示范乡镇、60个示范村和1000个示范户。发展乡村文化。持续开展“五送五创建”活动⑩，年内打造20个精神文明示范村，形成良好的家风、文明的乡风和淳朴的民风。培育乡土人才。强化农业生产经营培训实训，培养一批有文化、懂技术、会经营、善管理的新型职业农民队伍。夯实基层基础。实施农村“领头雁”素质提升工程；完善第一书记、驻村工作队长效机制；从严村民会议、村民代表会议等村民自治制度，进一步健全自治、法治、德治相结合的乡村治理体系，筑牢乡村治理根基。

（四）突出“为民城建”，打造宜居宜业新县城

围绕人民获得感、幸福感和满意度，在“建、管、提”上下功夫，真正做到人民城市人民建，建好城市为人民。

城市功能再完善。投资1亿元，实施大寨桥改造、胡窝路拓宽、沾岭路延伸和学府路贯通工程；投资2亿元，实施以环城河综合治理、团结湖湿地公园建设为核心的县城水系提标工程，实现城在水中、景在绿中、人在画中；投资1700余万元，建设沾岭公园，绿化江口西街和迎宾西街；投资12.5亿元，推进城中三区、祯祥悦二区、幸福里、书香门第、学府家园二期等住房安居和棚户区改造工程，建设棚户安置房、公共租赁房613套，进一步提升县城综合承载能力和宜居服务水平。

管理机制再创新。试行“大物业”管理，以松溪路、红旗街、金博园、新建南路四个社区为依托，以服务、标准、管理、考核“四统一”为目标，分步推进，规范运行。启动“智慧城市”建设，拓展“十集中”，运用大数据，建立新平台，不断巩固城市管理成果，建立健全共管共享长效机制，进一步提高县城精细化、智能化、现代化管理水平。

品质内涵再提升。深入推进文明城市创建，整体提升县城文化品位。以原县衙、崇教寺、昔阳博物馆、大寨陈列馆为重点，挖掘资源，完善设施，促进红色旅游、历史文化互动，进一步擦亮城市名片；将传统文化、时代精神和乡土特色相互融合，塑造一批文化墙、雕塑景和绿化园，进一步增强城市魅力；围绕社会主义核心价值观教育、振兴发展讲堂、“昔阳好人”评选等系列活动，坚定信仰、凝聚力量、提升素养，进一步推动城市文明。

各位代表！我县最大的不平衡就是城乡发展不平衡，最大的不充分就是农业、农村、农民发展不充分。我们必须坚持城

乡融合，推动乡村振兴，努力实现全县经济社会高质量发展。

（五）全面深化改革，激发创新驱动新活力

着眼昔阳新时代发展需要，必须坚定不移深化改革、加快创新，让改革创新成为高质量发展的强大动能。

持续深化重点领域改革。深化“放管服效接”改革，引深企业投资项目承诺制，推进“互联网+政务服务”，健全政府公共服务一号通、政务服务一张网、政银企一体化“三个一”服务机制，全面优化营商环境，全力做到“只进一扇门，最多跑一次”。深化农村综合改革，落实农村土地承包关系稳定并长期不变政策，推进农村集体产权制度、土地“三权分置”⑪和农村“三块地”⑫改革，选择1—2个条件较好的乡村开展农业水价综合改革试点。深化金融体制机制改革，持续推进县农信社改制化险工作，6月底前完成农商行挂牌。深化商事制度改革，年底前推开个体工商户登记改革工作。与此同时，完成交通运输、资源环境、安全生产、农林水利四个领域综合行政执法体制改革，推进教育、医疗卫生、文化体育、国企国资等改革实现突破性进展。

全面加强人才机制创新。大力弘扬创新精神、企业家精神和工匠精神，落实《关于深化人才发展体制机制改革的实施意见》，县财政设立不少于100万元的人才发展专项资金，加大优秀人才引进和乡土人才培育力度。实施归燕创业工程，引导支持我县在外成功人士、青年创客回乡创业，打造“归燕经济”，形成“归燕效应”。健全人才流动机制，激发人才队伍活力和创造力，实现人尽其才，推动转型发展。

（六）聚焦生态治理，建设绿色美丽新家园

深入推进生态文明建设，让人民群众呼吸更新鲜的空气、喝上更放心的水、享有更美丽的家园，最大限度共享良好生态资源，最大限度实现绿色低碳发展。

推进污染防治。坚持问题导向，重点围绕“控煤、治污、降尘、管车、禁烧”五个方面，抓好大气污染防治。控煤方面，紧盯二氧化硫污染防控，统筹采用“煤改气”“煤改电”、清洁煤替代等方式，逐步实现清洁能源使用全覆盖。治污方面，把重污染天气妥善应对作为重要突破口，年内完成中煤昔阳安平发电厂超低排放改造，坚持不懈狠抓小洗煤、小储煤、石灰窑、矾石窑等专项整治，建立长效机制，确保治污实效。降尘方面，抓住建筑施工、房屋拆迁、物料堆场、渣土运输等重点环节，实施工地扬尘污染控制工程、企业料堆存储库建设工程。管车方面，以207国道、317省道为重点，对货运车辆运输中不苫盖和沿途抛洒进行严肃查处。禁烧方面，有效落实秸秆、垃圾、烟花爆竹、露天烧烤等监管责任和管控机制。坚持标本兼治，实施好王寨国考断面水质自动监测站建设、杨家坡水库水源围网建设、乡镇饮用水源地规范化建设等水污染防治工程，确保县域内3个出境断面水质100%达标。坚持防管结合，实施偷排偷放专项整治，加大加油站双层罐改造力度，消除泄漏污染土壤隐患；开展土壤环境质量调查，完善土壤环境质量监测网络，提升土壤环境信息化管理水平。

推动生态修复。充分发挥“河长制”作用，完善“一河一策”治理体系，实现河清、水畅、岸绿、景美。继续实施太行山森林质量精准提升、环京津冀生态屏障区和重点防护林建设、新一轮退耕还林、未成林补植和封山育林、市级重要节点绿化“五大工程”，完成造林绿化3486.67公顷，全县森林覆盖率提高0.7个百分点。重点推进白羊岭煤矿矸石山固废治理和三都露天矿生态修复，不断防止水土流失，增加绿色植被，改善土壤质量。

推行联合监管。认真开展中央、省、市环保督察整改情况“回头看”，持续进行环保隐患排查和问题整改；紧盯污染防治的重点领域和关键环节，强化联合执法和监管，加大打击和问责力度，保持铁腕治污高压态势，切实提升生态环境保护水平。

各位代表！环境就是民生，青山就是美丽，蓝天也是幸福。我们必须像保护眼睛一样保护生态环境，像对待生命一样对待生态环境，着力解决突出环境问题，积极回应人民群众向往，让良好生态环境成为经济社会持续健康发展的支撑点和助推器。

（七）持续改善民生，满足人民群众新向往

坚持以人民为中心，把人民群众对美好生活的向往作为奋斗目标，倾力保障和改善民生，让人民群众的生活更加幸福、更有品质。

保障社会安全稳定。扎实开展“煤矿安全攻坚年”活动，实施严厉打击计划外作业、重大事故隐患严查、重大灾害防治、减量重组优化升级、基础提升五个专项行动，对发生安全事故的煤矿和相关责任人实行提级处理和问责。统筹加强危化品、非煤矿山、建筑施工、道路交通等重点行业领域专项整治，确保取得实效。大力推进信访法治化建设，健全公共法律服务体系，将矛盾纠纷化解在萌芽状态。深化“平安昔阳”建设，把扫黑除恶作为重大政治任务，严厉打击各类黑恶势力违法犯罪行为，完善突发事件应急管理机制，为经济社会发展创造安全稳定的环境。

提升公共服务水平。坚持教育优先发展，建设昔阳中学教学综合楼、职业中学教学综合楼、新城中学、新城幼儿园、北关幼儿园、皋落幼儿园，持续改善办学条件；启动“县域义务教育优质均衡发展县”创建工作，推进义务教育管理标准化学校建设，60%的学校年内达标；深化中小学校长职级制改革、城乡义务教育一体化改革、中高考制度改革和中小学教师“县管校聘”改革，稳步提升教学质量。实施“健康昔阳”战略，建设中医院、新城医院、妇幼医院，完成三都乡卫生院搬迁、20个村级卫生室提标改造，深入推进城乡医疗卫生机构一体化改革，创建“省级慢性病综合防控示范县”。构建现代公共文化服务体系，年底顺利通过国家示范区验收。强化基础设施建设，实施沟坝地整治、农村饮水安全巩固提升等水利工程，实施张家庄500千伏输变电工程，实施333.33公顷土地开发整理工程，完善建制村通硬化路、窄路面拓宽等县乡公路改造提质工程，进一步提高全县公共服务水平。

完善社会保障体系。切实做好困难群体就业工作，新增城镇就业和转移农村劳动力完成市定任务。持续提高社保扩面征缴和医保服务水平，做好全县机关事业单位养老保险入轨运行，加快城乡居民统一的基本医疗保险制度、医保异地就医直接结算和医保支付方式改革等工作。不断完善特困人员供养、救灾救济、医疗救助等救助体系，兜住兜牢民生底线。巩固“省级食品安全示范县”创建成果，积极推进“智慧食药”建设，开展“示范超市”创建活动，加强食品药品安全监管，确保人民群众“舌尖上的安全”。

同时，要持续发展妇女儿童、老龄、慈善和红十字会等事业。增强做好民族宗教、外事、侨务、对台等工作的意识。支持国防建设，加强双拥工作。

各位代表！2018年县政府将全力办好群众急需、普遍受益的十件民生实事：一是健康暖心工程。免费对全县农村妇女进行“两癌”筛查，对全县怀孕妇女进行产前检查与诊断，实施残疾预防重点干预和残疾儿童抢救性康复项目。二是网络覆盖工程。对3.4万农户进行有线电视网络覆盖，对县城重点公共区域进行无线网络全覆盖。三是文化惠民工程。免费送戏下乡80场，农村电影公益放映4000场。四是厕所提标工程。农村无害化厕所改造3000座，县城高标准厕所达到34座。五是供暖扩容工程。县城新增集中供热面积80万平方米。六是扶贫保障工程。为39614名建档立卡贫困人口购买返贫责任保险，开展农村进城务工人员和城镇失业人员职业技能培训3510人。七是城乡增绿工程。县城新增绿化面积7.5万平方米，农村建设一批小绿园。八是基础提质工程。投资5000余万元建设库城至马岭关旅游路，投资2800余万元改造农村电网，投资900余万元铺设县城给水专线关山水库至安坪段直供管道。九是河道治理工程。投资3000万元对赵壁河19.4公里河道进行治理，投资900万元对松溪河、城西河、城北河、思乐河污水管网进行改造。十是乡村清洁工程。农村市场化清洁新增63个行政村，总数达到230个，覆盖群众15.3万人。

各位代表！保障和改善民生是真挚的为民情怀，解决好民生问题是崇高的价值追求。抓民生就是要从人民群众最关心最直接最现实的利益问题做起，一件接着一件办、一年接着一年干，以人民满意作为工作的最高标准，以实际行动兑现政府的庄严承诺。

三、建设人民满意政府

各位代表！幸福都是奋斗出来的。完成宏伟目标，实现美好愿景，对政府自身建设提出了新的更高要求。我们必须提高政治站位，树牢“四个意识”，增强“四个自信”，撸起袖子、甩开膀子，苦干实干、争先进位，努力建设人民满意政府。

一要忠诚坚定勇担当。始终把政治建设放在首位，切实加强政府系统党的建设，坚决在思想上政治上行动上同以习近平同志为核心的党中央保持高度一致，坚决贯彻落实中央、省市决策部署，扛起使命、强化责任，直面挑战、动真碰硬，在克难攻坚中诠释忠诚，在推动发展中体现担当。

二要履职尽责善作为。牢固树立“人民政府为人民”的理念，认真落实市委“三个三”⑬工作思路和举措，聚焦发展所需、基层所盼、民心所向，以只争朝夕的精神、马上就办的作风，认真履职、尽心尽责，用脚步丈量民情、用服务增添民利，用我们的辛苦指数换取人民群众的幸福指数，更好地满足人民日益增长的美好生活需要，努力创造经得起历史、实践和人民检验的新业绩。

三要依法诚信塑形象。严格遵守宪法和法律，始终做到法定职责必须为、法无授权不可为，依法接受人大的法律监督和工作监督，自觉接受政协的民主监督，主动接受群众监督和舆论监督。坚持言必信、行必果，说到做到、办就办好，精心打造“六最”营商环境，全力构建亲清的政商环境和诚信的社会环境，不断塑造政府的良好形象。

四要清正廉洁守规矩。以永远在路上的韧劲和执着，加强政府系统党风廉政建设和反腐败工作，落实管党治党主体责任，惩治群众身边的腐败问题。把作风建设贯穿于日常工作和生活，深入推进“两学一做”学习教育常态化制度化，扎实开展“不忘初心、牢记使命”主题教育，严格执行中央“八项规定”实施细则及省市县实施办法，坚决纠正新“四风”问题，以上率下，严格约束，勤政廉政，任何时候都不搞特权、不谋私利，努力实现干部清正、政府清廉、政治清明。

各位代表！每一代人都有每一代人的长征路，每一代人都要走好自己的长征路。在昔阳这片热土上，我们的前辈曾经创造了许多骄人的业绩和辉煌。现在，全面建成小康昔阳、全面实现乡村振兴就是我们这一代人必须走好的长征路。新时代赋予我们新使命，新征程需要我们新担当。让我们更加紧密地团结在以习近平同志为核心的党中央周围，认真践行习近平新时代中国特色社会主义思想，在县委的坚强领导下，和全县人民一道，踏石留印、抓铁有痕，抢抓机遇、争先争上，为实现经济社会振兴崛起、全面建成小康昔阳而努力奋斗！

名词注解：

①“八大增收路径”：特色农业、劳务就业、光伏产业、乡村旅游、农村电商、金融惠民、林业生态、社会兜底。

②“五抓五提升”：抓“四城”创建提升县城品位，抓“五乱”整治提升乡村颜值，抓“三线”治理提升环境级次，抓“六区”打造提升区域特色，抓“五化”覆盖提升整体形象。

③“十集中”：小吃集中、熟食集中、果蔬集中、汽修集中、汽配物流集中、废

品集中、寄递物流集中、农机交易集中、电商集中、建材集中。

④“放管服效接”：“放”即简政放权，降低准入门槛；“管”即公正监管，促进公平竞争；“服”即高效服务，营造便利环境；“效”即提升效能，建设高效政府；“接”即做好承接，更加方便群众。

⑤“双随机、一公开”：随机抽取检查对象，随机选派执法检查人员，抽查情况及查处结果及时公开。

⑥“13710工作制度”：“1”是重大事项1天研究部署；“3”是3天内反馈办理情况；“7”是一般性问题7天内落实；“1”是重大问题包括一些复杂问题1个月内解决，确实解决不了的，拿出解决的时间节点和方案；“0”是所有事项都要跟踪到底、销号清“0”，做到事事有着落，件件有结果。

⑦“六最”营商环境：审批最少、流程最优、体制最顺、机制最活、效率最高、服务最好。

⑧乡村振兴“六大工程”：农业质量提升工程、美丽宜居乡村建设工程、乡村文化繁荣工程、乡村体系善治工程、脱贫转战小康工程和城乡融合发展工程。

⑨整治农业面源污染“五大行动”：畜禽粪污资源化利用、化肥农药使用量零增长、秸秆综合化利用、农膜回收试点和农田节水。

⑩“五送五创建”：开展送戏剧、送电影、送图书、送节目、送器材活动，创建文明乡村、文明机关、文明企业、文明学校、文明家庭。

⑪“三权分置”：所有权、承包权、经营权分置。

⑫“三块地”改革：农村土地征收、集体经营性建设用地入市、宅基地制度试点改革。

⑬“三个三”：坚持目标导向、问题导向、结果导向“三个”导向；落实基础工作、重点工作、亮点工作“三个清单”；提升政治能力、创新能力、执行能力“三个能力”。

昔阳县人民代表大会常务委员会工作报告

——2018年4月10日在昔阳县第十七届人民代表大会第三次会议上

昔阳县人大常委会主任　李显鸣

过去一年的主要工作

过去的一年，在中共昔阳县委的坚强领导下，县人大常委会深入贯彻落实党的十八大、十九大精神和习近平新时代中国特色社会主义思想，坚持党的领导、人民当家作主、依法治国有机统一，按照“五位一体”总体布局和“四个全面”战略布局，紧紧围绕县委提出的“全市争上游，东山创一流，实现昔阳经济社会振兴崛起”的重大思路和要求，认真履行宪法和法律赋予的职责，全面完成县十七届人大二次会议确定的目标任务，常委会各项工作取得了新的进展。

一、提高政治站位，强化使命担当，在坚持正确政治方向上提升新境界坚定党对人大工作领导的思想自觉

常委会始终把坚决维护习近平总书记核心地位、坚决维护党中央权威和集中统一领导作为依法履职、开展工作的根本政治保证。一年来，常委会党组专题理论学习23次，举办专题讲座5次，把学习贯彻十九大精神和习近平总书记系列重要讲话精神作为重大政治任务，不断强化“四个意识”、坚定“四个自信”。按照省委“九个深刻把握”的要求，用习近平新时代中国特色社会主义思想武装头脑、引领方向、指导实践，深刻领会新时代坚持和完善人民代表大会制度的新要求，准确把握新征程中人大工作与时俱进、完善发展的正确方向，为做好新时代人大工作奠定了坚实的思想基础。

坚定党对人大工作领导的政治自觉。常委会党组全面履行党要管党、从严治党主体责任。高度重视巡视整改落实工作。扎实开展“两学一做”主题教育活动。坚持以党章为根本遵循，不断完善和落实民主集中制各项制度，严肃党内政治生活，认真开展批评与自我批评，牢固树立政治理想，正确把握政治方向，坚定站稳政治立场，严格遵守政治纪律，把对党忠诚、为党分忧、为党尽职、为民造福作为根本政治责任，永葆共产党人政治本色，在优化政治生态、实现振兴崛起进程中强化政治担当，积极履职尽责。

坚定党对人大工作领导的行动自觉。常委会自觉把人大工作放到全县工作大局中思考和谋划，保证中央决策部署和省委、市委、县委要求在人大工作中有效贯彻执行，统筹开展监督、决定、任免、代表等各项工作。2017年共召开人民代表大会1次、常委会会议13次、主任会议17次，听取审议“一府两院”专项工作报告16项，组织开展执法检查3次，完成民主法治改革任务3项。常委会突出政治标准，严格法律程序，依法任免国家机关工作人员14人，其中副县长2人、监委会代主任1人，保障了国家机关的正常运转，有力地发挥了地方国家权力机关的职能作用。

二、突出工作重点，回应民生关切，在促进经济社会发展上展现新作为

加强经济工作监督。围绕中心、服务大局，关注热点、直面问题，是一年来常委会开展监督工作的基本思路。常委会听取审议国民经济和社会发展计划执行情况、全县农业供给侧结构性改革情况工作报告，建议政府要抢抓经济逐步向好的有利时机，不断破除体制机制障碍，有效激发市场主体活力，坚定推进农业供给侧结构性改革，引起了政府的高度重视。常委会听取审议财政决算报告、预算执行报告、审计工作报告。针对常委会组成人员的审议意见，政府全力做好组织收入工作，进一步规范预算决算编制和管理，提高财政资金使用绩效，有效防范地方债务风险。针对预算执行审计查出的问题，常委会专门听取整改情况报告，督促12个相关问题得到了有效解决。常委会听取和审议了县政府关于全县重点工程项目建设情况的报告，就进一步化解要素瓶颈、加强项目储备、提高服务质量、健全完善责任落实机制、狠抓质量安全管理提出意见建议，得到了政府积极采纳。会后，政府进一步加大推进力度，全县66项重点工程项目进展顺利。

加强民生工作监督。常委会紧紧围绕群众关注的脱贫攻坚、道路建设、城市建设、社会养老、公共文化服务等方面工作开展监督，收到了良好效果。脱贫攻坚是全面建成小康社会的底线任务和标志性指标，是必须打赢的一场硬仗。常委会坚决贯彻县委关于脱贫攻坚的决策部署，综合运用专题调研、听取审议专项报告等监督方式，打出了一套环环相扣的“组合拳”。并在全体人大代表中深入开展监督问效、结对帮扶、集言纳谏、示范引领“四大行动”，形成打赢脱贫攻坚战的强大合力，助推全县脱贫摘帽任务圆满完成。常委会听取和审议全县公共文化服务体系建设情况的报告，提出改进工作的意见建议14条，督促政府加快推进县文化馆和图书馆建设进度，优化基层公共文化资源配置，探索公共文化服务市场化经营新方式，不断满足广大群众对美好文化环境的新期待。常委会听取和审议全县医养结合养老服务体系建设情况报告，就加强政策配套、完善养老服务体系、破解人才短缺难题、加大资金支持力度等方面提出意见建议15条，为促进全县养老事业的健康发展发挥了积极的作用。

加强执法司法工作监督。常委会积极回应人民群众对良好生态环境的热切期待，全面加强环境保护和生态文明建设工作的监督。听取和审议了关于全县环境质量状况和环境保护目标完成情况的报告，配合市人大常委会开展以“推进环境质量改善，推动美丽晋中建设”为主题的环保法律法规执法检查暨晋中“环保行”活动，坚持边行边查边改，把新闻媒体舆论监督的过程变为解决问题的过程，让治理污染、保护环境成为全社会的共同行动，取得了明显成效。针对检查中发现的一批环境污染突出问题，政府及有关部门对相关企业及时下达限期整改督办通知，促进了问题的解决。常委会开展了安全生产“一法一条例”执法检查，督促全面贯彻落实安全生产法律法规和政策规定，强化工作措施，增强全社会安全生产意识，推动安全生产工作水平不断提高。常委会听取和审议了县人民法院关于案件受理工作情况报告和县人民检察院关于民事行政检察监督工作情况报告，县“两院”认真落实整改建议，深入推进立案登记制度改革，切实做到有案必立，有诉必理。不断加强对诉讼活动全过程和重点环节的法律监督，进一步建立、完善了民事行政检察工作的联系制度和办案协调机制。常委会高度重视信访工作，2017年共受理人民群众来信来访36人次，跟踪督办省、市人大转办交办案件3起，常委会领导亲自协调督办，一抓到底，促进了一批信访案件的解决，维护了人民群众的合法权益和社会的和谐稳定。

三、发挥主体作用，优化服务水平，在推动代表依法履职上实现新突破，代表与人民群众的联系更加紧密

人大代表根植于人民群众，与人民群众保持密切联系是人大代表的应尽职责。按照全国人大关于完善人大代表联系人民群众制度的实施意见精神，常委会雷厉风行抓落实，在12个乡镇和城区社区组建了15个“人大代表之家”，各代表小组依托“人大代表之家”这个平台，紧紧围绕促进县委重大决策部署的贯彻落实搞活动，紧紧围绕代表意见建议的提出和督办落实搞活动，紧紧围绕解决人民群众关注的热点难点问题搞活动，活动实效不断增强。特别是县四套班子领导中的代表主动参加活动，发挥了很好的示范表率作用，极大地推动了活动的深入开展。各代表小组共联系代表230余人次，组织培训代表467人，代表接待选民306人次，开展视察活动16次，收集意见建议50余条。“人大代表之家”真正成为了代表联系群众的重要场所、学习培训的重要阵地、议政督政的重要平台，受到了省市人大的充分肯定。

代表建议办理质量稳步提升。人大代表对各方面工作提出建议、批评和意见，是依法履行代表职务、行使代表权利的重要内容。县十七届人大二次会议期间，人大代表认真履行神圣职责，围绕推进昔阳经济社会振兴崛起及保障和改善民生等重大问题，提出106件意见建议，合并重复内容，共需办理82件，每一件建议都装满了民意、凝集了代表们的智慧和心血，充分彰显了人大代表对责任的执着、对使命的担当和对人民利益义无反顾的坚守。常委会高度重视代表意见建议的办理工作，形成了常委会对“一府两院”集中交办、部门“一把手”亲自领办、常委会相关工委对口督办的代表建议办理工作机制。注重发挥新闻媒体监督作用，充分利用《代表之声》栏目，深度报道代表建议落实情况，共制作播出了5期节目，代表和群众反响强烈。截至目前，建议所提问题已经解决或基本解决的68件，正在办理或已列入工作计划的11件，暂时不能办理，以后积极创造条件逐步办理的3件，特别值得一提的是一批多年反映未决的意见建议，得到了有效解决和落实。如李瑞荣代表关于解决乔家峪沟五村人畜吃水的建议，县政府将其列入全县60处农村饮水安全工程和维修养护工程，去年11月工程竣工，乔家峪沟人畜饮水困难问题得到了有效解决。赵敏、赵乃平代表关于强化农村学校师资力量、关注农村教育、稳定农村教师队伍等建议，县政府采取招聘特岗教师、发放下乡补贴、送教下乡等措施予以解决。陈立斌、师成如、李东生等代表关于硬化楼坪至罗庄12公里县级路、修建杜庄至北石龛公路、修复“7·19”水毁桥梁道路等建议。已完成楼坪至脉山头路段沥青路面铺设，其余路段实施已列入2018年“四好农村路”建设计划。

代表履职服务和保障进一步加强。常

委会通过“请进来走出去”和以会代训、集中学习等方式，对代表进行了2次集中培训。组织代表参加常委会组织的调研活动40人次，参加监督、评议、征求意见和座谈等活动36人次。安排代表列席常委会会议47人，参加“两院”开放日活动32人，为代表订阅《中国人大》杂志和《人民代表报》，利用人大微信公众平台，发布人大工作信息，有效拓宽了代表知情知政渠道。常委会高度重视人大代表队伍管理，为代表参加代表大会、闭会期间参加各项代表活动以及其他履职情况建立履职档案，进一步规范完善了代表履职管理制度。

四、顺应时代要求，着力作风转变，在加强常委会自身建设上取得新成效，立足长效加强制度建设

规范常委会党组、机关党组运行机制，修订机关工作制度16项，基本形成体现国家权力机关特点，涵盖机关运行各个方面的制度体系。狠抓已有制度执行，不断巩固靠制度办文、办会、办事，靠制度管人、管事、管物的良好局面。

驰而不息加强作风建设。坚决扛起全面从严治党主体责任，制定常委会党组和机关党组落实党风廉政建设主体责任的实施意见和责任清单，出台机关落实中央八项规定精神实施细则，高标准完成市委专项巡视及整改任务。深入推进“两学一做”常态化制度化主题教育，按照习近平总书记关于纠正“四风”重要指示精神，对改进会风、提高会议质量提出具体要求。

从严从实加强队伍建设。严格按照“好干部”标准，加强机关干部政治、组织、纪律建设。着眼提高代表素质，加强干部学习培训工作，在参加省、市、县集中培训的基础上，分两批次组织县人大常委会组成人员、机关工作人员、乡镇人大主席，赴青岛市人大干部培训中心学习，努力提升常委会组成人员和人大干部依法履职的能力和水平。

各位代表，2017年县人大常委会工作成绩的取得，是在中共昔阳县委的正确领导下，全体常委会组成人员和人大代表共同努力的结果，也是县“一府两院”及社会各方面大力支持与积极配合的结果。在此，我谨代表县人大常委会，向各位代表，向所有关心、支持人大工作的领导和社会各界人士，表示崇高的敬意和衷心的感谢！

各位代表，我们必须清醒地认识到，县人大常委会工作中还存在不少问题和不足，主要是：监督机制有待完善，监督的实效需要进一步增强；讨论决定重大事项的制度有待完善，工作力度需要进一步加大；同代表和群众的联系渠道还需拓展，对代表履职管理和服务保障工作需要进一步加强。我们将高度重视这些问题，虚心听取各方意见，自觉接受监督，切实加以改进。

2018年的主要工作

2018年，是贯彻党的十九大精神的开局之年，是改革开放40周年，是决胜全面建成小康社会、实施“十三五”规划承上启下的关键一年。县人大常委会工作的总体思路是：高举中国特色社会主义伟大旗帜，以习近平新时代中国特色社会主义思想为指导，全面贯彻党的十九大精神和习近平总书记视察山西重要讲话精神，紧紧围绕省委、市委、县委决策部署，坚持党的领导、人民当家作主、依法治国有机统一，依法履行宪法和法律赋予的职责；统筹推进监督、决定、任免和代表工作，狠抓常委会自身建设，努力提高人大工作的质量和水平，为全面开创新时代昔阳经济社会振兴崛起崭新局面做出新的更大的贡献。

一、加强重大事项决定和人事任免工作

认真履行法定职能坚持党的领导和人大依法决定有机统一，紧紧围绕全县改革发展稳定重大问题和人民群众普遍关心的突出问题，有计划地开展专题调研和视察，依法作出决议决定。按照中央《关于健全人大讨论决定重大事项制度、各级政府重大决策出台前向本级人大报告的实施意见》精神，出台我县的贯彻实施意见，进一步明确各类重大事项范围及决定程序，提高行使重大事项决定权的科学化、法治化水平。

坚持党管干部原则和人大常委会依法行使任免权的有机统一，郑重行使人事任免权，确保党委人事意图圆满实现。严格执行宪法宣誓制度。强化对常委会任命人员履职情况的监督，保证人民赋予的权力始终用来为人民服务。制定出台关于对任命人员加强监督的意见，明确任后监督的形式和方法。安排县人大常委会任命的政府工作部门负责人在县人大常委会会议上作履职发言，增强被任命人员履职意识、责任意识和接受监督意识。

二、加强监督工作，增强监督实效

服从服务于全县工作大局，坚持正确监督、有效监督，听取和审议“一府两院”专项工作报告14项，开展执法检查和执法调研5项，开展专题调研6次，组织代表集中视察2次，开展专题询问1次，促进“一府两院”依法行政、公正司法。

围绕县委“全力打造乡村振兴示范县、转型综改主阵地、对外开放桥头堡、宜居宜业明星城”决策部署，开展重要事项的监督。以推动全县经济高质量发展为目标，听取审议国民经济和社会发展计划、财政预算的执行情况报告、审计报告和审计查出问题整改情况报告，听取和审议县经济技术开发区建设情况报告；听取和审议全县乡村振兴战略实施情况报告；听取和审议全县农业特色产业发展情况报告。以促进全县生态环境质量改善为目标，听取和审议全县环境状况和环境保护目标完成情况报告，继续配合省、市人大开展环保法律法规执法检查暨“三晋环保行”活动。以推动社会事业发展为目标，听取和审议全县脱贫成果巩固提升工作和美丽乡村建设情况报告；听取和审议农村公共文化服务发展情况报告；听取和审议全面深化新时代教师队伍建设情况报告；听取和审议政府承诺的“十件实事”落实情况报告，并组织代表进行集中视察。以提高小区服务管理水平为目标，组织开展《物业管理条例》执法检查。以司法体制改革和规范化建设为目标。听取和审议县人民法院关于执行工作情况报告；听取和审议县检察院关于落实司法改革工作情况的报告；以加快法治昔阳建设为目标，加强宪法宣传教育，大力弘扬宪法精神，切实维护宪法尊严和法制统一。

创新完善监督工作，形成监督合力，提升监督实效。听取“一府两院”专项工作报告前要安排相应的专题调研或座谈会，不断提高常委会审议质量。加强对常委会审议意见的跟踪督办，定期听取审议意见落实情况报告，推动问题解决、工作改进，让人民群众从人大监督中收获更多实惠。

三、加强代表工作，充分发挥代表作用

如何做好代表工作，是检验人大工作是否维护代表权益，政府及其部门工作是否以民为中心的重要标志。2018 年代表工作要继续发挥“人大代表之家”的平台作用，在坚持和完善已有代表活动机制的基础上，集中力量、下大力气围绕“用好代表之家、倾听代表之声、探索代表之路、做实代表工作”开展工作。适时召开经验交流会，增强做好代表工作的自觉性和主动性，不断提高代表联系群众工作的质量和水平。充分运用网络和移动终端等技术手段，推动代表履职规范化、常态化，实现履职管理信息化、透明化。

进一步完善代表意见建议办理机制，督促承办单位加强与代表直接沟通，把代表建议的办理过程变成密切与代表、与人民群众联系的过程。强化办理重点建议的督办工作，探索推行代表建议办理情况网上公开，逐步实现建议办理由“文来文往”到“人来人往”、“答复满意”向“结果满意”转变。评选表彰优秀代表、优秀建议、优秀承办单位。

完善代表知情知政、履职活动等平台。重大事项、重要活动及时向代表通报。健全代表学习制度，举办各类专题培训、专业培训，使代表深入了解经济社会发展情况。细化保障措施，做好代表集中视察、专题调研、列席常委会会议等服务工作，各工作机构加强与相关行业、专业代表的联系，切实保障代表依法行使职权。

四、加强自身建设，努力提高依法履职水平

把深入学习贯彻习近平新时代中国特色社会主义思想作为学习贯彻党的十九大精神的重点，联系人大工作实际，在学懂弄通做实上下功夫。树牢“四个意识”，增强“四个自信”，坚决维护习近平总书记核心地位和权威、维护以习近平同志为核心的党中央权威和集中统一领导。深入推进“两学一做”学习教育常态化制度化，扎实开展“不忘初心，牢记使命”主题教育，用习近平新时代中国特色社会主义思想武装头脑、引领方向、指导实践，确保人大工作正确政治方向。

加强常委会党组和机关党组建设，扛起管党治党责任，积极支持县纪委监委派驻纪检监察组聚焦主责主业、监督执纪问责，把党风廉政建设落到实处。认真落实中央八项规定精神，扭住“四风”持续发力，重点防止形式主义、官僚主义抬头，完善作风建设长效机制。大兴调查研究之风，办好常委会专题讲座，不断提高常委会组成人员依法履职的能力。大力宣传人大制度优势、人大工作实践和人大代表风采。加强机关建设，努力造就理想坚定、政治可靠、业务精湛、作风优良、廉洁勤政的人大机关干部队伍。

各位代表！新时代承载新使命，新任务要有新担当。让我们紧密团结在以习近平同志为核心的党中央周围，在中共昔阳县委的坚强领导下，不忘初心、牢记使命、锐意进取、扎实工作，为实现“全市争上游，东山创一流，奋力开创新时代昔阳经济社会振兴崛起崭新局面”努力奋斗！

关于昔阳县2017年财政预算执行情况和2018年财政预算草案的报告

——2018年4月9日在昔阳县第十七届人民代表大会第三次会议上

昔阳县财政局局长　张胜利

一、2017年财政预算执行情况

2017年，在县委、县政府的坚强领导下，在县人大、县政协的监督指导下，财税部门深入学习贯彻习近平新时代中国特色社会主义思想，主动适应经济发展新常态，坚持稳中求进工作总基调，积极应对复杂多变的经济发展形势，通过深化财税体制改革，坚持依法理财，优化支出结构，着力保障民生，充分发挥职能作用，围绕中心，服务大局，攻坚克难，扎实工作，预算执行情况较好。

（一）公共财政预算变动情况

2017年，本级预算经县十七届人大二次会议审查通过后，在预算执行中，根据上级财政追加、追减专项指标和本级预算调整情况，全县预算做了相应调整。

2017年全县公共财政收入预算为54100万元，与人代会批准的一致；县本级公共财政支出预算由149614万元变动为188220万元，增加38606万元，主要是上级专项转移支付以及债务预算等增加支出所致。

（二）公共财政预算执行情况

2017年，全县公共财政预算收入完成57038万元，占年初预算54100万元的105.43%，超收2938万元，比上年收入52088万元增长9.5%，增收4950万元，其中：税收收入完成34203万元，占年初预算的117.54%，超收5103万元，比上年的26887万元增长27.21%，增收7316万元；非税收入完成22835万元，占年初预算的91.34%，短收2165万元，比上年的25201万元下降9.39%，减收2366万元。

2017年的公共预算收入是自2015年负增长以来，第一次实现了稳步提高的增长速度，增速由2016年的3.85%提高至

2017年的9.59%。增长结构更趋平衡合理，税收收入增幅较高为27.21%，税收收入的增长仍是受煤炭市场的影响，煤炭需求总量回升，价格上涨，直接体现为煤炭税收增长。非税收入负增长为-9.39%，充分体现了中央减税降费的财政政策效应，一些收费项目的取消，降低了企业负担，优化了企业发展环境，为企业自身壮大发展奠定了基础。

按照现行财政体制结算，2017年全县公共预算地方财政收入总计为204373万元，包括：本级公共财政收入57038万元，上级补助收入95318万元（其中：返还性收入4139万元，一般性转移支付收入54747万元，专项转移支付收入36432万元），基金预算调入9187万元，其他资金调入229万元，动用预算稳定调节基金19283万元，上年结转、结余收入15818万元，转贷债券资金7500万元。上述收入剔除上解上级支出832万元后，地方财政公共预算实现财力总计为203541万元。

2017年公共财政预算支出执行为175817万元，地方政府性债务还本支出2500万元，安排预算稳定调节基金12821万元，收支相抵后结余12403万元，其中：结转下年使用12403万元，净结余为零。

公共预算主要功能支出科目执行情况：

教育支出执行25961万元，为调整预算的86.03%。2017年继续完善了农村义务教育经费保障机制，拨付资金1124万元支持义务教育薄弱学校改善基本办学条件；投入150万元续建完工新城学校一座，解决了571名学生的就近入学问题；进一步完善贫困学生财政资助体系，拨付资金693万元，使4052人次贫困学生获得资助；投入资金130万元用于对突出贡献的教师实施奖励，营造了尊师重教的社会氛围；投入658万元继续用于落实高中教育免学费政策。

文化体育与传媒支出2395万元，为调整预算的91.27%。拨付213万元用于继续推进体育馆、文化馆、图书馆和乡镇文化站等公益性文化设施向社会免费开放；投入189万元用于利用闲置资源改建较高水平的图书馆一座，不断提高公共文化服务质量；投入342万元用于乡村文化建设，推进乡村文化产业多元融合发展。

社会保障和就业支出28037万元，为调整预算的99.38%。一是提高城乡低保资金发放标准，城市低保月保障标准由450元提高到485元，农村低保年保障标准由2920元提高到3300元，2017年共拨付城乡低保补助资金2291万元，使困难群众基本生活水平得到了进一步保障；二是投入361万元用于继续落实就业再就业优惠政策，促进了就业困难人员再就业，维护了社会稳定。三是投入资金944万元实现“五保”供养对象应保尽保；四是拨付各项优抚安置资金2112万元，落实了残疾军人、烈属、在乡红军老战士、老复员军人等优抚对象和涉军人员的生活补助。五是投入432万元用于养老院建设及运行，全力保障养老体系建设。六是全面启动机关养老保险制度改革，为下一步顺利实现养老体系并轨奠定了基础。

医疗卫生与计划生育支出12835万元，为调整预算的97.41%。加大了对城乡居民医疗保险的补助力度，实现医疗保障全覆盖，财政补助标准由每人每年的420元提高到450元。整合城乡医疗救助补助资金，进一步扩大了救助范围，2017年救助人次达到了13173人次；基本公共卫生服务项目人均经费标准从45元提高到50元，并重点向农村医疗卫生倾斜；投入187万元用于对农村重大疾病、慢性病的防控工作；投入467万元用于乡（村）卫生院（室）建设的投入，优化农民就医环境。

节能环保支出3992万元，为调整预算的74.97%。为进一步改善空气质量，拨付163万元用于淘汰黄标车补贴，拨付577万元用于退耕还林，补贴煤层气开采企业2019万元；投入400万元用于污水处理，不断提升城市生产生活污水处理质量；投入190万元用于饮用水源地污染治理，提高饮用水质量。

城乡社区支出10441万元，为调整预算的99.93%，主要安排用于县城供水、供气、供热、市政道路、园林绿化等公共基础设施建设，提升城市公共服务承载能力。

农林水支出44558万元，为调整预算的90.11%。一是大力整合纳入整合范围的涉农资金2.24亿元用于脱贫攻坚，2017年扶贫支出24256万元，比上年的5032万元增长了3.8倍，增加19224万元，575个扶贫项目涉及151个贫困村、18405个贫困户、15个重点涉农部门。二是加大农村水利、交通等公共设施投入，投入资金1093万元支持水利重点项目建设，投入资金1165万元用于农村饮水安全，投入资金5179万元用于农村“畅返不畅”公路建设。三是大力支持现代农业项目建设，筹措资金1680万元，支持推进“一村一品”项目、粮食产能工程、农机推广体系建设等现代农业发展项目，促进了农业生产力的提高和农业产业结构的调整，为增加农民收入奠定了基础。四是落实各项强农惠农补贴政策，2017年共拨付农业支持保护补贴、农机购置补贴资金2187万元。五是落实农业林业保险保费补贴政策，2017年共拨付保险补贴资金483万元，提高了“三农”抵御风险的能力。六是继续对低收入农户发放冬季取暖用煤补贴1670万元，惠及农户83489户。七是继续深化农村综合改革，2017年拨付1022万元，推进村级公益事业建设“一事一议”财政奖补工作，促进了农村生产生活条件的改善。八是加大了对农村基层组织运转支出，2017年共支出村级管理费3100万元，平均每村达到了9.5万元，其中村干部年人均报酬达到了1.5万元。九是为壮大村集体经济，向上级争取资金1000万元，县级安排配套200万元，对12个试点村集体经济进行了扶持。交通运输支出5200万元，为调整预算的98.91%，主要安排用于农村“四好”公路建设、公路水毁抢修。国土海洋气象等支出8259万元，为调整预算的91.72%，主要安排用于高标准农田建设、土地复垦、矿山环境恢复治理等。住房保障支出5776

万元，为调整预算的 99.89%。大力解决低收入家庭的住房问题，2017 年新开工城镇保障性安居工程 256 套，基本建成 256 套，支持 1360 户农村贫困户改造危房。

其他科目支出情况：一般公共服务支出 14028 万元，为调整预算的 99.6%；国防支出 90 万元，为调整预算的 100%；公共安全支出 7877 万元，为调整预算的 99.4%；科学技术支出 1489 万元，为调整预算的 100%；资源勘探信息等支出 2770 万元，为调整预算的 98.01%；商业服务业等支出 1044 万元，为调整预算的 87.88%；粮油物资储备支出 215 万元，为调整预算的 100%；其他支出 10 万元，为调整预算的 9.1%；债务付息支出 840 万元，为调整预算的 100%。

关于上级对县税收返还和转移支付执行情况：

2017 年，我县共得到上级补助收入 95318 万元，其中：返还性收入 4139 万元，一般性转移支付收入 54747 万元，专项转移支付收入 36432 万元。税收返还和一般性转移支付资金依照统筹安排使用的原则，主要用于保工资、保运转和民生项目的各类支出。专项转移支付资金一般用于其规定的项目支出。2017 年，我县收到上级专项转移支付 36432 万元，加上上年结转的专项转移支付 12813 万元，共计 49245 万元，当年支出 40686 万元，其中：一般公共服务支出 696 万元，公共安全支出 100 万元，教育支出 3110 万元，科学技术支出 92 万元，文化体育与传媒支出 1111 万元，社会保障和就业支出 4180 万元，医疗卫生与计划生育支出 3890 万元，节能环保支出 2894 万元，城乡社区支出 130 万元，农林水支出 14920 万元，交通运输支出 2738 万元，资源勘探信息等支出 130 万元，商业服务业等支出 242 万元，国土海洋气象支出 3376 万元，住房保障支出 3072 万元，粮油物资储备支出 5 万元。

（三）政府性基金预算执行情况

2017 年，本级政府性基金收入完成 7079 万元，为年度预算的 75.31%，同比下降 53.77%，减收 8235 万元。本级收入加上上级补助收入 4867 万元、地方政府置换债券转贷收入（专项债券）5000 万元、上年结余收入 11714 万元，剔除调出资金 9187 万元、上解支出 6 万元后，基金总财力为 19467 万元。本年基金预算支出执行 16103 万元，收支相抵结余 3364 万元，全部结转下年使用。

（四）社会保险基金预算执行情况

2017 年，全县两项社会保险基金收入完成 13175 万元，为年度预算的 24.02%，同比增长 141.52%，增收 7720 万元。支出执行 5321 万元，为年度预算的 10.07%，同比增长 39.4%，增支 1504 万元。年末累计结余 18723 万元，其中：

1. 机关事业单位基本养老保险基金收入 7448 万元，支出 1232 万元，年末累计结余 6216 万元。

2. 城乡居民基本养老保险基金收入 5727 万元，支出 4089 万元，年末累计结余 12507 万元（包括上年累计结余 10869 万元）。

另外需要说明的是，因我县2017年国有资本经营预算收入暂时没有，故没有编制国有资本经营决算。

（五）贯彻落实县人大预算决议情况

2017年，县财税部门认真落实县十七届人大二次会议的决议，通过加强收入征管、调整支出结构、整合财政资金、强化财政管理，确保了工资发放、机关运转和基本民生支出，保障了扶贫攻坚等重点支出需要，支持促进了县域经济和全县各项社会事业和谐发展。

1. 扶持实体经济，狠抓财源培植。一是全面落实减税降费政策，继续加大产业发展扶持力度，大力扶持实体经济和培育新兴产业，实现企业达产增效。二是落实招商引资优惠政策，减少审批环节，缩短兑现时间，进一步优化发展环境。三是进一步加大对基础设施、民生工程的投入力度，在改善投资环境和提高财政对民生的保障能力的同时，为财政增收提供直接可靠的税源。

2. 优化支出结构，严格预算执行。一是牢固树立“过紧日子”的思想，围绕“保工资、保基本运转、保基本民生”的原则，调整支出结构，确保县委、县政府重大决策落实。二是加大民生投入，全力支持脱贫攻坚，着力增进民生福祉，2017年共计实现民生类支出15.02亿元，占一般公共预算支出的85.43%。三是严格执行人大批复的预算，强化预算约束，加大对各部门会议费、培训费等一般性支出的控减力度，2017年一般性支出下降5%。四是加快支出进度，提高预算执行到位率，动态监测预算执行情况，督促财政拨款规模较大的重点部门和单位加快预算执行进度。五是加强结转结余资金管理，建立结转结余资金清理收回、统筹使用长效机制，2017年共计收回财政存量和财政往来存量资金2423万元，主要用于脱贫攻坚、教育、卫生事业等领域，有效提高了财政资金使用效益。

3. 深化财税改革，提升管理效能。一是积极跟进财政事权与支出责任划分改革，逐步建立权责清晰、财力协调、标准合理、保障有力的基本公共服务制度体系和保障机制。二是稳步推进支出经济分类科目改革，在原有部门预算经济分类基础上，新增政府预算经济分类，以进一步提高预算透明度，适应加强财政预算管理和主动接受预算监督的需要。三是改革预决算信息公开方式，将部门预决算在规定时间内进行统一公开，确保部门预决算公开的时效性和规范性。四是巩固完善票据电子化管理运行改革。

4. 严格债务管控，防范系统风险。建立健全政府性债务风险应急处置防控体系，制定出台《昔阳县政府性债务风险应急处置预案》。对政府性债务进行全面清理，加强对不规范融资行为清理整改，严格规范政府购买服务行为。积极向上级争取新增债券和置换债券，争取到位债券资金1.25亿元，确保到期政府债务及时偿还。完善政府性债务考核体系，严禁擅自举借和担保债务，剥离融资平台公司政府融资职能，政府债务举借只能通过争取新增债券和上级转贷。严格控制债务规模，2017年末政府性债务余额为4.6亿元，将债务规模控制在了市级下达的4.9亿元债务限额以内，债务风险总体可控。

以上工作成绩的取得，离不开县委的正确领导，离不开县人大、县政协的支持监督，离不开各级各部门的密切配合、扎实工作，离不开全县人民对财政工作的理解支持。同时，我们也清醒地认识到当前财政运行仍存在很多问题：一是财源总量小，支柱产业结构不优，财政收入稳定性差；二是刚性支出大幅增长，民生领域、人员增资等刚性支出需求增长较快，财政保障能力稍显不足；三是财政收支平衡困难，有限的财力与社会需求之间存在一定差距。对此，我们一定高度重视，采取更加有力的措施，切实加以解决。

二、2018年财政预算草案

2018年是贯彻党的十九大精神的开局之年，是改革开放40周年，是实施“十三五”规划的关键一年。编制2018年预算，做好财政各项工作，具有十分重要的意义。

2018年全县预算编制的指导思想是：全面贯彻党的十九大精神、中央和省委、市委、县委经济工作会议精神，以习近平新时代中国特色社会主义思想为指导，坚持稳中求进工作总基调，坚持新发展理念，按照高质量发展的要求，以供给侧结构性改革为主线，继续落实积极的财政政策，着力优化支出结构，从严控制一般性支出，集中财力统筹推进稳增长、促改革、调结构、惠民生、防风险各项工作，全面深化财政改革，切实加强财政监管，进一步提升财政管理科学化水平，为全市争上游，东山创一流，奋力开创新时代昔阳经济社会振兴崛起崭新局面提供财力保障。

2018年全县预算编制的基本原则：一是收入预算要实事求是、积极稳妥，与经济社会发展水平相适应，充分考虑落实减税降费政策等因素影响。二是支出预算要统筹兼顾、突出重点，着力支持项目建设、产业转型、乡村振兴、深化改革、生态保护、民生改善六大攻坚战。三是坚持精打细算、勤俭节约、效益优先，注重提高财政支出绩效，努力盘活存量、用好增量，全面提高财政资源配置效率。四是按照量力而行的原则，合理确定财政支出标准，严格控制非急需、非刚性支出，加强跨年度预算平衡，增强财政可持续性。五是防范化解财政风险，积极稳妥化解累积的地方政府债务风险，有效规范地方政府举债融资，坚决遏制隐性债务增量。

按照上述指导思想、基本原则和我县经济社会发展有关要求，对一般公共预算、政府性基金预算和社会保险基金预算统筹安排如下：

（一）公共财政预算草案

1. 公共财政收入预算草案

2018年全县公共财政收入预算安排为60000万元，比上年同口径执行数57038万元增长5.19%，增加2962万元。做出这样的预期，考虑了目前我国经济发展的新常态，经济增速放缓；考虑了我县煤炭形势稍有回升；考虑了结构性减税、政策性减费、水资源税、环保税开征等税制改革因素等等。总的来看，收入预期符合我县经济社会发展和实际。

2018年公共预算收入分项安排情况是：税收收入预算安排39350万元，同口径比上年执行数34203万元增长15.05%，增加5147万元；非税收入预算安排20650万元，同口径比上年执行数22835万元下降9.57%，减收2185万元。按现行财政体制计算，2018年完成上述预算收入任务后地方财政收入总计预算为153448万元，其中：本级公共财政收入预算60000万元；上级补助收入预算安排为71045万元，其中：返还性收入4139万元，一般性转移支付44123万元，（包括具有专项用途的转移支付12062万元），提前告知的专项转移支付22783万元；上年结余结转收入12403万元；调入预算稳定调节基金10000万元。

2. 公共财政支出预算草案

编制支出预算要综合考虑县级财力和各项支出政策要求，遵循"防风险、保基本、促转型"的思路，坚持"突出重点、有保有压"的原则，确保支出安排在继续保工资、保运转、保民生的前提下，向项目建设、产业转型、乡村振兴、生态保护等方面倾斜。

2018年，按照收支平衡原则，支出总计安排153448万元，其中：

（1）全县公共财政支出预算安排151400万元，其中：当年财力安排支出106214万元，上年结转结余安排支出12403万元，当年提前告知专项转移支付安排支出22783万元，调入预算稳定调节基金安排支出10000万元。

（2）全县当年财力安排转移性支出2048万元，其中：体制上解支出551万元，专项上解支出1497万元（援疆上解77万元，采矿排水水资源费上解1420万元）。

公共财政支出预算安排按功能性科目分类为：一般公共服务支出13713万元，国防支出112万元，公共安全支出6485万元，教育支出36787万元，科学技术支出1232万元，文化体育与传媒支出1831万元，社会保障和就业支出20697万元，医疗卫生与计划生育支出12391万元，节能环保支出5297万元，城乡社区支出8490万元，农林水支出29200万元，交通运输支出1893万元，资源勘探信息等支出1757万元，商业服务业等支出528万元，国土海洋气象等支出5337万元，住房保障支出3186万元，粮油物资储备支出227万元，预备费1000万元，其他支出180万元，债务付息支出1057万元。

公共财政支出预算安排按政府经济科目分类为：机关工资福利支出12318万元，机关商品和服务支出9890万元，机关资本性支出（一）18439万元，对事业单位经常性补助52781万元，对事业单位资本性补助18985万元，对企业补助2253万元，对个人和家庭的补助24081万元，对社会保障基金补助4984万元，债务利息及费用支出 1057 万元，预备费及预留 1030 万元，其他支出 5582 万元。

2018 年，公共预算中上级补助收入预算 71045 万元，其中一般性转移支付 44123 万元和税收返还 4139 万元均统筹用于本级保工资、保运转和各类民生支出，专项转移支付 22783 万元也全部按项目安排列入本级预算，具体支出为：一般公共服务支出 24 万元，公共安全支出 116 万元，教育支出 3673 万元，文化体育与传媒支出 174 万元，社会保障和就业支出 3496 万元，医疗卫生与计划生育支出 2849 万元，节能环保支出 2143 万元，农林水支出 8934 万元，商业服务业等支出 25 万元，国土海洋气象支出 830 万元，住房保障支出 519 万元。

需要说明的是，上述支出预算安排中未包括 2018 年应偿还的 2015 年度债券资金 5000 万元，拟通过申请 2018 年度置换债券资金安排解决，另外，因财力紧张，个人刚性的、政策性配套已占据了大部分财力，一些必要的大型公益性的基础设施建设项目支出预算未能在此足额安排，下一步将考虑通过转贷地方政府性债券资金来解决。

（二）政府性基金预算草案

2018 年，我县政府性基金收入预算安排仍本着由财政部门汇同执收单位，综合考虑政策因素，结合各部门当年的工作计划，参照上年度实际收入，合理预计本年度各项基金收入。基金支出预算按照以收定支、收支平衡、专款专用的原则安排。

1. 政府性基金收入预算

2018 年，基金预算收入安排 10480 万元，同口径比上年实绩增长 48.04%，其中：国有土地出让金收入安排 7900 万元，国有土地收益金收入安排 1500 万元，农业土地开发资金收入安排 150 万元，污水处理费收入安排 180 万元，城市基础设施配套费收入安排 150 万元，其他政府性基金（城市公用附加）收入安排 600 万元。本级基金收入加上上年结转结余 3364 万元、上级提前告知基金专项转移支付 119 万元后，2018 年基金财力预算总计为 13963 万元。

2. 政府性基金支出预算

按照收支平衡的原则，2018 年政府性基金支出总预算安排 13963 万元，全部对应至各个基金科目，其中：社会保障和就业支出 71 万元，全部为上级专项安排的水库移民项目支出；城乡社区支出 12281 万元，主要是国有土地出让收入、污水处理费等安排的支出；商业服务业支出 35 万元，主要是旅游发展基金支出；其他支出 1209 万元，主要是城市公用事业附加、煤炭可持续发展基金、彩票公益基金安排的项目支出；专项债务付息支出 367 万元。年度基金预算安排收支平衡。

（三）社会保险基金预算草案

2018 年，我县本级社会保险基金只包括两项基金的收支，即机关事业单位养老保险基金和城乡居民基本养老保险基金，其余基金均由市级统筹，故本级社会保险基金预算只安排该两项。社会保险基金预算本年收入总计安排 14691 万元，其中：

机关事业单位养老保险基金收入预算 8871 万元，城乡居民基本养老保险基金收入预算 5820 万元。社会保险基金本年收入加上上年结余 18723 万元后，社会保险基金总财力为 33414 万元。两项社会保险基金支出预算安排 18466 万元，其中：机关事业单位养老保险基金支出预算 14190 万元，城乡居民基本养老保险基金支出预算 4276 万元。两项社会保险基金年末累计结余为 14948 万元，其中：机关事业单位养老保险基金结余 897 万元，城乡居民基本养老保险基金结余 14051 万元。

各位代表，2018 年我县的财政预算是严格按照《中华人民共和国预算法》编制的，在预算草案编制过程中，我们坚持“个人部分据实安排，基本公用经费零增长，项目预算先紧后松、量力而行”的原则。优先保证人员工资的发放、保证机关的正常运转，保证各类民生需求。因我县暂时没有国有资本经营预算收入项目，故暂未编制国有资本经营预算。

三、关于财政存量资金的盘活情况

2017 年，县财政部门、各相关预算单位积极落实国务院办公厅《关于进一步做好盘活财政存量资金工作的通知》（国办发〔2014〕70 号）的规定，盘活财政存量资金，对结转结余超过两年的资金全部收回，调整用于急需支付项目或预算稳定调节基金，将政府性基金调入公共预算统筹安排。截至 2017 年年底，盘活和使用 2016 年底财政存量资金 50493 万元，盘活率达到 88.91%。比上一年提高了 6.62 个百分点。2018 年，要继续贯彻落实有关规定，切实提高财政资金使用效益。

四、关于地方政府性债务的说明

2017 年初，我县地方政府性债务总余额为 3.63 亿元（包括或有债务），当年经市政府同意，市财政下达核定我县 2017 年度政府直接债务限额为 4.9 亿元，2017 年，在限额内我县转贷地方债券资金 1.25 亿元，其中：置换债券 0.25 亿元，新增债券 1 亿元。当年偿还债务 0.27 亿元，截至 2017 年底，我县地方政府性债务总余额为 4.61 亿元，比 2016 年增长了 27.27%，其中：①政府直接债务即政府负有偿还责任的债务余额为 4.59 亿元。②政府或有债务余额为 0.02 亿元。政府直接债务率为 25.12%，并且余额在债务限额内。

2018 年，经县政府研究决定，我县要在 2018 年的债务限额内继续申请转贷上级债券资金，一方面用于置换以前年度的到期债务或高息债务，另一方面要安排本年度在建或续建的公益性项目、精准扶贫项目。本年拟申请置换债券 0.5 亿元，置换 2017 年到期的债务，拟申请新增债券 1 亿元，重点支持城市保障房、供热供气管网建设、生态环境整治、学校建设、市政道路、农村公路建设、环境卫生等公益性事业。预计至 2018 年底，我县债务余额总计将达到 5.59 亿元，综合债务率预计为 28%，仍在债务风险警戒线之内。

五、人代会预算批准前本级财政支出情况

按照新预算法规定：预算年度开始后，

各级预算草案在本级人民代表大会批准前，可以安排下列支出：（一）上一年度结转的支出；（二）参照上一年同期的预算支出数额安排必须支付的本年度部门基本支出、项目支出，以及对下级政府的转移支出；（三）法律规定必须履行支付义务的支出，以及用于自然灾害等突发事件处理的支出。

截至2018年3月31日，县本级公共财政预算支出累计完成38587万元，其中：安排上一年度结转支出2099万元，参照上一年度同期的预算支出数额安排必须支付的本年度部门的基本支出14406万元，项目支出11788万元，本年度上级专项转移支付安排的支出10294万元。

截至2018年3月31日，县本级政府性基金预算累计支出2003万元，其中：安排上一年度结转支出1571万元，参照上一年度同期的预算支出数额安排必须支付的本年度部门的项目支出432万元。

六、2018年财政工作措施

2018年，财税部门将继续围绕县委、县政府的战略决策，抓增收保支出、做实主业；惠民生促发展、抓牢主线；控风险提绩效、明确主攻，为全县经济社会平稳发展做出更大努力。

（一）加强和改善宏观调控，促进经济持续健康发展

一是继续认真贯彻落实积极的财政政策，严格落实各项结构性减税政策，进一步提高预算执行的及时性、有效性和安全性，发挥财政资金促经济发展的职能作用，推动全县经济在不断转变经济发展方式和优化经济结构中实现持续健康发展。二是全力支持投资持续增长，发挥好投资对经济增长的关键作用。增加并引导好民间投资，同时在打基础、利长远、惠民生，又不会造成重复建设的基础设施领域加大公共投资力度。三是强化财政收入组织工作，提高支持经济发展的成效。深化财政收入征缴改革，改进征管方式，降低征管成本，构建财政收入稳定增长机制，促使经济增长成果更好地向财政增收转化。

（二）切实保障和改善民生，促进社会事业发展

一是拓宽民生建设筹资渠道，建立财政民生投入长效机制。不断调整和优化财政支出结构，确保对教育、农业、医疗卫生、就业保障、公益文化、节能减排、住房保障等民生支出的投入，落实好各项为民办实事的项目资金。二是加强民生保障，提高人民生活水平，逐步解决人民日益增长的美好生活需要和不平衡、不充分的发展之间的矛盾。继续加大教育投入，推进教育均衡发展；继续加强城乡社会保障体系建设，重点保障低收入群众基本生活；继续推进公共卫生服务体系建设，完善医疗卫生体制改革；继续加大农业投入，巩固脱贫攻坚成果；继续加强保障性住房建设和管理，解决低收入群体“住房难、住房贵”的问题。

（三）不断深化财政改革，提升财政管理水平

一是不断深化财政预算管理制度改革。

进一步细化和完善由公共财政预算、政府性基金预算、国有资本经营预算和社会保险基金预算组成的政府预算体系，并加大资金统筹使用力度，注重从制度层面促进预算均衡执行。二是牢固树立绩效理念，积极推进预算绩效管理改革。着力推进重点领域、重点项目、重点资金特别是专项资金和项目的绩效管理，同时强化绩效评价结果应用的有效性。三是强化预算执行，严控一般性支出管理。继续按照只减不增原则严格控制“三公”经费，压缩非急需、非刚性一般性支出，严格会议费、差旅费等支出标准，节约资金统筹用于经济社会发展的重点领域和薄弱环节。四是高度重视财政领域存在的风险隐患，加强地方政府性债务管理。建立健全地方政府债务规模管理和风险预警机制，切实防范财政债务风险。五是强化财政监督，建立健全财政监督体系。加快建立事前、事中、事后监督相结合的新机制，采取专项监督和日常监管相结合的方式，推动财政监督延伸到所有政府性资金和财政运行全过程。

各位代表，当前经济形势十分复杂，财政改革任务十分艰巨，我们将在县委的坚强领导下，在县人大、县政协的监督指导下，开拓进取，扎实工作，努力完成各项目标任务。为加快建设幸福、和谐、魅力、实力、活力新昔阳作出新的更大的贡献。

名词注解：

政府收支分类：从2007年开始，我国政府预算收支从功能上正式采用新的政府收支分类体系，2018年起对政府支出实施经济分类改革。

一是对政府收入进行统一分类。按照科学标准和国际通行做法，将政府收入划分为税收收入、社会保险基金收入、非税收入、债务收入以及转移性收入5类。从分类结构看，分设类、款、项、目四级。以“增值税”收入为例，四级结构对应为：税收收入（类级科目）→增值税（款级科目）→国内增值税（项级科目）→国有企业增值税（目级科目）。收入分类科目设置逐级细化，满足了不同层次的管理需求。

二是对政府支出按功能进行分类，更加清晰地反映政府的各项职能活动，显示政府的钱用来“干了什么”，用在了哪些方面。按政府的职能和活动设置类、款、项三级科目，以“教育”支出为例，三级结构对应为：“教育支出”（类级科目，反映政府的某一项职能）→“普通教育”（款级科目，反映政府为完成教育职能而在“普通教育”方面开展的工作）→“小学教育”（项级科目，反映政府在“普通教育”中用于“小学教育”这个具体方面的支出情况）。

三是对政府支出按经济性质进行分类，反映政府各项支出的具体用途，显示政府“怎么花钱”的问题。支出经济分类主要设置类、款两级，类级科目主要包括：机关工资福利支出、机关商品和服务支出、机关资本性支出（一）、机关资本性支出（二）、对事业单位经常性补助、对事业单位资本性补助、对企业补助、对企业资本性支出、对个人和家庭的补助、对社会保障基金补助、债务利息及费用支出、债务还本支出、转移性支出、预备费及预留、其他支出等；款级科目是对类级科目的细化，如“机关工资福利支出”进一步细分为工资奖金津补贴、社会保障缴费、住房公积金、其他工资福利支出等。全面、明细的支出经济分类，为加强政府预算管理，加强部门财务管理，以及进行政府统计分析提供了重要工具。

全口径预算：就是把政府所有收支全部纳入统一管理，其目标定位于构建一个覆盖所有收支，不存在游离于预算外的政府收支，是将所有类型的财政资金收支都纳入统一管理体系的制度框架。目前我国政府管理预算的基本格局由公共财政预算、政府性基金预算、国有资本经营预算、社会保险基金预算和其他预算组成。

公共财政收入：指按照现行财政体制规定列入地方预算，直接缴入地方金库的财政收入。具体由两部分组成：一是税收收入，包括增值税、企业所得税、个人所得税的地方分享部分，资源税、城市维护建设税、房产税、印花税、城镇土地使用税、土地增值税、车船税、契税、耕地占用税等；二是非税收入，包括专项收入、行政事业性收入、罚没收入、国有资本经营收入、国有资源（资产）有偿使用收入、捐赠收入、政府住房基金收入、其他收入等。

公共财政支出：指列入地方预算的财政支出，其支出项目按功能设置“类”级科目，包括：一般公共服务支出、国防支出、公共安全支出、教育支出、科学技术支出、文化体育与传媒支出、社会保障和就业支出、医疗卫生与计划生育支出、节能环保支出、城乡社区支出、农林水支出、交通运输支出、资源勘探信息等支出、商业服务业等支出、金融支出、国土海洋气象等支出、住房保障支出、粮油物资储备支出、预备费、国债还本付息支出及其他支出等。其资金来源包括用地方当年财力安排的支出、上年结余、调入资金和中央一般性及专项转移支付补助收入安排的支出。

政府性基金收入：指各级政府及其所属部门根据法律、行政法规并经国务院或财政部批准，向公民、法人和其他组织征收的政府性基金，以及参照政府性基金管理或纳入基金预算、具有特定用途的财政资金。如：国有土地使用权出让收入。

政府性基金支出：指用政府性基金收入对应安排的支出。

社会保险基金：是指为了保障保险对象的社会保险待遇，按照国家法律、法规，由缴费单位和缴费个人分别按缴费基数的一定比例缴纳以及通过其他合法方式筹集的专项资金。社会保险基金主要包含五大类，分别是：基本养老保险基金、基本医疗保险基金、工伤保险基金、失业保险基金和生育保险基金。

国有资本经营预算收入：是指政府以国有资产所有者身份，依法从国有企业取得的国有资本投资收益。主要包括：国有独资企业按规定上交的利润；国有控股、参股企业国有股权（股份）获得的股息、股利；企业国有产权（含国有股份）转让收入；国有独资企业清算收入（扣除清算费用），以及控股、参股企业国有股权（股份）分享的公司清算收入（扣除清算费用）和其他收入。

国有资本经营预算支出：主要包括：调入一般公共预算和补充社会基金，用于民生保障和改善，体现国有资本收益的全民共享；费用性支出，用于解决国有企业历史遗留问题及支付相关改革成本和国有企业政策性亏损补贴等；资本性支出，用于对国有企业的资本金注入，支持国有经济做大做强做优。具体的支出项目，依据国家宏观经济政策以及国有企业改革和发展任务，统筹安排确定。

部门预算：是政府预算的细化，反映一个部门所有的收入和支出。部门预算的收入除公共财政预算财政拨款收入外，还有政府性基金财政拨款收入、事业收入、事业单位经营收入、其他收入等；部门预算的支出由基本支出和项目支出构成，其中，基本支出是为保证机构正常运转和完成日常工作任务所必需的支出，项目支出是为完成特定工作任务或事业发展任务而发生的支出。

预算绩效管理：是政府绩效管理的重要组成部分，是一种以支出结果为导向的预算管理模式。实施预算绩效管理，有利于强化政府预算，为民服务的理念，强调预算支出的责任和效率，实施预算绩效管理，要求在预算编制、执行、监督的全过程中，更加关注预算资金的产出和结果，要求政府部门不断改进服务水平和质量，花少量的资金，办尽量多的实事，向社会公众提供更多更好的公共产品和服务，使政府行为更加务实、高效。

政府和社会资本合作模式（简称PPP）：是政府采取竞争性方式择优选择具有投资、运营管理能力的社会资本，双方按照平等协商原则订立合同，明确责权利关系，由社会资本提供公共服务，政府依据公共服务绩效评价结果向社会资本支付相应对价，保证社会资本获得合理收益。

国库集中收付制度：一般也称为国库单一账户制度，包括国库集中支付和集中收缴制度。是指由财政部门代表政府设置国库单一账户体系，将所有财政性资金的收入和支出全部纳入国库单一账户体系管理和核算。财政收入通过国库单一账户体系直接缴入国库，财政支出通过国库单一账户体系，由财政集中支付或授权预算单位支付到商品和劳务供应商或最终用款单位。未支用的财政资金均保留在国库单一账户，由财政部门代表政府进行管理运作。

转移支付制度：是政府间的一种补助，是以各级政府之间所存在的财政能力差异为基础，以实现各地公共服务均等化为目标，而实行的一种财政资金转移或财政平衡制度。目前转移支付主要由一般性转移支付和专项转移支付构成。一般性转移支付不规定具体用途，由接受拨款的政府自主使用，包括均衡性转移支付、固定数额补助、县级基本财力保障机制奖补资金、基层公检法司转移支付、义务教育转移支付、基本养老保险和低保转移支付、新型农村合作医疗转移支付、农村综合改革转移支付、重点生态功能区转移支付等；专项转移支付又称专项拨款，是有附加条件、规定资金使用范围的转移支付，要求专款专用。

政府支出经济分类：

501 机关工资福利支出：反映机关和参照公务员法管理的事业单位（以下简称参公事业单位）的工资福利支出。下设 4 款：工资奖金津补贴、社会保障缴费、住房公积金、其他工资福利支出。

502 机关商品和服务支出：反映机关和参公事业单位的商品和服务支出。下设 10 款：办公经费、会议费、培训费、专用材料购置费、委托业务费、公务接待费、因公出国（境）费用、公务用车运行维护费、维修（护）费、其他商品和服务支出。

503 机关资本性支出（一）：反映机关和参公事业单位资本性支出。下设 7 款：房屋建筑物购建、基础设施建设、公务用车购置、土地征迁补偿和安置支出、设备购置、大型修缮、其他资本性支出。切块由发展改革部门安排的基本建设支出中机关和参公事业单位资本性支出不在此科目反映。

504 机关资本性支出（二）：反映切块由发展改革部门安排的基本建设支出中机关和参公事业单位资本性支出。下设 6 款：房屋建筑物购建、基础设施建设、公务用车购置、设备购置、大型修缮、其他资本性支出。

505 对事业单位经常性补助：反映对事业单位（不含参公事业单位）的经常性补助支出。下设 3 款：工资福利支出、商品和服务支出、其他对事业单位补助。

506 对事业单位资本性补助：反映对事业单位（不含参公事业单位）的资本性补助支出。下设 2 款：资本性支出（一）、资本性支出（二）。

507 对企业补助：反映政府对各类企业的补助支出，对企业资本性支出不在此科目反映。下设 3 款：费用补贴、利息补贴、其他对企业补助。

509 对个人和家庭的补助：反映政府用于对个人和家庭的补助支出。下设 5 款：社会福利和救助、助学金、个人农业生产补贴、离退休费、其他对个人和家庭补助。

510 对社会保障基金补助：反映政府对社会保险基金的补助以及补充全国社会保障基金的支出。下设 2 款：对社会保险基金补助、补充全国社会保障基金。

511 债务利息及费用支出：反映政府债务利息及费用支出。下设 4 款：国内债务付息、国外债务付息、国内债务发行费用、国外债务发行费用。

599 其他支出：反映不能划分到上述经济科目的其他支出。下设 4 款：赠与、国家赔偿费用支出、对民间非营利组织和群众性自治组织补贴、其他支出。

人大审查预算怎么开展：政府预算必须经国家权力机关批准后才能生效并实施，即预算的法定性。在我国，政府预算经本级人民代表大会审查批准后，即具有法律效力，应当得到严格执行，非经法定程序，不得改变。

审查和批准政府预算，是宪法和法律赋予各级人民代表大会的重要职权，也是发挥人大监督政府职能的具体体现。

现行法律法规对人大审查预算赋予的职权：

宪法对人民代表大会及其常委会的预算管理职权、政府的预算管理职权做出了规定。

人民代表大会的职权：审查和批准预算及预算执行情况；人大常委会的职权：审查和批准预算调整方案；

政府的职权：预算编制权，预算执行权。

人大预算审查的重点内容：

新《中华人民共和国预算法》第四十八条规定：全国人民代表大会和地方各级人民代表大会对预算草案及其报告、预算执行情况的报告重点审查下列内容：

1. 上一年预算执行情况是否符合本级人民代表大会预算决议的要求；

2. 预算安排是否符合本法的规定；

3. 预算安排是否贯彻国民经济和社会发展的方针政策，收支政策是否切实可行；

4. 重点支出和重大投资项目的预算安排是否适当；

5. 预算的编制是否完整，是否符合本法第四十六条的规定；

6. 对下级政府的转移性支出预算是否规范、适当；

7. 预算安排举借的债务是否合法、合理，是否有偿还计划和稳定的偿还资金来源；

8. 与预算有关重要事项的说明是否清晰。

关于昔阳县2017年国民经济和社会发展计划执行情况与2018年国民经济和社会发展计划草案的报告

——2018年4月9日在昔阳县第十七届人民代表大会第三次会议上

昔阳县发展和改革局局长 王业伟

一、2017年全县国民经济和社会发展计划执行情况

2017年，在县委的坚强领导下，全县上下以党的十九大精神为指引，深入贯彻落实习近平新时代中国特色社会主义思想，围绕“全市争上游，东山创一流，全面建成小康昔阳”的发展目标，举全县之力，聚全民之智，抓扶贫促增收、抓项目促发展、抓招商促增长、抓生态促提升，全县呈现出经济平稳发展、民生持续改善、社会和谐稳定的良好局面。

（一）经济运行不断向好，综合实力显著增强

2017年，全县上下认真贯彻落实中央、省、市宏观调控政策，把转方式、调结构、促升级放在更加重要的位置，全力支持实体经济发展。全县地区生产总值完成72.5亿元，同比增长5.3%；规模以上工

业增加值完成31.5亿元，同比增长2.9%；固定资产投资完成43.2亿元，同比下降11.6%；一般公共预算收入完成57038万元，同比增长9.5%；社会消费品零售总额完成27亿元，同比增长7.1%；城镇常住居民人均可支配收入完成24174元，同比增长6.4%；农村常住居民人均可支配收入完成8587元，同比增长10.9%。总体来看，全县经济总量稳步增长，主要经济指标高于同期、好于预期。

（二）工业转型步伐加快，产业结构不断优化

我县“煤电气化”四大产业稳步发展，新能源、新材料、生物医药、节能环保等新兴产业不断涌现。北京科莱固废处理、石家庄尚太锂离子电池负极材料、济南陆美斯新型蓄光材料等新型项目成功引进、顺利落地，皋落风电一期、大寨药业饮片厂、鼎丰瓦斯发电等一批转型项目按期开工，扎实推进。一批转型项目建成投产，工业产业结构进一步优化。

（三）农村经济发展平稳，特色产业扎实推进

在保持传统农业稳步发展的前提下，“菜果猪菌药”规模发展、多元发展、链式发展。“金谷阳光”成为国际商标，昔阳小米、双孢菇、压饼、香核桃被认定为国家地理标志产品；继续扶持食用菌产地冷储、冷链配送、干鲜品等多环节加工，引进了处置农畜废弃物的有机肥项目，多链缔结、闭合循环的发展格局正在形成。

（四）项目建设成效显著，基础设施日趋完善

坚持把项目建设作为拉动经济增长的主引擎，2017年共实施重点工程66项，涉及工业、农业等17个领域。重点实施60处农村饮水安全工程和维修养护工程，饮水安全达标率达到99.7%；投资2188万元改造提升农村电网，县域内全部通了动力电；优化升级36个贫困村互联网信号，互联网覆盖率达97.8%；投资3.54亿元实施县城道路建设改造和农村公路提质工程，“四横八纵”的城市路网格局全面形成，全县建制村通硬化路和通客车率实现“双百”目标；实施“煤改气”工程，改造11659户，完成市定任务的145.7%。继续推进土地开发，新造耕地349.73公顷。重点项目顺利推进，基础设施更加完善。

（五）社会事业全面发展，幸福指数继续攀升

脱贫攻坚连战连胜。全县17823户、38635人稳定脱贫，146个贫困村整村退出，贫困发生率降到了省定范围之内，顺利通过省级第三方评估验收，交出了率先脱贫的“昔阳答卷”。

教育事业稳步发展。实施中小学校、幼儿园校舍新建改造工程，新城学校建成使用，完成高中校长职级制改革，高考成绩继续保持领先。医疗改革继续深化。组建了昔阳医疗集团，促进了一体化管理，降低了管理运行和服务成本；医养结合走出新路，全省幸福家庭创建现场会在我县召开。文化事业持续进步。深入开展国家

公共文化服务体系示范区创建工作，盘活资源，提标改造，县文化馆、图书馆开放运营，公共文化服务水平跃升全市上游。新增保障性住房256套，改造农村危房1360户，易地搬迁768户2145人。环境质量不断改善，住房保障更加全面，社会大局和谐稳定。安全生产形势总体平稳，信访突出问题有效化解。

此外，民族宗教、文物保护、档案史志、老龄慈善、残联事业、妇女儿童等其它社会事业加快发展，防震减灾、应急管理、气象服务、国防动员等工作扎实推进。

总的来看，2017年我县国民经济和社会发展计划执行情况良好，但仍然存在许多不容忽视的困难和问题。一是产业集聚度不够高，带动能力强的战略项目不多；二是工业经济块头不够大，农业基础设施不完善等。这些问题需要引起高度重视，在今后的工作中采取积极措施加以解决。

二、2018年全县国民经济和社会发展的总体要求和主要目标

（一）总体要求

2018年是贯彻党的十九大精神的开局之年，是改革开放40周年，是实现经济社会振兴崛起、全面建成小康昔阳的关键一年。做好2018年全县经济和社会发展各项工作意义重大。

2018年全县经济工作的总体要求是：以习近平新时代中国特色社会主义思想为指导，全面贯彻党的十九大精神和中央、省市各项重大决策部署，紧扣社会主要矛盾变化，按照高质量发展的要求，紧紧咬定市委“全面挺进全省第一方阵”任务，坚持项目支撑、坚持改革驱动、坚持开放融合、坚持民生共享、坚持党建引领，全力打造乡村振兴示范县、转型综改主阵地、对外开放桥头堡、宜居宜业明星城，全市争上游，东山创一流，奋力开创新时代昔阳经济社会振兴崛起崭新局面。

（二）主要预期目标

地区生产总值增长7%；规模以上工业增加值增长8%；固定资产投资增长12%；社会消费品零售总额增长7.5%；一般公共预算收入增长5.19%；城镇常住居民人均可支配收入增长7%；农村常住居民人均可支配收入增长10%。

三、2018年全县国民经济和社会发展的主要任务和措施

实现2018年全县国民经济和社会发展目标，要重点抓好以下工作。

（一）持续优化产业结构，促进工业转型升级

推进资源型经济转型。贯彻落实《国务院支持山西省进一步深化改革促进资源型经济转型发展意见》，按照“稳煤、扩电、壮化、增气、培新”的发展思路，夯实“煤、电、气、化”四大经济支柱产业，大力培育新兴产业。中煤、阳煤、丰汇、安顺四大煤炭集团所属煤矿，要持续开展质量安全标准化达标创建工作，提升技术装备水平，提升煤矿安全监管能力；煤层气热电联产、鼎丰瓦斯发电、金寨风力发电、斯能风电二期等项目要加速推进，确保总装机容量超过1000兆瓦；年产10万

吨普通树脂项目要加快进度，阳煤氯碱、阳煤电石等化工企业要精细化管理、规范化运行，实现质量效益双提升；漾泉蓝焰、瑞阳煤层气公司要加大力度，攻克技术难关，提升抽采能力；加快推进锂离子电池负极材料、新型蓄光材料生产、科莱固废处理等6个转型项目，努力打造新兴产业集聚地。

（二）推进农业提质增效，努力提高农民收入

在确保粮食安全的基础上，加快构建现代农业产业体系。加快农业园区化发展。继续推进菜果猪菌药和杂粮的“5+1”产业发展，重点实施以双孢菇为主的食用菌产业园、以药食同源中药材为主的育苗园和以农林复合、果药间作为主的特优区现代农业产业园。加快农业规模化发展。实施东部4万亩核桃增效、1万亩板栗扩规，中部1万亩连翘、1万亩构树，西部1万亩沙棘和全县100万平方米食用菌振兴工程。抓好品牌农业建设。充分发挥金谷阳光、厚基伟业、四通润农菌业等龙头企业的辐射带动作用，致力抓好特色农业、生态农业、休闲农业、品牌农业，紧紧依托“互联网+”壮大农村电商，完善物流配送，构建形成现代农业产业体系，让更多昔阳品牌、昔阳“味道”走出山西，走向全国。

（三）扎实推进项目建设，增强经济发展功能

深入“开展转型项目建设年”活动，按照《昔阳县转型项目建设实施意见》总体要求，围绕4大目标任务，做好28项具体工作，落实6大保障措施，全力实施概算总投资96.13亿元的39项重点工程。重点抓好济南陆美斯1300吨蓄光材料、山西晋祥50万吨环保节能活性石灰等项目，加快实现产业集聚、企业集群、效益集成。加快项目建设进度。4月底续建项目全部复工，新建项目开工40%以上，6月底前新建项目全部开工，确保项目落地落实。抓好项目谋划和储备，推出一批战略性、可行性强的重大项目。建立县级项目储备总库和行业子库，储备项目总投资超过130亿元，实现按季调度，滚动管理。要对入库项目进行预审，实行分类别、分年度、分乡镇、分部门管理。继续实行领导包项目责任制，开展“进工地、到一线、解难题”活动，协调解决项目建设中遇到的实际困难和问题，确保项目按期投产达效。

（四）实施乡村振兴战略，统筹城乡协调发展

乡村振兴是党中央的一项重大战略决策，是新时代“三农”工作的总抓手，也是实现经济社会振兴崛起、全面建成小康昔阳的重中之重。要按照“产业兴旺、生态宜居、乡风文明、治理有效、生活富裕”的总要求，结合乡村振兴“六大工程”，争创全市乡村振兴示范县。大力发展特色农业。围绕“一村一品”，扶持台上苹果、洪川板栗、静阳大米、孔氏栗蘑、北圪梁盆栽叶菜、朱石铺南瓜粉、界都连翘茶、东固壁粉条、长岭高筋粉和旱垣西红柿等十大特色鲜明、品质优良的农产品，完成地

理标识认证和无公害、绿色、有机三品认证，创建4–5个农产品质量安全标准园。

加快美丽乡村建设。改善人居环境，补齐农村基础设施短板。积极推进“垃圾、污水、厕所”三大革命，开展美丽宜居示范村“四级联创”，年内打造3个示范乡镇、60个示范村和1000个示范户，再现山清水秀、天蓝地绿、村美人和的美丽画卷。乐平镇要创建国家级卫生乡镇。全面完成巴洲、赵壁、皋落、东冶头等10个中心村的乡村规划编制，加快南庄、静阳、穆家会、三烈等10个国家传统古村落的申报工作。

统筹推进新型城镇化。加快完善城乡规划体系，全面推进户籍制度改革，推动城乡协调发展。继续实施人居环境提质工程。深入实施农村人居环境整治三年行动，抓好农村生态治理，全面铺开农业面源污染整治“五大行动”。启动乡村绿化工程，抓好四旁绿化、村庄绿化、庭院绿化和公共场所绿化等。投资2亿元实施县城水系提标工程，投资12.5亿元推进城中三区、祯祥悦二区、幸福里、书香门第、学府家园二期等住房安居和棚户区改造工程，建成棚户安置房、公共租赁房613套，投资1亿元实施大寨桥改造、胡窝路拓宽、沾岭路延伸和学府路贯通工程，配套城市供气、供水、排水、排污等市政建设，实施新城区集中供热管网续建工程，完成沾岭公园建设和江口西街、迎宾西街绿化，县城新增绿化面积7.5万平方米。

（五）注重改善民生事业，促进社会和谐发展

促进教育事业健康发展。全面推进义务教育均衡发展、中小学校长职级制改革、城乡义务教育一体化改革、中高考制度改革，启动中小学教师“县管校聘”改革。大力优化学校布局，推动城乡教师合理流动，全面提升教育教学质量。加快推进昔阳中学、职业中学新建教学综合楼工程进度，建设新城中学、新城幼儿园、皋落幼儿园、北关幼儿园、大寨幼儿园等新建改造工程。

健全医疗服务体系。实施“健康昔阳”战略，深入推进城乡医疗卫生机构一体化改革，启动“省级慢性病综合防控示范县”创建，实施县中医院、新城医院、妇幼院建设工程，完成20个村级卫生室新建任务，加快东冶头镇和皋落镇医养中心建设。

提升公共服务水平。加快现代公共文化服务体系建设，建设“数字图书馆”平台，提高公共文化服务数字化能力和水平。推动全民健身和体育惠民，办好汽车越野赛、柔力球等精品赛事。加快完善农村公共文化服务网络，配套建设文化广场。做好困难群体就业工作，持续推进社保扩面征缴和医保服务水平。加大城乡和社会救助力度，坚决把民生底线兜住兜牢。做好脱贫巩固提升，继续抓好产业带动、示范引领、扶贫保障等工作，确保年内完成市定脱贫目标任务。做好非遗项目的传承保护和开展志愿服务工作。积极推

进安全生产、信访维稳、民族宗教、妇女儿童、档案史志等其它社会事业。

各位代表，做好2018年工作，任务艰巨，责任重大。我们将在县委的坚强领导下，在县人大的依法监督和县政协的民主监督下，全面贯彻落实本次大会通过的各项决议，齐心协力、真抓实干，以强烈的责任感、使命感，努力完成2018年国民经济和社会发展目标任务，为开创新时代昔阳经济社会振兴崛起崭新局面而努力奋斗。

昔阳县人民法院工作报告

——2018年4月10日在昔阳县第十七届人民代表大会第三次会议上

昔阳县人民法院院长　裴志东

2017年工作回顾

2017年，昔阳县人民法院在中共昔阳县委的坚强领导和上级法院的有力指导下，在县人大、县政府、县政协和社会各界的监督支持下，以习近平新时代中国特色社会主义思想为指导，认真贯彻落实党的十九大精神，紧紧围绕“努力让人民群众在每一个司法案件中感受到公平正义”的工作目标，牢牢把握“司法为民、公正司法”的工作主线，攻坚克难、改革创新，强化党建工作，提高队伍素质，忠实履行职责，维护公平正义，深化司法改革，提升司法公信，为昔阳的政治稳定、经济发展、社会和谐、人民幸福做出了积极的贡献。

一、坚持公正司法，维护社会公平正义

我们围绕全县工作中心，狠抓执法办案第一要务，着力服务全县工作大局，2017年共受理各类案件1687件，同比上升1.6%，审（执）结案件1588件，同比上升5.5%，结案率94.13%，同比上升约4个百分点。

惩治犯罪维护社会稳定。2017年受理刑事案件108件，审结99件，结案率91.67%。一是严惩暴力犯罪，严厉打击故意伤害、强奸、聚众斗殴、寻衅滋事等严重刑事犯罪，坚持从重从快，决不手软，全力维护全县的社会稳定。二是严惩危害群众财产安全犯罪，严厉打击抢劫、抢夺、盗窃等侵财犯罪，有效地保护人民群众的财产权利。三是严惩电信网络犯罪，严厉打击通过互联网进行非法吸收公众存款、诈骗、造假售假等犯罪，保护人民群众安居乐业。四是严惩腐败分子，严厉打击贪污贿赂、挪用公款、渎职犯罪，推动反腐败斗争深入开展。五是全面贯彻“宽严相济”的刑事政策，打击与保护并重，惩治与防范并举，既打击犯罪，又保障人权，对那些严重危害社会治安的刑事犯罪分子，坚持依法从严打击，又要对未成年犯罪、初犯、偶犯、有自首、立功表现的犯罪分子，依法从宽处理，做到当严则严，该宽则宽，罪刑适应，罚当其罪，实现法律效果和社会效果的有机统一。

化解矛盾促进社会和谐。2017 年受理各类民商事案件 996 件，审结 950 件，结案率达 95.38%。一是积极化解各类矛盾纠纷，妥善处理民间借贷、合同纠纷案件，规范市场秩序，惩治违约失信，维护诚实守信。二是坚持平等保护原则，依法审理涉及人身损害赔偿案件和涉民生的劳动争议、拖欠劳动报酬等纠纷，充分维护劳动者的合法权益。三是精心审理婚姻家庭、赡养、抚养、继承、相邻权纠纷案件，促进家庭和睦，增近邻里友善，弘扬社会美德，维护公序良俗。四是始终坚持“调解优先、调判结合、案结事了”的工作原则，加大调解力度，2017 年调撤结案 364 件，调撤率达 38.3%，促进了社会和谐。多措并举破解执行难题。2017 年共受理各类执行案件 553 件，执结 509 件，执结率为 92%，执结标的额达 909.34 万元。一是积极开展涉企合同、涉民生案件、金融债务等执行专项行动，强化措施，穷尽手段，充分利用查封、扣押、划拨等手段强化执行措施，提升执行效果。二是强化执行联动，充分发挥执行指挥中心职能，运用网络查控等科技手段与金融机构及工商、房管、车管部门联动，大力提升执行效率。三是加大惩戒力度，惩治拒执行为，将拒不履行生效裁判义务的被执行人在电视、网络上公开曝光，列入失信被执行人名单，限制高消费，对情节严重的依法司法拘留，涉嫌犯罪的，移送公安机关依法追究刑事责任。

2017 年共有 269 名被执行人、11 个单位被列入失信人名单，限制高消费，司法拘留 24 人，为实现“基本解决执行难”目标迈出了坚实的步伐。

攻坚克难打好脱贫攻坚。脱困扶贫是党中央做出的战略部署，是全县工作的重中之重，我们坚决执行县委的正确决策。在审判执行工作任务繁重，人力、财力不足的情况下，克服困难，迎难而上，举全院之力投入到脱贫攻坚战役中，深入到皋落镇的六个村，对 303 户贫困户扎实扶贫，投入大量人力、物力和财力，全力开展脱贫攻坚，取得良好的成效。

二、落实司法为民，满足群众司法需求

牢固树立司法为民理念，始终把重民生、排民忧、解民难作为工作的出发点和落脚点，从强化服务措施入手，不断满足人民群众多元化的司法需求。

切实改进诉讼服务，让群众诉讼更加方便。一是落实立案登记制，做到有案必立、有诉必理，有效保障当事人诉权。二是建立多元化解决纠纷机制，完善诉调对接中心，快捷地化解矛盾，解决纠纷。三是加强司法救助，2017 年累计发放司法救助金 3.4 万元，为经济确有困难的当事人缓、减、免交诉讼费 9.8 万元。四是积极开展巡回审判，设立流动法庭，深入到边远山区巡回审理案件 61 起，减少当事人的诉累，提高了审判效率。五是扎实做好信访工作，对群众来信来访，做到事事有回音，件件有落实，妥善化解涉法涉诉信访案件。2017 年共接待涉法涉诉来访 90 余人次，认真做好十九大期间的信访工作，取得了良好的效果。

深入推进司法公开，让司法活动更加透明。倾力打造阳光司法工程，不断完善庭审直播公开、裁判文书公开、审判流程公开、执行信息公开四大平台建设，坚持以公开为原则、不公开为例外，将司法公开覆盖法院工作的各个环节，应当公开审判的全部公开，应当透明的活动全部透明，真正实现将审判执行工作置于人民群众的有效监督下。2017 年共公开裁判文书 1706 份，直播庭审 104 件，司法公开取得明显成效。

切实加强法制宣传，让普法范围更加广泛。过去一年，我们认真落实“谁执法谁普法”的责任，利用审判以案说法、裁判文书附加法律条文、与电视台联合承办“法在身边”栏目，积极参与“12·4”国家宪法日宣传，积极开展法院开放日活动。

三、推进司法改革，提升司法公信

按照中央决策和上级法院的统一部署，我们积极稳妥地开展以落实司法责任制为核心的司法体制改革，准确把握改革政策，突出改革重点，以钉钉子精神坚定不移地推进司法体制改革。

全面完成人员分类。按照上级法院要求，结合我院实际，积极稳妥地推进人员分类，严格程序，遴选员额法官 11 名，组建审判团队两个，形成“5–3–5”的审判团队，新聘任书记员 9 名。入额法官全部一线办案，新型审判权运行机制初步形成。全面落实司法责任制。法官审理案件，独立裁判，直接签发文书，院、庭长不再层层审批。院、庭长深入一线，亲自办案。严格落实干预过问案件登记制度，将审判权还归法官，真正实现让审理者裁判，让裁判者负责，法官对所办案件终身负责。

深化审判方式改革。积极推进以审判为中心的刑事诉讼改革，推进庭审实质化，完善庭前会议、非法证据排除、量刑规范化制度，贯彻“疑罪从无”理念，在确保有罪人得到惩处的同时，无罪的人不受刑事追究。

加强智慧法院建设。加大投入力度，着力打造法院信息化版和“智慧法院”，推动信息化转型升级。目前为止，我院已建好执行指挥中心，与上级法院相互联动。5 套标准型数字化法庭建成运用，实现庭审全程同步录音录像，满足远程审判、庭审互联网直播需求。办公 OA 系统开始运用、案件电子档案自动生成，逐步实现办公自动化，为公正司法、为民服务和司法改革提供了有力的技术支持。

四、强化党的建设，打造过硬队伍

以习近平总书记提出的“五个过硬”要求为目标，大力加强人民法院队伍建设，切实提升正规化、专业化、职业化水平。加强思想政治建设，确保方向明确、政治过硬。全面加强党的建设，学习贯彻十九大精神和习总书记系列重要讲话精神，深入开展以“维护核心，见诸行动”为主题的“两学一做”学习教育活动，坚持把“两学一做”学习教育常态化与审判执行工作结合起来，不断强化理想信念、党性和宗旨教育。坚持以党建带队建、促审判的工作思路，提高政治站位，严守政治纪律和政治规矩，维护党中央权威和集中统一领导，牢固树立“四个意识”和社会主义核心价值观，增强“四个自信”，将昔阳法院的各项工作置于县委的坚强领导之下，确保法院工作的正确方向。

强化司法能力建设，确保业务精通、能力过硬。建立动态培训机制，实行分级分类培训，共参加各类培训13期，培训法官和人民陪审员50余人次。开展庭审观摩、岗位练兵、书记员技能竞赛等活动，不断提高法官职业素养和执法水平。组织干警去北京等全国先进法院参观学习，现场观摩，使我院干警的执法办案能力和专业化水平有了进一步提升。

加强司法廉洁建设，确保纪律严明、作风过硬。始终把廉政建设作为一项重中之重的工作来抓，经常性地开展爱国主义教育和警示教育，做到警钟长鸣。认真落实“两个责任”，严格执行中央八项规定精神，遵守“五条基本行为准则”，层层传导压力，层层压实责任。强化监督，防止权力失控。开展专项治理，规范司法行为，改进司法作风，筑牢廉洁防范体系，确保公正司法、为民司法，做到法官干净、干警清廉。

自觉接受监督，确保司法为民、阳光司法。牢固树立“监督就是关爱”的意识，全面接受县人大及其常委会的监督，不折不扣贯彻执行县人大及其常委会的决定、决议。就我院立案工作向县人大常委会做了专题报告。自觉接受县政协的民主监督，向县政协常委会通报法院工作情况。主动邀请人大代表、政协委员旁听案件庭审。依法接受检察机关法律监督。聘请司法监督员，虚心接受社会监督，积极改进法院工作，促进公正司法。

各位代表，回顾一年来的工作，我们比以往任何时候都明白：法院工作成绩的取得，是县委领导、县人大监督、县政府、县政协和社会各界关心支持的结果，是全体人大代表关爱帮助的结果。在此，我代表县人民法院向大家表示崇高的敬意和衷心的感谢！

行百里者半九十。在成绩面前，我们也清醒地看到，法院工作还存在许多困难和问题：一是随着全县经济社会的发展，各种风险和考验不断呈现，法院干警的宗旨意识、服务意识有待进一步增强；二是随着社会不断进步和人民群众对司法的新需求，法院干警的工作作风还需进一步改进；三是随着司法改革的推进，案多人少的矛盾更加突出，凝聚改革合力，推进改革的力度有待进一步加大；四是随着法治建设的深入，新类型案件不断涌现，办案难度日益增加，法官的审判业务素质和为民司法水平有待进一步提升；五是随着经济转型和改革的深入，人民法院的执法环境需进一步改善。对此，我们将立足自身，积极争取各方支持，努力加以解决。

2018年工作安排

2018年，是贯彻落实党的十九大精

神的开局之年，也是全面深化司法体制改革的关键之年，县法院的总体工作思路是：以习近平新时代中国特色社会主义思想为指导，加强党对法院的绝对领导，深入学习贯彻党的十九大精神，以党建为抓手，打造过硬队伍，忠实履行审判职能，深化司法体制改革，不断推进基础和信息化建设，努力实现“让人民群众在每一个司法案件中感受到公平正义”的目标，为全市争上游，东山创一流，奋力开创新时代昔阳经济社会振兴崛起崭新局面提供优质高效的法律服务和坚强有力的司法保障。

一是抓好党建，带好队伍。把学习贯彻党的十九大精神作为首要政治任务，坚持以习近平新时代中国特色社会主义思想武装头脑、指导实践、推动工作。把握新时代党的建设总要求，坚定不移推进全面从严治党。精心组织、扎实开展“不忘初心、牢记使命”主题教育，进一步增强“四个意识”，坚定“四个自信”，在政治上、思想上、行动上与以习近平同志为核心的党中央保持高度一致，始终做到维护核心、绝对忠诚、听党指挥、勇于担当。深入开展“假如我是当事人”活动，着力培养法官的业务能力、敬业精神，健全业务培训和定期学习机制。驰而不息正风肃纪，认真落实中央八项规定精神，继续整治“四风”问题，以零容忍态度坚决惩治司法腐败。坚持以人民为中心，打造一支忠诚、为民、担当、公正、廉洁的法院队伍。

二是围绕中心，服务大局。紧紧围绕县委提出的“全力打造乡村振兴示范县、转型综改主阵地、对外开放桥头堡、宜居宜业明星城”的中心工作，立足本职，创新机制，敢于担当，主动作为。严厉打击破坏工程项目建设、扰乱企业工作、生产秩序的违法犯罪行为，妥善处理土地征收、劳动争议等涉企案件，为经济转型服好务，为优质发展护好航，确保我县经济转型和开发区建设的顺利进行。严厉打击发生在群众身边、扶贫领域和侵害农民利益的违法犯罪，妥善处理土地流转、拆迁补偿等涉及“三农”的民商事纠纷，巩固扶贫成果，推动乡村振兴战略顺利实施。严厉打击破坏环境资源、危害人民健康等违法犯罪，妥善处理涉及食品安全、教育、医疗、住房、就业等方面的民事纠纷，积极开展公益诉讼，保护昔阳的绿水青山和人民群众的美好家园，提高全县人民的幸福指数。

三是认真履职，严格执法。要切实履行司法职责，依法惩治犯罪，全力维护社会稳定，促进平安昔阳建设。深入开展扫黑除恶专项斗争，严厉惩处那些倚财仗势、依靠宗族势力称霸一方、横行乡里、破坏基层换届选举、煽动群众闹事，组织、策划群体性非法上访以及暴力抗法、对抗政府、造谣惑众、制造谣言、危及基层政权等村霸乡霸。严厉惩处欺行霸市、坐地收费、强买强卖、强揽工程、强迫交易的市霸行霸。坚决打击涉高利贷非法讨债、暴力清债的黑恶势力，坚决打击涉黄、赌、毒、枪的流氓黑恶势力和拉帮结派、寻衅滋事、非法拘禁、聚众斗殴、强拿硬要的涉黑涉恶犯罪，做到重拳出击、除恶务尽，提升人民群众的安全感。坚决惩治贪污贿赂犯罪，深挖黑恶势力的“保护伞”，深入推动反腐败斗争。坚持以人民为中心，妥善审理民生领域各类案件，深化家事审判改革，及时化解矛盾纠纷，促进社会和谐，提升人民群众的幸福感。继续强化执行举措，创新执行工作机制，运用信用惩戒等手段，坚决打赢“基本解决执行难”这场硬仗。高度关注民生，落实便民措施，加大司法救助力度，开展法制宣传，切实提升人民群众的获得感。

四是深化改革，提升质效。加快推进以审判为中心的刑事诉讼制度改革。完善庭审实质化改革，全面落实司法责任制，深化轻罪认罪认罚从宽和轻刑快判制度改革，继续推进量刑规范化。完善多渠道解决纠纷机制，积极推进道交事故一体化处理。创建“智慧法院”，完善四个平台建设，加强智能化建设，积极探索电子诉讼和互联网审判。加大网络查控运用，规范网络司法拍卖，实现信息技术与审判业务高度融合，推动信息化深度运用，更好满足人民群众的司法需求。

五是阳光司法，接受监督。把党的绝对领导作为新时代法院工作的最高原则，只有在县委的坚强领导下，才能做好法院的工作。主动接受县人大及其常委会的监督，自觉接受县政协的民主监督，改进法院工作。依法接受检察机关的法律监督。虚心接受舆论监督，广泛接受社会各界的监督，及时回应社会关注，将法院工作置于有效的监督之下，让审判权始终在阳光下运行。

各位代表，幸福是奋斗出来的。党的十九大为我们描绘出了美好蓝图，指明了正确方向。新时代要有新作为，新思想指引新征程。新的一年，我们将在县委的坚强领导下，认真落实本次会议各项决议，不驰空想，不骛虚声，不忘初心，砥砺前行，为奋力开创新时代昔阳经济社会振兴崛起崭新局面做出新的更大的贡献。

名词注解：

1.“宽严相济”刑事政策：是指根据具体的案件情况来惩罚犯罪，当严则严，该宽则宽，对严重刑事犯罪坚决严厉打击，对主观恶性较小、犯罪情节轻微的未成年犯和初犯、偶犯等，贯彻教育、感化、挽救方针，做到宽严有度，罚当其罪。

2.“基本解决执行难”：2016 年 3 月 13 日，周强院长在十二届全国人大四次会议上报告最高人民法院工作时庄严承诺：“用两到三年时间基本解决执行难问题”，这是最高人民法院经过认真研判和广泛征求意见后作出的重大决策部署，是当前人民法院工作的重中之重，其基本目标是：被执行人规避执行、抗拒执行和外界干预执行现象得到基本遏制；人民法院消极执行、选择性执行、乱执行的情形基本消除；无财产可供执行案件终结本次执行程序标准和实质标准把握不严、恢复执行等相关配套机制应用不畅的问题得到基本解决；有财产可供执行案件在法定期限内基本执行完毕，人民群众对执行工作的满意度显著提升，人民法院执行权威有效树立，司法公信力进一步增强。为实现这一目标，最高院制定了《关于落实“用两到三年时间基本解决执行难问题”的工作纲要》。

3. 司法责任制：是指法官对案件的审理独立行使职权和独立承担责任，让审理者裁判、由裁判者负责。具体包括建立健全审判权运行机制、审判人员依法履职的保障机制、独立公正审判防范干扰机制、案件质量终身负责机制和违法审判责任追究机制。

4. 员额法官：是指按照司法规律配置司法人力资源、实现法官专业化、职业化的重要制度，就是要通过严格考核，选拔最优秀的法官进入员额，并为他们配备法官助理、书记员等审判辅助人员，确保法院85%的人力资源配置到办案一线。

5. 量刑规范化：是指确立定性分析和定量分析相结合的量刑方法，将量刑纳入法庭审理程序，引入量刑建议，增强量刑的公开性与透明度，规范法官裁量权，在一定程度上解决“同案不同判”的问题。

6. 智慧法院建设：是指以确保公正高效司法，提升司法公信力为目标，充分运用互联网、云计算、大数据、人工智能等技术，研发自服务智能终端，坚持“大数据、大格局、大服务”，建设大数据分析平台，促进审判体系和审判能力现代化，实现人民法院高度智能化的运行与管理，实现“互联网+诉讼”新模式，向法官、当事人和社会各界提供全方位、智能化的高效便捷服务，为百姓提供全方位、多功能、集约化的在线诉讼平台，实现“全业务网上办理、全流程网上公开、全方位智能服务”。

7. “五个过硬”：在2014年召开的中央政法工作会议上，习近平总书记指出，“要按照政治过硬、业务过硬、责任过硬、纪律过硬、作风过硬的要求，努力建设一支信念坚定、执法为民、敢于担当、清正廉洁的政法队伍。”习近平总书记关于“五个过硬”的重要论述，是对政法队伍建设规律的高度概括和科学总结，深刻阐明了新形势下政法队伍建设的目标任务，为新时期人民法院队伍坚持内涵式发展指明了方向。

8. “五条基本行为准则”：是指市中级人民法院党组要求全体干警必须遵守的五条行为准则，即：有事请假不迟到早退；立说立行，今天的事情不要拖到明天；不回避矛盾，不推卸责任；不收案子一分钱，不收干部一分钱；不利于团结的话不说，不利于团结的事不做。

9. 扫黑除恶专项斗争：中共中央、国务院于2018年1月发出《关于开展扫黑除恶专项斗争的通知》。《通知》指出，为深入贯彻落实党的十九大部署和习近平总书记重要指示精神，保障人民安居乐业、社会安定有序、国家长治久安，进一步巩固党的执政基础，党中央、国务院决定，在全国开展为期三年的扫黑除恶专项斗争。

昔阳县人民检察院工作报告

——2018年4月10日在昔阳县第十七届人民代表大会第三次会议上

昔阳县人民检察院检察长　尹教礼

2017年检察工作回顾

2017年，县检察院在县委和上级人民检察院的正确领导下，在县人大、政府、政协和社会各界的监督和支持下，坚持以习近平新时代中国特色社会主义思想为指导，全面贯彻落实党的十九大精神，紧紧围绕“全市争上游，东山创一流”宏伟目标，忠实履行法律监督职责，全力支持监察体制改革，全面深化司法体制改革，坚定不移推进从严治检，各项检察工作取得了新的进步。

一、坚决扛起政治担当，全面推进两项改革落地生根

全力支持监察体制改革。7名检察人员顺利转隶，编制、装备、案件线索和档案资料全部顺利交接。积极探索检察机关与监察委员会案件移送衔接机制，办理监察委员会移送职务犯罪案件7件，经审查提起公诉7件，起诉率为100%。

全面深化司法体制改革。紧跟上级院改革步伐，认真落实各项改革措施。遴选9名员额检察官，建立检察官权力清单和司法档案，入额领导亲自办案，员额检察官独立办案，真正落实“谁办案、谁负责，谁决定、谁负责”的办案责任制。形成检察官、检察辅助人员和司法行政人员常态化、专业化、规范化分类管理。落实检察官绩效考核管理办法。通过系列改革，初步构建起权责利相统一的检察权运行新机制。

二、坚持围绕中心履职，努力服务全县经济发展大局

戮力同心抓好脱贫攻坚。利用“阳光百姓工程”平台，监管涉农项目资金6件134万元，保障惠农扶贫资金真正惠及贫困群众。按照县委2017年“脱贫摘帽”的统一部署，我院干警全员上阵，成立11个扶贫工作队，深入乐平镇11村187户贫困户精准攻坚。针对帮扶对象点多面广的特点，我们一是指导贫困村制定产业项目发展计划，拓宽贫困户增收渠道；二是节省办公经费10万余元，用于改进贫困户生活水平；三是和有关行政部门协调筹集资金，帮助贫困村完善基础设施和公共服务。去年年底，所包贫困户如期实现了脱贫摘帽，圆满完成了县委交给的脱贫任务。

积极参与优化营商环境。制定《昔阳县人民检察院发挥检察职能服务县域经济发展实施意见》，深入开展五个专项检察监督活动。聚焦转型综改，通过执法办案优化县域营商环境。办理破坏社会主义市场经济秩序犯罪案件7件8人，扰乱市场秩序犯罪案件1件2人。办理金融诈骗、侵犯知识产权等涉众型经济犯罪案件5件5人。坚持平等保护理念，依法加强对各类市场主体特别是民营经济的司法保护，办理影响非公有制经济发展案件1件2人。通过发挥打击、预防等职能作用，有效营造了营商氛围。

三、抓实维稳责任，推动平安昔阳向更高水平发展

全力维护社会公共安全。保持严打高压态势，突出对危害公共安全、严重暴力和电信网络诈骗等刑事犯罪的打击力度，认真履行批捕、起诉职能，共受理各类提请逮捕案件60件84人，依法批准逮捕45件57人；受理移送审查起诉案件88件130人，提起公诉86件154人。适用特别程序办理未成年人犯罪案件4件4人。

有效防范和化解社会矛盾。积极参与社会治安综合治理，有效化解社会矛盾。运用远程视频接访系统办理上访和异地接访案件27件，受理人民群众举报线索5件，控告申诉案件7件，做到举报一件，答复一件。对8人实施刑事司法救助，发放救助金2.2万元。高度重视未成年人司法保护，加强涉罪未成年人教育感化挽救，积极开展法治进校园主题宣讲，防治校园欺凌，向有关行政机关发出检察建议8份，共同营造预防青少年犯罪、促进未成年人健康成长的良好社会环境。

四、坚守宪法定位，创新加强各项法定监督职能

强化刑事侦查、审判监督。全面开展侦查活动监督，坚决纠正有案不立、有罪不究、漏捕漏诉等问题，依法纠正侦查活动违法24件次，监督立案4件，纠正漏捕2人，纠正漏诉33人。对不构成犯罪和事实不清、证据不足的监督撤案4件，依法不批捕23人，不起诉21人。积极推进以审判为中心的诉讼制度改革，强化刑事审判活动监督，对认为确有错误的刑事裁判提出抗诉5件，纠正审判活动违法2件次。

突出加强刑事执行监督。监督纠正刑罚执行和监管活动违法违规46件，暂予监外执行不当1人，社区矫正违法情形36件。落实捕后羁押必要性审查机制，书面提出变更强制措施意见7件。开展财产刑执行专项监督活动，纠正财产刑执行不当案件5件。

着力强化民事行政法律监督。认真执行修改后的民事诉讼法、行政诉讼法规定，牢牢把握检察机关提起公益诉讼的法律新定位，积极开展欠缴国有税费、生态环境污染等领域公益诉讼活动，向有关行政机关发出诉前检察建议4件，督促县林业、水利两部门履职2件，追回水资源费11万元，切实维护了国家和社会公共利益。创新推进民事行政检察监督，受理各类民事行政案件23件，支持特殊群体和困难群众起诉案件11件。提出再审检察建议1件，办理和解息诉1件，纠正审判违法1件，纠正执行违法8件。

五、坚定不移强化自身监督，确保检察权规范运行

完善内部全方位监督。按照落实司法

责任制要求，完成统一业务应用系统升级改造，实现了对案件的全程动态管理、动态监督。扎实开展执法司法规范化建设年活动，通过案件质量评查，梳理整改司法不规范问题31个，典型案例5个。大力开展科技强检、智慧检务建设，完善网络基础设施，更新涉密计算机31台，全面落实网上办公办案要求。通过不断强化内部监督，促进了检察权力的规范运行，检察机关和检察工作的司法公信力显著提升。

自觉接受人大政协监督。始终把检察工作置于人大监督之下，牢固树立监督者更要接受监督的意识，主动向人大常委会报告工作1次，接受人大专项监督1次，认真执行决议决定，切实把人大对检察工作的各项监督落到实处。把政协民主监督和社会监督作为了解社情民意、改进检察工作的重要渠道。邀请人大代表、政协委员视察工作，认认真真听取意见，真心诚意接受监督。

认真接受人民群众和社会各界监督。全面实施“阳光检察”工程，深入推进检务公开，公开案件程序性信息598件，法律文书127份。更新“两微一端”和检察门户网站信息500余次，借助新媒体传播检察好声音，宣传检察新故事。

六、坚决落实全面从严治检，加强检察队伍建设

坚持政治建检不动摇。坚持用习近平新时代中国特色社会主义思想武装头脑，认真学习党的十九大精神，深入推进“两学一做”学习教育常态化制度化。检察干警积极参与“两学一做”知识竞赛，组织观看《总书记在山西》专题教育片，进行为期半年的“讲党课、学业务”学习活动，广大检察干警补足了精神之钙、坚定了理想信念、提升了党性修养，收到了良好的学习效果。进一步落实意识形态工作责任制，牢固树立“四个意识”，努力在思想上看齐核心、政治上维护核心、行动上捍卫核心，确保检察工作正确政治方向。

加强机关党的建设。一是坚持一课三会制度，全面加强党的建设；二是重温入党誓词，教育党员干警不忘初心、牢记使命，确保每名党员都能树标杆、做表率；三是组织党员人人上台讲党课，从而激励全体党员守规矩、有信仰。通过狠抓党建，院党支部被县委授予“红旗基层党组织”。一名干警获县直机关“微党课”竞赛一等奖，一名干警获干部“赛三才”演讲比赛三等奖，两名干警获统一战线“学讲话，学条例”知识竞赛三等奖。

加强业务能力建设。举行入额检察官宪法宣誓仪式，增强检察官的宪法信仰和担当意识。派8人次参加素能提升培训，进一步增强员额检察官的履职能力。大力开展岗位练兵、业务竞赛、庭审观摩和信息技术培训，组织干警外出参加各类业务培训62人次。通过各类培训，大大提升了我院干警的办案能力，达到了无错诉、无漏诉、无错捕的“三无”标准。两个案件被评为晋中市2017年“千案评查”活动精品案件。加强纪律作风建设。按照从严治党、从严治检要求，坚持把纪律挺在前面，大力支持和自觉接受派驻纪检组监督。强化党风廉政建设，运用“四种形态”加强队伍监督管理，紧盯“四风”新动向及隐形变异问题，及时提醒约谈苗头性潜在问题，确保作风建设永远在路上。

加强机关文化建设。以文明单位创建为契机，以提高全院干警社会公德、职业道德、家庭美德和个人品德为目标，全面树立检察好形象。一是强化干警学习教育，坚持每周四下午集体集中学习，努力构建学习型机关，力求让干警积善养德、开拓视野、促进工作；二是强化廉洁文化、传统文化教育，创建文化长廊，营造文化育检氛围，增强文化自信；三是强化公益文化建设，打造“暖春之剑”爱心团体，扶危济困、服务社会，助力脱贫攻坚，传播社会正能量。我院连续八年被评为市级精神文明单位。

各位代表，一年来检察工作取得了新的突破，公益诉讼全面开展，诉讼监督格局日趋完善，控申部门继续被高检院授予“全国文明接待室”荣誉，我院 2017 年度在全市检察机关综合考核中名列前茅。这些成绩和进步，是县委和上级检察机关坚强领导的结果，是县人大及其常委会有力监督的结果，是县政府、县政协和社会各界关心、支持、帮助的结果。在此，我代表昔阳县人民检察院表示衷心感谢！

同时，我们也清醒认识到，检察工作还存在一些不容忽视的问题：一是服务发展大局的意识和能力有待进一步增强，法律监督职能发挥还不充分，公益诉讼等新职能履行还不到位；二是现代科技与检察工作融合不够，运用互联网、人工智能、大数据的意识和水平有待提高；三是队伍能力素质亟待提高。既存在人员少、男女比例失衡、专业化程度不高的老问题，又存在检察职能调整后，部分检察人员思想观念不适应新的检察权运行模式，司法责任制落实仍需持续用力的新问题。对此，我们将在今后的工作中认真对待，逐步加以解决。

2018 年检察工作安排

2018 年是深入学习贯彻党的十九大精神开局之年，是改革开放和检察机关恢复重建 40 周年，做好 2018 年的检察工作意义重大。县检察院将坚持以习近平新时代中国特色社会主义思想为指导，全面贯彻党的十九大和十九届二中、三中全会精神，认真落实中央、省市和县委决策部署，紧紧围绕“全市争上游，东山创一流，实现昔阳经济社会振兴崛起，全面建成小康昔阳”的目标任务，全力维护社会安全稳定，全力服务保障经济发展，全力支持监察体制改革，全面深化司法体制改革，全面履行法律监督职责，全面深化从严治检，为新时代昔阳经济社会振兴崛起提供坚强有力的司法保障。

一要以更优成效服务全县中心大局。坚决贯彻中央决策部署，严厉打击各类刑事犯罪，积极投入“扫黑除恶”专项斗争，形成依法严惩黑恶势力犯罪的压倒性态势，大力提升群众社会安全感。认真学习新时代“枫桥经验”，着力化解矛盾纠纷。进一步找准服务经济发展的切入点和着力点，助力打好“三大攻坚战”。积极服务乡村振兴战略，为我县争创乡村振兴示范县提供有力法律保障。

二要以更实举措履行法律监督职能。积极适应检察职能重大调整后的法律监督新形势，牢牢把握“公共利益”的法律新定位，将公益诉讼作为一项“一把手”工程，对涉及生态环境和资源保护、食品药品安全、国有财产保护、国有土地使用权出让4个领域，全面开展公益诉讼工作，切实维护国家和社会公共利益。

三要以更严作风推进全面从严治党。毫不动摇把坚持党的绝对领导作为新时代检察工作的最高原则，压紧压实党建工作责任，进一步树牢“四个意识”。扎实开展“不忘初心，牢记使命”主题教育，认真学习贯彻党的十九大精神和习近平新时代中国特色社会主义思想新理论。进一步加强队伍建设，严格队伍管理，持之以恒正风肃纪，以全面从严治党、全面从严治检新气象推动检察工作新发展。

四要以更大力度深化司法体制改革。按照上级院的改革部署，进一步深化司法体制改革，完善配套制度机制，切实将司法责任制落到实处。主动适应以审判为中心的诉讼制度改革。进一步完善职务犯罪检察机制，实现职务犯罪案件办理的顺畅衔接。推动“互联网+检察”工作模式，运用信息化手段提升检察工作质效。

各位代表，新时代赋予新使命，新征程展现新作为。让我们在县委和上级检察机关的坚强领导下，同心同德、众志成城，攻坚克难、奋力拼搏，全力推动检察工作再上新台阶、再迈新步伐，为奋力开创新时代昔阳经济社会振兴崛起崭新局面做出新的更大的贡献！

名词注解：

1. 员额检察官：按照我省司法体制改革试点方案，原具有检察官身份的人员需要重新经过严格的考核考试等选任程序，并经省法官检察官遴选委员会审核确认后，才能进入检察官单独职务序列，成为员额检察官。

2. 检察人员分类管理：按照司法规律和检察工作实际，将检察院工作人员分为检察官、检察辅助人员（包括检察官助理、书记员、司法警察、检察技术人员等）、司法行政人员三类。检察官建立单独职务序列，实行有别于普通公务员的管理制度。

3. 司法责任制：指坚持“谁办案谁负责，谁决定谁负责”的原则，检察官根据法律规定或检察长授权，依法独立行使司法办案、法律监督等职权，并承担相应办案责任的工作制度。

4. 阳光百姓工程：是由山西省人民检察院主导，财政、水利等涉农部门共同参与实施的预防涉农领域职务犯罪工程。旨在通过采用“互联网+检察”工作模式，协调联合各涉农部门，建立县、乡、村三级联动的涉农职务犯罪预防网络公开平台，对财政涉农资金进行全程公示、监督，确保资金在阳光下运行，从源头上预防和减少涉农腐败案件，提高农民维权意识和干部廉洁从政意识，有效保障农村和谐稳定。

5. 未成年人特别程序：是为保护未成年人合法权益针对未成年人犯罪案件的特别侦查、起诉、审判程序。整个过程注重未成年人的权益保护，对犯罪的未成年人实行教育、感化、挽救的方针，坚持教育为主、惩罚为辅的原则。其有别于成年犯罪侦查、审查起诉、审判程序，所以我国刑事诉讼法将其单独列为特别程序内容。

6.“阳光检察”工程：是山西省人民检察院实施的深化检务公开重点工程。旨在用三年时间，使山西省50%以上的检察干警成为“阳光检察官”，60%以上的检察院、处（科）室成为“阳光检察集体”，山西省一半以上的县级检察院实现“阳光检察业务”。

7. 羁押必要性审查：指检察机关对犯罪嫌疑人、被告人在生效判决作出前的整个诉讼过程中，是否存在限制或剥夺人身自由的必要性进行审查和判断，并作出是否羁押的决定或建议，包括决定使用羁押措施的必要性和在押期间继续羁押的必要性。

8. 社区矫正：是与监禁矫正相对的行刑方式，是指将符合社区矫正条件的罪犯置于社区内，由专门的国家机关在相关的社会团体和民间组织以及社会志愿者的协助下，在判决、裁定或决定确定的期限内，通过思想改造和劳动改造，矫正其犯罪心理和行为恶习，并促使其回归社会的非监禁刑罚执行活动。

9. 公益诉讼：指对损害国家和社会公共利益的违法行为，由法律规定的国家机关或组织向人民法院提起诉讼的制度。依据全国人大常委会作出的修改民事诉讼法、行政诉讼法的决定，2017年7月1日起，我国全面实施检察机关提起公益诉讼制度。

10. 民行再审检察建议：指检察机关认为同级人民法院已经生效的民事、行政判决、裁定和调解书等确实存在错误，以书面形式依法向同级人民法院出监督意见，建议同级人民法院启动再审程序自行纠正的一种监督方式。

11. 检察统一业务应用系统：指最高人民检察院研发部署的检察业务平台系统，对办案流程进行统一的规范化建设，对重要环节实行节点控制，使案件从受理到办结全程网上运行，程序公开透明，有效强化监督制约，保障严格规范司法。

脱贫攻坚

昔阳县2017年脱贫攻坚工作综述

中共昔阳县委 昔阳县人民政府

（2018年1月9日）

昔阳县位于山西省东部，太行山西麓，县域面积1954平方千米，耕地3.13万公顷。全县辖5镇7乡1个管委会，322个行政村，17个社区，总人口23.8万人，其中农业人口18.3万人，属省级贫困县。2014年，全县建档立卡贫困村151个，贫困人口39988人，贫困发生率为21.8%。经过2015年“回头看”，2016年市县核查，2017年动态调整，全县有建档立卡贫困户18405户，贫困人口39614人。2014年至2016年，全县9934户贫困户，23294名贫困人口脱贫，整村退出贫困村55个。2017年1月，我县接受了国务院和省政府第三方评估验收，在全省2016年度脱贫成效考核中，位列22个省定贫困县第三名。

2017年，我们认真贯彻落实党的十九大精神，坚持以习近平新时代中国特色社会主义思想为指引，在省、市委的坚强领导下，以脱贫攻坚统揽经济社会发展全局，举全县之力集中攻坚，脱贫工作取得了新的突破。我们的主要做法和工作成效是：

一、拉高标杆，兑现承诺，在率先摘帽上交上昔阳答卷

率先实现整县脱贫摘帽，是省委、市委交给昔阳的重大政治任务，是我们坚持以人民为中心思想，对标省委“一个指引、两手硬”和市委“两个全面”战略目标作出的政治回答、政治担当、政治承诺。为此，我们拉高标杆、聚焦精准、严格程序，全力确保脱贫攻坚质量好，成色足。

精准识别。我们实行了一核、二看、三比、四评议、五公示“12345”贫困人口识别程序，突出程序规范、突出群众参与、突出结果客观，确保“不该进的一个不进，该进的一个不落”。按照国家、省市要求，认真组织“回头看”，通过核查整改、动态调整、推磨互查、监督检查等多轮精准识别，共回退2444人，出列9488人，新识别9578人。在全县12乡镇逐户开展精准排查，集中纠正信息不准、误登、错登、漏登等问题，对扶贫开发系统数据及时更新，动态监测贫困对象信息变化。

精准退出。按照省市贫困退出有关要求，制定出台了《昔阳县贫困退出工作实施方案》，顺利完成了2017年贫困退出工作。我们一方面拔高退出标准，在原先户5项、村13项约束性指标的基础上，增加了“四联通”“五洁净”“六要六有”等指导性指标，更加注重贫困户的物质条件改善和精神面貌提升；另一方面严格退出程序，注重全程留痕和群众认可，户脱贫要求贫困户、村干部、驻村工作队长、第一书记“四联签”，村退出要求县直相关部门出具评估报告。除此之外，我们还对2016年及以前退出的贫困户、贫困村进行了认真复核，切实将“精准”要求贯穿到脱贫实践全过程。

指标完成。经过一年的不懈努力，我们实现了7889户贫困户，15341名贫困人口脱贫，91个贫困村退出，剩余未脱贫户582户，贫困人口979人，贫困村5个，贫困发生率降到了省定标准范围之内。全县农村居民人均可支配收入增幅高于全省平均水平，贫困村退出达到90%以上。基本公共服务领域：农村低保标准超过国家扶贫标准，贫困人口养老参保率、城乡居民医保参保率、适龄儿童学前入园率达到全省平均水平，贫困村九年义务教育阶段无因贫辍学学生；行政村卫生室达标率、通村公路硬化率、开通客运班车率、安全饮水达标率、互联网覆盖率、综合文化活动场所（地）覆盖率达到全省平均水平；通动力电比率达到100%；易地搬迁贫困人口入住率完成计划要求。县退出14项指标全面完成。

二、多措并举，靶向发力，在精准帮扶上走出昔阳路径

脱贫攻坚以来，我县紧紧围绕“两不愁、三保障”，不断拓宽贫困群众增收渠道，全力解决贫困群众“上学难”“看病难”“住房难”等问题，抓重点、强弱项、补短板，稳步推进脱贫攻坚各项工作，取得了明显成效。

（一）八大增收路径齐头并进

特色农业扶贫。我们立足本地资源优势，坚持“区域化布局、规模化发展、优质化生产、集约化经营”的总思路，以“一村一品一主体”为抓手，调结构、促增收，着力打造一批特色富民产业。在继续培育壮大“菜果猪菌药”五大特色产业的基础上，大力扶持贫困户借助已有优势产业发展扶贫项目，搭上脱贫致富“顺风车”。去年，56个贫困村1368户贫困户种植蔬菜1.73万亩。水果种植达3.58万亩，19个贫困村850户贫困户增收脱贫。全县生猪养殖突破58万头，新增能繁母猪5934头、母牛2297头、母羊18748只，新增禽类309.1万只、特种养殖1.549万头（只），带动建档立卡贫困户6187户13243人增收。食用菌种植稳定在了150万平方米，仅此一项，全县农民人均年增收660元。中药材种植达2.3万亩，63个贫困村、1260户贫困户受益。同时，我们还积极鼓励贫困户参与新型经营组织，组建合作社，抱团发展。全县组建扶贫种植和初加工合作社128个，联结4674户10065名贫困人口；组建扶贫养殖专业合作社186个，联结6003户13000余名贫困人口。通过组建合作社，打造了一批“不走的扶贫队”。

劳务就业扶贫。在实施好“六个倾斜”政策，安置4400余人就业的基础上，为使农村留守贫困妇女能居家灵活就业，我们从天津引进了仿真花，从山东、河北引进了服装制衣等劳动密集型“短平快”项目，实现了4600余名贫困人口稳定脱贫；通过劳务市场招聘、帮扶单位介绍、职业技能培训输出等方式，5200余名贫困人口实现了劳务转移就业。同时，注重扶贫与扶智、输血与造血相结合，加大职业技能人才和新型农民培育培养，分层次、分类型强化对贫困户的技术培训和经营管理培训，全面提升农民素质。截至目前，共开展各类培训86期，培训贫困户13000余人次，实现了有劳动能力的贫困家庭至少一人掌握一项技能。

光伏产业扶贫。37个贫困村联建村级光伏基站59座，总装机容量9900千瓦，99个贫困村1990户深度贫困户，每户当年分红3000元。296户贫困户安装屋顶式光伏，户均收益2000元，贫困户真正实现了“坐地生财”。

乡村旅游扶贫。围绕“山水昔阳，户外天堂”旅游发展定位，深度挖掘贫困村旅游资源，积极发展旅游新业态。目前，全县共发展“农家乐”、农家客栈等111家，直接带动532名贫困人口人均年增收10000元。

农村电商扶贫。进一步加强农村电商服务体系、农村物流网络体系建设，加快推进农村电商与精准扶贫深度融合。目前云创众创空间、昔阳县电子商务产业园和电子商务孵化园入驻企业35家，注册企业52家，建立村级电商服务站点321个，网上销售各类农产品总额达427万元，687名贫困人口直接投身农村电商产业，人均年增收2400元，昔阳农业经济迈进了“互联网+”时代的门槛。

金融惠民扶贫。2017年完成小额信贷总额1.26亿元，其中，自主创业贷款973户，贷资入股贷款1705户，户均收益2750元，完成市里下达8538万元任务的148%。积极探索“周转金”资产收益模式，利用省县配套资金1218万元，投入农业产业，带动1275户每户收益560元，实现了企业和贫困户双赢。

林业生态扶贫。全面实施退耕还林、干果经济林提质增效和林下经济等“五个一批”工程。全县组建造林合作社12个，参与造林贫困人口482人，人均年增收4150元；参与生态管护104人，人均年增收4100元；实施新一轮退耕还林2000亩，其中197户贫困户446名贫困人口，人均年增收1614元；2913户贫困户6416名贫困人口享受延长上一轮退耕还林补贴80万元；成功探索林下种栗蘑、套种药材、养鸡、养蜂等立体种养模式；20000亩核桃提质增效，4000亩板栗、500亩油用牡丹、3000亩连翘成为贫困种植户的“绿色银行”。

社会兜底扶贫。对全县残疾人、重病人、单亲等特殊困难群体实施政策倾斜，就收入测算进行折减，对符合低保、“五保”条件的，全部纳入享受范围，由政府全面兜底，其中建档立卡贫困户达到了9432人，农村“五保”供养标准达到了4290元/人·年，低保标准从去年的2920元/人·年，提高到现在的3300元/人·年，实现了“两线合一”。

目前全县151个贫困村，村村都有主导产业，有带动主体，组建了经济合作组织。全县18405户建档立卡贫困户中，种植扶贫覆盖4700户，养殖扶贫覆盖6400户，光伏扶贫覆盖2296户，金融扶贫覆盖3953户，生态扶贫覆盖3696户，建档立卡贫困人口社会兜底率达23.8%。

（二）三大基本保障同步发力

全面落实教育扶贫资助政策。在全省率先实现普通高中生学费全免，实施城内初中生寄宿费、生活费补贴和阳光助学工程，受益学生20111人次。同时，通过“雨露计划”、贫困大学生资助、职业中学助学金等教育扶贫政策，受益贫困学生4518人，享受金额590.35万元。通过教育扶贫，全县适龄儿童入园率达100%，全县无因贫辍学学生。

广泛开展健康扶贫专项行动。认真落实“三保险、三救助”政策，全力推进“双签约”服务，目前已完成签约5368人，签约率100%。全面推行“先诊疗、后付费”服务模式，积极推进“一站式”结算工作，685名贫困患者享受到了扶贫救助。

全力保障贫困群众住房安全。财政每户补贴1.4万元，改造农村危房1278户，改造危险土窑洞82户，竣工率均达100%。按照两年任务、一年完成的要求，采用集中安置和货币安置两种方式，大力实施易地扶贫搬迁工程，2445名贫困人口搬迁任务圆满完成。

三、补齐短板，提升功能，在强基固本上实现昔阳速度

为改善贫困村生产生活条件，我们精准聚焦贫困地区最落后、最迫切问题，着力在基础设施建设上下功夫，在公共服务提升上做文章。

基础设施建设。投资2279万元，在57个贫困村实施了60处饮水安全工程和农村饮水安全维修养护工程，受益贫困人口1.44万人，322个行政村饮水安全达标率为99.7%，全县贫困村饮水安全问题得到有效解决。投资2188万元改造提升了农村电网，所有行政村和自然村全部通了动力电，农村电网结构更加优化，电力供应更加充足。为36个贫困村进行了互联网信号优化升级，全县行政村互联网覆盖率达97.8%。投资2.2亿元实施了农村公路提质工程，所有行政村基本实现了“村村通”“户户通”目标，全县村通公路硬化率达100%，具备条件的行政村通客车率达100%，农村交通网络更加完善，群众出行更加便捷。2017年，我县获“四好农村路全国示范县”荣誉称号。

便民服务工程。坚持公共资源、公共服务向贫困村倾斜，积极构建“九个一”便民服务体系。即为每个贫困村新建或改造一所村级组织活动场所、一所高标准卫生室和文化活动广场、标准化幼儿园、大众食堂、大众澡堂、红白议事大厅、街心公园、老年人日间照料中心等工程。截至2017年年底，已为贫困村建成村级组织活动场所（村级卫生室、文化活动广场）151

个，标准化幼儿园80个，大众食堂66个，大众澡堂19个，红白议事大厅134个，街心公园62个，老年人日间照料中心140个。此外，我们还在一些有条件的贫困村建设了村级养老院，实现了孤寡老人老有所依、老有所养，贫困村公共服务功能得到极大提升。

“双示范、双达标”创建。去年，我们认真贯彻落实习近平总书记视察山西重要讲话精神和“要实施贫困村提升工程”重要指示精神，把全县行政村划分为贫困村、脱贫村、非贫困村三类，同时打响了“贫困村集中攻坚、脱贫村巩固提升、非贫困村小康建设”三场主动仗，实施了“双示范、双达标”创建工程。通过开展“百村示范”，为全县脱贫摘帽和环境提质树标杆。活动开展以来，先后开展了三轮集中观摩和问题整改，共创建示范样板村211个，占全县行政村总数的近三分之二。

2017年，我县基础设施建设、便民服务工程、城乡环境整治等工作时间紧、任务重、工程量大，我们在保证质量的前提下，抢时间，赶进度，一周一督查，一月一推进，各项工程圆满完工，创造了昔阳速度。

四、勇于创新，整体推进，在精准脱贫上创出昔阳特色

为贯彻落实省委、市委交给我县“当先锋、打头阵、做示范、立标杆”的指示精神，我们立足昔阳实际、大胆创新，探索实施了“五大模式”“六个倾斜”“十个全覆盖”。

五大模式。一是产业统筹模式。通过统筹贫困村户、统筹项目运行、统筹政策资金、统筹利益联结，与大象农牧集团合作，建立了肉鸡养殖扶贫基地，17个村组建的专业合作社入驻基地，1194户贫困户入股分红，形成了“集团引领+龙头企业带动+合作社入股+贫困户分红”的产业化经营与脱贫增收新模式，实现了生产要素的有效聚集和资源的优化配置，破解了村缺土地、户无技术的难题。二是“贷资入股”模式。为解决贫困户发展缺资金、投资风险高的问题，我县成立了县农投公司，让贫困户利用小额信贷政策，将贷款委托县农投公司，投放到实力雄厚、信誉良好的涉农企业，政府负责贴息，企业定期向贫困户分红，在最大限度降低风险的同时，贫困户实现稳定增收。三是资产性收益模式。为解决村集体经济破“零”难题，我们将县城内国有商业性门店统一纳入政府监管范围，集中经营、市场管理，统筹分配租金到所有行政村，实现了千人以上村集体收益10000元，千人以下村收益5000元；利用村级光伏收益，电站所在贫困村每年稳定增收20000元，其余贫困村每年收入9000元。同时，通过土地租赁、项目扶持、资本增值、企业带动、资产盘活、旅游增收等途径，保证了所有贫困村集体经济收入至少每年在14000元以上。四是扶贫造林模式。为解决退耕还林贫困户缺劳力、缺技术难题，县里组建了退耕还林专业造林队统一栽植苗木，并吸纳贫困户在整地、管护等方面获得报酬。五是光伏联建模式。紧抓去年“6·30”并网机遇，按照“统筹统建、联村实施”的总体思路，推出了市场化运作、企业化运营的新模式，县农投公司出资金总额的62.5%，企业出资金总额的37.5%，在贫困村联建光伏基站，不但降低了项目建设运营成本，有效利用了土地，而且发展了药材种植、家禽养殖项目，实现了“农光互补”。

“六个倾斜”。即县域内国有、民营企业，县城大物业用工向贫困户倾斜；县城园林管护、环卫保洁、免费公交等岗位用工及廉租摊位出租向贫困户倾斜；村级日间照料中心、垃圾清运、护林防火等公益性岗位用工向贫困户倾斜；村级收益性固定资产处置向贫困户倾斜；村级实施的各类工程用工向贫困户倾斜；村级党员干部经营的营业性摊点用工向贫困户倾斜。截至目前，我县在阳煤电石、阳煤氯碱、寺家庄煤矿、国投公司等企业安置贫困人口2200余人，在洁城、万通两家清运公司安置贫困人口380余人，县城廉租摊位安置贫困人口200余人，农村日间照料中心、文化活动广场等场所的保洁管理安置贫困人口600余人，森林防火应急队伍安置贫困人口900余人，园林管护安置贫困人口200余人。我县的这一脱贫举措，受到了省市领导充分肯定，并在全省推广。

“十个全覆盖”。围绕扶贫政策和帮扶措施“双落实”，在全县开展了入户走访全覆盖，帮扶干部带着明白卡、暖心工程清单进村入户，讲政策、算收入、解难题，提高了群众获得感；健康义诊全覆盖，全县10家医疗机构组成医疗服务团队，深入所有行政村开展健康义诊，宣传健康知识，惠及群众3.3万人；教育资助全覆盖，对全县所有建档立卡贫困家庭就读学生进行资助，实现幼有所教、学有所帮；志愿服务全覆盖，组建了59支5000余人的志愿服务队伍，进百村、入万户，宣讲政策、清理卫生、帮助秋收、扶危济困，社会各界踊跃募捐扶贫爱心款1667.9万元；环境整治全覆盖，投资1.4亿元，对全县所有行政村进行拆违治乱提质，乡村环境面貌焕然一新；文化下乡全覆盖，新建改扩建文化活动场所，配齐设备图书、文体器材，县组织文艺巡演、电影展演，乡镇排练文艺节目，在“两节”期间入村闹红火；干部培训全覆盖，分六期带领乡村干部赴贵州、苏州、濮阳、兰考、右玉等地学习考察，对换届后的村“两委”班子和驻村工作队以乡镇进行十九大精神宣讲和脱贫政策集中培训；规模村日间照料中心全覆盖，解决了农村空巢老人、孤寡老人的一日三餐、休闲娱乐等实际困难；集体资产性收益全覆盖，让全县所有行政村集体经济实现了“零”突破；“两示范一标兵”评选表彰全覆盖，通过公开评选脱贫争先示范户、孝心之家示范户和卫生家庭标兵，弘扬新风正气，激发内生动力。“十个全覆盖”，打通了脱贫攻坚“最后一公里”，实现了群众满意度、政策知晓率“双提升”。

五、众志成城，不辱使命，在决战决胜上体现昔阳担当

昔阳县作为2017年晋中市唯一的脱贫

摘帽县，按照市委“要为晋中脱贫趟出一条路子”的要求，全县动员，全民参与，万众一心，攻坚拔寨，全力确保脱贫攻坚决战决胜。

一是筑牢了坚实的保障体系。筑牢组织保障。成立了以县委书记、县长为组长的县脱贫攻坚领导组，下设了办公室，配备了工作人员，负责统筹推进各项工作。各乡镇、村也相应成立了脱贫工作站和工作室，特别是通过年前村“两委”换届，一批政治素质高、业务能力强、工作经验丰富的干部充实到了脱贫一线。同时，坚持把加强党的建设与脱贫攻坚有机结合，探索形成了“135”抓党建促脱贫工作思路，及时将党的组织优势转化为扶贫优势、发展优势。筑牢政策保障。制定出台了《昔阳县特色产业扶贫奖补实施细则》，在种植、养殖、光伏、旅游、用地等方面，加大了财政补贴力度，切实提高了贫困群众发展生产、创业脱贫的积极性。种植业方面，中药材、水果种植每亩补贴400元，对二年生以上中药材连续补助2年。养殖业方面，既补贴散养户，又补贴合作社，既补助畜禽，又补助圈舍。光伏产业方面，户用屋顶分布式光伏每4千瓦补助2万元，村级分布式每100千瓦补贴50万元。旅游产业方面，对星级农家乐按标准给予0.3万元—2万元奖励；对贫困户自己发展的农家乐，每户另奖励10000元；对农家乐吸纳贫困户就业的，每吸纳1人补贴2000元。产业用地方面，2017年对全县基本农田进行了重新划定，对贫困村养殖用地实现了应调尽调，并在脱贫攻坚期内免收每亩1.3万元的土地复垦费。筑牢资金保障。2017年整合各类涉农资金2.24亿元，目前已支出2.15亿元，支出比例达95.77%；县财政预算脱贫攻坚资金7031.75万元，绝对额增加了5734.36万元，同比增幅441.99%，实现了“双增长”。

二是织密了有力的责任体系。按照“县级统筹、乡抓落实、单位包村、干部包户”要求，出台了《昔阳县脱贫攻坚工作责任落实办法》，154个市、县帮扶单位派驻工作队151个，层层签订责任书，逐级立下军令状，实现了全县贫困村、贫困户帮扶全覆盖。县四套班子领导“双线作战”，既分头主抓25项专项行动，当好“指挥员”；每人又分别联系6至10个贫困村驻村帮扶，当好“战斗员”。

三是构建了立体的宣传体系。围绕脱贫攻坚，我们制作了《昔阳县脱贫攻坚口袋书》，张贴了《帮扶政策牌》和《扶贫年画》，发放了《脱贫手册》，还不间断通过喇叭、黑板报、宣传栏等方式，让扶贫政策家喻户晓、深入人心；创办了《昔阳县脱贫攻坚动态》《昔阳县脱贫攻坚每日快报》，2017年刊发简报426期；在政府网站、昔阳报、县电视台开设脱贫攻坚专栏，及时宣传党和政府脱贫攻坚决策部署，报道基层一线脱贫经验；对市县20余名优秀第一书记进行深入挖掘，广泛宣传，充分发挥其榜样示范作用。去年，我们还以优秀扶贫干部为原型，编排了晋剧现代戏《第一书记日记》，下乡巡演60余场，受到了广大农村群众好评；赴市汇报演出，得到了市委、市政府首肯。

四是强化了严格的考核体系。结合昔阳实际，出台了县级领导包村增收、贫困乡镇脱贫攻坚、县直机关定点扶贫等五个考核办法，确保了脱贫攻坚工作上下联动，整体推进；制定了《昔阳县脱贫攻坚驻村帮扶工作积分制管理办法》，对帮扶单位、驻村工作队、第一书记进行积分制半年考核和年终综合评定；严格执行微信日签到、月巡查等制度，进一步加强对驻村帮扶干部的管理；成立了干部驻村帮扶督查组，逐月开展驻村帮扶督查，严格填写《督查情况记录表》，保证帮扶干部真正在村履职；坚持好干部标准，9 名第一书记受到县委表彰，76 名扶贫干部受到提拔重用；对工作落实不力的 16 个单位、40 名干部进行了约谈，对县扶贫办主要负责人进行了调整，达到了鼓励先进、鞭策后进，调整对策、推动工作的良好效果。

“雄关漫道真如铁，而今迈步从头越”。稳定脱贫全面小康，万里长征路，我们刚走出第一步。我们将继续按照党的十九大提出的“产业兴旺、生态宜居、乡风文明、治理有效、生活富裕”的总要求，全面实施乡村振兴战略，坚持脱贫摘帽与致富奔小康相衔接，坚持农民增收致富与现代农业产业发展相统一，坚持贫困村提质与美丽乡村建设相融合，坚持强化农村“三基”建设与健全乡村治理体系相促进，不忘初心、砥砺前行，奋力开启新时代全面建成小康昔阳新征程！

名词注解：

1.“一个指引、两手硬”：以习总书记系列重要讲话为指引，持续推进党风廉政建设和反腐败斗争，着力构建良好政治生态；自觉践行新发展理念，破解经济下行压力，着力推动经济稳步向好。

2.“两个全面”：晋中市第四届党代会提出的奋斗目标，即到 2019 年全面挺进全省第一方阵，到 2020 年全面建成小康社会。

3. 一核、二看、三比、四评议、五公示“12345”贫困人口识别程序：一核，第一步入户核实农户收支状况；二看，第二步详细查看农户家庭生产、生活条件；三比，第三步综合比较农户收入、住房、财产等状况；四评议，第四步在农户申请的基础上形成建档立卡初选名单，召开村民代表大会民主评议；五公示，第五步对评议后的建档立卡名单在本行政村进行第一次公示，无异议报乡镇审核后在乡镇进行第二次公示，无异议报县复审后在县进行公告，公开透明、公平公正地识别和认定扶贫对象。

4.“四联通”：通电、通互联网、通广播电视、通手机信号。

5.“五洁净”：院内净、卧室净、厨房净、厕所净、个人卫生净。

6.“六要六有”：住房要安全，有玻璃和纱窗；庭院要规整，有大门和围墙；屋内要亮堂，有床柜和桌椅；电器要添加，有电视和电话；内力要激发，有自信和自立；陋俗要革除，有好的习惯和家风。

7.“双示范、双达标”创建：“双示

范”就是通过开展“百村示范”，为全县脱贫摘帽和环境提质树榜样、作典范；“双达标”就是既要达到脱贫摘帽标准线，还要达到环境提质目标线。

8.“135”抓党建促脱贫工作思路：“1”就是一条主线，即牢牢抓住学习贯彻习近平新时代中国特色社会主义思想这条主线。“3”就是三大保障，即保障干事创业基础，财力支持再倾斜；保障干事创业队伍，人才资源再集中；保障干部干事激情，政策激励再加强。“5”就是五大突破，即努力实现集体经济破“零”，后备干部破“百”，培养培训破“格”，产业结构破“单”，服务功能破“限”。

昔阳县脱贫攻坚工作情况汇报

昔阳县人民政府

（2017年10月19日）

一、总体情况

（一）昔阳县情概况。昔阳县位于山西省晋中市东部，太行山西麓，国土面积1954平方千米，耕地46.33万亩，全县辖5镇7乡335个行政村，总人口23.8万人，其中农业人口19.9万人，是典型的山区农业县，省级贫困县。去年以来，在中央和省市的坚强领导下，昔阳县委、县政府团结带领广大干部群众“撸起袖子加油干”，抓发展、稳提高、保民生、强党建，全县政治、经济、社会、文化以及党的建设等各方面工作都取得了令人振奋的可喜成绩。综合实力上，成功引进了阳煤氯碱、上海斯能、国新能源、大唐风力等一批大企业、大集团，规模以上企业增加到16个，纳税千万元企业超过15户。新型工业上，“煤电气化”四大支柱产业齐头并进，昔阳经济技术开发区建设推进有力，阳煤电石公司、阳煤昔阳化工公司和山西碧洲科技公司3家企业成功入驻。特色农业上，“菜果猪菌药”五大特色产业呈现规模化、品牌化发展，去年10月份我县双孢菇成功出口泰国，为全省双孢菇出口“零”突破做出了积极贡献。旅游开发上，全面深化改革，成立了旅发委，高规格举办了汽车拉力赛、场地越野赛、锦标赛以及2017环中国国际公路自行车赛等一系列高规格赛事，“山水昔阳、户外天堂”的品牌越叫越响。社会治理上，深入推进平安昔阳建设，连续两年在全省人民群众安全感和满意度测评中名列第八和第三，人民群众获得感和幸福感明显增强。“十三五”以来的良好开局，开创了昔阳蓄势聚能、振兴崛起的崭新局面。

（二）脱贫攻坚总体情况。昔阳县精准识别建档立卡贫困对象共涉及12个乡镇、151个村、18769户、39988人，贫困发生率为20%。2014年，有序退出贫困人口6000人，贫困发生率降至17.07%；2015年，退出贫困村5个、贫困人口6600人，贫困发生率降至13.76%；2016年，经过全力攻坚，实现了50个贫困村、13538名贫困人口如期退出。截至去年底，通过动态调整，全县还有贫困村96个，贫困人口13748人，贫困发生率降至6.8%。2017年我县的任务是：减少贫困人口10000人以上，81个以上贫困村退出，贫困发生率降至2%以下，贫困县如期脱贫摘帽。

二、主要做法和成效

今年以来，昔阳县把脱贫攻坚作为“创一流、争上游，实现振兴崛起、建成小康昔阳”的首要步骤和底线任务，坚持以脱贫攻坚统揽经济社会发展全局，高位推进、持续发力，抓重点、补短板、强弱项，努力走出一条具有昔阳特色的脱贫之路。

（一）在率先脱贫摘帽的使命中坚定昔阳担当。

习近平总书记视察山西之后，我县深刻领会习总书记提出的脱贫攻坚是“必须完成的任务”这一明确要求，特别是省委两个《实施意见》出台之后，县委、县政府始终以高度的政治自觉，坚决贯彻省委、市委的决策部署。一是深入践行省市要求。7月14日，立即召开了全县脱贫攻坚“百日决战”誓师大会，对贯彻省委两个《实施意见》进行了全面部署；7月23日至26日，随市委考察团到河南兰考、长治壶关、武乡等县考察了脱贫攻坚工作。随后，结合昔阳实际，借鉴先进经验，相继出台印发了《关于进一步做好脱贫攻坚工作的实施方案》《关于印发脱贫攻坚示范村创建名单的通知》《中共昔阳县委关于深入学习贯彻习总书记视察山西重要讲话精神的实施方案》和《中共昔阳县委关于深入学习贯彻习总书记在深度贫困地区脱贫攻坚座谈会上重要讲话精神，全力推进“双示范、双达标”创建、率先决胜脱贫攻坚的实施方案》等四个文件。二是对标对表调整思路。我们把贫困县退出指标作为脱贫摘帽的标准线和脱贫攻坚的目标线，自我加压、拉高标杆，对我县脱贫工作在战略层面进行了重新调整和规划设计，提出了将全县335个行政村按照“脱贫、提升、小康”三个梯次同步推进，全面实施“双示范、双达标”创建工程，集中时间冲刺攻坚，坚决打好打赢集中攻坚、巩固提升、小康建设三场“主动仗”，为全省全市“当先锋、打头阵、做示范、立标杆”。三是不折不扣兑现承诺。今年以来，为了保障昔阳如期脱贫摘帽，省市两级党委政府给予了高度关注和大力支持。8月30日，郭迎光副省长专门听取了全省四个省定贫困县脱贫工作汇报，并对照指标一项一项盘点、一件一件协调、一个一个落实；市委胡玉亭书记、市政府王成市长多次深入昔阳，一线研究解难题，开展督促检查、推进任务落实，并于6月14日在昔阳专门召开了全市脱贫攻坚现场推进会，专门研究出台了《关于支持昔阳县如期脱贫摘帽的实施方案》，在政策、资金、保障等17个方面制定了特惠政策。在省市的有力支持下，我们的脱贫决心更大，攻坚劲头更足，一定能够如期兑现率先脱贫摘帽承诺。

（二）在落实精准方略的要求中走出昔阳路径。

贫有百样，困有千种，治病找病因，扶贫找穷根。我们始终把精准方略贯彻识贫、扶贫、脱贫全过程，坚持在精准施策上出实招，在精准推进上下实功，在精准落地上见实效，紧扣脱贫摘帽目标，下足“绣花”功夫，千方百计确保稳定脱贫。一是立足增收根本，打造特色产业。抓农业特色产业扶贫，推动“菜果猪菌药”五大特色产业上规模、上档次、上品牌，带动12900多名贫困人口脱贫增收；抓劳务就业扶贫，实施“六个倾斜”，引进天津仿真花、山东服装制衣等“短平快”项目，实现了4600余名贫困人口稳定脱贫；抓农村电商扶贫，带动840余名贫困人口就业增收；抓乡村旅游扶贫，吸引120多名贫困群众通过劳动力就业和发展服务产业增收；抓林业生态扶贫，7200多名贫困人口受益；抓光伏产业扶贫，37个村建立村级光伏电站59个，装机容量9900kW，收益联结到村到户，99个贫困村据此年均可增收近万元，为探索统筹脱贫方法，攻坚深度贫困积累了新经验、开辟了新路径；特别是探索创新了土地租赁、项目扶持、资本增值、企业带动、资产盘活、旅游增收“六条路径”，贫困村集体经济实现了“零”突破。二是着力夯实基础，办好民生实事。基础建设方面，对35个贫困村进行了互联网信号优化，投资2367.12万元实施农村饮水安全工程60处，投资1239.9万元升级改造了农村电网，投资8468万元实施了农村公路提质工程，全县村通公路硬化率达100%，我县荣获“四好农村路全国示范县”殊荣。“三个保障”方面，实施易地扶贫搬迁集中安置700户1934人，货币安置52户211人；实行“双签约”服务，签约率达99.8%；在全省率先实行普通高中生学费全免、补贴城内初中寄宿生车费、生活费和阳光助学工程，受益贫困学生3万人次。社会兜底方面，针对无劳力、无来源、无技能的“三无”特困群体，实行应保尽保政策，全部纳入低保、“五保”享受范围，由政府全面托底，保障对象达到9330人，保障标准从去年每人2920元提高到现在的3300元。三是坚持多方聚力，筑牢脱贫保障。强化资金保障。整合各类涉农资金14128.65万元，县财政用于脱贫攻坚绝对额增加了334万元，同比增幅25.8%，实现“双增长”；贷资入股办理贷款贫困户1790户；发放小额信贷1.23亿元。强化政策保障。在用足用好上级政策的同时，出台了《昔阳县特色产业扶贫项目奖补实施细则》《昔阳县畜牧产业扶贫项目补充说明》，不断扶持脱贫产业做强做大。强化用地保障。大力度实施农村造地扶贫工程，新造耕地1.2万余亩，坚持用地指标向脱贫产业、脱贫项目倾斜，保障了脱贫攻坚用地空间。

（三）在破解脱贫难题的困境中创出昔阳特色。

为了迎接好奔小康进程中脱贫摘帽这个“期中考试”，我们认真贯彻落实习近平总书记“要实施贫困村提升工程”这一重要指示精神，将脱贫攻坚和环境提质结合起来，不仅注重贫困村基础设施硬件建设，而且重视贫困户精神面貌软实力提升，不仅注重环境“面子”，更注重精神“里子”。“软”“硬”两手抓，“里”“外”求统一，在夯实基础设施和公共服务设施的基础上，着力完善农村的村容村貌、道容道貌和户容户貌，转变村风民风，革除陋习，提振贫困户的精气神，激发内生动力。在全县全面铺开了“双示范、双达标”创建工程，集中时间补短板，攻坚冲刺100天。一是“一个标准”贯穿始终。严格对照全省户脱贫、村退出、县摘帽指标体系，主动对标晋中是贫困退出的新标准，立足我县实际，进一步细化明确，自我加压、适度拔高，形成了基础设施、村容村貌、宣传营造、帮扶工作、脱贫成效等五类十二项昔阳版脱贫退出标准。特别是我们把群众获得感和满意度作为一项硬指标，首次将“精神脱贫”列入创建指标，针对贫困村基础条件、贫困户生活环境和贫困人口精神面貌，提出了“三有四化五美”“八个一”“三无两好”“五个全覆盖”等具体要求，提升了脱贫标准，筑牢了小康基础。二是“双线作战”合力攻坚。所谓“双线”作战，就是在“双示范、双达标”推进中，实行脱贫攻坚战区制，将全县十二乡镇按照区域划分为五大战区，战区指挥长由县级领导担任。一方面，24名县级领导自觉以上率下，主动认领任务，每人创建四个样板村，同时对所包片区“双示范、双达标”创建工作统筹协调、牵头主抓，立体推进、强化落实，当好指挥员。另一方面，对“双示范、双达标”创建工程开展指导督查，带动市直帮扶单位至少创建一个样板村，乡镇副科以上干部每人创建一个样板村，做好督查员。今年8月份以来，共创建“双示范、双达标”样板村212个，占到了行政村总数的63.3%。三是“四动”模式确保成效。创新机制带动。出台了《示范村创建评分细则》《“双示范、双达标”创建考核评价办法》《示范村创建流动红旗评选制度》等一系列创建考评制度，通过“比、评、奖”，推动示范创建向纵深推进。观摩考评促动。分两批对全县151个村的创建情况开展观摩测评，通过看户容户貌、看政策落实、看精神面貌和问帮扶举措等“三看一问”办法，“考”出满意度，提升获得感。问题整改拉动。按照评分细则，分类打分排队，村村列出问题清单，项项同时双向反馈，条条要求限期整改，个个确保全面达标。正向激励推动。结合观摩测评，开展流动红旗村评选活动，通过树立鲜明的实绩导向，确保了全县脱贫攻坚创建有特色，示范有亮点，带动有成效。通过“双示范、双达标”，加快了脱贫进程，提升了脱贫成色。

（四）*在凝聚攻坚合力的进程中交上昔阳答卷。*

为了创造出经得住查、经得住看、经得住检验的脱贫业绩，我们按照“县级统筹、乡抓落实、单位包村、干部包户”的要求，动员市县乡6000余名干部、151个驻村工作队带着感情、带着责任、带着问题驻村开展工作，多次开展“集中调研月”和“入户走访周”活动，实现了帮扶力量和帮扶工作两个全覆盖。同时，针对县级领导、帮扶单位、第一书记、机关党员干部和乡镇干部，我们出台了五个考核办法，压紧压实工作责任，确保了各项工作有序推进、高效落实。特别是在驻村帮扶工作中，我们大力弘扬自力更生、艰苦奋斗的大寨精神，要求县级领导带头落实联系贫困村制度，每月至少驻村两天两夜，帮扶单位负责人每月至少驻村四天四夜，驻村工作队、第一书记每周驻村不少于五天四夜，努力用真驻村、实帮扶的实际行动锤炼干部、熟悉民情、获得认同，进一步激发全县干部群众不甘落后、率先脱贫的“精气神”，以超常的措施和决战的魄力，咬定目标，再战再胜，努力在脱贫攻坚主战场展示干部形象，体现昔阳担当。

各位领导，虽然我县在脱贫攻坚工作中取得了一些成绩，但与上级要求和群众期盼相比还存在不少差距。比如，贫困村的集体经济尽管实现了“零”突破，但持续增收任务依然艰巨；脱贫产业发展态势不错，但如何提高利益联结精准度还需要不断探索；部分贫困户内生动力还不足，贫困村短平快的致富措施还不多；部门联动合力还有待进一步加强，等等。

“犯其至难，图其致远”。下一步，我们将以此次调研为契机，坚决把思想和行动统一到中央、省、市脱贫攻坚各项决策部署上来，乘着十九大的东风，咬定目标，不辱使命，举全县之力，汇全民之智，努力确保我县脱贫工作的政治效应、经济效应、社会效应实现“三提升”，圆满完成我县在 2017 年年底率先脱贫摘帽硬任务。

深化改革

昔阳县全面深化改革工作专题汇报

中共昔阳县委　昔阳县人民政府

（2018年2月7日）

昔阳县位于山西省东部，太行山西麓，县域面积1954平方千米，耕地3.13万公顷。全县辖5镇7乡1个管委会，335个行政村，17个社区，总人口23.8万人。去年以来，县委、县政府坚持以习近平新时代中国特色社会主义思想为指引，认真贯彻落实中央和省、市委各项改革部署，按照习近平总书记提出的“四个亲自”思路要求和省委骆惠宁书记提出的“三个三”抓改革工作法，突出问题导向，聚力改革攻坚，破瓶颈、补短板，改革工作呈现出鼓点紧、步履实、成效好的良好态势。通过持续探索，推动形成了一批有质量、有力度的改革成果，为全县发展注入了新活力，释放了新红利。

一、总揽全局、统筹谋划，基础工作扎实有效

习近平总书记强调，改革开放是当代中国发展进步的必由之路，是实现中国梦的必由之路。作为典型资源型县份，我们清醒认识到，在新一轮大发展中迎头赶上、领先超越，必须靠改革；实现“全市争上游、东山创一流”奋斗目标，助力全市如期全面挺进全省第一方阵，希望在改革；破解主要矛盾推动高质量发展，出路在改革。一年来，县委、县政府坚持把全面深化改革作为推动振兴崛起的关键一招，以强烈的政治勇气和责任担当，统筹运用“五抓”办法，精心谋划新一轮改革蓝图。

一是抓学习贯彻。中央和省、市委深改领导组每次会议之后，县委都在第一时间学习传达。先后13次召开县委常委会研究改革事项，14次召开深改领导组会议讨论改革议题，5次听取改革工作专项汇报，特别是针对《国务院关于支持山西省进一步深化改革促进资源型经济转型发展的意见》，专门召开县委全委会，审议通过了昔阳县关于加快转型项目建设的《实施意见》和《决定》，对标聚焦，提高站位，牢牢掌握了改革工作主动权。

二是抓推动落实。县党政主要领导围绕脱贫攻坚、开发区创建等26项改革重点，按照“四个亲自”要求，自觉运用“三个三”工作法，先后领题调研40余次，统筹解决各类难题50多个；其余承担改革任务的县分管领导主动对照各自改革“责任田”，自觉担任“施工队长”，努力把“白纸黑字”转化为看得见、摸得着的改革成效。

三是抓培训宣传。邀请中国扶贫开发协会李建华副会长、北京国际汇金公司李丽梅董事长就招商引资、改革创新等课题，对全县副科级以上领导干部进行了集中授课；组织全县干部群众观看了10集政论片《将改革进行到底》，全县上下进一步认清了改革是大势所趋、发展所需、民心所向，更加坚定了推动改革的自觉性和主动性。

四是抓跟踪督察。县委改革办围绕2017年改革计划，每日检点改革日常工作，每周上报改革动态信息，每月收集整理改革台账，每季度开展改革督查自查，2017年开展书面督察、电话督察、联合督察6次，上报改革动态信息151条，在市级以上媒体刊登改革相关文章25篇，形成了一批有分量的调研成果，改革办参谋助手作用得到进一步发挥。

五是抓试点探索。始终坚持创新创优，鼓励基层单位和广大群众探索推行新模式新机制。部署开展了统筹脱贫模式、壮大村级集体经济“六条路径”、城市管理“十集中”、民生免费普惠等多个县级自主改革创新试点项目，得到了省市高度肯定。

二、立足实际、持续发力，改革任务强力推进

一是全力抓好改革任务部署。年初，按照省、市委安排部署，我们制定出台了县委全面深化改革领导小组2017年工作要点和工作计划，7月份，根据省、市委深改工作最新精神，重新梳理形成了《昔阳县2017年全面深化改革工作计划》，将原来的35项改革任务充实拓展为6大类51项，做到了时间、责任、任务“三统一”，扩大了覆盖面。其中经济体制和生态文明体制改革领域27项，民主法治改革领域3项，文化体制改革领域4项，社会体制改革领域8项，纪律检查体制改革领域3项，党的建设制度改革领域6项，为2017年改革立柱架梁，做到了有路线图、有时间表、有大台账、有硬措施。

二是全力完成改革各项任务。2017年，我县确定改革任务51项，有49项基本完成，完成率96.08%。承接国家省市改革任务49项，已完成47项，完成率95.92%。承接国家试点任务3项（推进社保制度改革、推进旅游景区景点体制机制改革、深入推进监察体制改革试点工作），均已基本完成，完成率100%；承接省级试点任务4项（推行中小学校长职级制改革、推进县乡医疗卫生机构一体化改革、山西省城乡建设用地增减挂钩试点改革、全面推进司法体制改革试点任务），有3项基本完成年度改革任务，完成率75%。自主创新类改革2项（社会投资土地开发、培育践行社会主义核心价值观），均已完成年度改革任务，完成率100%。

正在推进的有两项改革，一是城乡建设用地增减挂钩试点改革，此项改革因涉及房屋征拆、土地调规等政策因素，需进一步推进；二是推进第二批员额制法官检察官遴选改革，此项改革上级政策文件暂未出台，待政策明确后即可按照上级要求持续跟进。

三是全力建强改革办事机构。根据省、

市改革有关精神，我县于去年8月14日调整了县委深改领导组，设组长1名、副组长5名；领导组办公室设在县委办，设主任1名、副主任2名。同时县委深改领导小组、县编委会分别于9月4日、9月12日召开会议，对县委研究室机构编制事宜作出调整，调整后的县委研究室加挂县委改革办、县综改办牌子，实行“一个机构三个牌子”，原县发改局下属的转型综改研究中心3个财政拨款事业编制、2名在编人员整体划入县委研究室。通过整合，县级深改力量进一步充实，工作效能得到极大提升。

四是全力完善改革规章制度。修订了中共昔阳县委全面深化改革领导小组、领导小组办公室两个《工作规则》，从宏观层面规范了改革实施流程。制定了昔阳县全面深化改革第三方评估、督察、考核等五个《实施细则》，从微观层面明确了改革实施涉及到的5个重要环节。出台了昔阳县全面深化改革工作县领导分工负责、台账管理、决策咨询等三个《办法》，通过“责任化+清单式”管理，努力确保既定改革方向不偏离、改革任务不落空。

三、打造亮点、形成特色，关键领域重点突破

全面深化改革的最终目的就是要理顺机制、推动发展。作为全省首批、全市首家脱贫摘帽县，去年，我县认真贯彻落实省、市委交给我县“当先锋、打头阵、做示范、立标杆”的指示精神，将发展为民作为第一理念，创新手段、打造亮点，努力在改革惠民、改革富民上实现新突破。

首先，在机制上“转”，创新两个办法。一是创新了统筹脱贫办法。通过统筹贫困村户、统筹项目运行、统筹政策资金、统筹利益联结，与大象农牧集团合作，建立了肉鸡养殖扶贫基地，17个村组建的专业合作社入驻基地，1194户贫困户入股分红，形成了“集团引领+龙头企业带动+合作社入股+贫困户分红”的产业化经营与脱贫增收新模式，实现了生产要素的有效聚集和资源的优化配置，破解了村缺土地、户无技术的难题。二是探索了壮大村级集体经济“六条路径”。为解决村集体经济破“零”难题，我们将县城内国有商业性门店统一纳入政府监管范围，集中经营、市场管理，统筹分配租金到所有行政村，实现了千人以上村集体收益10000元，千人以下村收益5000元；利用村级光伏收益，电站所在贫困村每年稳定增收20000元，其余贫困村每年收入9000元。同时，通过土地租赁、项目扶持、资本增值、企业带动、资产盘活、旅游增收等途径，保证了所有贫困村集体经济收入至少每年在14000元以上。作为典型经验，我县在全省“践行习总书记视察山西重要讲话精神抓党建促脱贫攻坚暨深度贫困村整体搬迁”现场推进会上作了交流发言。

其次，在模式上“改”，实施三大工程。一是实施了城市管理“十集中”工程。创新“集中管理”思路模式，将县城小吃、熟食、汽修、汽配、水果蔬菜、寄递物流、废品收购、农机交易、电商产业、建材商家等十类经营个体定点设立主题市场，集中进行统一管理，不仅有效杜绝了各类安全隐患，而且从源头上解决了影响市容市貌的问题，保障了低收入群体的生计和市民生活便利。二是实施了“135”党建促脱贫工程。牢牢抓住深入学习贯彻习近平新时代中国特色社会主义思想这一主线，通过财力支持再倾斜、人才资源再集中、政策激励再加强，全力夯实干事创业基础、干事创业队伍、干部干事激情等三大保障，实现了集体经济破“零”、后备干部破“百”、培养培训破“格”、产业结构破“单”、服务功能破“限”“五大突破”，有效构建形成了党建促脱贫新模式。三是实施了大寨干部学院建设工程。按照“保持原貌、填平补齐、改造提升、突出特色”的建设理念，投资8000余万元，对原大寨国际旅行社建筑群进行整体改造，同时设置了虎头山、狼窝掌、大寨纪念馆、陈永贵塑像及旧居、大寨民俗博物馆、红旗一条街等一批特色鲜明的教学点，通过整合县委党校、大寨史征研办及大寨旅行社各类资源，形成“菜单式”选课、“模块式”组课新模式，全方位满足各层次、各类型干部培训需求。

第三，在理念上“变”，注重三个突出。一是突出全域理念，构建了产业融合新格局。我们因势而动、借势而为，把文化、体育等元素融入旅游产业，通过互促互融，形成了“旅游+”全域旅游新格局。先后举办市老年人体育健身大会、2017“昔阳安顺”杯山西·大寨中国汽车场地越野锦标赛、2017环中国国际公路自行车赛、“长寿·读者”杯中国门球赛等体育赛事，以赛事促旅游，以文化促旅游，极大提高了昔阳乃至晋中在国内外的知名度及美誉度，推动了“山水昔阳、户外天堂”旅游品牌走出山西、走向全国。二是突出普惠理念，新建了县图书文化“两馆”。在继续实施好县城十大免费工程基础上，去年又实施了县图书馆、文化馆改造提升工程，并免费向公众开放。改造提升后的“两馆”达到国家三级创建标准，其中新图书馆除设置了种类繁多的阅览区、检索区外，还专门设立了采编室、多功能报告厅、古籍修复室、室外24小时图书自助借阅机等，可提供23项文化服务内容；新文化馆专门设置了排练厅、音乐室、美术室、书法室等，可提供21项文艺学习内容，极大丰富了群众的精神文化生活。三是突出示范理念，开展“双示范、双达标”创建。“双示范”就是通过开展“百村示范”，为全县脱贫摘帽和环境提质树榜样、作典范；“双达标”就是既要达到脱贫摘帽标准线，还要达到环境提质目标线。去年，我们认真贯彻落实习近平总书记“要实施贫困村提升工程”重要指示精神，将全县行政村划分为贫困村、脱贫村、非贫困村三类，同时打响了“贫困村集中攻坚、脱贫村巩固提升、非贫困村小康建设”三场主动仗，先后开展了三轮集中观摩和问题整改，创建示范样板村212个，占到了行政村的近三分之二。

四、深刻剖析、正视短板，改革难题仍需破解

回顾我县2017年改革工作，虽然取得了一些成绩，但对标兄弟县市和发达地区，对照上级要求和群众期盼，我们还存在不少短板和问题，主要体现在以下三个方面：

一是自主探索力度还不够大。一部分改革事项推进落实步子不快。先行先试，自主创新的改革事项还不多，对于改革进程中典型性、可复制的经验做法总结还不及时，宣传推广还不到位。有些改革创新亮点示范效应仍需逐步显现。

二是任务进展还不够均衡。部分社会民生领域改革探索和推进机制进展缓慢，如旅游景区景点体制机制改革等仍需进一步深化。

三是配套措施跟进还不够有力。一些已确定的改革事项由于上级政策落地慢，导致工作不能及时跟进，如推进第二批员额制法官检察官遴选及法院内设机构两项司法领域改革在列入2017年改革计划后，省、市两级均未出台改革专项文件。

对于以上问题，我们将高度重视，在遵循上级改革精神的基础上，结合此次评估组专家们的点评意见，以逢山开路、遇水搭桥的勇气和智慧，在今后的改革实践中逐步加强完善，切实凝聚起全面深化改革的强大力量，在新起点上实现新突破。

五、对标看齐、及早谋划，推动全面改革再出发

省委书记骆惠宁指出，我省“发展相对滞后，但改革决不能落后”。2018年，我县全面深化改革工作要深入贯彻党的十九大精神，坚持以习近平新时代中国特色社会主义思想为指引，按照省委“一个指引、两手硬”、市委“两个全面”重大思路和要求，重点围绕实施开发区改革创新和乡村振兴两大战略，及时跟进中央、省市最新部署，统筹协调时序、力量、进度，切实以改革创新推动“全市争上游、东山创一流，实现昔阳经济社会振兴崛起”宏伟目标如期实现。具体概括为四个方面：

一是加强组织领导，形成工作合力。认真学习中央及省市委全面深化改革最新精神，加强对各领域改革的组织领导，进一步解放思想，凝聚共识，形成推进改革的强大合力，使各领域改革实现同频共振、互促共进。

二是坚持问题导向，理清改革思路。始终以问题导向和民意导向为准线，结合我县实际，聚焦全县改革发展的重大问题和涉及群众切身利益的热点难点问题，深入调研，理清思路，找准基层改革的切入点和突破口，努力使各项改革措施服水土、接地气，适社情、合民意。

三是聚焦重点难点，精准推进改革。围绕全县改革《工作要点》和《工作计划》，盯紧改革重点领域、关键环节，瞄准体制机制障碍，聚焦改革重点专题，实现精准突破。做到有路线图、有工作量、有时间表、有责任人，确保改革与发展同推进。

四是强化督查考核，狠抓任务落实。充分发挥全面深化改革领导小组及改革办牵头抓总和统筹协调作用，根据各领域改革任务目标，进一步强化年中督查和年终考核机制，靠实各项改革任务的主体责任、分管责任、具体责任和协调责任，用严格的目标责任考核推动各项任务落实。

改革探索不止步，重整行装再出发。新的一年，我县将在市委深改领导组的正确领导下，继续发扬敢闯敢试、敢为人先的拼搏精神，拿出敢“啃硬骨”“涉险滩”的勇气魄力，化挑战为机遇，化压力为动力，推动思想再解放，改革再深入，工作再抓实，确保各项改革取得更大成效，让更多改革红利惠及昔阳群众，惠及昔阳发展，以实际行动迎接改革开放40周年。

《挺进全省第一方阵大家谈》书记访谈提纲

【主持人】观众朋友您好，欢迎走进《挺进第一方阵大家谈》，我是杜艳君。全面挺进全省第一方阵是市委、市政府向全市干部群众发出的动员令，昔阳县是大寨精神的发源地，《亮剑》原型主战场，也是晋中向东开放的“桥头堡”，在全市新一轮的发展中，如何有担当、有作为，彰显昔阳能量，绘好昔阳篇章。本期节目，我们就来谈一谈，昔阳在全市挺进全省第一方阵的道路上，如何乘势而上推动发展。

一、昔阳县在挺进第一方阵中如何定位

1.【主持人】一说起昔阳，说起大寨，我相信许多电视机前的观众朋友都很熟悉，自力更生、艰苦奋斗的大寨精神更是一直在激励着我们。近年来昔阳无论是在壮大产业、改善民生、提振社会风气、繁荣文化事业等方面，都有长足发展。王根元书记，这次在挺进全省第一方阵的战役中，昔阳县又给自己提出了什么样的要求呢?

【王书记】在去年市第四次党代会上，新一届市委提出了“苦干三年，全面挺进全省第一方阵”的发展战略，充分体现了市委高瞻远瞩的战略眼光，胸怀全局的驾驭能力，争先发展的坚强决心，同时也标志着晋中的经济社会建设进入了新的发展阶段。昔阳作为晋中经济版图的重要组成部分，必须始终保持定力、乘势而进，坚定不移地推进经济社会转型发展、率先发展、加速发展，把发展的新趋势转化为新优势，全力打好未来发展的主动仗。具体而言，就是要认真落实省委“一个指引、两手硬”的重大思路要求和市委“两个全面”战略布局，大力学习弘扬践行大寨精神，主动适应经济发展新常态，全力以赴推进经济转型、城乡统筹、改革创新、民生共享、安全稳定“五大发展”，坚定不移打造全国著名的红色旅游地、全省重要的煤电气化产业基地、全省重要的种养加基地、晋东冀西区域性煤炭物流集散地和全省东部最具活力的明星县城，抓发展、稳提高、保民生，全市争上游，东山创一流，努力实现昔阳经济社会振兴崛起，确保如期全面建成小康昔阳。力争经过三年的努力，全县地区生产总值达到70亿元，规模以上工业增加值达到32.5亿元，固定资产投资达到154.5亿元，公共财政预算收入达到6.4亿元，社会消费品零售总额达到36亿元，城镇居民人均可支配收入达到27833元，农村居民人均可支配收入达到9984元，主要经济指标进入“全市第一方阵”，在全省同类县考核中达到中上游水平。

2.【主持人】相信昔阳县也正是充分考虑这些因素，结合自身条件，给自己定下了“全市争上游、东山创一流”的战略目标。请问王书记，昔阳将如何在这方面着力，实现既定目标？

【王书记】市委“两个全面”的战略部署进一步理顺和明确了全市经济社会发展的主基调、主方向、主任务，也为我们更加科学地谋划未来提供了重要遵循。“全市争上游、东山创一流”的目标定位，与市委的战略目标高度契合、紧密衔接，符合昔阳实际。在具体落实上，我们将着力从“抓发展、稳提高、保民生、强党建”四个方面发力：

一是理直气壮抓发展。抓发展是我们做好一切工作的前提和基础，离开了发展，一切都将无从谈起。当前我县经济下行压力依然很大，结构调整任务艰巨，民生刚性需求增大，特别是缺乏大项目、好项目作支撑，经济发展后劲相对不足，要实现“全市争上游、东山创一流”的战略目标，我们必须要把发展作为头等大事和第一要务牢牢抓在手上，引导广大党员干部持之以恒抓招商，坚定不移上项目，千方百计兴产业，切实把心思和精力用在谋划和推动发展上。

二是提质上档稳提高。我们要把提升昔阳对外形象和强化昔阳基础建设作为重要抓手，通过创建国家级文明县城活动，打响擦亮昔阳城市名片这张牌，真正让县城变成宜居宜商宜业的魅力新城、活力县城、文化名城；同时要按照“立足当前、着眼长远，重点突破、整体推进”的目标要求，强化弱项，弥补短板、集中力量打好“水、电、路、网”等基础设施建设组合拳，进一步夯实发展基础，蓄积发展后劲。

三是不遗余力保民生。坚持财力继续向困难群体倾斜、向农村倾斜、向基层倾斜、向社会事业倾斜，重点实施好创业就业、教育就学、医疗卫生、社会保障、强农惠农等民生工程；同步推进集中供养、医养结合、居家养老三大养老模式，实现全县“五保”、低保高龄老人社会兜底养老全覆盖；健全“党政同责、一岗双责”安全生产责任体系，全面深化平安昔阳和法治昔阳建设，创新信访工作机制，减存量、遏增量，全力维护社会和谐稳定。

四是从严从实强党建。党建工作是改革发展的“方向盘”“推进器”“稳定阀”，我们将坚持把抓好党建作为最大政绩，坚决把党要管党、从严治党落到实处。强化思想领航，坚定理想信念；强化干部领跑，增强担当意识；强化基层领先，激活发展动力；强化正风反腐，促进干部依法用权、公正用权、廉洁用权，用党的建设的新成效助推昔阳经济社会振兴崛起。

二、如何着力突破，稳争上游

3.【主持人】刚才王书记谈了要从抓发展、稳提高、保民生、强党建四个方面发力，来落实我们目标。我们知道昔阳作为A类县，通俗来讲就是有煤县，结构调整、转型升级是必然要面对的重要抓手，请问王书记在这方面我们最大的亮点是什么，昔阳在这方面又有哪些好的思路和举措？

【王书记】我们坚持将产业发展作为县域经济振兴崛起的重要支撑，充分挖掘昔阳发展新优势，集聚发展新动能，不断提升工业、农业、旅游三大产业核心竞争力。做强新型工业。继续做好“煤”与“非煤”两大文章，进一步壮大“煤、电、气、化”四大支柱产业，到2019年煤炭产量每年稳定在1200万吨左右，电力达到千兆瓦级，煤层气年抽采量达到3亿立方米，新型化工产品产量达到“双百万”吨，着力把昔阳建设成为全省重要的电力大县、化工大县和煤层气大县。做精特色农业。充分利用我县被确定为国家级现代农业示范区的品牌优势，进一步做大做强“菜、果、猪、菇、药”五大主导特色产业，努力实现“53128”发展目标。即：绿色蔬菜种植面积达到5万亩、干鲜水果种植达到30万亩、生猪养殖突破100万头、食用菌种植达到200万平方米、中药材种植达到8万亩，努力推进农业产业既有“点上突破”，又有“面上开花”。做活旅游产业。立足“山水昔阳、户外天堂”的发展定位，坚持以大寨旅游为龙头，以“红色、生态、休闲”旅游为主题，不断加快旅游产业与知名赛事、美丽乡村、特色农业、文化商贸、新兴媒介等深度融合，大力发展新型旅游新业态。特别是要打好“赛车牌”，本着“年年有创新、届届有提高”的办活动理念，借助高级别、高规格、高水平的国内外知名汽车越野赛事，以赛事促旅游，以赛事聚人气，吸引更多的国内外汽车、摩托车、户外运动爱好者，走进昔阳、了解昔阳、发展昔阳，把昔阳打造成“全国汽车户外越野胜地”。

4.【主持人】脱贫攻坚是我们这次全市挺进全省第一方阵必须完成的一项硬任务，而且在全市脱贫攻坚行动方案中也提到2017年昔阳县要率先摘掉贫困县的帽子，作为全市率先脱贫的主战场，昔阳如何补齐短板、同向发力、助力晋中全面挺进全省第一方阵？

【王书记】去年以来，我县以脱贫攻坚统揽经济社会发展全局，聚焦重点精准发力，干群同心上下联动，脱贫攻坚首战告捷，圆满完成了6031户13538人50个整村退出的脱贫任务，顺利通过了国家、省第三方评估验收，受到了省市领导的高度评价和充分肯定。2017年是我县的脱贫攻坚之年，也是扶贫工作的决战决胜之年，按照市里要求，我们要在全市率先脱贫摘帽，我县的脱贫攻坚工作进入啃硬骨头、兑现承诺、逐级交账、最后冲刺的关键阶段。我们将坚决贯彻市委脱贫攻坚的基本方略，着力抓好五方面工作：一要集中开展好五级干部下乡入户大调研活动，通过进百村、入万户，与贫困户真情沟通，切实做到精准对接、精准帮扶。二要制定好2017年脱贫攻坚计划，确保脱贫攻坚，活动有安排、工作有抓手、任务有时效。三要谋划好具体的操作措施，产业搞什么，项目谁来做，钱从哪里来，机制如何创新，都要具体化，不能把脱贫攻坚弄成，说起来是夸夸其谈，做起来是举步维艰。四要实施好集体经济破“零”工程，通过盘活集体资产资源、发展租赁经济、壮大农村产业等方式，让集体经济成为群众脱贫致富的内生动力。五要强化村组织建设，充分发挥村“两委”班子的作用，使其成为脱贫攻坚的火车头，群众致富的主心骨。

在切实做好以上五方面工作的同时，我们将继续在自身优势上挖潜，精准搭建平台，不断壮大特色产业、农村造地、农村电商、金融富民、旅游开发等扶贫支撑，特别是要实施好劳务就业“六个倾斜”这个“短平快”好举措、好办法，即县境内国有、民营企业，县城大物业用工向贫困户倾斜；县城园林管护、环卫保洁、免费公交等岗位用工及廉租摊位出租向贫困户倾斜；村级日间照料中心、垃圾清运、护林防火等公益性岗位用工向贫困户倾斜；村级收益性固定资产处置向贫困户倾斜；村级实施的各类工程用工向贫困户倾斜；村级党员干部经营的营业性摊点用工向贫困户倾斜，让贫困劳力人人有活干，切实提高贫困群众的自我发展能力。

三、如何保障落实，不折不扣完成好既定任务

5.【主持人】明确了目标，确定了路径，有了具体的措施，接下来我们谈谈保障。王书记，昔阳要如何确保这些任务不折不扣地如期完成呢？

【王书记】完成好市委、市政府下达的各项指标任务，全市争上游，东山创一流，实现昔阳经济社会振兴崛起，关键在党，关键在干，关键在狠抓落实。

一要创新发展。要牢固树立崇尚改革、崇尚创新、崇尚发展的价值导向，坚持用创新的精神、创新的思路、创新的举措破解当前经济社会发展中遇到的各种困难和问题，不断加大改革创新力度，积极向改革创新要出路、要动力、要空间、要红利，通过大众创业、万众创新，在全县掀起改革潮、创新潮、创业潮。

二要务实发展。发展是干出来的，解决当前发展的问题关键在干。我们将围绕既定目标，大力弘扬“马上就办、真抓实干”的作风，以时不我待、只争朝夕的紧迫感，开辟昔阳脱贫攻坚、振兴崛起的新境界；大力弘扬“办就办好”的精神，抢抓机遇，争先进位，努力干出让市委认可、群众满意，经得起实践检验的新业绩；大力弘扬“钉钉子”的精神，对事关全局的发展问题，紧盯不放、锲而不舍、善作善成。

三要服务发展。发展是第一要务，我们的各项工作都要围绕服务发展来开展。只有拥有良好的发展环境，我们才能够在脱贫攻坚上摘穷帽、奔小康；在产业转型上谋新篇、闯新路；在项目建设上攻难关、打硬仗；在城乡建设上提品质、上台阶；在民生改善上增福祉、促和谐，我们的各项工作才能够争上游、创一流、出精品。我们将要通过方方面面的工作，调动社会各界力量，不断提升发展的质量和水平，全力营造大发展、快发展、干事创业的浓厚氛围。

四要保障发展。我们将进一步加强县委对经济工作的核心领导，加大对重大经济事项决策的指导力度，坚持从组织领导、责任分解、考核激励、安全稳定等方面为全县经济社会振兴崛起提供更加坚实的保障；要坚定不移落实“两个责任”，努力把全县各级党组织建设成信念坚定的奉献团队、敢闯敢干的攻坚团队、遵纪守法的清廉团队，充分发挥其模范带头作用，更好地带领全县广大群众坚定信心、顽强奋斗，凝聚起全面挺进第一方阵的强大合力。

四、如何看待昔阳今后这几年的发展

6.【主持人】王书记，我听说您先后两次在昔阳任职，我想，对于昔阳，您应该有更深的感情。请问王书记，在全市“苦干三年，全面挺进全省第一方阵”的伟大实践中，您对昔阳今后这几年的发展有着怎样的憧憬和期待？

【王书记】市委“苦干三年，全面挺进全省第一方阵”的宏伟目标，确实让我们看到了新一届市委争为人先、自加压力的定力魄力，以及市委、市政府理直气壮抓发展、毫不动摇抓经济、千方百计抓民生的追求实践。全市上下为之奋斗的这几年，同样也是昔阳进一步夯实基础、提升优势、增强后劲、加快发展的重要时期。我们相信，有市委、市政府的坚强领导，有这些年我们打下的坚实基础，有全县干部群众的共同努力，有永不褪色的大寨精神，我们一定能够以志在必得的信心和决心，不断开创昔阳经济社会振兴崛起的崭新局面，在助力全市“全面挺进全省第一方阵”的伟大实践中，做出昔阳应有的贡献。我们也相信，通过这几年的努力，打造“四地一城”，建设“五个昔阳”的目标一定会实现，一个经济繁荣、活力迸发、城乡亮丽、环境优美、社会和谐、人民富裕的新昔阳必将展示在世人面前，屹立于晋中大地。

大 事 记

DA　SHI　JI

2017 年大事记

1 月

4 日，第四届“昔阳好人”评选结果公布，共选出“昔阳好人”5 名。按得票多少，分别为：张满栋、韩晓莎、齐培英、王艳琴、杜柱保。白维良、郭艳美、张来贵 3 名候选人获得“昔阳好人”提名奖。

是日，市委副书记苗伟深入昔阳县调研指导脱贫攻坚迎检工作。苗伟强调，各级各部门要以高度负责的态度、严格务实的作风，抓细抓实各项扶贫工作，查漏补缺，认真整改，全面做好迎检准备工作，以优异的工作成绩迎接国务院第三方评估检查验收。县领导王根元、许利伟、郭春林、王志勇、陈立军、吴战军参加活动。

是日，晋中市副市长黄海涛深入昔阳县驻村帮扶联系点界都乡里车掌村，调研脱贫攻坚工作进展情况，走访慰问贫困户，召开座谈会对精准扶贫工作进行安排部署。

7 日，山西省委常委、副省长孙绍骋就昔阳县安顺北坪煤业露天煤矿安全生产及生态环境恢复治理等工作进行专题调研。

是日，民进昔阳支部牵头，邀请昔阳书法协会书法家在县城好人广场免费给群众书写新春春联。

12 日下午，国务院第三方评估组进驻昔阳县，对精准扶贫工作成效进行评估考核。省扶贫办主任刘志杰，市领导王成、苗伟、任忠、连建华出席汇报座谈会，县四套班子领导及市、县相关部门负责人参加汇报座谈会。

20 日，在县文体活动中心举办了昔阳县首届春节联欢晚会。

2 月

14 日，昔阳县三级干部大会召开，会议回顾总结了 2016 年主要成绩，对 2016 年度综合考核情况进行表彰通报，安排部署了 2017 年各项工作任务。

16 日，中国共产党昔阳县第十五届纪律检查委员会第二次全体会议召开。全会深入学习贯彻党中央、中纪委、省市县相关会议精神，特别是习近平总书记系列讲话精神，认真总结2016年昔阳县党风廉政建设和反腐败工作，部署2017年工作任务。

3月

10日，召开中国人民政治协商会议第九届昔阳县委员会第二次会议。来自全县各条战线、各个界别的政协委员汇聚一堂，履行职责，共商大计。应出席会议委员159人，实出席153人。大会由政协副主席杨海燕主持。

11日，第十七届人民代表大会第二次会议召开。大会开幕式由大会执行主席耿计良主持。县委副书记、县长许利伟代表县人民政府向大会作政府工作报告。

12日，香港华革会吴祺光夫妇带领狮子山下合唱团到县晋祥养老院、昔阳中学开展慰问活动。市侨联党组书记李增福、副县长李丽萍及县统战部相关负责人参加活动。

15日，2017年脱贫攻坚行动安排部署会召开，会议就全县2017年脱贫攻坚行动计划中的二十项行动、六大保障机制、四大保障机构进行安排部署。

21日，传达贯彻全国“两会”精神大会召开。县委副书记、县长许利伟主持会议并讲话，县委副书记郭丰慧、县政协主席石立军等县四套班子领导，巡察组全体成员，乡镇、社区、县直单位一把手共计180余人参加了大会。大会邀请全国人大常委会委员、大寨党总支书记郭凤莲传达“两会”精神。

22日，十五届昔阳县委第一轮巡察工作动员大会召开，县委副书记、县长许利伟，县委副书记郭丰慧，县政协主席石立军等四套班子领导参加大会，郭丰慧主持会议，许利伟做重要讲话。

24日，山西秀芳仿真花制品有限公司在界都乡北界都村举行揭牌仪式，标志着昔阳县仿真花产业发展进入了一个新的阶段。

是日，2017年度清明节森林防火暨生态扶贫工作会召开，大会通报了全县森林火情及森林防火工作存在的问题，安排部署春季森林防火和造林绿化工作。

31日，昔阳县创建国家公共文化服务体系示范区推进会召开。会议通报了县督查组关于对昔阳县乡镇、社区、村创建国家公共文化服务体系示范区的督查情况，并就乡镇、社区、村及相关单位下一步工作重点做具体安排部署。

4月

10日，宣传思想文化部门“两提一创”第一阶段总结暨第二阶段工作部署会召开。各部门、各单位一把手汇报了“两提一创”大讨论活动开展以来的总体情况。

16日，全国人大常委会农业与农村委员会副主任委员徐守盛在昔阳县调研农业农村工作。全国人大常委会委员、大寨党总支书记郭凤莲陪同调研，并介绍了大寨村的变化和发展情况。

是日，在大寨展览馆举行大寨党性教育现场教学基地揭牌仪式。市委常委、组织部部长唐立浩，市委组织部部务委员李雪峰，市委党校常务副校长易仲林，市委党校副校长赵俊伟，县委书记王根元，县委副书记、县长许利伟，县委副书记、县委党校校长郭丰慧，县委常委、组织部部长郭春林，全国人大常委会委员、大寨党总支书记郭凤莲，市县组织部、党校、大寨党性教育现场教学基地工作人员、大寨镇村党员、干部100余人出席揭牌仪式。揭牌仪式由郭丰慧主持。

是日，由成都铁路局、西南铁路旅行社组织的“唱响红歌·寻梦大寨”旅游专列走进昔阳，开启了昔阳县“旅游+铁路”的新模式。此次活动对于扩大昔阳县旅游的知名度和影响力有重要意义。

17日，县政协主席石立军率队到长治市襄垣县就“五道五治”工作进行参观学习。

18日，晋中市农机资产收益扶贫工作推进会在昔阳县召开，县委常委、统战部部长李怀仁及和顺、左权农机部门负责人出席会议。

29日，昔阳县“五一”表彰大会召开，对在经济社会发展中做出突出贡献的单位和个人进行了表彰。

是日，在沾岭路一、二标段项目点举行2017年重点工程项目集中开工仪式，16个重点工程项目集中开工，总投资14.5亿元。

5月

2日，山西金谷阳光食品有限公司举行今合网品牌孵化及今合家丁启动仪式。昔阳县相关领导和今合网董事长翟江峰共同开启启动仪式。

5日，“五抓五提升”城乡环境大整治攻坚行动动员大会召开。县委书记王根元，县委副书记、县长许利伟，县人大常委会主任李显鸣，县政协主席石立军等四套班子领导出席会议。会议决定在昔阳县开展为期6个月的“五抓五提升”城乡环境综合整治攻坚行动。会议确定城乡环境综合整治为昔阳县2017年主抓的三大重点工作之一，要坚决打赢城乡环境综合整治攻坚战。

是日，环保重点工作推进暨配合保障中央环保督查工作动员部署会召开。县委书记王根元，县委副书记、县长许利伟，县人大常委会主任李显鸣，县政协主席石立军等四套班子领导出席会议。

13日，省妇联主席、党组书记张葆深入界都乡仿真花制品有限公司进行调研。

是日，山西省旗袍文化研究会太原、阳泉、介休、大寨等分会的旗袍会员300多人在大寨红旗广场参加“民族母亲·红色大寨行”活动。

是日，由昔阳县宣传部、县人民医院联合组成的医疗扶贫小组赴扶贫帮扶村后东峪村进行健康扶贫义诊和捐赠活动。

15日，推进“两学一做”学习教育常态化制度化、开展维护核心见诸行动主题教育动员大会召开。县委书记王根元作重要讲话，县委副书记、县长许利伟，县委副书记郭丰慧，县政协主席石立军等县四套班子领导出席会议。

16日，传达市拆违治乱提质会议精神大会召开，县政协主席石立军及各相关部门负责人参加会议。会上，市第十包县督查组负责人就昔阳县拆违治乱提质督查工作进行反馈，并传达市拆违治乱提质会议精神。

18日，昔阳县举行第41个国际博物馆日宣传暨文物捐赠活动。来自昔阳县收藏协会、书法协会的11位爱心人士共捐赠书法、字画、清代瓷器等文物44件。

24日，市委巡察五组对巡察昔阳县情况进行反馈，组长李变清代表巡察组反馈巡查情况，市委巡察办副主任赵佩玉作重要讲话，县委书记王根元主持会议并作表态发言。

26日，山西·昔阳招商引资推介暨重点项目签约仪式在北京市新世纪日航酒店举行。本次签约项目包括上海斯能风电二期、华润畜光互补、山西国信投资集团文旅开发、北京东方园林文旅开发、北京洁源风电、浙江运达风力发电二期等17个项目，签约总金额136.6亿元。

6月

5日，昔阳县蝉联“中国避暑休闲百佳县”称号。

6日，昔阳县环保局在第46个世界环境日之际，开展主题为“绿水青山就是金山银山”的世界环境日宣传活动。

10日，县文化局在县博物馆前举办“文化和自然遗产日”宣传活动，提高全社会对非物质文化遗产的保护意识。

11日，昔阳县与山西新大象养殖股份有限公司举行50万头生猪养殖农业产业化项目签约仪式。副县长陈立军代表县政府与山西大象农牧集团总裁刘文革签订了总投资8亿元的合作协议书。

14日，全市脱贫攻坚现场推进会在昔阳县召开。市委书记胡玉亭出席会议并讲话。市委副书记、市长王成就进一步落实扶贫攻坚任务做出具体部署。榆社、左权、和顺、昔阳4县在会上作交流发言。

17日，晋中市文明创建提质现场观摩促进会昔阳现场会召开。市委常委、宣传部部长任秀红，常务副部长丁美科，副部长赵丽华及市直相关部门负责人、各县（区、市）宣传部部长、文明办主任现场观摩昔阳县文明创建提质工作。

22日，省市和县各有关部门在昔阳县行政服务大楼召开新闻发布会，宣布2017“昔阳安顺杯”山西·大寨中国汽车场地越野锦标赛将于7月7日至10日在大寨汽车文化主题公园举办。

是日，昔阳县松溪河人行桥桥梁上部钢筋梁完成吊装合龙、主体工程基本完工。

25日，大型现代晋剧《第一书记日记》在大寨礼堂首演。昔阳县152个贫困村第一书记和队员们观看演出，引起了强烈反响。

26日，纪念建党96周年先进典型命名大会召开，集中命名了一批脱贫攻坚、产业转型、环境卫生整治、招商引资等各条战线中涌现出来的先进集体和先进个人。

7月

4日，市政协副主席王继堂深入昔阳县开展党日慰问活动，同时就脱贫攻坚、环境整治等情况进行实地调研。

5 日，省委组织部常务副部长孙大军带队的调研督导组深入昔阳县，就推进“两学一做”学习教育常态化制度化、开展维护核心见诸行动主题教育、三基建设等方面工作进行调研指导。市委常委、组织部部长唐立浩，县委副书记、县长许利伟，县委常委、组织部部长郭春林，县委常委、宣传部部长张月清参加调研。

是日，市委副书记、市长王成到北界都小学、北界都村 600 千瓦联建光伏扶贫项目、仿真花加工厂和易地扶贫搬迁项目进行调研，指导脱贫攻坚工作。市政府秘书长连建华，县委副书记郭丰慧，县委常委、常务副县长李军，副县长陈立军参加调研活动。

7 日，2017“昔阳安顺杯”山西·大寨中国汽车场地越野锦标赛开赛。

14 日，昔阳县脱贫攻坚“百日决战”誓师大会在大寨礼堂举行，大会全面学习贯彻落实习近平总书记视察山西重要讲话精神和中央、省、市关于坚决打赢脱贫攻坚战的决策部署，动员全县上下进一步增强政治意识和责任意识，举全县之力率先打赢脱贫攻坚战，确保昔阳县如期脱贫摘帽。

18 日，县委书记王根元主持召开昔阳县传达贯彻省委十一届四次全会精神大会。县四套班子领导，及县委办、政府办、组织部等相关部门负责人参加会议。

24 日，昔阳县城、大寨镇被命名为“国家卫生县城”和“国家卫生乡镇”。此次被全国爱卫会正式命名为“国家卫生县城（乡镇）”的县城（乡镇）共 773 个，昔阳县一城一镇同时获得该称号，也是创建国家卫生乡镇的全市“零”突破。

28 日，昔阳县举行党员干部“赛三才”演讲比赛，来自 12 个乡镇、城区社区、8 大乡院党委、国投公司党委及非公党工委 9 位选手参加了此次比赛。

8 月

7 日，省委脱贫攻坚第六督导组组长、省政协常委、省政协港澳台侨和外事委主任马天荣，带领督导组深入昔阳县孔氏乡、东冶头镇、赵壁乡、沾尚镇等 5 个乡镇 8 个乡村督导脱贫攻坚工作。

11 日，全域旅游暨旅游扶贫培训会召开。副县长陈立军主持会议，12 乡镇及相关单位、企业参加培训。

22 日，市委副书记、市长王成深入昔阳县安顺煤业北坪煤矿、中煤昔阳公司黄岩汇煤矿检查煤矿安全生产工作。

是日，在北京颐和园听鹂馆举行“发现晋中·爱上晋中”晋中文化旅游招才引资推介会昔阳专场。昔阳县艺术家为观众献上《扁担妮子》《铁锤汉子》《唱得幸福落满坡》等精彩节目。

24 日，昔阳县获首批“四好农村路”全国示范县称号。

9 月

8 日，第 33 个教师节表彰大会召开。大会表彰了 2 名“昔阳县功勋教师”、40 名“昔阳县优秀班主任”、40 名“昔阳县模范教师”、20 名“昔阳县教育工作先进工作者”等 122 名教师和 5 个“尊师重教先进单位”、6 个“尊师重教先进个人”。

是日，昔阳县应急管理工作专题培训会召开。山西省人民政府办公厅应急办、总值班室主任杨继恺应邀对应急管理工作常识进行了系统讲解。

10 日，昔阳县农村信用联社组织开展了 2017 年昔阳县“农信杯”广场舞邀请赛，全县 15 支队伍参赛。

12 日，2017 环中国国际公路自行车赛晋中段在昔阳县开赛。来自欧洲、亚洲、美洲和大洋洲的国内外 22 支专业车队，128 名专业选手和 351 名骑行爱好者参赛。

18 日上午 10 时，进行了全省第九次防空警报统一试鸣。

20 日，迎接省级文明县城复查验收工作推进会召开，安排部署相关工作。

22 日，中国·大寨“长寿·读者杯”门球挑战赛新闻发布会在晋中市举行。

10 月

2 日，第四届红叶文化旅游节暨 2017 年中国·大寨“长寿·读者杯”门球挑战赛正式启动，来自全国 24 个省、市、自治区的 2000 余名选手，展开 1800 场比拼。

6 日，2017 年中国·大寨“长寿·读者杯”门球挑战赛圆满收杆。广东中山队获得团体赛冠军及双人赛亚军。来自河南的宋超峰和胜利油田的李丽分别摘得男、女个人赛桂冠。河南选手杜强、黄红兵获得双人赛冠军。

17 日，昔阳县志愿服务联合会成立暨“开展志愿服务，助力脱贫攻坚”启动仪式在县市政广场启动，县四套班子领导出席启动仪式，县直八大系统、12 乡（镇）、城区社区以及爱心企业的 59 支志愿服务队参加活动。

25 日，县工会第十一次代表大会第一次全体代表大会召开。市总工会常务副主席刘北亚，县委书记王根元，县委副书记、县长许利伟，县委副书记郭丰慧，县委常委、常务副县长李军出席会议。

28 日，在澳垴山森林公园举行主题为“九九重阳万人登高，烟雨蒙山情叙敬老”的九九重阳万人登高活动。

31 日，脱贫摘帽决战冲刺动员会召开，号召全县上下以决战决胜的勇气打赢脱贫攻坚战，以实际行动践行党的十九大精神。

11 月

8 日，学习贯彻党的十九大精神宣讲会召开。会上，省委党校科学社会主义教研部赵毅纯教授以《在新的历史起点上书写中国特色社会主义新篇章》为题，对十九大精神进行了宣讲和解读。

12 日，脱贫攻坚领导组专题会议召开，县委书记王根元，县委副书记郭丰慧，副县长陈立军、李朝龙，县政协副主席吴战军出席，12 乡镇党委书记、各相关单位负责人参加。

14 至 15 日，以交通运输部公路局副巡视员杨国峰为组长的“四好农村路”交通扶贫督导考评组对昔阳县进行督导考评。

17 日，县委中心组召开学习宣传贯彻党的十九大精神专题研讨会，县四套班子领导参会。

21 日，昔阳县召开学习贯彻党的十九大精神县委宣讲团动员会，对全县学习宣传贯彻十九大精神进行动员部署。

23 日，学习宣传党的十九大精神市委宣讲团昔阳报告会召开。党的十九大精神市委宣讲团成员、市委组织部常务副部长张俊文传达了十九大报告的精神。

29 日，县委书记王根元就开发区工作进行现场办公，副县长成建忠及相关乡镇、部门、企业项目负责人参加。

29 日至 30 日，昔阳县连续举行两期全县领导干部学习宣传贯彻党的十九大精神轮训班，县四套班子领导、全县副科级以上领导干部共计 400 多人参加了培训。

12 月

1 日，县妇幼保健计划生育服务中心联合县疾病预防控制中心开展以“共担防癌责任、共享健康权利、共建健康中国”为主题的宣传活动。

3 日，脱贫攻坚工作推进会召开，县委书记王根元主持会议，县四套班子领导，12 乡镇、城区社区、八大系统负责人以及县脱贫攻坚培训指导员参加。

11 日，中共昔阳县委十五届七次全体会议召开。会议深入学习贯彻党的十九大精神，按照省委十一届五次全会、市委四届五次全会精神，对全县学习宣传贯彻党的十九大精神进一步做出全面安排。

12 日，省十九大精神脱贫攻坚政策宣讲团在昔阳县举行报告会。县委常委、组织部部长郭春林主持报告会。省干部驻村工作宣讲团闫建忠、董嘉鹏老师做专题报告。市直单位驻县扶贫大队长、副县长李朝龙和县直单位主要负责人、乡镇党委副书记、第一书记、帮扶工作队长及部分工作队员 260 余人聆听了报告。

13 日至 14 日，由省政协常委、省政协港澳台侨和外事委主任马天荣带队的省脱贫攻坚第六督导组在昔阳县督导检查脱贫攻坚工作。市政府副市长任忠，县委书记王根元，县委副书记、县长许利伟，县委副书记郭丰慧，副县长李朝龙参加督导检查。

21 日，副市长黄海涛带领市水利局负责同志，深入昔阳县就冶河（松溪段）市级河长巡河工作进行调研。黄海涛一行先后实地查看了冶河（松溪段）河长公示牌、马家峪河段河流水质情况，听取了相关责任人的情况介绍，并详细了解“河长制”落实、河流综合治理、水生态修复和执法工作等情况，认真分析研究存在问题，并对下一阶段工作提出了明确要求。

23 日，昔阳县举行贯彻十九大精神全民阅读书画展暨图书馆、文化馆开馆仪式。图书馆、文化馆改造提升工程于 2017 年 9 月 1 日开工，11 月 30 日完工，总投资 3325 万元，面积达 3630 平方米。

是日，昔阳县举行全县任职满 30 年农村离任干部生活补贴发放仪式，全县共 73 名农村离任干部领到了荣誉证书和生活补贴。

历史 地理

【建置沿革】 据考古发掘与文献记载，1万年前域内就有人类活动繁衍。1万年来，历经族居、部落，秦汉形成郡县制，并有“乐平”之称。其间，县域多次分分合合，其中不乏小诸侯割据称霸、域中有国的局面。东汉末至隋初，境内置乐平郡、乐平县，县属郡辖。隋唐时期，乐平县属辽州，北宋属平定军。金至清代属平定州，其间曾两次降为乡制。民国初改名为昔阳县。抗日战争时期，为中国共产党领导的抗日根据地。为适应战争需要，以平（定）辽（县）公路为界，分为昔（阳）东、昔（阳）西两县。1945年9月统一为昔阳县。新中国成立后，一直延续县级建制。

【地理位置】 昔阳县位于太行山西麓，山西省晋中市东部。地理坐标东经113°20′—114°08′，北纬37°20′—37°43′。东与河北省赞皇县、内邱县、井陉市、邢台市接壤，西与寿阳县为邻，南与和顺县毗连，北与平定县交界。东西长70千米，南北宽41千米，县域面积1954.3平方千米。

昔阳县城距晋中市政府所在地榆次区139千米，经317省道2小时45分钟车程；距省会太原市149千米，经太旧高速2小时18分钟车程；距首都北京市423千米，经G5京昆高速4小时59分钟车程。

【行政区划】 2017年，昔阳县行政区划为乐平镇、东冶头镇、皋落镇、沾尚镇、大寨镇、界都乡、赵壁乡、孔氏乡、李家庄乡、三都乡、闫庄乡、西寨乡5镇7乡和城区社区1个社区及335个行政村。

【地质地貌】 昔阳地处太行山低中山土石山区。地势西高东低，平均海拔1116米。北部松溪河出境处孔氏乡田家湾海拔560米，南端白羊山海拔1833米，为境内高低两最。境内山丘地貌，四界峰峦叠嶂，围成中部盆地。盆地内丘陵突起，沟壑纵横。山地丘陵面积约占94%，仅在河谷两岸有少量平川。

【气候特征】 昔阳县的气候特点是一年四季分明。3月至5月为春季，6月至8

月为夏季，9 月至 11 月为秋季，12 月至次年 2 月为冬季。春季温度回升快但不稳定，日照充足，少雨多风，蒸发量大；夏季炎热，雨水集中而分布不均，常伴有干旱、洪水、风雹灾害；秋季多晴朗天气，常有大风、霜冻出现；冬季寒冷，风多雪少。

昔阳西高东低的地势导致气候区域差异明显。东部东冶头、孔氏两乡镇年平均气温 10℃，高出全县年平均气温 0.2℃。年平均无霜期 209 天，高出全县年平均无霜期 15 天。王寨一带最高气温可达 40℃。西部地区沾尚、西寨两乡镇及皋落镇东南部高地年平均气温 8℃以下，白羊山仅为 2.9℃。无霜期 130 天—140 天，白羊山仅有 110 天左右。西寨的最低气温约-27℃，出现在 1 月—2 月。年平均降雨量 600 毫米—650 毫米。白羊山一带达 700 毫米，是全县平均降雨量最多的地区。界都乡年平均降水量在 480 毫米以下，是全县平均降水量最少的地区。中部地区的其他乡镇历年平均气温 9℃左右，无霜期 160 天左右。

【土地】 2017 年，昔阳县地域总面积约 19.45 万公顷。水域及水利设施用地 2613.79 公顷，耕地 3.13 万公顷，城镇村及工矿用地 5043.63 公顷，园地 2374.88 公顷，交通运输用地 1673.12 公顷，有林地 3.64 万公顷。

【植被】 昔阳县属低中土石山区，较大的土石山占到 70%。20 世纪 90 年代以后，注重植树造林和生态保护，重点实施小流域治理工程、水土保持工程、太行山绿化工程、生态沟建设工程、生态涵养林工程，特别是从 2002 年开始实施退耕还林、退耕还草和“十一五”期间实施“西菜东果”战略及环城绿化、通道绿化、荒山绿化、园林村建设以来，全县的植被状况改善较大。截至 2017 年底，全县有林地面积 4.35 万公顷，灌木林、疏林地共 4.28 万公顷，宜林地面积 2.87 万公顷。2017 年年底，森林面积 4.35 万公顷，森林覆盖率 22.3%。

【矿产】 昔阳是全国重点产煤县，截至 2017 年，煤炭储量 73.3 亿吨。煤层气蕴藏丰富，约 54.46 亿立方米。昔阳县的矿物资源还有石灰石、铁矿、铜矿、白云岩、硫磺矿、磷矿等。

【水资源】 昔阳县水资源贫乏，截至 2017 年，全县的水资源总量为 1 亿立方米，人均 424 立方米。

【自然灾害】 昔阳属温带、暖温带半干旱大陆性季风气候区，四季分明。雨量分布不均，极易发生洪、旱灾害。干旱是昔阳县最主要的自然灾害，发生年际概率为 75%，有“十年九旱”之称。据气象资料分析，10 年有 8 年春旱，4 年夏旱，2 年秋旱。其他灾害主要有霜冻等气候灾害，地震及山洪导致的水土流失、泥石流、滑坡、崩塌，采矿导致的地面沉陷等。

经济和社会发展

【综合】 经核算，2017 年，昔阳县地区生产总值完成 72.53 亿元，同比增长 5.3%。分产业看，第一产业增加值 4.87 亿元，同比增长 5.0%；第二产业增加值 41 亿元，同比增长 3.8%；第三产业增加值

26.66 亿元，同比增长 7.2%。三次产业占地区生产总值的比重依次为 6.7%、56.5%、36.8%。与上年相比，第一产业比重下降 1.5 个百分点，第二产业增长 6.1 个百分点，第三产业下降 4.6 个百分点。人均地区生产总值 31316 元，按 2017 年平均汇率计算达到 4649 美元。

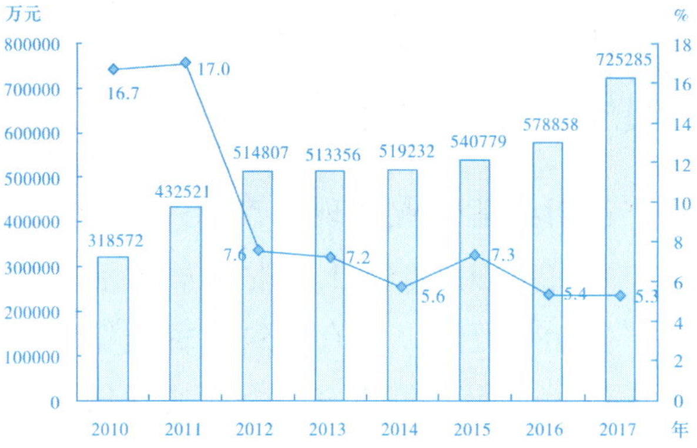

图 1　2010—2017 年地区生产总值及增长速度

年末全社会从业人员 16.4 万人，比上年末增加 2 万人，同比增长 13.9%。全年新增就业岗位 2532 个，城镇登记失业人数 421 人，失业率为 2%，比控制目标 4.2%降低了 2.2 个百分点。

【农业】 2017 年，昔阳县农业（现价）总产值达8.84 亿元，同比增长 4.9%。其中，农业6.01 亿元，同比增长 3.9%；牧业 2.43亿元，同比增长 7.8%；林业 2765.7 万元，同比增长 3.2%；渔业 114 万元，同比增长 5.6%；农林牧渔服务业 1050 万元，同比增长 2.9%。

昔阳县农作物总播种面积为 2.39万公顷，同比增长 0.1%。粮食作物播种面积 2.23 万公顷，同比下降 0.3%。其中，玉米播种面积为 1.97 万公顷，同比增长 2.1%。蔬菜种植面积 1013 公顷，比上年增加 16.3 公顷，同比增长 1.6%。2017 年粮食总产量达到 16.85 万吨，比上年增加 996.3 吨，同比增长 0.6%。蔬菜及食用菌总产量 68267.4 吨，比上年增加 3462.7 吨，同比增长 5.3%。

昔阳县肉类总产量 7841 吨，比上年增加 701.7 吨，同比增长 9.8%；奶类产量 1985 吨，同比下降 8.4%；禽蛋产量 3287 吨，同比下降 13.2%；年末大牲畜存栏 5385 头，同比增长 21.9%；猪存栏 7.05 万头，同比增长 2.5%；羊存栏 8.37 万只，同比下降 5.5%。

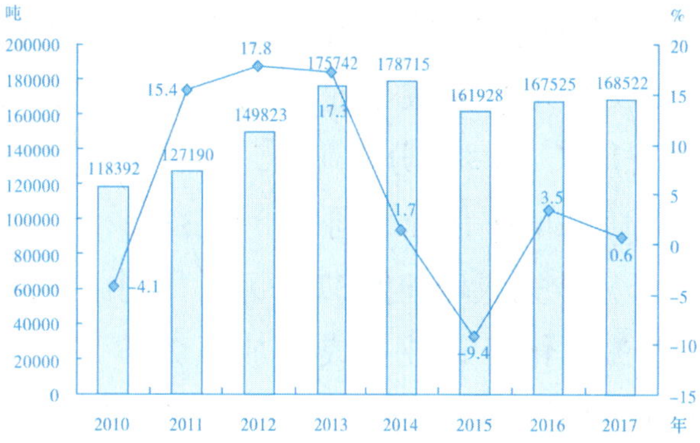

图 2　2010—2017 年粮食总产量及增长速度

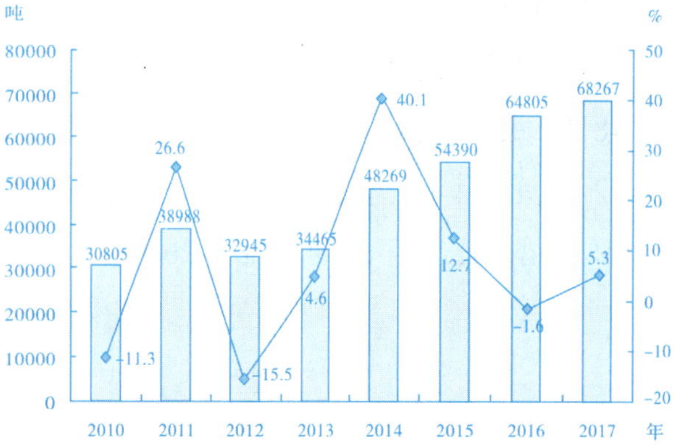

图 3　2010—2017 年蔬菜总产量及增长速度

2017 年主要农产品产量及其增长速度

表 1　　单位：吨

产品名称	产　量	比上年增长(%)
粮　食	168521.6	0.6
玉　米	155674.5	-1.1

续表

产品名称	产　量	比上年增长（%）
谷　子	9969.3	35.8
高　粱	65.8	–19.6
豆　类	1155	12.6
薯　类	1134	5.4
油　料	118.7	–42.4
蔬菜及食用菌	68267.4	5.3
水　果	8211.7	7.3

【工业和建筑业】　2017 年，规模以上工业企业 16 家，累计完成工业总产值 75.03 亿元，完成工业增加值 31.5 亿元，同比增长 2.9%。分行业看，煤炭行业完成增加值 26.31 亿元，同比下降 3.0%；天然气开采业完成增加值 3719 万元，同比下降 19.5%；化工行业完成增加值 2.46 亿元，同比增长 136.2%；电力行业完成增加值 2.31 亿元，同比增长 2.2%；纺织服饰业完成增加值 994 万元，同比增长 2.5%。

规模以上工业企业实现主营业务收入 72.48 亿元，同比增长 48%，实现利税 10.72 亿元，同比增长 233.2%，实现利润 8615 万元，比上年同期增加 2.26 亿元。

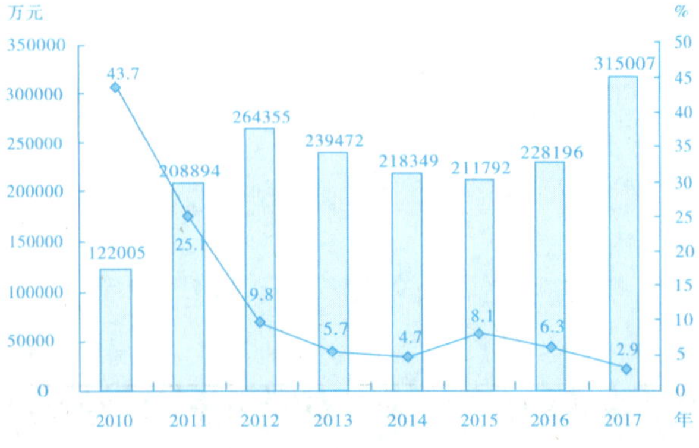

图 4　2010—2017 年规模以上工业增加值及增长速度

2017 年规模以上工业主要工业产品产量及其增长速度

表 2　　　　单位：吨

产品名称	单　位	产　量	比上年增长(%)
原　煤	万吨	1312.3	–3.9
糠　醛	吨	3832	7.4
电　石	吨	327802	139.4
烧　碱	吨	107531	171.4
聚氯乙烯	吨	113617	413.6
煤层气	万立方米	3572.4	–23.1
发电量	万千瓦小时	161618	4.0

昔阳县建筑业实现总产值 1.14 亿元。其中建筑工程总产值 1.06 亿元，安装工程总产值 780 万元。具有建筑业资质等级的总承包和专业承包建筑业企业实现增加值 4194 万元。

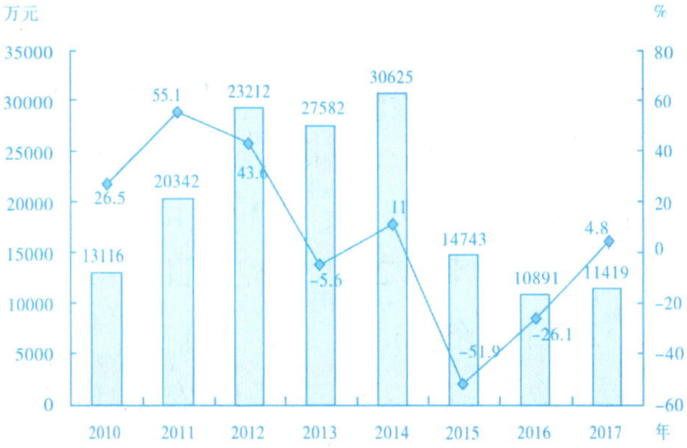

图 5　2010—2017 年建筑业总产值及增长速度

【固定资产投资】　2017 年，昔阳县固定资产投资完成 43.25 亿元，同比下降 11.6%。其中，基础设施项目完成 10.81 亿元，同比下降 35.6%；工业投资项目完成 17.43 亿元，同比下降 12.3%；房地产项目投资完成 2.09 亿元，同比增长 118.2%。分产业看，第一产业投资完成 2.78 亿元，同比下降 39.8%；第二产业投资完成 17.43 亿元，同比下降 12.3%，占全部投资比重的 40.3%；第三产业投资完成 23.04 亿元，同比下降 0.5%。

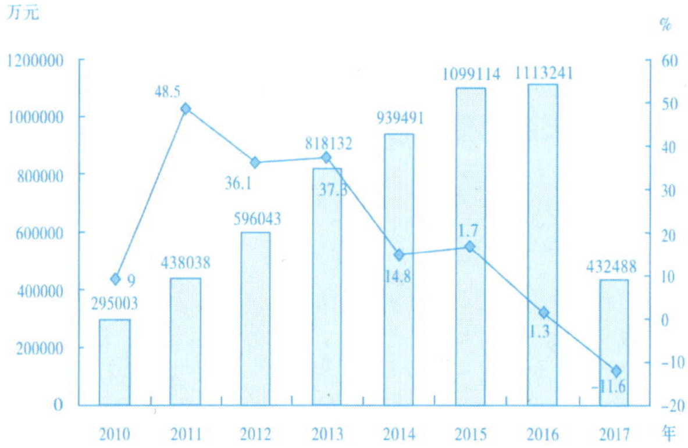

图 6　2010—2017 年固定资产投资及增长速度

表 3　2017 年房地产开发和销售主要指标完成情况及其增长速度

指　标	单　位	绝对数	比上年增长(%)
投资额	万元	20877	−4.1
其中：住宅	万元	18488	9.3
其中：90 平方米及以下	万元	3846	−7.1
房屋施工面积	平方米	228352	18.3
其中：住宅	平方米	198132	31.2
房屋新开工面积	平方米	95944	12.4
其中：住宅	平方米	95405	52.4
房屋竣工面积	平方米	157037	159.1
其中：住宅	平方米	126817	162.8
商品房销售面积	平方米	58172	53.7
其中：住宅	平方米	55833	23.2

全部固定资产投资项目 80 个，本年新开工项目 69 个，比去年减少 161 个；本年投产项目个数 55 个，新增固定资产 32.4 亿元。

【批零贸易业和旅游业】 2017 年，昔阳县实现社会消费品零售总额 26.98 亿元，同比增长 7.1%。其中：城镇零售额 17.68 亿元，同比增长 7.1%；乡村零售额 9.3 亿元，同比增长 7.2%。分行业看：批零贸易业完成 25.35 亿元，同比增长 7.1%；住宿餐饮业完成 1.63 亿元，同比增长 6.9%。

2017 年昔阳县共接待旅游人数 254.9 万人次，同比增长 25.4%。综合收入实现 22.1 亿元，同比增长 26.6%。

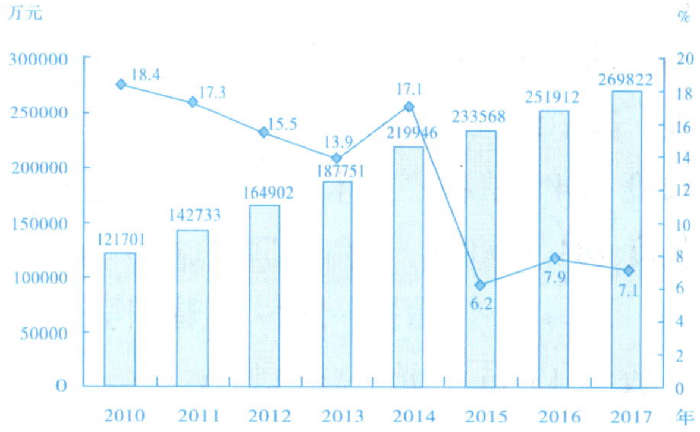

图 7　2010—2017 年社会消费品零售总额及增长速度

【交通　邮电】 2017 年，昔阳县公路通车里程为 2150 千米，公路密度为 9 百平方千米。

2017 年，昔阳县民用汽车拥有量为 2.50 万辆，比上年增加了 1966 辆，同比增长 8.5%，其中：载客汽车 2.23 万辆，比上年增加了 1947 辆，同比增长 9.6%；载货汽车 2259 辆，比上年减少了 165 辆，同比下降 6.8%；其他汽车 445 辆，比上年增加 184 辆，同比增长 70.5%。

2017 年公路客货运输情况

表 4

指　标	单　位	绝对数	比上年增长（%）
客运量	万人	515	-3.0
旅客周转量	万人千米	17100	71.3
货运量	万吨	939	16.4
货物周转量	万吨千米	66700	-16.5

2017 年，昔阳县完成邮电业务收入 1.19 亿元。其中，邮政业务收入 1394 万元，电信业务收入为 1.05 亿元。年末固定及移动电话用户 17.84 万户，其中固定电话用户 1.6 万户，比上年减少 5583 户，移动电话用户 16.24 万户。全县设有邮局 13 处，其中设在农村的居所有 12 处，邮路总长度 184（单程）千米，农村投递路线总长度 184（单程）千米，邮政汽车 9 辆。

【财政　金融】 2017 年昔阳县财政总收入 13.95 亿元（含两权收入），同比增长 35.1%，增收 3.62 亿元；公共财政预算收入为 5.7 亿元，同比增长 9.5%，增收 4950 万元。分部门看（公共财政预算收入口径），国税部门完成 1.78 亿元，同比增长 73.3%，增收 7550 万元；地税部门完成 1.64 亿元，同比下降 1.4%，减收 233 万元；财政部门完成 2.28 亿元，同比下降 9.4%，减收 2367 万元。分税种完成情况为（公共财政预算收入口径）：增值税收入完成 17617 万元，同比增长 80.3%；企业所得税完成 944 万元，同比下降 16.3%；个人所得税收入完成 776 万元，同比增长 46.1%；资源税收入完成 6017 万元，同比增长 118.9%；城市维护建设税收入完成 2714 万元，同比增长 45.1%。

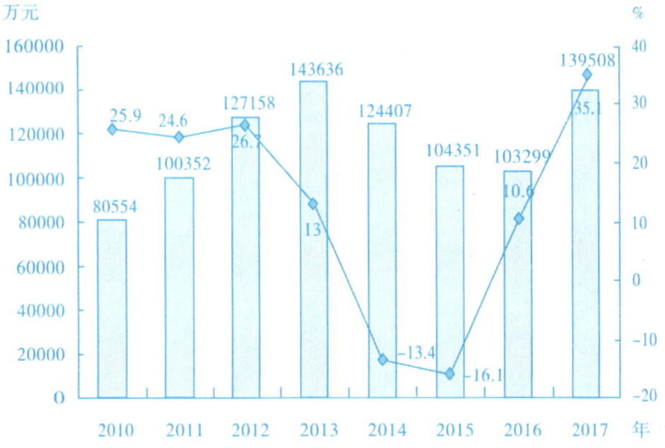

图 8　2010—2017 年财政总收入及增长速度

图 9　2010—2017 年公共财政预算收入及增长速度

2017 年主要财政支出及其增长速度

表 5

项　目	支出量（万元）	比上年增长（%）
公共财政预算支出	175817	9.5
一般公共服务	14028	18.4
教　育	25961	-1.5
文化体育与传媒	2395	-8.2
社会保障和就业	28037	3.1
医疗卫生	12835	-35.6
农林水事务	44558	32.3

2017 年末，昔阳县金融机构各项存款余额 125.86 亿元，同比增长 7.8%。其中，境内存款余额 125.86 亿元，同比增长 7.8%；境外存款余额 39 万元，同比增长 39.3%；年末金融机构各项贷款余额 29.59 亿元，同比下降 4.0%。

【教育　文化　卫生】　2017 年，昔阳县共有普通中学 18 所，在校生 9440 人；职业中学 1 所，在校生 1755 人；小学 62 所，在校生 1.37 万人；幼儿园 6 所，在园幼儿 5458 人。

2017 年各级各类学校发展情况

表 6　　单位：所、人

指　标	校数（所）	招生（人）	在校生（人）	毕业生（人）
普通中学	18	3326	9440	2861
职业中学	1	705	1755	556
小　学	62	2055	13658	2335
幼儿园	6	1939	5458	2011

2017 年年末，全县共有晋剧团 1 个，文体馆 1 个，博物馆 1 个，公共图书馆 1 个，乡镇文化站 12 个，电视台 1 座。

截至 2017 年年底，昔阳县广播电视覆盖总户数为 7.44 万户。其中，县城数字有线电视覆盖 3.65 万户；农村微波无线数字电视覆盖 3.79 万户；卫星地面接收数字电视 1.25 万户。

年末昔阳县共有卫生机构 405 个，其中县、中医院各 1 个，疾病预防控制中心（防疫站）1 个，乡卫生院 20 个，妇幼保健机构 1 个，卫生监督所 1 个，民营医院 5 个，“新农合”管理中心 1 个，个体诊所 39 个，村卫生室 335 个。全县卫生机构拥有床位 1049 张，执业（助理）医师 252 人。17.82 万人参加了农村合作医疗保险，参合率 97%；3.52 万人参加城镇医疗保险，参合率 95%。

【人口　人民生活　社会保障】　据 2017 年人口抽样调查，昔阳县常住人口为 23.18 万人，比上年年末增加 285 人。2017 年出生率为 8.6‰，死亡率为 7.4‰，人口自然增长率为 1.2‰。城镇化率为 37.9%，比上年提高 1.1 个百分点。2017 年全县城镇常住居民人均可支配收入为 2.42 万元，同比增长 6.4%；农村常住居民人均可支配收入达到 8587 元，同比增长 10.9%。

全县参加基本养老保险人数为 14.44 万人，其中参加城镇基本养老保险人数 1.18 万人，参加农村基本养老保险人数 1.33 万人。参加失业保险人数为 15774 人。

全县给城乡 1.05 万人发放最低生活保障补助金共计 2291.4 万元。其中，城市发放生活补助金 472.4 万元，农村发放生活补助金 1819.1 万元。

【资源　环境　安全生产】　2017 年，昔阳县耕地保有量 3.14 万公顷。当年造林面积 960 公顷，封山育林面积 67 公顷。

全县总用水量 3200 万立方米，其中工业用水 657 万立方米，同比下降 1.2%，农业用水 1640 万立方米，同比增长 8.6%。万元 GDP 平均耗水量 44.1 立方米，同比下降 10.5%；万元 GDP 工业耗水量 11.3

立方米，同比下降1.7%；万元GDP农业耗水量28.3立方米，同比增长8.4%。全县用电量累计完成5.11亿千瓦时，同比增长6.7%；其中：大工业用电3.39亿千瓦时，同比增长5.7%；一般工商业用电7675万千瓦时，同比增长8.8%；农业生产用电1340万千瓦时，同比增长13.7%；居民生活用电8187万千瓦时，同比增长7.6%。

全年昔阳县空气质量二级以上天数达到276天，比上年增加42天，同比增长17.9%。县城区环境空气质量综合指数为5.84。2017年全县污水处理率达到96.5%，与上年持平。全年集中供热普及率达到88.2%，比上年提高0.04个百分点；供气普及率达到90.5%。年末全县建成区绿化覆盖率42.5%，比上年增加0.6个百分点。

全年昔阳县各类生产安全事故死亡人数为12人，亿元地区生产总值生产安全事故死亡率为0.17；工矿商贸就业人员10万人生产安全事故死亡率为0；道路交通万车死亡率为5.4；煤矿百万吨死亡率为0.07；10万人口火灾死亡率为0；特种设备万台死亡率为0。全县煤炭资源回采率达到80%，比上年下降7.6个百分点。

注：1. 工业相关指标为2017年12月月报数。

2. 地区生产总值和各产业增加值，绝对数按现价计算，增长速度按可比价计算。

3. 人口为抽样调查数据。

4. 部分数据因四舍五入原因，存在与分项合计不等的情况。

5. 规模以上工业企业是指年产品销售收入在2000万元以上的工业法人企业。

6. 本公报所指房地产开发企业仅为注册地在昔阳县的房地产开发企业。

机构设置及其负责人名录

中共昔阳县委员会

书　记：王根元

副书记：许利伟、郭丰慧

常　委：李　军　郭春林

马建军（2017年9月离任）

李怀仁　赵海斌

柴颖则　张月清（女）

张扣生（2017年9月任职）

昔阳县人大常务委员会

主　任：李显鸣

副主任：耿计良（女）　李维新

王志勇　赵继胜

昔阳县人民政府

县　长：许利伟

常务副县长：李　军

副县长：王瑞明　李朝龙　陈立军

成建忠　张建岗　李丽萍（女）

张瑞芳（女）

政协昔阳县委员会

主　席：石立军

副主席：杨海燕（女） 梁素平
吴战军 陈振林

中共昔阳县纪委 昔阳县监察委员会

纪委书记、监委主任：马建军（至2017年9月）
张扣生（2017年9月始）
纪委常务副书记、监委副主任：李玉萍（女）
纪委副书记、监委副主任：李军华
纪委常委、监委委员：
马丽华（女）（2017年3月始）
眭国亮（2017年3月始）
纪委常委：王彦涛 李保胜
监委委员：王秀青（2017年3月始）
王素青（2017年3月始）
办公室主任：翟晓青

昔阳县人民检察院

党组书记、检察长：尹教礼
常务副检察长：吕怀斌
副检察长：李建国 石韫军

昔阳县人民法院

党组书记、院长：裴志东
常务副院长：齐新胜
副院长：史兰生 孔素林

县委工作部门及其事业单位（正科）

县委办公室

主 任：张胜利（至2017年5月）
乔新军（2017年5月始）
副主任：郝田福 李 纲 王晓红
王东凯（2017年5月始）

县委组织部

部 长：郭春林
副部长：王世红 岳素燕（女）
李 强（2017年5月始）

县委宣传部

部 长：张月清（女）
副部长：尹洲涛（至2017年5月）
李永青
张旭琳（女）（2017年6月始）
文明办主任：王国宏（2017年6月始）
网信办主任：孔鹏玮（2017年6月始）

县委统战部

部 长：李怀仁
常务副部长：尹彦斌（至2017年5月）
张东锋（2017年5月始）
副部长兼工商联党组书记：
刘立斌（至2017年5月）
副部长兼工商联党组书记：
耿建明（2017年9月始）
侨联党组书记：韩旭鹏

昔阳县民族宗教事务局

局 长：李丽萍（女）（至2017年6月）
尹华勇（2017年6月始）
副局长：卜晓娟（女）

县政法委

书 记：赵海斌
副书记：乔斌录 郝晓东（2017年6月始）
池晓云（女）（2017年10月始）
董旭（至2017年5月）
王世清（至2017年6月）

县机构编制委员会办公室

主 任：耿清泉

副主任：张和平　郭志强

县委老干局

局　长：孔维锁（至 2017 年 5 月）

李宝兴（2017 年 5 月始）

副局长：李　娟（女）　杨巨龙

县委、县政府信访局

局　长：贾旭东（至 2017 年 5 月）

张建华（2017 年 5 月始）

副局长：马彦英（2017 年 1 月始）

县委直属事业单位

县委党校

校　长：郭丰慧

常务副校长：王志军

副校长：贾定龙　刘　娟（女）

县史志研究室

主　任：任立斌

副主任：刘利国　张文娟（女）

县委信息化中心

主　任：吴立先

昔阳县人大常务委员会工作机构

办公室主任：宋以明

办公室副主任：陈宝玉

财经工作委员会主任：张庆军

法制工作委员会主任：马洪涛

教科文卫工作委员会主任：李成华

人事代表工作委员会主任：赵希莲（女）

信访室主任：焦晓峰

农业农村工作委员会主任：乔卫喜

城建环保工作委员会主任：路红卫

代表联络中心主任：宋志斌

政府组成部门及其直属机构（正科）

县政府办公室

办公室主任：裴素青

副主任：李宝祥（2017 年 5 月始）

杨东晗（至 2017 年 5 月）

延晓东（2017 年 5 月始）

李东杰

治超办主任：李宝祥（至 2017 年 6 月）

王世清（2017 年 6 月始）

县政务中心主任：吕振荣

副主任：翟媛媛（女）

昔阳县发展和改革局

局　长：翟宏伟（至 2017 年 5 月）

王业伟（2017 年 5 月始）

副局长：赵怀义　王京梅（女）　杨文英

昔阳县人力资源和社会保障局

局　长：陈斌录（至 2017 年 5 月）

李　军（2017 年 5 月始）

副局长：李军明

赵怀寿（至 2017 年 5 月）

张建华（至 2017 年 5 月）

翟鹏飞（2017 年 6 月始）

人才开发交流服务中心主任：孔令敏

医疗保险管理服务中心主任：郭瑞红

社会劳动保险事业所所长：张胜平

就业指导中心主任：李观江

机关事业单位养老保险所所长：冯怀郡

城乡居民养老保险中心主任：安玉明

县公安局

局　长：王瑞明

政　委：孙海毅

副局长：马海平　陈占杰
赵建军（2017 年 9 月始）
毛丽峰（2017 年 9 月始）

县交警大队

大队长：赵　强
教导员：耿怀庆
副大队长：张旭鹏　王　宏　高瑞红

县民政局

局　长：乔永红（至 2017 年 5 月）
贾旭东（2017 年 5 月始）
副局长：王庆华　赵庆山

县司法局

局　长：马利民（至 2017 年 5 月）
光红明（2017 年 5 月始）
副局长：李立新　高文君（女）

县教科局

局　长：眭安仁（至 2017 年 5 月）
李秀军（2017 年 5 月始）
副局长：乔志斌　闫变香（女）
翟　英（女）
昔阳中学校长：李金海（至 2017 年 9 月）
李保荣（2017 年 9 月始）
副校长：王维斌（至 2017 年 9 月）
李保荣（至 2017 年 9 月）
李永杉
薛　剑（2017 年 9 月始）
李志刚（2017 年 9 月始）
昔阳县高级职业中学校校长：
李银元（至 2017 年 9 月）
王维斌（2017 年 9 月始）
副校长：李志俭
葛海云（2017 年 9 月始）
乐平一中校长：王海青
副校长：张建军　聂维元　翟晓军
乐平二中校长：张志明
副校长：张根录　贾彦文　武茂盛
示范中学校长：赵建新
副校长：张瑞军　张滨红　张建华
示范小学校长：王宝林
副校长：王　峰　李素贞（女）

县文化局

局　长：赵海柱
副局长：申瑞红　王志宏
邓建梅（女）
张慧慧（女）

县广播电视台

台　长：赵贵文
总　编：赵瑞林
副总编：李凤永　樊海燕（女）

县文物馆馆长、文馆所

所　长：史永红

文化执法队

队　长：吴文星（女）

县体育中心

主　任：李呈祥
副主任：贾志勇　任润琳

县卫生和计划生育局

局　长：赵富华（至 2017 年 5 月）
尹洲涛（2017 年 5 月始）
副局长：赵莼红　焦瑞江
赵志德（至 2017 年 9 月）
爱国卫生运动委员会办公室主任：李　纲
爱国卫生运动委员会办公室副主任：李树仁
县妇幼保健和计生服务中心主任：刘　杰

县食品药品监督管理局
局　长：李秀军（至2017年5月）
　　　　马春云（2017年5月始）
副局长：王怀东　孔丽华（女）
县疾病预防控制中心
主　任：王秀清（至2017年5月）
　　　　张玉丽（2017年5月始）
副主任：王卫华
县人民医院
院　长：赵翠芳（女）（至2017年9月）
　　　　梁晓国（2017年9月始）
副院长：张秋胜　赵鸿卫　焦海青　崔海军
　　　　宋庆芳（女）（2017年6月始）
纪检组长：刘秀峰（女）（2017年6月始）
县农业委员会
主　任：王拥军
副主任：张玉军　张长明　马贵明
　　　　翟鹏飞（至2017年6月）
县畜牧兽医中心
主　任：武便兰（女）
副主任：赵迎庆　武彦芳（女）
县农村经济经营管理中心
主　任：白海云
副主任：潘江红　田晓光
县农业机械中心
主　任：王占国
副主任：孙志青　焦怀恩
县扶贫中心
主　任：田彦斌
副主任：陈　莉（女）（至2017年6月）
粮食储备中心
主　任：郭朝颖
副主任：王宇红　刘亚平
县林业局
局　长：丁海斌
副局长：贾成刚　张鹏鹏
县水利局
局　长：梁瑞华（至2017年5月）
　　　　翟宏伟（2017年5月始）
副局长：郑五荣
县国土资源局
局　长：邓庆善（至2017年5月）
　　　　王志刚（2017年5月始）
副局长：王瑞波　葛卫彬　郑越霞（女）
　　　　周爱柱
县住房保障和城乡建设管理局
局　长：郭立平
副局长：王　瑛（女）　王元兵
城乡规划办主任：程劲松
县集中供热供气管理中心主任：刘继红
自来水公司经理：李邦荣
城建管理监察大队队长：乔建江
房产管理所所长：张广华
保障性住房管理中心主任：王元兵
污水处理中心主任：张翠林
县园林局
局　长：李　纲
副局长：张彦平
县环境保护局
局　长：翟素明
副局长：毕玉鸿　王志勇
县投资促进局
局　长：王业伟（至2017年5月）
　　　　刘立斌（2017年5月始）

副局长：张　宏　商　佳

县经济和商务粮食局

局　长：翟世青

副局长：张志刚　李晶晶（女）　张新华

县煤炭工业局

局　长：陈建胜

副局长：焦怀瑞　王素兵

县统计局

局　长：乔新军（至 2017 年 5 月）

　　　　尹彦斌（2017 年 5 月始）

副局长：吴建国（2017 年 5 月始）

　　　　贾敬允

县旅游发展委员会

主　任：张东锋（至 2017 年 5 月）

　　　　李晓东（2017 年 5 月始）

副主任：翟晓梅（女）（2017 年 5 月始）

县交通运输局

局　长：卜增盛（至 2017 年 5 月）

　　　　乔永宏（2017 年 5 月始）

副局长：张如林

纪检组长：吕建春

主任科员：张爱如　程海滨　郑敬东

交通战备办主任：李怀英

交通战备办副主任：梁永军　耿怀新

交通运输综合行政执法大队大队长：张志峰

县道路运输管理所

所　长：程海滨

副所长：刘永明　刘喜庆　刘慧春　王江平

　　　　孔德峰　李喜涛　宋小栋

县安全生产监督管理局

局　长：刘焕成（至 2017 年 5 月）

　　　　杨东晗（2017 年 5 月始）

副局长：常美瑞　李彦林（女）　宋以刚

县财政局

局　长：王建林（至 2017 年 5 月）

　　　　张胜利（2017 年 5 月始）

副局长：张庆成　杨玉萍（女）

县审计局

局　长：李学俊（至 2017 年 5 月）

　　　　邓庆善（2017 年 5 月始）

副局长：史文祥

　　　　尚海东（至 2017 年 5 月）

县工商质监局

局　长：马志军

副局长：李立兵　田志兵

中小企业局

局　长：和彦林

副局长：赵晓亮

县政府直属事业单位

县新闻中心

主　任：任秀萍（女）

副主任：闫丽丽（女）（至 2017 年 5 月）

　　　　张冰清（女）（2017 年 10 月始）

　　　　张婷婷（女）（2017 年 10 月始）

县政府采购中心

主　任：姬立华

副主任：翟义铣

县农发办

主　任：张　军

副主任：王忠红

县供销合作社

主　任：魏　伟

副主任：李成明　王占荣　李建华

县机关事务管理局

局　长：李宝兴（至2017年5月）
　　　　赵　鹏（2017年5月始）

副局长：王小江　常维兰
　　　　孔鹏亮（至2017年6月）

县国库集中支付中心

主　任：贾怀斌

副主任：李佳瑜　李忠明

县档案局

局　长：陈乃平

副局长：王继红（女）　乔洪昭（女）

县地震局

局　长：宋乃军

副局长：王淑萍（女）

国资公司

主　任：耿海平

群团组织

县总工会

主　席：李维新

副主席：崔雪峰　刘五锁

共青团昔阳县委员会

书　记：田晓菲

副书记：李国平　王　敏（女）

县妇女联合会

主　席：赵瑛琳（至2017年5月）
　　　　陈红梅（女）（2017年6月始）

副主席：杜志芳（女）
　　　　赵艳凤（女）

县科学技术协会

主　席：赵珍珠

副主席：王雪梅（女）

县残疾人联合会

理事长：赵　鹏（至2017年5月）
　　　　李惠中（2017年5月始）

副理事长：张明柱（至2017年6月）

县工商业联合会

主　席：黄祥苗

副主席：王晓丽（女）

县文学艺术界联合会

主　席：李余彬

垂直部门管理机构

国税局

局　长：温雅晶

副局长：王计全　尚斌柱　李建平　李显忠
　　　　张学艺（2017年7月挂职在市纪检委）

地税局

局　长：袁慧忠

副局长：于锋锐　刘进军　毕新军

中国人民银行股份有限公司昔阳支行

行　长：郭建红

副行长：陈乃华

中国银行股份有限公司昔阳支行

行　长：王　震

副行长：程建峰

中国农业银行股份有限公司昔阳支行

行　长：曹建红（至2017年3月）（女）
　　　　冀伟庆（2017年4月始）

副行长：王旭升（至2017年4月）
　　　　刘海祥（2017年10月始）
　　　　王虎平　王爱军

中国工商银行股份有限公司昔阳支行

行　长：张满瑞

副行长：李　利

中国建设银行股份有限公司昔阳支行

行　长：邢　强

副行长：李小龙

晋中银行股份有限公司昔阳支行

行　长：尚志明

副行长：李旭梅

昔阳县农村信用合作联社

理事长：武　栋（至2017年11月）

赵　钰（2017年11月始）

主　任：王亚鹏

监事长：安东生

副主任：赵光辉　李晓刚

任瑞梅（女）

昔阳银监办

主　任：李志强

副主任：张国红

中国人民保险股份有限公司昔阳支公司

总经理：张化强

副经理：张　智　张晓君（女）

中国移动昔阳县分公司

总经理：郭晓玉

副经理：李　明

中国联通昔阳县分公司

总经理：胡晋生

副经理：任红梅（女）　闫元玉　尹旭波

中国电信昔阳县分公司

总经理：靳永珍（至2017年6月）

王卫云（2017年6月始）

中国邮政集团公司山西省昔阳县分公司

总经理：张代民

副经理：侯子玉

阳涉铁路有限责任公司

董事长总经理：王常久

副经理：张　伟

公路段

段　长：张卫平

副段长：翟新胜　陈树兵

汽车站

站　长：孙　博

副站长：张红萍（女）　彭晓军　刘志江

电业局

经　理：赵　强

副经理：王怀柱　王志亮

武装部

部　长：陈建鹏

政　委：柴颖则（至2017年7月）

郑海明（2017年12月始）

副部长：张　静

公安消防大队

大队长：段瑞慧

教导员：李晓帆

晋中市住房公积金管理中心昔阳管理部

主　任：乔德云

副主任：任　军

气象局

局　长：眭晋华（女）

副局长：翟国芳（女）

昔阳县烟草专卖局

局长、经理：武琦琦

副局长：张　瑜　张　鹏

副经理：乔　隶

石油公司

总经理：邢　强

副经理：张镇安

昔阳县乡镇（城区社区）

乐平镇

党委书记：程海华

党委副书记、镇长：常艳军

党委副书记：李成亮

人大常委会主席：李秀青

纪检书记：耿　达

武装部长：郑晓亮

副镇长：武　强　申　利　张志鹏
　　　　王春鲜（女）

组织委员：张　芳（女）

大寨镇

党委书记：刘育锋

党委副书记、镇长：郝海平（至2017年8月）
　　　　　　　　　张志刚（2017年8月始）

党委副书记：尹建军

人大常委会主席：李爱文

纪检书记：李淑华（女）

武装部长：李瑞贤

副镇长：乔海军　翟华华　张永新
　　　　田　甜（女）

组织委员：毛竹青（女）

李家庄乡

党委书记：张彦臣

党委副书记、乡长：史怀军

副书记：尚海田

人大常委会主席：张海明

纪检书记：石海雷

武装部长：凌瑞强

副乡长：闫慧杰　郭文杰　王晓波　韩纲纲

组织委员：冯　娇（女）

三都乡

党委书记：尚田柱

党委副书记、镇长：宋刚刚

党委副书记：巩卿玮

人大常委会主席：赵　剑

纪检书记：王志红

武装部长：李志春

副乡长：王忠庆　杜俊杰　白旭亮
　　　　宋晓梅（女）

组织委员：王叶君（女）

赵壁乡

党委书记：任树华（至2017年9月）
　　　　　常晋文（2017年9月始）

党委副书记、乡长：张芳芳（女）

副书记：冯奋强

人大常委会主席：常晋文

纪检书记：贾奋琪

武装部长：王春雨

副乡长：宫海青　赵旭亮　赵京雁（女）
　　　　韩云维

组织委员：田志芳（女）

闫庄乡

党委书记：耿　华（女）（至2017年9月）
　　　　　张哲清（2017年9月始）

党委副书记、乡长：张哲清（至2017年9月）
　　　　　　　　　毛瑞涛（2017年9月始）

副书记：秦　妤（女）

人大常委会主席：陈立斌

纪检书记：董志生

武装部长：王　星

副乡长：张玉良　马翠红（女）

组织委员：王　震

皋落镇

党委书记：王江平
党委副书记、镇长：庞占刚
副书记：刘晓东
人大常委会主席：杜晓东
纪检书记：乔显芳（女）
武装部长：李　斌
副镇长：邓晓霞（女）　王丽军　李晓宇
组织委员：李巧姊（女）

界都乡

党委书记：周江平
党委副书记、乡长：杨卫东
党委副书记：赵瑞梅（女）
人大常委会主席：王　亮
纪检书记：刘　钊
武装部长：高天杰
副镇长：张　斌　王　静（女）　李玉亮
组织委员：李海刚

东冶头镇

党委书记：李东生（至2017年8月）
　　　　　张向明（2017年8月始）
党委副书记、镇长：侯庆荣
党委副书记：王丽芳（女）
人大常委会主席：杨树平
纪检书记：李显耀
武装部长：王　震
副镇长：张晓栋　张　宇　杨淑雅（女）
组织委员：翟瑞华（女）

孔氏乡

党委书记：张兴华
党委副书记、乡长：赵晓波
副书记：赵华美（女）
人大常委会主席：张静波
纪检书记：陈文杰
武装部长：孔　亮
副乡长：乔　石　常向明　聂　嘉　赵晓飞
组织委员：王锦芳（女）

沾尚镇

党委书记：冀宝元
党委副书记、镇长：赵海峰
党委副书记：赵　鑫
人大常委会主席：翟颖正
纪检书记：刘冬梅（女）
武装部长：闫慧军
副镇长：樊庆华　李佳峰　田　鑫（女）
组织委员：胡啸宇

西寨乡

党委书记：张向明（至2017年8月）
　　　　　郝海平（2017年8月始）
党委副书记、乡长：张业杰
人大常委会主席：翟素平
纪检书记：乔　亮
武装部长：李　鹏
副乡长：赵永宏　王红莉（女）　李雪梅（女）
组织委员：王　慧（女）

城区社区

党工委书记：王怀庆
管委会主任：翟旭峰（2017年9月始）
党工委副书记：焦红涛
纪工委书记：王冰莲（女）（2017年9月始）
管委会副主任：卫　鑫
　　　　　　　翟旭峰（至2017年9月）
　　　　　　　张　鹏（2017年9月始）

中国共产党昔阳县委员会

ZHONG GUO GONG CHAN DANG XI YANG XIAN WEI YUAN HUI

县委重要会议

【昔阳县三级干部大会】 2017年2月14日上午，昔阳县三级干部大会在县文体活动中心隆重开幕。会议深入贯彻落实中央、省、市经济工作会议精神，回顾总结2016年工作，安排部署2017年各项任务，县委书记王根元，县委副书记、县长许利伟分别作重要讲话，会议动员全县广大干部群众，进一步坚定信心，凝聚力量，拼搏实干，率先决战决胜脱贫攻坚，奋力开启昔阳经济社会振兴崛起新征程。县委副书记郭丰慧主持会议并宣读2016年度综合考核情况表彰决定，全国人大常委会委员、大寨村党总支书记郭凤莲，晋中市市直单位驻昔阳扶贫工作大队大队长李朝龙应邀出席会议，县四套班子领导，其他县级领导，担任过实职的副县级以上离退休老领导，驻昔企业负责人，县直副科以上干部，各乡镇全体班子成员，大学生村官、农村党支部书记和村委会主任，重点企业民营企业负责人，驻贫困村工作队长，第一书记等1600多人参加会议。

【十五届昔阳县委第一轮巡察工作动员大会】 2017年3月22日上午，十五届昔阳县委第一轮巡察工作动员大会召开。县委副书记、县长许利伟，县委副书记郭丰慧，县政协主席石立军等四套班子领导，县委巡察工作领导小组成员、巡察办、各巡察组全体人员，各乡镇党委书记、城区社区管委会党工委书记，县直副科以上单位一把手参加大会。会议由县委副书记郭丰慧主持。会上，县委副书记、县长许利伟作重要讲话，对十五届县委第一轮巡察工作作了全面部署；县委常委、县纪委书记、县监委主任、县委巡察工作领导小组组长马建军宣读了《十五届昔阳县委第一轮巡察工作实施方案》，对巡察时间、范围、任务、方式、对象、程序等进行了详细说明；县委常委、组织部部长、县委巡察工作领导小组副组长郭春林宣读了《十五届昔阳县委第一轮巡察工作巡察组长授权决定》。

【昔阳县“五一”表彰大会】 2017年4月29日，昔阳县在大寨礼堂召开“五一”表彰大会，对在全县经济社会发展中做出突出贡献的单位和个人进行表彰。此次表彰旨在激发广大干部群众争先创优的顽强斗志，形成推动全县各项事业再上新台阶的不竭动力。

【昔阳县城乡环境大整治攻坚行动动员大会】 2017年5月5日，昔阳县召开“五抓五提升”城乡环境大整治攻坚行动动员大会。县委书记王根元，县委副书记、县长许利伟，县人大常委会主任李显鸣，县政协主席石立军等四套班子领导出席会议。县直副科以上单位一把手，十二乡镇、城区社区管委会党政一把手，县城乡环境综合整治领导组、政策研究组成员单位主要负责人共200余人参加会议。县委书记王根元作重要讲话，对全县城乡环境大整治攻坚行动作了全面部署。会议由县委副书记、县长许利伟主持。会议集中观看了昔阳县城乡环境现状调查专题片，专题片对昔阳县当前城乡环境面貌进行了直面曝光。县政协主席、“五抓五提升”城乡环境大整治攻坚行动总指挥石立军作了安排部署。会上，东冶头镇、孔氏乡、环保局、公安局负责人结合自身实际分别进行表态发言，并对各自下一步的城乡环境整治工作进行安排部署。

【昔阳县推进“两学一做”学习教育常态化制度化、开展维护核心见诸行动主题教育动员大会】 2017年5月15日上午，昔阳县召开推进“两学一做”学习教育常态化制度化、开展维护核心见诸行动主题教育动员大会。县委书记王根元出席会议并作重要讲话，对全县推进“两学一做”学习教育常态化制度化、开展维护核心见诸行动主题教育作了全面部署。县委副书记郭丰慧主持会议。县委副书记、县长许利伟，县政协主席石立军等县四套班子领导出席会议。

【昔阳县纪念建党96周年先进典型命名大会】 2017年6月26日上午，昔阳县召开纪念建党96周年先进典型命名大会，缅怀党的光荣历史，弘扬党的优良传统，深入贯彻落实省委“两学一做”常态化制度化、维护核心见诸行动的部署要求，向党的十九大献礼。县委书记王根元，县委副书记、县长许利伟等四套班子领导出席会议，县乡两级党务干部以及受表彰的先进集体和个人共计220余人参加会议。县委副书记、县长许利伟主持会议。会上，县委书记王根元就“如何推进全面从严治党，加强党的建设，如何学深悟透维护核心、实干担当争做表率”作专题党课。会议宣读了《关于命名红旗基层党组织、先进基层党组织、优秀党支部书记、优秀党务工作者、优秀党员、高标准村级组织活动场所和党员先锋岗等一批先进典型的决定》，并为获奖人员颁奖。会议还举行了《脊梁》和《心声》两书首发仪式。

【昔阳县脱贫攻坚“百日决战”誓师大会】 2017年7月14日，昔阳县召开脱贫攻坚“百日决战”誓师大会。市脱贫攻坚工作督导组组长赵献春，县四套班子领导、市县驻村工作队长、驻村帮扶单位和重点企业负责人、十二乡镇党委书记、乡镇长、第一书记以及县脱贫办、扶贫办、脱贫攻坚督导组有关人员共450多人参加会议。县委副书记郭丰慧主持会议。会上，县委书记王根元作重要讲话，动员全县上下进一步增强政治意识和责任意识，举全县之力率先打赢脱贫攻坚战，确保昔阳县2017年如期脱贫摘帽。县委常委、常务副县长李军，县委常委、组织部部长郭春林，县委常委、宣传部部长张月清，县政府副县长陈立军、张建岗、李丽萍分别代表各专项扶贫行动小组就各自分管的专项工作作表态发言。县农委、卫计局、东冶头镇、沾尚镇、孔氏乡5个部门单位和沾尚、杏庄、石门、西横山4个村的驻村工作队长、第一书记分别就如何做好下一步的扶贫工作进行表态发言。市直单位驻昔阳扶贫工作大队大队长、县政府副县长李朝龙就如何做好后半年精准帮扶工作向市直驻村帮扶单位、驻村工作队、第一书记提出了新的要求；县委常委、纪委书记、监委主任马建军传达了中纪委扶贫领域监督执纪问责工作会议精神；县政府副县长陈立军就有关脱贫攻坚的政策进行了详细解读。

【中共昔阳县委十五届四次全体会议】 2017年8月25日上午，中共昔阳县委十五届四次全体会议召开。县委书记王根元作重要讲话，县委副书记、县长许利伟在会上就全县经济工作进行了通报分析。会议学习贯彻习近平总书记视察山西重要讲话精神，全面落实省委十一届四次全会、市委四届四次全会精神，审议通过了《中共昔阳县委关于深入学习贯彻习总书记视察山西重要讲话精神的实施方案》和《中共昔阳县委关于深入学习贯彻习总书记在深度贫困地区脱贫攻坚座谈会上重要讲话精神，全力推进“双示范、双达标”创建、率先决胜脱贫攻坚的实施方案》，研判分析上半年工作，对进一步做好下半年工作进行安排部署。县委委员，县委候补委员，不是县委委员、县委候补委员的在职县级领导，市直单位驻昔阳大队大队长李朝龙，县纪委委员，不是县委委员、县委候补委员的乡镇党委书记，各乡镇乡镇长，县直相关单位主要负责人，县脱贫攻坚督查组组长，64个示范村第一书记参加会议。

【昔阳县第33个教师节表彰大会】 2017年9月8日，昔阳县在文体活动中心召开第33个教师节表彰大会。县委书记王根元，县委副书记、县长许利伟等县四套班子全体领导，全县中小学校长、受表彰教师、尊师重教先进单位及个人等共计1200余人参加会议。王根元作重要讲话，许利伟在大会上作了致辞，县委副书记郭丰慧主持表彰大会。大会对2名“昔阳县功勋教师”、20名“昔阳县师德标兵”、40名“昔阳县优秀班主任”、40名“昔阳县模范教师”、20名“昔阳县教育先进工作者”的122名教师及5个“尊师重教先进单位”、6个“尊师重教先进个人”予以表彰。

【昔阳县村（社区）“两委”换届选举工作动员会】 2017年10月23日下午，昔阳县召开村（社区）“两委”换届选举工作动员会。县委书记王根元出席会议并讲话，县四套班子领导、各乡镇、城区社区党政班子成员、各乡镇派出所所长、村（社区）两委换届工作领导组成员、工作机构成员、部分村（社区）党支部书记，共计200多人参加会议。县委副书记郭丰慧主持会议。会上，全县村（社区）两委换届选举工作领导组三位副组长：县委常委、组织部部长郭春林，县委常委、纪委书记张扣生，县政府副县长、公安局局长王瑞明分别就全县村（社区）两委换届选举工作的工作安排、选举纪律、选举秩序进行了安排部署。

【昔阳县脱贫摘帽决战冲刺动员会】

2017年10月31日下午，昔阳县召开脱贫摘帽决战冲刺动员会，县委书记王根元在动员会上号召全县上下以决战决胜的勇气打赢脱贫攻坚战，举全县之力、集干群之智确保2017年底顺利脱贫摘帽，以实际行动践行党的十九大精神。会议分两个阶段进行，县四套班子领导分别出席两个阶段的会议。王根元主持召开第一阶段会议。县领导郭春林、张扣生、李朝龙及市直帮扶单位驻村工作队长、第一书记和工作队员参加会议。县委常委、组织部部长郭春林主持召开第二阶段会议。县四套班子领导出席会议。各乡镇党委书记、乡镇长、副书记、分管副乡镇长，县直帮扶单位主要责任人、派驻贫困村第一书记及五家企业负责人参加会议。会上，县委副书记郭丰慧就脱贫摘帽决战冲刺工作进行安排部署；县委常委、纪委书记、监委代主任张扣生就干部帮扶责任落实情况督查及工作纪律问责工作进行安排；县扶贫办负责人就贫困户、脱贫户、非贫困户应知应会调查表和贫困户、脱贫户享受精准扶贫政策措施明白卡的填写进行说明；各乡镇、单位和企业负责人签订了昔阳县脱贫摘帽决战冲刺责任书。

【中共昔阳县委十五届七次全体会议】

2017年12月11日上午，中共昔阳县委十五届七次全体会议召开。此次会议深入学习贯彻党的十九大精神，按照省委十一届五次全会、市委四届五次全会精神，对全县学习宣传贯彻党的十九大精神进一步作出全面安排。同时，听取昔阳县委常委会近一年的工作报告，并就做好当前工作、谋划2018年工作提出要求。受县委常委会委托，县委书记王根元代表十五届县委常委向全委会作工作报告并作重要讲话，会议审议通过了《中共昔阳县委关于加快转型项目建设的决定》，县委副书记、县长许利伟就《关于加快转型项目建设的实施意见》进行解读。

县委重要决策

【大寨党性教育培训现场教学基地建设】 2017年，为深入贯彻落实中央、省委、市委关于加强和改进干部党性教育培训工作的精神要求，切实提高党性教育的鲜活性、实效性和感染力，按照《山西省关于进一步加强全省党性教育基地建设的实施意见》（晋组通字〔2016〕59号）和《晋中市干部教育培训现场教学基地建设实施方案》（市组通字〔2016〕65号）规定，实施大寨党性教育培训现场教学基地建设，致力打造全省全市领先、全国知名的党性教育现场教学基地。

【深化监察体制改革试点工作】 2017年，根据中央、省委、市委关于国家监察体制改革试点工作的统一部署和有关要求，全面启动实施全县的深化监察体制改革试点工作。通过成立县监察委员会，实施组织和制度创新，整合反腐败资源力量，扩大监察范围，丰富监察手段，建立集中统一、权威高效的监察体系，履行反腐败职责，深入推进党风廉政建设和反腐败斗争，积极构建不敢腐、不能腐、不想腐的有效机制，推动全县良好政治生态向着“巩固、深化、提高”的方向迈进。昔阳县监察委员会于2017年3月挂牌成立。

【加强“三基”建设】 2017年，为深入学习贯彻习近平总书记系列重要讲话精神和关于“两学一做”学习教育常态化制度化的重要指示，不断引深“两学一做”学习教育常态化制度化，切实落实好市委《关于在推进“两学一做”学习教育常态化制度化中加强“三基建设”的实施方案》（市发〔2017〕14号文件），结合昔阳实际，就加强全县基层组织、基础工作、基本能力建设（以下简称“三基建设”）作了部署，共涉及三大类九十六项具体任务。

【宗教工作】 2017年，为深入贯彻落实全国、全省和全市宗教工作会议精神，切实加强和改进新形势下宗教工作，根据《中共中央、国务院关于加强和改进新形势下宗教工作的意见》（中发〔2016〕16号）和《中共山西省委、山西省人民政府关于加强和改进新形势下宗教工作的实施意见》（晋发〔2017〕31号），结合昔阳实际，制定具体实施意见。实施意见共分为：全面贯彻党的宗教工作基本方针，始终坚持宗教中国化方向、提高宗教工作法治化水平，严格依法管理宗教事务、着力解决各宗教突出问题，维护宗教领域和谐稳定等三大方面25项具体任务。

【优化营商环境】 为不断深化“放管服效接”改革，充分激发市场活力，提升经济发展的内生动力，全面优化昔阳县营商环境，根据省、市优化营商环境会议以及相关文件精神，结合昔阳实际，制定具体实施方案，持续推进“放管服效接”改革，全力打造“审批最少、流程最优、体制最顺、机制最活、效率最高、服务最好”营商环境，进一步增强市场主体和人民群众的获得感。

【学习贯彻习总书记视察山西重要讲话精神】 2017年，为全面落实省委十一届四次全会和市委四届四次全会精神，进一步把学习贯彻习总书记视察山西重要讲话精神引向深入，确保习近平总书记重要讲话精神在昔阳落地生根、开花结果，指引全县在“全市争上游、东山创一流”的宏伟征程中奋勇前进，再铸辉煌，制定落实方案。方案共七大方面35项具体内容，重点从经济转型、“三农”工作、脱贫攻坚、民生保障、生态文明、从严治党等方面提出了具体贯彻落实意见。

【脱贫攻坚】 2017年，为深入学习贯彻习总书记在深度贫困地区脱贫攻坚座谈会上的重要讲话精神，认真落实中共山西省委十一届四次全会和中共晋中市委四届四次全会精神，昔阳县委决定进一步引深脱贫攻坚和环境整治“双示范、双达标”创建，重点围绕瞄准一个总目标、树好两类示范村、打好三场主动仗、强化四个硬支撑、实施五个全覆盖推进工作，确保全县如期率先脱贫摘帽。

【群团工作改革】 2017年，深入贯彻习近平总书记系列重要讲话精神，全面落实《中共中央关于加强和改进党的群团工作的意见》(中发〔2015〕4号)、《山西省委贯彻落实〈中共中央关于加强和改进党的群团工作的意见〉的实施方案》(晋发〔2015〕16号) 和《中共晋中市委关于印发〈中共晋中市委群团工作改革方案〉的通知》(市发〔2017〕20号)，从健全群团组织体系、创新群团工作运行机制、加强群团工作队伍建设入手，推动群团改革坚持去“四化”(即去机关化、行政化、贵族化、娱乐化)、强“三性”(即增强政治性、先进性、群众性)。

【提高农村“两委”离任老干部生活待遇】 2017年，为进一步加强农村基层组织建设，切实改善或提高农村“两委”离任老干部生活待遇，经昔阳县委、县政府研究，决定对全县农村“两委”离任老干部的生活补贴予以适当提高。农村“两委”离任老干部是指符合享受年功奖励政策条件，并任职行政村书记或主任满30年以上、正常离任的村干部。曾经受到开除党籍以上处分的，不享受该生活补贴。

【大寨干部学院建立】 “大寨”是20世纪六七十年代全国农业战线的一面红旗。大寨精神同延安精神、井冈山精神、太行精神、右玉精神一样，都是奋发图强、艰苦奋斗、自强不息、自力更生的伟大民族精神，是中华民族生生不息、愈战愈强的灵魂和脊梁，在全国人民共圆中国梦的伟大历史进程中，更有它弥足珍贵、与时俱进的时代价值。为使大寨精神进一步发扬光大，昔阳县委决定建立大寨干部学院。建成后的大寨干部学院的功能定位是成为全国革命传统教育和党性教育基地、成为山西省大规模培训轮训干部的场所、成为对外交流合作和全省红色旅游发展的平台。

【提高任职满30年离任村主干生活补贴】 2017年，为切实发挥广大农村干部在加快新时代昔阳振兴崛起进程中的“头雁效应”，昔阳县委、县政府将关爱农村干部工作列为深入贯彻落实党的十九大精神和加强“三基”建设工作的一项重要内容，积极为农村在职干部提高工资待遇，为任职满30年离任村主干提高生活补贴。

【干部管理制度建设】 2017年，为贯彻全面从严治党要求，落实和完善从严管理干部队伍制度，形成能上能下的选人用人机制，根据《党政领导干部选拔任用工作条例》《推进领导干部能上能下若干规定（试行)》《山西省推进领导干部能上能下实施细则（试行)》和《晋中市推进领导干部能上能下实施办法（试行)》等党内法规和有关法律规定，结合昔阳实际，制定推进领导干部能上能下实施办法，办法共6章20条。

【贯彻党的十九大精神】 2017年，根据《中共中央关于认真学习宣传贯彻党的十九大精神的决定》（中发〔2017〕28号）、《中共山西省委关于全面贯彻〈中共中央关于认真学习宣传贯彻党的十九大精神的决定〉的通知》（晋发〔2017〕56号）和《中共晋中市委关于认真学习宣传贯彻党的十九大精神的通知》的有关要求，全面开展学习宣传贯彻十九大精神活动，通过加强组织领导、抓好学习培训、集中开展宣讲、加强宣传引导、开展调查研究、统筹推进工作，迅速兴起学习宣传贯彻党的十九大精神热潮，坚持用党的十九大精神统一思想、武装头脑、指导实践，奋力开创新时代昔阳各项事业发展新局面。

县委办公室

【概况】 县委办公室内设内务科、资料科、信息科、督查室、机要局、保密局等6个科室及610办公室。核定行政编制26个（含县委领导编制10个），其中设主任1名，副主任5名。

【资料信息】 2017年，中共昔阳县委办公室撰写完成领导讲话、会议材料、汇报材料等各类综合文稿260余篇，制发各类文件200余份，较好地发挥了以文辅政作用。编发《每日领导活动》350余期，上报《每日要情》74期，工作动态信息400余条，全方位、多角度地展示昔阳县各项事业发展，为上级领导了解昔阳、关注昔阳提供了窗口和平台。

【服务保障】 2017年，县委办公室围绕县委提出的脱贫攻坚、环境整治、信访维稳3项重大任务，综合权衡，筹划组织各项工作，保证了县委意图的顺利实现和全局工作的协调运转。2017年，组织召开了三级干部大会等重大会议20余次，完成国务院、省政府精准扶贫成效第三方评估等10余场重大活动的协调保障任务。

【调研督查】 2017年，县委办公室牵头组织开展专题调研活动20余次，撰写高质量调研报告32篇。开展脱贫攻坚、环境整治、项目建设等专题督查35次，提出整改意见48条。办理各类领导批文批件230余件，办结省市社情民意转办件30余件。

【机要保密】 2017年，机要工作严格执行电报传阅、登记、领导签批制度，做到了传送及时、办报准确、保密安全。2017年，加强对全县涉密计算机、党政部门涉密人员、信息网络保密指导，开展专题培训3次，并定期组织进行认真管理督查。紧抓教育转化，狠抓基层管控，全力做好防范遏制邪教的各项工作。

纪检监察

【概况】 中共昔阳县纪律检查委员会于1951年5月成立，是负责党的纪律检查工作的专门机关，受市纪委和县委的双重领导。1952年2月设人民监察委员会，1955年1月，人民监察委员会改为监察科，同年3月，撤消监察科，12月改称为监察委员会。1988年4月，根据《山西省人民政府关于组建山西省各级行政检察机关有关问题的通知》精神，经县政府常务会议研究，并提请县人大常委会批准，成立昔阳县监察局。1993年4月，中共昔阳县纪律检查委员会、昔阳县监察局机关实行合署办公。同年12月，根据上级有关精神，经昔阳县第十二届人民代表大会常务委员会第二次会议决定，撤销昔阳县监察局，成立昔阳县监察委员会。合署办公后，实行“一个班子、一套工作机构、两个机关名称、履行党的纪律检查和政府行政监察两项职能”，对县委、县政府负责，县监察委员会属政府序列，受县政府领导。2002年，中共昔阳县委办公室印发《中共昔阳县纪律检查委员会职能配置、内设机构和人员编制方案》，明确县纪委、监委设7个职能科室。2008年3月，根据上级精神，昔阳县监察委员会更名为昔阳县监察局，仍与中共昔阳县纪律检查委员会合署办公。2009年2月，成立昔阳县政风行风评议办公室，隶属于县纪检委（监察局）管理。2015年2月，撤销内设机构农村党风廉政建设室、执法监察室、行政效能监察室，设置内设机构纪检监察三室、纪检监察四室、纪检监察五室。调整后的内设机构为11个。2015年7月，撤销原宣传教育室、派驻管理办公室，设立案件监督管理室、纪检监察干部监督室。

【监察体制改革】 2016年11月，中共中央办公厅印发《关于在北京市、山西省、浙江省开展国家监察体制改革试点方案》，部署在3省市设立各级监察委员会。11月17日成立昔阳县试点工作领导小组，按照省市关于国家监察体制改革试点工作的统一部署和有关要求开展工作。2017年3月12日下午，县第十七届人民代表大会第二次会议选举产生县监察委员会主任。3月13日完成组建并挂牌，马建军当选为第一任昔阳县监察委员会主任，3月13日下午，召开县监察委员会第一次干部大会。县监察委员会产生的同时，县监察局和县检察院内设的职务犯罪侦察局相应撤销，相关职责整合至县监察委员会。监察委员会组建完成后，县纪委监委工作人员编制由38名增为50名。构建县乡村三级监察网。共向全县89个县直单位派驻纪检监察组13个，为12乡（镇）选配乡镇监察员29名、监察员助理24名，在339个行政村（社区）选聘村级监督信息员339名，实现了监察横向拓展、纵向延伸，打通了监察体制改革“最后一公里”。

昔阳县监察委员会挂牌

【县纪委全体会议】 2017年2月16日，中国共产党昔阳县第十五届纪律检查委员会第二次全体会议举行。会议传达学习了党的十八届六中全会、十八届中央纪委七次全会、习近平总书记系列讲话精神、省第十一次党代会、省纪委十一届二次全会精神、市第四次党代会和市纪委四届二次全会精神、县第十五次党代会和全县三级干部大会精神，认真总结2016年全县党风廉政建设和反腐败工作，部署2017年工作任务。审议通过了马建军代表县纪委常委会所作的《坚定不移推动全面从严治党向纵深发展，为实现昔阳经济社会振兴崛起提供坚强保障》的工作报告。全会提出，2017年全县党风廉政建设和反腐败工作的总体要求是：全面贯彻党的十八大和十八届中央历次全会精神，深入贯彻习近平总书记系列重要讲话精神，按照中央、省、市纪委全会和全县三级干部大会的部署要求，严肃党内政治生活，加强党内监督，深化监察体制改革，强化监督执纪问责，驰而不息纠正“四风”，保持惩治腐败高压态势，推动全面从严治党向基层延伸，践行忠诚干净担当，打造让党放心、人民信赖的纪检监察干部队伍，坚定不移推动全面从严治党向纵深发展，为实现昔阳经济社会振兴崛起提供坚强纪律保障，以优异成绩迎接党的十九大胜利召开。县四套班子领导和相关部门单位负责同志200余人参加会议。

【党风廉政建设】 昔阳县委坚决贯彻中央、省委、市委部署要求，勇担管党治党政治责任，把党风廉政建设和反腐败工作特别是监察体制改革试点工作列入重要议事日程。常委会15次专题研究党风廉政建设和反腐败工作，7次专题研究监察体制改革试点工作，6次专题研究纪检监察干部人事工作。开展落实中央八项规定精神专项检查，坚决遏制“舌尖上的浪费”、刹住“车轮上的腐败”、整治“会所里的歪风”。深化公车监管，全省靠前全市首家为全县公务用车张贴统一标识。开展履新廉政谈话167人次；印发《负面言行提醒册》5000册，拍摄情景剧《负面段子》、廉政公益广告《家风》、廉政微电影《贿选风波》；回访教育受处分党员干部94名。紧紧围绕中心工作和重大任务，开展对贯彻党的十九大精神、扶贫领域、城乡环境大整治、环保督查工作的监督执纪问责，共问责乡镇党委6个、县直单位党组4个，约谈67人，问责26人。

【执纪审查】 紧盯“六大纪律”，聚焦“三种人”“三类人”，持续保持惩治腐败高压态势。2017年，全县纪检监察机关共受理信访举报151件，处置问题线索292件，立案117件，处分党员干部115人。其中党纪处分107人，政务处分9人，组织处理2人，移送司法7人并全部作出有罪判决，共挽回经济损失387.24万元。运用监督执纪“四种形态”处理280人次，同比增长11.55%。其中，第一种形态163人次，占比58.21%；第二种形态93人次，占比33.21%；第三种形态13人次，占比4.64%；第四种形态11人次，占比3.92%，体现了宽严相济，发挥了震慑效应。做好信访维稳工作，委班子成员牵头包案，源头化解基层涉纪领域信访问题 13 件。规范纪律审查工作，制定涉案款物管理、谈话室使用管理、谈话（询问）对象安全护送等制度 25 项，招录辅警 10 名，组建纪律审查陪护队伍。昔阳县东冶头镇葱窝村原村主任王某贪污案成为监察体制改革后全市首例移送司法职务犯罪案件；抓捕涉嫌贪污在逃 15 年的原县直单位工作人员张某，成为监察体制改革后全省首例境内成功追逃追赃案件。

【政治巡察】 深化政治巡察，选优配强巡察组长、工作人员和巡察专业人员“三库”人员 51 人；2017 年，三轮巡察党组织 166 个，前两轮共发现问题 158 个，涉及违反“六大纪律”问题线索 70 件，谈话函询处置 13 件，已立案审查 10 件，给予党纪政务处分 10 人，“回头看”整改问题 1396 件，完善制度 466 项，起草十五届昔阳县委巡察工作五年规划，确保十五届县委任期内实现巡察全覆盖，巡察震慑遏制治本效应不断显现。

【群众身边腐败问题严查】 2017 年，坚持动真碰硬，加强扶贫领域监督执纪问责。紧盯不正之风、腐败问题、制度漏洞等，开展扶贫领域突出问题专项整治“清风行动”；聚焦不作为慢作为、责任落实不力、整改不到位等，开展 5 轮滚动式重点督查。坚持县纪委监委兜底负责、问题线索优先处置、班子成员挂牌督办、“五账”做法规范审查、“一案双查”压实责任，严查扶贫领域违纪问题。全县共排查处置问题线索 23 个，立案查处腐败问题 8 起，处分党员干部 19 人，其中开除党籍并移送司法机关 4 人，占全市扶贫领域移送案件总数的 80%；三都乡郭家庄村原村支书兼村主任王某以及会计郭某、村委会副主任张某利用职务之便，贪污挪用移民搬迁扶贫项目资金、粮食直补资金案，涉案金额高达 217 万元，属于典型的“小官大贪”。在三都乡、东冶头镇集中警示教育干部两场 150 余人。严格责任追究，对县农委、扶贫开发中心、财政局、闫庄乡林业站共 9 名责任人严肃问责。昔阳县加强扶贫领域监督执纪问责的经验做法被省电台《清风晋韵》、晋中电视台《廉政聚焦》栏目专题报道。

【队伍建设】 2017 年，先后组织委班子成员参加省市培训 69 人次、县乡纪检监察干部集中培训 7 批 615 人次，以案代培 22 人，提拔交流使用 9 人。做好内控管理，制定贯彻落实中央八项规定精神实施细则，制定执纪监督室包联乡镇、系统制度，实行“六不准六必报”规范乡镇纪委和派驻纪检监察组的线索受理、处置等工作，出台“十个一律不准”细化保密纪律，从严落实省纪委“三条禁令”。

组织工作

【概况】 2017 年，昔阳县委组织部共有编制 24 个，其中行政编制 15 个，参公 6 个（党员电化教育中心 3 个、组织史征编办3个）、事业（行政效能中心）3个。实有14人，其中公务员13人，事业1人。全县共有党的基层组织732个。其中基层党委25个，党总支26个，党支部681个。负责昔阳县党员、干部队伍的宏观管理工作和选拔中青年干部工作。按照党章规定，协调、规划和指导全县各级党组织的建设、党员教育管理和发展工作。主管全县干部教育工作，制定落实干部教育规划。负责对党委部门和乡镇的一般干部进行监督管理。

【“两学一做”主题教育】 2017年，将党的十九大精神和习近平总书记系列重要讲话精神作为必修课，教育引导干部群众在系统领悟上用心，在以学促做上发力，在解决问题上见效，在坚定信仰上扎根，不断打牢砥砺奋进的政治基础。组织2次大型宣讲、分三期对全县700余名科级干部进行十九大精神专题培训，通过多次集中学习、入户宣讲，掀起学用热潮。组织参与学用系列讲话精神研讨会，《习近平总书记的成长之路》《习近平的七年知青岁月》《一张蓝图绘到底的实践样本》3个专题研讨有声有色，党性修养进一步彰显，为决胜脱贫摘帽奠定坚实基础。纪念建党96周年“十个一”系列活动，精彩纷呈，寓教于乐；5万多名党员群众踊跃参与“两学一做”知识竞答，“维护核心、见诸行动”主题教育更加凝聚人心。

【“三基”建设】 2017年，千方百计解决“三基”经费4200多万元，确保了“三基”建设工作强力度推进；建立本土人才库和农村后备干部数据库，综合保障水平提升，基层堡垒筑牢。“百村示范”党建工程效果凸显，党建合力、党章党规意识进一步增强；红色大寨、魅力瑶湾、生态潘掌等党建品牌，可看可学、各具特色；村级“两委”换届在全市率先完成，33个农村软弱涣散党组织全部完成整顿转化，改造社区活动场所6个，实现了“六室二站二厅”目标；拍摄制作了《花画河南党旗红》《老骥伏枥走在前，一颗丹心总向阳》《勇立潮头党旗红》3部党建宣传片；基本能力提升。举办清华、苏州等专题培训班，培训干部400多名；以脱贫攻坚为题材主创筹拍了现代晋剧——《第一书记日记》并在全县巡演，王根元书记带领剧组主创人员走进山西综合广播《清风晋韵》栏目直播室接受专访，在晋中大剧院首演成功，极大地鼓舞了全县人民脱贫攻坚摘帽的士气；对151名贫困村第一书记进行了集中分析评价，实行了分类定档、综合测评；编撰了《脊梁》《心声—昔阳县千名党员的心里话》《心路—昔阳县干部驻村帮扶工作日记》等党员教育读本，党建宣传教育更加深入人心；以原大寨国际旅行社建筑群为基础，投资8000余万元改造2.9万平方米建设成大寨干部学院，现在具备500人学习、300人住宿、400人就餐接待能力的全省一流的党员干部教育培训基地已经呈现。

【党建引领脱贫】 2017年，充分发挥党组织的战斗堡垒和党员先锋模范作用，全面实施“135”党建工程，用情用心用力推进抓党建促脱贫。以贯彻落实习近平总书记系列重要讲话精神与十九大精神为主线，攻坚克难、再接再厉，为脱贫攻坚提供有力组织保证。保障干事创业基础，及时足额拨付贫困村党建经费，乡村干部待遇得到充分保障；全省首家为73名任职满30年的农村离任村主干提高生活补贴。保障干事创业队伍，下派151名第一书记和302名驻村工作队员开展驻村帮扶，调整支部书记79名，选派96名优秀机关干部到乡镇挂职锻炼。保障干部干事激情，“七一”期间，对45个先进集体、120个先进个人予以命名表彰，树起标杆，作出示范。提拔重用了一批在脱贫攻坚一线表现突出的干部，提高红旗党组织干部的奖励性岗位报酬。集体经济破“零”。探索推行土地租赁、光伏收益、资产经营、资源入股、租金分配、开发增值6条路径，使村集体经济提质增效。后备干部破“百”。采取动态选树与实践历练相结合的方法，储备培养农村后备干部500多名，农村发展后劲显著增强。培养培训破“格”。先后组织部门“一把手”和乡村干部举办延安、清华、苏州等6个专题培训班，实现了培训提档、能力升格。产业结构破“单”。发挥党员干部示范引领作用，引进仿真花、玉露香梨、规模养殖及服装加工等，实现了扶贫产业多元化、链条式扩张。服务功能破“限”。打破自然局限、乡村界限，大力实施“百村示范”“1+9”便民服务体系等工程，持续铺开新一轮农村水电路网通讯等基础设施功能建设，环境改善为脱贫提供了基础保障。8月，县委书记王根元代表晋中在全省抓党建促脱贫攻坚暨深度贫困村整体搬迁现场推进会上就昔阳村集体经济破零经验做法作典型发言，在与会干部中引起很大反响。10月，中直机关“推进‘两学一做’服务脱贫攻坚”专题研讨会在昔阳观摩，对昔阳县产业脱贫成效做法给予充分肯定。

【干部管理】 2017年，全县强化干部监督管理，推进干部“能上能下”，为县委干部选拔任用工作提供准确依据和有力保障。坚持“重基层、凭实绩、看作风”的用人标准和导向，注重选拔在扶贫攻坚、乡村振兴等基层一线工作和急难险重任务中表现突出的干部，全年调整干部7批224人（次），其中提拔重用第一书记、驻村工作队长16名。制定出台《昔阳县推进领导干部能上能下实施办法（试行）》，干部“下”的渠道进一步疏通，营造了良好的用人导向和制度环境。

【党员发展】 2017年，共发展党员200名。其中：女党员55名，占27.5%；35岁以下党员129名，占64.5%；高中以上文化程度132名，占66%；在岗职工105名，占52.5%。截至2017年年底，昔阳县共有党员1.91万余名，其中农村党员1.11万余名，占58.2%。35岁以下党员2295名，占12%；36岁至45岁党员3125名，占16.3%；46岁至55岁党员4941名，占25.8%；56岁至60岁党员1889名，占9.9%；60岁以上党员6886名，占36%。大专及以上学历党员4515名，占23.6%；

中专学历党员1035名，占5.4%；高中、中技学历党员3340名，占17.5%；初中及以下党员1.02万余名，占53.5%。

宣传工作

【概况】 中共昔阳县委宣传部是县委主管意识形态方面工作的综合职能部门。主要职责是：贯彻落实中央、省委、市委和县委在宣传思想文化战线的方针政策；统一领导和管理全县宣传思想文化系统工作；负责引导社会舆论，对新闻宣传、社科理论、文化艺术等部门和有关人民团体的业务指导；负责全县对外宣传工作，承办县精神文明建设指导委员会的日常工作，负责网络安全、舆情引导和信息化建设等工作。下设文明办、网信办，内设文产办，共有编制16人，其中宣传部9人，文明办2人，网信办5人。

【理论武装】 2017年，昔阳县委宣传部围绕习近平总书记系列重要讲话精神和十九大精神等重要内容，组织县委中心组集中学习23次；开展晋中文化软实力、学习十九大精神专题调研等活动，形成理论文章和调研报告420余篇，择优上报市里49篇，获奖刊登7篇；编印《学习贯彻落实习近平总书记视察山西讲话精神读本》等学习资料4册2300多本，印发到县、乡、村三级干部手中；开展“六知六学六进”主题学习宣讲活动，累计举办宣讲340场（次）。

【舆论引导】 2017年，昔阳县委宣传部围绕脱贫攻坚、拆违治乱提质等重点工作，新闻媒体齐发声、同发力，打响十大宣传战役。社会宣传全面跟进，各种标语遍布城乡街道路口，形成铺天盖地的强势舆论，凝聚起“全市争上游、东山创一流”的强大合力。在市级以上媒体发稿2210余条。汽车场地越野赛（2017年“昔阳安顺杯”山西·大寨中国汽车场地越野锦标赛）、2017年国际公路自行车赛、2017年中国·大寨“长寿·读者杯”门球挑战赛等三大体育赛事在中央五台现场直播，稿件综采数量和质量创历史新高。依托晋中北京文旅推介会、省文博会宣传展示昔阳，提升昔阳县的知名度和影响力。开展净化舆论环境专项整治行动，推动网络生态进一步好转。健全网信队伍，做实网络舆情24小时不间断监测工作，完善部门联动处置应对机制，共处置舆情事件17起，报送舆情信息4037条，其中中宣部综采21条，省委宣传部综采50条，单采1条，舆情信息上报工作全市排名第二。

北京文旅推介会

【文化繁荣】 2017年，以人民为中心的创作导向，打造大型晋剧《第一书记日记》，在晋中大剧院成功上演，走进山西综合广播《清风晋韵》栏目直播室；选送精品节目《第一书记到俺家》，参加全市十九大主题节目展演；电影《血色西峪》，在2017年度全国网络电影大赛中获三等奖；电影《岭上花开》完成拍摄和后期制作工作；出版散文集《梅之姝语》、诗集《雪落红尘》和《昔阳古文译注》3本书。一批优秀作品在省级以上展览比赛中获奖刊发。李晓兰荣获“中国新诗百年全球华语百位最具活力诗人”称号。举办首届春晚、“两节”群众文化、阳光艺术团专场演出等活动，满足群众文化生活需求。实施项目带动战略，大寨知青红色年代记忆馆等3个市级文化产业重点项目建设任务基本完成，完成投资1000多万元。开展文化产业普查工作，476家法人单位和产业活动主体填报归档，完善县级文化及相关产业单位数据库。组队参加第三届省文博会，崖柏根雕作品《龙凤呈祥》获“神工奖”银奖。

【队伍建设】 2017年，昔阳县委、县政府调整配强宣传部、文明办、网信办班子成员，宣传部、文联录用公务员2名，网信办招聘10名公益性岗位，系统新发展党员9人。扎实开展“两学一做”学习教育制度化常态化、开展维护核心见诸行动主题教育活动和巡视巡察发现问题整改自行“回头看”专项行动，在宣传思想文化部门集中开展了为期三个月的“两提一创”大讨论活动，共编印《资料汇编》300册，组织4次集中学习和3次专题研讨、1次理论考试、1次征求意见座谈会、1次民主生活会；开展书法、摄影、影视、新闻稿件撰写、文化产业普查等9次专题培训；完善考勤制度、请销假制度、财务审批等；形成机关、科室、个人“四表两图”和争创一流计划书等成果。全年共报送宣传工作信息298条，采用196条，在晋中市居上游水平。

统一战线

【概况】 昔阳县委统战部成立于1982年12月，现编制4人，领导职数1正2副，实有人员3人。2015年起县委统战部、工商联、民宗局、侨联合署办公，现有工作人员10人。昔阳县工商联成立于1947年，现编制5人，现有人员3名，设工商联主席1人，兼职副主席17人。昔阳县民族宗教事务局现在昔阳县政府办公室挂牌，与县委统战部合署办公，现编制2人。昔阳县侨联成立于2015年7月，正科级事业建制，编制3人，职数1正，现有人员2人。设主席1人，副主席2人。

2017年，昔阳县委统战部被评为“2017《中国统一战线》宣传先进单位”，县工商业联合会荣获“2016年全国五好县级工商联”，民进昔阳支部荣获全国“民进坚持和发展中国特色社会主义学习实践活动先进集体”。全市统一战线“三基建设”暨强基固本行动现场会在昔阳召开，省委统战部副部长王云龙、副部长赵雁峰、副巡视员王晓霞先后考察调研昔阳县统战“三基建设”工作并给予充分肯定。

【“三基”建设】　2017年，昔阳县委统战部围绕强基层、打基础、抓基本，全力打造统战工作升级版为目标，积极整合社会资源，延伸统战链条，突出加强“三基”建设，开展以“五有、四规范、三提升”为主要内容的“统一战线基层基础建设提升年”活动。建立区域化领导体制，做到了基层统战工作有人管、有人抓、有人干。13个乡镇（社区）和县直8大系统党委副书记兼任统战委员，335个行政村党支部书记兼任村级统战工作联络员，121个县直单位明确分管统战工作的班子成员，31个统战重点部门和单位配备专门的统战工作联络员。建立网络化组织体系，形成纵向到底、横向到边、覆盖全县、特色明显的基层统战工作组织网络体系。全面构建统战、民宗、工商联“三线作战”的基层统战组织网络。成立全市首家新的社会阶层人士联谊会和党外知识分子联谊会，实现“七位一体”的县级各领域统战社会组织全覆盖。建立综合化工作机构，构建“多个部门、交叉任职、统一管理、集中办公”的基层统战组织新格局。推行乡镇统战办公室与基层商会、民宗办“几块牌子、一套人马、集中办公”新机制。突出精细化管理，真正做到底子清，情况明，信息实。强化阵地建设。全县各乡镇（社区）和统战对象较为集中的县直单位都按照“五有”的要求，统一设立统战工作办公室，列支专门经费，配备专兼职人员，制定完善各项规章制度。建立“一网一刊一微信”3个宣传信息平台，12个“统战之家”，确保基层统战工作经常化开展。规范台账管理。编印《昔阳县统战工作文件制度汇编》，建立13个方面的“大数据”档案和工作台账。

全市“三基”建设暨强基固本现场会在昔阳县召开

【党外干部】　2017年，全县副科以上党外干部达到44名。其中副处4名、正科5名、副科35名。在政治安排上，64名党外代表人士推选为人大代表，97名党外代表人士推荐为政协委员，使更多的党外代表人士奋进有机会、干事有舞台。

【非公企业】　2017年，开展“民企联三农，帮扶贫困村”活动。全县81个非公企业先后深入贫困村进行多渠道、多形式、多内容的扶贫活动，13个重点企业精准对接13个贫困村，实现了全部脱贫，共为贫困村联建合作社68个，落实扶贫项目116个，累计投入扶贫资金1460万元。继续开展“善行昔阳，爱心传递”助学助残助困活动和农村留守儿童“一对一”精准帮扶活动。联合就业指导中心组织30余家企业，在贫困户较为集中的乡镇举办4期“就业扶贫专场招聘会”。组建成立光彩事业促进会，在10月17日全国扶贫日“精准扶贫，你我同行”公益募捐活动中，40余家非公企业募捐资金1600多万元助力全县脱贫攻坚。

【民族宗教】 2017年，开展“和谐寺观教堂创建活动”，努力在“导”字上狠下功夫，在全县宗教活动场所开展升挂国旗仪式，依法依规治理基督教乱设聚会点和农村乱建小庙小庵，解决宗教领域中的各类矛盾和问题，为消除崇教寺消防隐患，县政府出资50万元为僧人购买僧舍120平方米；金刚禅寺交通不便，政府投资200多万元铺设3千米柏油路。同时引导宗教界人士与社会主义社会相适应，组织参与石马寺古庙会活动，举办印悟法师血经血画书法展。石马寺、金刚禅寺荣获首批“晋中市创建和谐寺观教堂示范单位”。

【侨联】 2017年，继续加强与省委统战部海联处和市侨联的沟通联系，拓展“金桥”爱心工程成果。全年争取40万元资金投资新城小学建设；引进香港华革会“吴祺光助学金”15.7万元，资助贫困学生61名，提升统一战线在全社会的影响力。

机构编制

【概况】 昔阳县机构编制委员会办公室，是昔阳县机构编制委员会的常设办事机构，在昔阳县机构编制委员会的领导下负责行政管理体制和机构改革以及机构编制管理工作，既是党委的机构，又是政府的机构，正科级建制。主要职责是：研究拟定全县行政管理体制和机构改革以及机构编制管理的政策、办法和实施细则。统一管理全县各级党政群机关，人大、政协、法院、检察院机关，各民主党派、人民团体机关的机构编制工作。负责全县事业单位的登记管理、机构编制电子政务工作。县政府行政审批制度改革领导组办公室设在编办。昔阳县编办共有行政编制4名。所属事业单位2个：昔阳县事业单位登记管理局（副科级）和昔阳县机构编制电子政务中心（正股级，主任可由副科干部担任），共有财政拨款事业编制10名。

【机构编制管理】 2017年，按照“控制总量、盘活存量、优化结构、增减平衡”的工作思路，推进机构编制管理创新，努力做到控住管好，充分发挥机构编制资源的保障作用。2017年共办理编制调配和进出流动手续469人（次），其中调动干部132人（次）、定向培养人才入编3人（次）、定向招聘县乡村官39人（次）、招聘公务员19名、日常调动276人（次）。在现有编制总量中调剂和划转编制80名，部门调整核定编制2616名，按政策要求规定审批程序全年撤销机构8个，重新设立机构14个，更名2个，挂牌20个，规范5个。

贯彻执行中央、省、市减编控编工作要求，按核减任务比例，对旅行社、环卫所、土地估价事务所等5个自收自支单位实施减控编，核减后收回事业编制58个。

对县医院、中医院、妇幼站等8个事业单位核减2013年以来省定编制177个，圆满完成省、市下达的3年减控编任务。

【事业单位登记】 2017年，昔阳县新设立登记法人事业单位4家，变更登记88家，注销登记3家，证书补领3家，重新申领4家，事业单位法人年度报告公示170家，年度报告报送率为94%。统一社会信用代码制度建设，继续推进机关群团统一社会信用代码证新申领发放5家、变更16家。按照“两随机，一公开”工作机制，实施核查事业单位23家，加强事业单位法人登记治理事中事后监管。

【电子政务中心】 2017年，加强政务和公益机构专用中文域名注册管理，认真做好党政机关、事业单位网站开办和标识管理工作，将注册费用纳入财政预算，共对386个行政事业单位申请专用中文域名，注册率达到100%。发放网站标识6个，网站挂标率100%。党政机关、事业单位电子政务信息化管理水平显著提升。

【机构编制改革】 2017年，经县委政府研究，制定出台涉及9个行业15个部门的综合行政执法体制改革的实施方案，紧扣改革时间节点，顺利完成2017年住建、卫计、市场监管、文化、经商粮、旅发委等6个部门综合行政执法改革任务，经市编办批复组建专业执法队伍；加强县乡人大机构建设，在县人大挂牌设立财经委员会，充实编制，加强乡镇人大的领导力量和工作力量；协同纪检监察部门完成纪检监察体制改革试点工作，实现人员的正常转隶，职责的依法调整，落实巡察制度改革，在县纪委设立巡察领导组办公室，实现巡察常态化、全覆盖。协同县卫计部门完成城乡一体化医疗卫生体制改革，成立昔阳县医疗集团，理顺了法人治理结构，实现卫生事业专项编制管理的“三统一”，即统一管理、统一使用、统一调配。协同林业部门完成县级林场试点改革，围绕建立旅游强县，深入推进旅游管理体制改革，成立并组建昔阳县旅游发展委员会。为适应深化改革发展需要，根据市深改领导组组织机构建设有关精神，率先向市编办提出县委政研室、改革办、综改办“三合一”工作体制的请示意见等，各项改革工作有序推进，不断深入体制机制进一步理顺。

【行政审批制度改革】 2017年，重点开展行政职权下放、取消、规范调整，政府权责动态管理，行政审批中介服务清理，优化营商环境减证便民专项行动等4项改革工作。简政放权。2017年共落实中央、省、市行政职权下放、取消、调整相关文件3批（次），县政府对应取消和承接行政职权事项14项，其中取消2项，承接9项；部分承接3项，落实行政审批事项下放、取消、调整文件3批（次），对应取消调整行政审批事项8项，取消和调整非行政审批项目3项，不再保留“非行政许可”这一审批类别。减证便民。对30个单位现有行政审批事项前置申请资料，机关证照的年检和与之挂钩的政府指定培训事项进行清理并规范，共清理行政审批事项前置申请材料220项、年检事项24项、政府培训指定事项2项。规范中介。落实省、市关于政府部门行政审批中介服务事项文件2批（次），对应取消中介服务事项4项，清理规范3项，清理规范后昔阳县保留涉审中介服务事项21项。权责管理。依法依规对13个部门22项行政权责进行动态调整，其中取消或部分取消10项，承接10项，调整为其它类2项，截至12月，涉及32个部门行政权力事项保留2416项，“放管服”改革工作取得明显实效。

【基础工作指导编制】 2017年，牵头对68个党政群机关、事业单位的“三基建设”基础工作资料组织编制，通过积极探索、研究借鉴、审核编排、指导整理，历时3个月完成55个县直事业单位、12个乡镇及社区《基础工作目录》《工作运行流程图》《三手册一平台》《岗位责任书制度》《部门协调配合机制》等5个方面的基础工作目录资料476册，为部门工作开展提供重要职责任务依据和法律政策遵循，为全县党政群机关和事业单位基础工作标准化、科学化、制度化、信息化建设奠定坚实基础。

信访工作

【概况】 中共昔阳县委昔阳县人民政府信访局是从事接待群众来信来访的职能部门，在职公务员编制人员6人，下设昔阳县信访信息中心，在职事业编制人员5人。2017年，昔阳县信访工作围绕为党的十九大胜利召开营造和谐稳定的社会环境这一目标，开展领导干部接访下访活动，千方百计治理源头问题、化解积案、预防新矛盾发生、减少信访问题存量，防止发生影响社会大局稳定的信访突出问题和群体性事件。全年基本实现敏感时期无发生非正常进京上访、到省集体上访事件和因信访问题而引发的重大个人极端事件等，全县社会大局稳定。全年县信访大厅共受理群众来访356件1874批1.31万余人（次），其中集体访110件856批1.14万余人（次）。越级进京上访24件59批162人（次），其中，非访登记的7件7批10人（次）。到市信访总量为29件30批188人（件）次（其中网上投诉4件（次），来信2件（次）。赴省信访总量为35件72批91人（件）次（其中网上投诉23件36批（次），领导信箱2件，来信9件16批（次），较上年同期呈下降趋势，网上信访和来信访等新时期信访诉求渠道功能彰显。

【信访工作责任制落实】 2017年，昔阳县信访工作坚持党政一把手亲自抓、负总责，把信访工作纳入全局工作中去研究、部署、推进。县委、县政府多次召开信访工作会议，研究信访维稳工作，制定《昔阳县信访工作责任追究办法》（暂行）强化问责机制，把信访工作列入重点考核范围，对因“工作不到位、处置不及时、信息不畅通”引发多次进京非正常上访或形成群体性事件造成恶劣影响的要追究主要领导干部责任，严肃追责，一次约谈、二次问责、三次停职，倒逼责任单位提高重视，加强解决问题力度。多次派出督导组深入基层进行督导检查，保证县委、县政府各项工作部署的落实。坚持领导干部阅批群众来信制度和主要领导亲自抓、分管领导具体抓、工作人员直接抓的工作机制，对群众来信反映的问题，做到件件有回音、事事有着落。坚持用群众工作统揽信访工作，各级领导干部采取定点接访、专题接访、重点约访、带案下访、上门回访等多种形式，深入农村、社区、企业了解社情民意，千方百计把源头问题治理好。坚持“属地管理，分级负责”和“谁主管，谁负责”的原则，把信访工作摆在突出位置，一级抓一级，一级对一级负责，形成齐抓共管、层层抓落实的良好氛围。

【领导干部接访】 2017年，为强化县级初信初访工作，制定出台《昔阳县领导接访首问负责制》《昔阳县县级领导接访周带班制度》。全县四套班子25名县级领导5人一组分为5组，每组一周，每周由一名联席会议召集人（县委书记、县长、县委副书记、县政法委书记、分管信访副县长）担任带周班领导，严格实行无假日到信访接待大厅坐班接访，同时每位领导对首次接待的信访案件全权负责，全程跟进。首接领导具体负责对信访案件的督促办理，周带班领导全面协调掌控一周信访案件办理情况。

【源头化解专项行动】 2017年，按照省委关于开展专项行动的精神，昔阳县在“退役人员”“城乡建设”“企业拖欠社保”3个领域中深入开展源头化解专项行动，昔阳县按照市委、市政府的统一部署，坚持问题导向和底线思维，对各领域存在的问题进行全面梳理，集中时间精力、强化源头化解。在城乡建设领域共交办51件重点案件，第一时间成立以县领导为首的工作组，针对重点案件逐案研究，制定解决措施和工作方案，落实“四定”“五包”责任制，51件重点案件到期全部办结，案件全部归档。在企业拖欠社保领域，县委主要领导召集分管领导、人社、民政、信访等部门召开行动专项会议，确定工作组及出台工作方案，对34名企业军转干部和46名下岗失业军人情况进行系统性排查，随后在全县开展“大走访、大调研、大落实”行动，深入涉军群体进行了无缝隙、全覆盖的走访对接，取得了实实在在的效果。在此次活动中帮助42名退役人员补缴276.6万元社保欠费，并通过企业以及政府安排公益性岗位帮助其解决再就业问题。在退役人员专项活动中开展大走访活动，抽调63名干部成立23个工作小组分2阶段对全县931名退役人员进行走访慰问工作，理清诉求、落实台账、查清底数；将全县符合安置条件的1070名退役士兵全部安置到位；对1998年以来符合政府安置条件的407名退役士兵落实生活补助；帮扶解决农村两参人员，通过政府购买服务的方式依托万通清运公司落实39名农村“两参人员”岗位安置。

【信访维稳】 2017年，“全国两会”“一带一路”峰会以及党的十九大期间，昔阳县多次召开联席会议，安排部署信访维稳工作，强化信息预警和矛盾排查，做到“小事不出村、大事不出乡”，严密部署，周密安排，在全国“两会”期间，由县委副书记，县政法委书记亲自带队驻京值守，共同努力实现全县重要活动期间“无群体性突发事件、无越级集体访和无赴京非正常上访”三无县的目标。

【网上信访】 2017年，昔阳县在健全全国网上信访信息系统的基础上，深入推进信访信息系统应用，推进“互联网+信访”，全面实行网上信访工作模式，进一步完善各级网上信访受理平台，确保县乡全应用，实现办信、接访、网上投诉办理、督查督办等基本业务全覆盖，信访信息全录入，业务全流转，数据全生产、办理全公开，全力打造网上信访渠道。实现了信访形式、工作过程、工作范围“三个全覆盖”，建立信息网上录入、流转网上管理、工作网上督查的工作模式，促进信访事项办理由封闭运转向开放透明转变，提高办案效率和便利性，实现“阳光信访”。

党校工作

【概况】 中共昔阳县委党校内设8个股室，其中行政管理股室3个，分别是办公室、教务股、行政股；教学研究室5个，分别是马基教研室、党史党建教研室、行政管理教研室、经济管理教研室、县情调研室。实有在职教职工17人，专职教师9人，管理人员5人，后勤教辅人员3人。其中，高级讲师3人，中级讲师3人，研究生学历2人，本科学历14人。干部人事和工资分配实行双轨制，党务、行政管理人员参照公务员管理，教学科研人员按事业人员管理。党校承担职责：按照县委对干部队伍建设的要求，有计划、有步骤地培训、轮训全县副科级以下党员领导干部、中青年后备干部、农村基层党员干部及理论骨干，并协同组织部门对学员在校期间的表现进行考核考察；研究宣传马列主义、毛泽东思想、邓小平理论、“三个代表”重要思想、科学发展观、习近平新时代中国特色社会主义思想；围绕党的中心任务和县委、县政府的重大决定，对实际工作中的新情况新问题，开展理论研究，为教学和社会实践服务，并将重要成果提供县委决策参考；承办县委交办的其他事项。

【教学培训】 2017年县委党校深入各乡镇、各系统完成习近平视察山西重要讲话精神、7·26讲话精神大宣讲任务，共计培训29次，受训2000余人次；开展党的十九大精神宣讲，2017年共计培训23次，受训已达2200余人次。配合县委组织部开展3期“昔阳县领导干部学习贯彻党的十九大精神轮训班”，培训共计674人。开展入党积极分子和预备党员培训班4期，共计300人。

【课题研究】 2017年，昔阳县完成高质量调研报告8篇，如《供给侧改革下的晋中市文化旅游产业发展初探》《浅淡“一带一路”与晋商文化》等；论文20余篇，其中国家级期刊发表2篇，省级期刊发表7篇，形成了《陈永贵与大寨精神》《中国梦，农民梦——大寨精神的再思考》2篇优秀讲稿，党建研究课题《新形势下的意识形态工作研究》被市党建研究会选中。

【大寨干部学院软件建设】 2017年，赴河南、山东、右玉、武乡，对红旗渠干部学院、焦裕禄干部学院和沂蒙党性教育基地，以及右玉干部学院、太行干部学院就办学经验和管理体制进行实地调研；搜集整理现场教学点的文字资料、影像资料、人物史料和宣传资料；广邀省市党校和高校专家教授、理论学者、本土专家、历史亲历者、见证者和亲历者后代扩大师资储备；探索运用理论教学、现场教学、体验教学、案例教学、音像教学、互动访谈教学、激情教学、情景模拟、拓展训练、实践教学等多种方式开展教学；研究制定1—5天不同的培训课程用于自由组合、自主选择。全年，开展党性教育培训14期，共计809人参加培训。

文明创建

【概况】 昔阳县精神文明建设指导委员会办公室的主要职责是规划部署全县群众性精神文明创建活动任务，协调指导群众性精神文明创建活动，协调开展全县范围内的创建文明城市、文明单位、文明村镇、文明校园、文明家庭等活动；以社会主义核心价值观为根本，指导开展以社会公德、职业道德、家庭美满为主要内容的公民道德建设；指导协调、检查、督促全县未成年人思想道德建设工作等，隶属于县委宣传部管理，核定科级领导职数一正。

【精神文明创建】 2017年，经过全县上下的共同努力，昔阳县顺利通过省级文明县城复检，县公路段创建为国家级文明单位，大寨镇等27个单位入围省市级文明创建先进典型。

【好人评选】 2017年，组织第五届昔阳好人评选和十类“最美晋中人”推荐活动，选出昔阳好人正式候选人10名，一批好人在省市有名有位，乔海军两兄弟入围山西好人，韩会林家庭被评为省级最美家庭，樊海燕、高彦斌等14人入围“最美晋中人”。

【志愿服务】 2017年，成立县志愿服务联合会，组建59支志愿服务队，登记志愿者4700余人。开展“奉献爱心 助力脱贫”下乡志愿服务活动，举办以“精准扶贫，你我同行”为主题的募捐演出活动，现场募捐善款1600多万元。

昔阳县志愿服务联合会成立

【宣传社会主义核心价值观】 2017年，借拆违治乱东风，实施文明提质工程，建成以核心价值观二十四字、德孝文化、红色文化、廉政文化等为内容的文化墙3万多平方米、主题街130多条，涌现出以河南、李家沟等为代表的特色村近100个，全市文明创建提质现场观摩促进会在昔阳县圆满召开。

老干部工作

【概况】 昔阳县委老干部局是主管全县离退休干部工作的职能部门。1983年设立，归组织部领导，为正科级建制，行政编制3名。2017年全县有离休干部55人，退休干部2678人，设离退休干部党工委1个，10个单建党支部，6个活动党支部，有党员1284人。2007年成立老干部活动中心，2008年成立老年大学，全额预算事业单位，核定全额预算事业编制4名。

【政治待遇】 2017年，落实离退休干部阅读文件、参观考察、通报情况、参加重要会议、重大活动和走访慰问等政治待遇制度。2017年采取多种形式，组织老干部集体学习12次，送学上门达35人(次)，组织离退休干部参加全县三级干部大会、“颂党恩、议发展”“七一”座谈会、十九大精神宣讲会、工农业重点工程观摩等活动。离退休干部党组织建设工作纳入全县党建总体规划，同部署、同推进、同考核，成立离退休干部党工委。

【生活待遇】 2017年，“两节”期间走访慰问老干部2580人，发放慰问品20.3万元。慰问离退休干部遗属及生活困难老干部21人，发放慰问品、慰问金1.3万元。组织全县2580名离退休干部普遍进行健康体检。对易地安置的3名离休干部进行走访慰问，并发放慰问金。

【发挥余热】 2017年，发挥离退休干部的经验优势、威望优势和政治优势，组织在离退休干部中开展“畅谈十八大以来变化、展望十九大胜利召开”和“建言十九大”活动，开展以“助力晋中和谐发展、展示最美夕阳风采”为主题的正能量活动和“每人一个小故事”等活动，共征集各类意见建议105条、稿件32件，形成调研报告2篇，参与人数达135人。十九大召开前夕和重阳节分别组织2次老干部书画展，共展出作品300余幅。全县有5种不同类型的老干部志愿者服务队伍，人数共计350人。

“颂党恩，议发展”离退休老干部“庆七一”座谈会

【离退休干部管理服务】 2017年，按照市《关于深入推进“四就近”(就近学习，就近活动，就近得到关心照顾，就近发挥作用)服务工作提升年活动的指导意

见》文件要求，把做好离退休干部“四就近”服务工作，作为精神文明建设的重要内容来抓。完善离退休干部基础信息，建立离退休干部信息库。在寿阳推进会后，8月3日昔阳县委老干部局召集全县社区“四就近”工作专职工作人员和局全体工作人员到寿阳县新阳社区、火车站社区实地观摩、考察，并与寿阳县老干部局就社区“四就近”工作进行座谈交流，进一步发现问题、找准差距，不断探索昔阳县社区“四就近”服务管理工作的新方法、新途径。年内，成立昔阳县离退休干部工作委员会，同时在社区成立6个老干部活动党支部，党组织成立后共组织离退休干部党员学习培训30余次，参与组织各类文体活动26场。

【帮扶困难离退休干部】　2017年，昔阳县委老干部局坚持重点走访与节日慰问相结合，积极为离退休干部解决实际困难，进一步建立完善特殊困难离退休干部帮扶工作机制。全年共帮扶特困离退休干部及遗属17人，计1.45万元。

关心下一代工作委员会

【概况】　昔阳县关工委是群团性的工作组织。设主任一名，常务副主任一名，秘书长一名，委员若干，全是离退休同志兼任。

【学校巡回宣讲】　2017年，“五老”宣讲团巡回到昔阳县各中小学宣讲50场（次）左右，听众达2万人（次）。宣讲内容紧紧围绕“中华魂”主题教育《梦想与辉煌》，向广大青少年进行以爱国主义为中心的思想教育。

【编印德育校本教材】　2017年，昔阳县关工委与县教科局合作，由岳保定任编辑，编写昔阳县第十本德育校本教材——《传统美德在昔阳》。印刷5000册下发全县各中小学和机关厂矿、乡镇农村。

【“道德讲堂”举办】　2017年，昔阳县关工委和县电视台合作，在电视台举办道德讲堂。岳保定任主讲，分三十讲，系统讲中华传统美德，成为昔阳百姓喜闻乐见的热播节目，共播放2次。

【宣讲十九大精神】　2017年，县“五老”宣讲团被聘为县委十九大精神宣讲团成员。十九大召开后，2名主讲通过学原文、悟原理，在学懂弄通上狠下功夫。他们巡回到各学校宣讲，共宣讲20场（次），听众达7万多人（次）。宣讲内容为“十个深刻领会”，并结合学生实际，突出“立德树人、立志成才”的主题。

【自身建设强化】　2017年，昔阳县关工委召开工作会议，进行基层关工委班子的调整充实。组织进行第六届“五好关工委”评估验收。至年底，全县已评选出65个五好基层关工委。昔阳县关工委荣获山西省五好关工委创建优秀组织奖。

昔阳县人民代表大会常务委员会

XI YANG XIAN REN MIN DAI BIAO DA HUI CHANG WU WEI YUAN HUI

重要会议

【概况】 昔阳县第十七届人大常委会现设立办公室、法制工作委员会、财政经济工作委员会、农村工作委员会、教科文卫工作委员会、人事代表工作委员会、城建环保工作委员会、信访室、代表联络中心等“六委两室一中心”，共计9个工作机构。县人大常委会机关在岗工作人员18人，公务员编制12人，事业人员4人。

【昔阳县十七届人大二次会议】 2017年3月10日—12日，昔阳县第十七届人大二次会议在大寨礼堂举行。本次大会应出席代表157人，实到147人，符合法定人数。会议由十七届人大常委会召集，主席团由33人组成。与会代表分别听取和审议县人大工作报告和“一府两院”工作报告；书面审查昔阳县2016年国民经济和社会发展计划执行情况与2017年国民经济和社会发展计划草案的报告以及昔阳县2016年财政预算执行情况和2017年财政预算草案的报告；审议并通过大会各项决议和其他工作报告。会议选举产生县监察委员会主任。

会议要求全体人大代表和党员干部要全力以赴抓发展、强产业、引项目；要进一步加快城乡建设、优化政务环境、推进改革创新；要坚持以人民为中心，全力抓好脱贫攻坚工作；要继续发扬大寨精神，强化责任担当；要增强政治意识，把准方向履好职，确保人大工作沿着正确的方向行进。各级各部门要积极支持人大依法行使职权，认真办理人大代表议案建议，主动为代表履职创造有利条件；“一府一委两院”要认真贯彻执行人大决议、决定，依法向人大负责并报告工作，自觉接受人大监督。县人大及其常委会要围绕中心、服务大局，进一步加强和改进监督工作，特别是要围绕重大问题、重要项目、重点工程和惠民政策、民生事项，经常开展视察、调研、检查、评议等活动，督促政府有关部门办好实事，办成大事。各位代表要强化“作为”意识，提高“能为”本领，找准“善为”路径，真正做到为人民发声、为人民履职、为人民造福。

【昔阳县十七届人大常委会第二次会议】 2017年1月17日，昔阳县十七届人大常委会第二次会议召开，会议由耿计良主持。应到常委会组成人员33人，实到28人。会议表决通过关于任命县十七届人大常委会代表资格审查委员会组成人员的决议（草案）；听取和审议县人民政府关于全县重点工程进展情况的报告。

【昔阳县十七届人大常委会第三次会议】 2月17日，昔阳县十七届人大常委会第三次会议召开，会议由李维新主持。应到常委会组成人员33人，实到29人。会议表决通过关于召开昔阳县第十七届人民代表大会第二次会议的决定（草案）；表决通过昔阳县人民代表大会常务委员会关于昔阳县监察委员会副主任、委员的任免和宪法宣誓程序的决定（草案）。

【昔阳县十七届人大常委会第四次会议】 3月6日，昔阳县十七届人大常委会第四次会议召开，会议由王志勇主持。应到常委会组成人员33人，实到27人。会议听取和审议县人民政府关于县十七届人大一次会议代表意见建议办理情况的报告；听取县人大常委会副主任耿计良关于县十七届人大二次会议筹备情况的报告；通过县十七届人大二次会议主席团和秘书长建议名单、议程草案、列席人员建议名单；通过县十七届人大二次会议财经审查委员会组成人员建议名单、议案审查委员会组成人员建议名单；讨论通过昔阳县人大常委会向县十七届人大二次会议所作的工作报告（讨论稿）。

【昔阳县十七届人大常委会第五次会议】 3月13日，昔阳县十七届人大常委会第五次会议召开，会议由赵继胜主持。应到常委会组成人员33人，实到27人。会议依法任命县监察委员会副主任、委员。

【昔阳县十七届人大常委会第六次会议】 5月27日，昔阳县十七届人大常委会第六次会议召开，会议由李维新主持。应到常委会组成人员33人，实到26人。会议听取和审议县人大常委会教科文卫工作委员会主任李成华关于全县公共文化服务体系建设情况的调研报告；听取和审议县人大常委会财经工作委员会主任陈兰录关于中华人民共和国安全生产法执法检查情况的报告；听取和审议县人大常委会农业农村工作委员会主任乔维喜关于全县农业特色产业供给侧结构性改革情况的调研报告；进行了人事任免。

【昔阳县十七届人大常委会第七次会议】 8月29日，昔阳县十七届人大常委会第七次会议召开，会议由王志勇主持。应到常委会组成人员33人，实到29人。会议听取和审议县人民法院案件受理工作情况报告；听取和审议县政府关于2017年上半年国民经济和社会发展计划执行情况的报告；听取和审议县政府关于2017年上半年财政预算执行情况的报告；表决通过昔阳县人大常委会关于批准昔阳县2017年财政预算调整暨地方政府新增债务预算调整方案的决议（草案）；进行了人事任免。

【昔阳县十七届人大常委会第八次会议】 9月20日，昔阳县十七届人大常委会第八次会议召开，会议由李维新主持。应到常委会组成人员33人，实到30人。会议听取和审议县人民政府关于昔阳县2016年度财政预算执行情况及其他财政收支情况的审计工作报告；表决通过昔阳县人大常委会关于批准昔阳县2016年财政决算的决议（草案）；表决通过昔阳县人大常委会关于批准昔阳县2017年财政预算第二次调整暨地方政府新增一般债务预算调整方案的决议（草案）；进行了人事任免。

【昔阳县十七届人大常委会第九次会议】 10月26日，昔阳县十七届人大常委会第九次会议召开，会议由赵继胜主持。应到常委会组成人员33人，实到27人。会议补选昔阳县出席晋中市第四届人民代表大会代表；进行人事任免。

【昔阳县十七届人大常委会第十次会议】 11月3日，昔阳县十七届人大常委会第十次会议召开，会议由耿计良主持。应到常委会组成人员33人，实到29人。会议表决通过《昔阳县人大常委会关于闭会期间昔阳县监察委员会主任辞职和代理以及代主任向宪法宣誓程序的决定》（草案）；进行人事任免。

【昔阳县十七届人大常委会第十一次会议】 12月22日，昔阳县十七届人大常委会第十一次会议召开，会议由李维新主持。应到常委会组成人员33人，实到30人。会议表决通过昔阳县人大常委会关于批准昔阳县2017年第三次财政预算调整方案的决议（草案）；听取和审议以医养结合为重点的医疗卫生改革工作情况报告；听取和审议县人民检察院民事行政检察监督工作情况报告。

主要工作

【履职情况】 2017年，常委会自觉把人大工作放到全县工作大局中思考和谋划，保证中央决策部署和省委、市委、县委要求在人大工作中有效贯彻执行，统筹开展监督、决定、任免、代表等各项工作。全年共召开人民代表大会1次、常委会会议13次、主任会议17次，听取审议“一府两院”专项工作报告16项，组织开展执法检查3次，完成民主法治改革任务3项。常委会突出政治标准，严格法律程序，依法任免国家机关工作人员14人，其中副县长2人、监委会代主任1人。

【监督工作】 2017年，昔阳县十七届人大常委会听取审议国民经济和社会发展计划执行情况、昔阳县农业供给侧结构性改革情况工作报告，建议政府要抢抓经济逐步向好的有利时机，不断破除体制机制障碍，有效激发市场主体活力，坚定推进农业供给侧结构性改革，引起了政府的高度重视。常委会听取审议财政决算报告、预算执行报告、审计工作报告。针对常委会组成人员的审议意见，政府全力做好组织收入工作，进一步规范预算决算编制和管理，提高财政资金使用绩效，有效防范地方债务风险。针对预算执行审计查出的问题，常委会专门听取整改情况报告，督促12个相关问题得到有效解决。常委会听取和审议县政府关于昔阳县重点工程项目建设情况的报告，就进一步化解要素瓶颈、加强项目储备、提高服务质量、健全完善责任落实机制、狠抓质量安全管理提出意见建议，得到政府积极采纳。会后，政府进一步加大推进力度，全县66项重点工程项目进展顺利。

昔阳县人大代表视察重点工程

加强民生工作监督。常委会紧紧围绕群众关注的脱贫攻坚、道路建设、城市建设、社会养老、公共文化服务等方面工作开展监督，收到良好效果。常委会坚决贯彻县委关于脱贫攻坚的决策部署，综合运用专题调研、听取审议专项报告等监督方式，打出了一套环环相扣的“组合拳”。并在全体人大代表中深入开展监督问效、结对帮扶、集言纳谏、示范引领“四大行动”，形成打赢脱贫攻坚战的强大合力，助推全县脱贫摘帽任务圆满完成。常委会听取和审议昔阳县公共文化服务体系建设情况的报告，提出改进工作的意见建议14条，督促政府加快推进县文化馆和图书馆建设进度，优化基层公共文化资源配置，探索公共文化服务市场化经营新方式，不断满足广大群众对美好文化环境的新期待。常委会听取和审议昔阳县医养结合养老服务体系建设情况报告，就加强政策配套、完善养老服务体系、破解人才短缺难题、加大资金支持力度等方面提出意见建议15条，为促进全县养老事业的健康发展发挥积极的作用。

听取和审议关于昔阳县环境质量状况和环境保护目标完成情况的报告，配合市人大常委会开展以“推进环境质量改善，推动美丽晋中建设”为主题的环保法律法规执法检查暨晋中“环保行”活动，坚持边行边查边改，把新闻媒体舆论监督的过程变为解决问题的过程，让治理污染、保护环境成为全社会的共同行动，取得明显成效。针对检查中发现的一批环境污染突出问题，政府及有关部门对相关企业及时下达限期整改督办通知，促进问题的解决。常委会开展安全生产“一法一条例”执法检查，督促全面贯彻落实安全生产法律法规和政策规定，强化工作措施，增强全社会安全生产意识，推动安全生产工作水平不断提高。常委会听取和审议县人民法院关于案件受理工作情况报告和县人民检察院关于民事行政检察监督工作情况报告，县“两院”认真落实整改建议，深入推进立案登记制度改革，切实做到有案必立，有诉必理。不断加强对诉讼活动全过程和重点环节的法律监督，进一步建立、完善民事行政检察工作的联系制度和办案协调机制。常委会高度重视信访工作，2017 年共受理人民群众来信来访 36 人（次），跟踪督办省、市人大转办交办案件 3 起，常委会领导亲自协调督办，一抓到底，促进一批信访案件的解决，维护人民群众的合法权益和社会的和谐稳定。

【代表活动】 2017 年，昔阳县十七届人大常委会在 12 个乡镇和城区社区组建 15 个“人大代表之家”，特别是县四套班子领导中的代表主动参加活动，发挥很好的示范表率作用，极大地推动活动的深入开展。各代表小组共联系代表 230 余人（次），组织培训代表 467 人，代表接待选民 306 人（次），开展视察活动 16 次，收集意见建议 50 余条。“人大代表之家”真正成为代表联系群众的重要场所、学习培训的重要阵地、议政督政的重要平台，受到了省市人大的充分肯定。

代表建议办理质量稳步提升。常委会高度重视代表意见建议的办理工作，形成了常委会对“一府两院”集中交办、部门“一把手”亲自领办、常委会相关工委对口督办的代表建议办理工作机制。一批多年反映未决的意见建议，得到有效解决和落实。根据李瑞荣代表关于解决乔家峪沟人畜吃水的建议，县政府将其列入全县 60 处农村饮水安全工程和维修养护工程。2016 年 11 月工程竣工，乔家峪沟五村人畜饮水困难问题得到有效解决。根据赵敏、赵乃平代表关于强化农村学校师资力量、关注农村教育、稳定农村教师队伍等建议，县政府采取招聘特岗教师、发放下乡补贴、送教下乡等措施予以解决。根据陈立斌、师成如、李东生等代表关于硬化楼坪至罗庄 12 千米县级路、修建杜庄至北石龛公路、修复“7·19”水毁桥梁道路等建议。已完成楼坪至脉山头路段沥青路面铺设，其余路段实施已列入 2018 年“四好农村路”建设计划。

代表履职服务和保障进一步加强。常委会通过“请进来走出去”和以会代训、集中学习等方式，对代表进行 2 次集中培训。组织代表参加常委会组织的调研活动 40 人（次），参加监督、评议、征求意见和座谈等活动 36 人（次）。安排代表列席常委会会议 47 人，参加“两院”开放日活动 32 人，为代表订阅《中国人大》杂志和《人民代表报》，利用人大微信公众平台，发布人大工作信息，有效拓宽代表知情知政渠道。常委会高度重视人大代表队伍管理，为代表参加代表大会、闭会期间参加各项代表活动以及其他履职情况建立履职档案，进一步规范完善了代表履职管理制度。

【任免工作】 2017 年 3 月 13 日，昔阳县第十七届人民代表大会常务委员会第五次会议，根据昔阳县监察委员会主任马建军的提请，依法对县监察委员会副主任、委员拟任人选进行了任职表决。

5 月 27 日，昔阳县第十七届人民代表大会常务委员会第六次会议，根据县人民政府县长许利伟的提请，决定任命：李军为县人力资源和社会保障局局长，邓庆善为县审计局局长，王业伟为县发展和改革局局长，翟宏伟为县水利局局长，李秀军为县教育科技局局长，贾旭东为县民政局局长，乔永红为县交通运输局局长，光红明为县司法局局长，张胜利为县财政局局长，尹洲涛为县卫生和计生局局长，杨东晗为县安全生产监督管理局局长，尹彦斌为县统计局局长。同时，根据县人大常委会主任会议的提请，路红卫为县人大常委会城建环保工作委员会主任，马洪涛为县人大常委会法制工作委员会主任，张庆军为县人大常委会财经工作委员会主任。

9月20日，昔阳县第十七届人民代表大会常务委员会第八次会议，会议任命李朝龙为昔阳县人民政府副县长（挂职）。

10月26日，昔阳县第十七届人民代表大会常务委员会第九次会议，会议决定：任命张瑞芳为昔阳县人民政府副县长（挂职）。

11月3日，昔阳县第十七届人民代表大会常务委员会第十次会议，会议决定任命张扣生为昔阳县监察委员会副主任、代理主任。

【自身建设】　2017年，昔阳县十七届人大常委会立足长效加强制度建设。规范常委会党组、机关党组运行机制，修订机关工作制度16项，基本形成体现国家权力机关特点，涵盖机关运行各个方面的制度体系。狠抓已有制度执行，不断巩固靠制度办文、办会、办事，靠制度管人、管事、管物的良好局面。坚决扛起全面从严治党主体责任，制定常委会党组和机关党组落实党风廉政建设主体责任的实施意见和责任清单，出台机关落实中央八项规定精神实施细则，高标准完成市委专项巡视及整改任务。深入推进“两学一做”常态化制度化主题教育，按照习近平总书记关于纠正“四风”重要指示精神，对改进会风、提高会议质量提出具体要求。严格按照“好干部”标准，加强机关干部政治、组织、纪律建设。着眼提高代表素质，加强干部学习培训工作，在参加省、市、县集中培训的基础上，分2批（次）组织县人大常委会组成人员、机关工作人员、乡镇人大主席赴青岛市人大干部培训中心学习，努力提升常委会组成人员和人大干部依法履职的能力和水平。

昔阳县人民政府

XI YANG XIAN REN MIN ZHENG FU

综　述

【主要经济指标】　2017年，地区生产总值完成72.5亿元，同比增长5.3%；规模以上工业增加值完成31.5亿元，同比增长2.9%；固定资产投资完成43.2亿元，同比下降11.6%；社会消费品零售总额完成27亿元，同比增长7.1%；一般公共预算收入完成5.7亿元，同比增长9.5%；城镇常住居民人均可支配收入完成2.42万元，同比增长6.4%；农村常住居民人均可支配收入完成8587元，同比增长10.9%。

【脱贫攻坚】　2017年，坚持以脱贫攻坚统揽昔阳县经济社会发展全局，以县为战、以村为体、以户为基，靶向发力、精准施策，四套班子领导以上率下、151个驻村工作队沉到一线、5000余名党员干部真帮实扶；整合各类涉农资金2.24亿元，发放小额扶贫贷款1.3亿元，4万人享受大病救助补充险和意外伤害险，1.37余万人享受免费诊疗，4518名贫困学生享受教育资助，2445名贫困群众享受易地搬迁集中安置；八大增收路径让151个贫困村均有主导产业、1.84万个贫困户皆有2项以上增收措施，60处饮水工程让57个贫困村、1.44万贫困人口吃上“放心水”，197千米道路让58个贫困村、1.16万贫困人口走上“幸福路”，两大资产性收益让每个贫困村集体经济年收入在1.4万元以上，昔阳县1.78万户、3.86万人稳定脱贫，146个贫困村整村退出，贫困发生率降到了省定范围之内，顺利通过省级第三方评估验收，交出率先脱贫的“昔阳答卷”。

【经济转型】　2017年，坚持“稳煤、扩电、增气、壮化、培新”，煤炭产量稳定在1200万吨，电力总装机容量突破600兆瓦，煤层气年抽采能力实现2.7亿立方米，化工品年产量首次达到60万吨。规划20平方公里的开发区完成“五规合一”，引进和开工一批转型项目。坚持“菜果猪菌药”规模发展、多元发展、链式发展，五大特色产业规模分别达到0.16万公顷、1.29万公顷、61万头、150万平方米和0.23万公顷。“金谷阳光”成为国际商标，昔阳小米、双孢菇、压饼、香核桃、鸟接茶被认定为国家地理标志产品；培育厚基伟业肉鸡、大象规模养猪、东合丰牧屠宰、东固壁红薯加工、西峪杂粮加工等一批优势企业和1200个新型合作社，多链缔结、闭合循环的发展格局基本形成。坚持主打红色、生态、休闲三张牌，实施一批旅游项目和工程，打造毛家大院、生态潘掌、界都长岭、田园崇家岭等一批特色民居和乡村旅游服务综合体。举办汽车场地越野锦标赛、国际公路自行车赛、门球挑战赛等国家级赛事，开展一系列昔阳特色旅游活动，叫响“山水昔阳、户外天堂”品牌，走出全域旅游的“昔阳步伐”。全年游客接待量达到254.8万人次，同比增长25.4%，旅游收入达到22.1亿元，同比增长26.5%。

【城乡环境大整治】　2017年，开展以“五抓五提升”为主题的“拆违治乱提质”城乡环境大整治行动，拆除违建2315处、35.1万平方米，腾退土地55.76万平方米。“十集中”市政管理模式走在全市前列，大寨镇被评为“国家园林乡镇”，乐平镇被评为“省级卫生乡镇”，打造了20个年度最美乡村、30多个特色示范村、148个双示范村。集中实施了硬化、绿化、亮化、美化、文化“五化”提质工程，沾岭路、朝阳街、城壕街、学府路等道路工程相继竣工，迎宾西街、西外环、陶乐公园、澳垴山公园等绿化工程全面完工。

【生态环境治理】　2017年，推进大气、水、土壤三大攻坚行动，投资1.3亿元完成农村“煤改气”1.17万户，中小学校“煤改电”14所，县城新增集中供热面积29.5万平方米，供热普及率达到88.2%，全县PM10和PM2.5平均浓度同比下降7.6%和10.9%，全年优良天数达到276天，全市排名第一。全面推行“河长制”工作，全县14条河流实现县、乡、村三级河长全覆盖，饮用水水源地保护持续加强，王寨国考断面、祁家沟省考断面、松曲市考断面水质总体为优。大力推进生态绿化工程，新增造林1233.33公顷，森林覆盖率达到22.3%；完成中央、省市环保督察反馈问题整改，白羊岭煤矸石专项治理、北坪露天煤矿生态恢复治理和县城垃圾处理厂改造推进明显，“绿水青山就是金山银山”的理念更加深入人心。

【民生工程】　2017年，教育方面投资5400余万元实施新城小学、大寨幼儿园等一批新建改造工程。昔阳中学、东冶头中学实现统一管理，昔阳中学、职业中学完成校长职级制改革；首次设立功勋教师奖，重奖一批优秀教师和班主任，尊师重教的氛围更加浓厚。医疗卫生方面组建了昔阳医疗集团，实现城乡医疗卫生一体化，荣获“全市深化医药卫生体制改革工作优秀县”称号，全省幸福家庭创建现场会在昔阳县成功召开。公共服务方面，国家公共文化服务体系示范区创建迈出坚实步伐，新建的文化馆、图书馆免费开放运营，公共文化服务水平跃升全市上游；“省级文明县城”顺利通过复验；建制村通硬化路和通客车率实现“双百”目标，率先成为

"四好农村路全国示范县"。社会保障方面新造耕地349.73公顷，为农业调产、农民增收拓宽了空间；新增保障性住房256套，改造农村危房1360户，城乡居民住房条件进一步改善；城镇新增就业2378人，农村劳动力转移就业3606人，城镇登记失业率控制在2.31%；城镇居民、职工医保参保率分别达到97%、96%，"新农合"参合率达到97%，城乡居民养老保险参保率达到95%，城乡5.6万人次享受保障救助5445万元；始终重视"舌尖上的安全"，率先成为"省级食品安全示范县"，社会保障全面提质。社会治理方面安全生产形势总体平稳，各类信访问题有效化解，"平安昔阳"建设深入推进，在全省社会治安综合治理满意度测评中继续保持前列。

【政府自身建设】 2017年，推进担当政府、服务政府、法治政府、创新政府、廉洁政府建设，认真履行政府党组党建主体责任，不断推动政府系统全面从严治党纵深发展。扎实推进"两学一做"学习教育常态化制度化，深入学习贯彻党的十九大精神，牢记"四个意识"，坚定"四个自信"，各级干部的党性修养和理论水平进一步提升。坚持依法行政，主动接受人大、政协监督，重大事项向县人大及其常委会报告，办理人大建议132件，政协提案125件。纵深推进"放管服效接"改革，积极试行企业投资项目承诺制，大力推进"双随机、一公开" "13710"工作制度实现县乡全覆盖、"一站式"服务更加便捷、"六最"营商环境不断优化。始终把纪律和规矩挺在前面，严格执行中央"八项规定"精神，坚决纠正新"四风"问题，持续改进工作作风，干事创业的正能量更加强劲，加快发展的主旋律更加响亮。

政府办公室

【概况】 2017年，昔阳县政府办公室以习近平新时代中国特色社会主义思想为指引，认真贯彻落实党的十九大精神，按照省委"一个指引、两手硬"重大思路要求和全市"苦干三年，全面挺进全省第一方阵"的战略部署，围绕县委、县政府"全市争上游、东山创一流，全面建成小康昔阳"的总目标，紧扣全县中心工作和县政府的重要部署，提升理念，主动适应新常态，积极发挥综合、协调、服务、督办四大职能，参与政务、管理事务、搞好服务，圆满地完成了各项年度目标任务，确保了县政府各项工作高效有序运转。

【机构设置】 昔阳县政府办公室的主要职能是协助县政府领导处理日常事务。下设综合办公室、文秘信息室、督查室、外事办公室、档案室、党务办公室、应急办、法制办8个常设机构。县政府办公室（县民族宗教事务局、县人民防空办公室）机关行政编制28名（含县政府领导编制8名、县人民政府应急管理办公室编制5名）。县政府办公室科级领导职数1正5副，其中：主任1名，副主任5名。政府办公室副职中，1名主管人民防空办公室工作，1名主管民族宗教事务局工作。

【档案管理】 2017年，严格按照相关规定对昔阳县人民政府和昔阳县人民政府办公室历年所收发文件资料、日常工作中形成相关资料、会议记录等进行整理归档，装订成卷，形成文件汇编。2017年安装超越2000单位文件档案资料综合管理系统，建立文件档案资料电子目录数据库，为档案的检索提供便利，严格执行档案资料查阅、借阅管理工作。截至年底，档案室已整理完成1993年—2016年文件汇编227卷，2001年—2006年卷内文件491卷，2007年—2014年归档文件10594件。

【法制工作】 2017年，昔阳县法制办履行职责，加强执法证件管理，认真开展行政执法证件审核工作，全年通过培训、考试，为379人申领、换发行政执法证件，昔阳县依法行政水平进一步提高。以全面推进依法行政为主线，出台《法律顾问制度实施意见》《法律顾问管理办法》，聘请资深法律顾问3人，为县政府各项重大决策部署、政策法规、规范性文件制定及涉法事务处置等从政策、法规层面提出可行性法律意见建议。加强行政复议工作，进一步畅通行政复议渠道，规范行政复议案件办理程序，受理并办结4起行政复议案件。全年法制办接待前来咨询法律问题的群众300余人（次），收到行政应诉案件3件，积极安排相关负责人出庭应诉。

【督查督办】 2017年，昔阳县以贯彻县政府决策和落实领导批示及交办事项为重点，采取“13710”挂号督办、现场督查、跟踪督查、电话督查、文件督查等方式，强化对重点项目建设、深化改革事项、安全生产、森林防火、雨季防汛、工作纪律、应急值守、环保问题整改等领导和群众关心的重点事项督查督办力度。先后配合完成国务院第四次大督查、省政府“六件民生实事”大督查、省市环保强化督查、全省“13710”督办系统的管理运行情况交叉检查、市政府公文办理情况专项督查等，参加市政府督查室举办的督查案例交流会，进一步提升督查业务水平。开展县级督查活动12次，依托“13710”平台挂号督办162件，完成市下发督办事项4件，印发《督查通报》4期、办理人大代表建议85件、政协委员提案90件。

【公文处理】 2017年，昔阳县严格中央“八项规定”，认真执行机关公文处理条例，规范办文程序，严把政策关和质量关，全年接收上级来文3028份，编发政府文件124份、政府办文件122份、函件149份。

【会务工作】 2017年，昔阳县政府办公室围绕提高会议质量要求，强化会前布置、会中服务、会后督办，共组织昔阳县工作大会6次、政府常务会议12次、专题会议85次。落实印章使用管理制度，严格用印程序，保证了公章的严肃性。

【应急管理】 2017年，昔阳县围绕维护社会稳定大局的目标，强化以应急办为主的应急管理体系建设，认真落实《中华人民共和国突发事件应对法》《山西省突发事件应对条例》和《关于加强值班应急和突发事件信息报告工作的通知》等法律法规和制度要求，建立健全值守应急制度，强化预案制定和动态管理，督促各部门修订、完善应急预案5个，规划应急避难场所8个，指导、组织开展应急演练400余次。及时有效处理突发事件，发布重污染天气预警12次。邀请省级专家举行应急管理工作培训会，提升昔阳县应急管理工作水平。

【调查研究】 2017年，昔阳县围绕重点工作，协助县领导开展安全生产、脱贫攻坚、项目建设等方面的调研300多次，编发政务信息165条，印发《昔阳政讯》28期。

【政务公开】 2017年，政府办出台了《2017年政务公开工作要点》，将政府门户网站作为信息公开第一平台，全年累计公开政府信息3160条。在县政府门户网站开设“政民互动专栏”，制作“民意征集”“在线访谈”等专题，及时主动公开群众关心的热点难点问题。开通政务微博和微信公众号60余个，及时公开政府部门信息。利用广播、电视、报纸等新闻媒体向公众公开政府信息1600余条。利用政务中心、档案馆、图书馆、电子显示屏开设政府信息公开查阅点，方便群众办事查询。政务中心办件量4.09万余件、县档案馆接待人数950人（次）、县图书馆接待人数10000余人（次）。

【网络舆情】 2017年，昔阳县健全网络舆情办理机制，畅通反映渠道，指定专人每日关注热线电话、《县长信箱》《昔阳贴吧》等网络平台，做好信息收集和问题交办工作。全年共办理省长信箱转办件12件、“12345”便民热线反映事项27件，县长信箱反映事项144件，确保网民反映的问题得到及时解决和反馈，维护政府为民办实事、办好事的良好形象。

政务中心

【概况】 昔阳县政务中心主要负责入驻政务大厅，对具有行政审批职能的单位办理行政审批项目实施统一管理。2004年12月成立，主管部门为昔阳县政府办，正科级事业建制，领导职数1正1副，人员编制5名。截至年底，在编在岗人员5名。

【政务服务普查】 2017年3月，昔阳县根据《国务院办公厅开展全国政务服务体系普查的通知》，政务中心从体系概况和政务服务管理机构、综合性实体政务大厅、互联网政务服务平台、政务移动客户端、政务服务热线、公共资源交易平台、支撑保障体系及其他7个方面进行普查调查。至年底，昔阳县政务中心有服务窗口70个，进驻行政审批部门27个，便民服务部门11个，行政审批事项141项，便民服务事项39项，进驻人员126人。全年办理事项4.7万件，收费27.85万元。

2017年11月，国务院办公厅对普查情况汇总分析，发布《全国综合性实体政务大厅普查报告》。

【优化营商环境】 2017年8月28日，昔阳县发布《昔阳县全面优化营商环境实施方案》和《昔阳县2017年开展优化营商环境专项行动工作方案》，优化营商环境领导组办公室设在昔阳县政务中心，督促落实全县优化营商环境工作的24项任务和8项专项行动。

政务中心工作人员正在办公

至年底，24项任务完成9项，15项取得阶段性成果，24个承诺制无审批事项制定准入条件和标准，制作承诺书样本，开展前期培训。

【“三基”建设】　按照《关于在推进“两学一做”学习教育常态化制度中加强“三基建设”的实施方案》文件，昔阳县政务中心从股室管理、惠民政策、办事指南分别入手，制定《昔阳县政务中心管理手册》《昔阳县政务中心便民服务手册》和《昔阳县政务中心应知应会手册》。9月，开通试运行“昔阳阳光政务”微信公众号，初步推送便民服务信息。“三手册一平台”建设圆满完成。

政府采购中心

【概况】　昔阳县政府采购中心是由昔阳县人民政府直属财政拨款事业单位，正科级建制，主要职责：根据《中华人民共和国政府采购法》组织实施县级政府集中采购的工作，按照政府采购项目年度预算编制政府采购执行计划，执行集中目录以内的项目采购，接受委托办理目录以外的采购事宜。内设机构：设1个内设机构，为综合办公室。昔阳县政府采购中心现有干部职工5人，其中在职人员5人。

【政府采购】　2017年，昔阳县共实施集中采购88次，采购金额2744万元，节约财政资金329万元，节约率10.7%，政府采购已触及到昔阳县经济建设和社会管理的各个方面，取得显著经济效益和社会效益。

【采购流程】

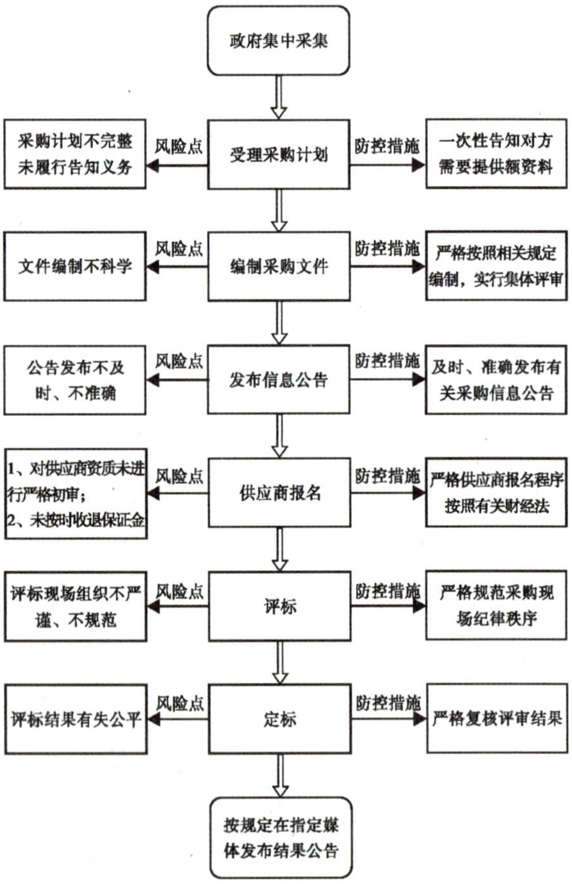

【阳光采购】　2017年，政府采购中心全体人员通过系统学习《政府采购法》

《采购法实施条例》及政府采购法律、法规，认真分析采购操作流程，规范和完善采购文件制订，积极探索科学严密评审办法，利用报刊网络等媒体，加强工作人员采购专业技能培训，学习其他县先进经验和成功案例，弥补自己不足。自觉接受监督，各项政府采购业务在媒体上发布采购信息，向社会公开。重大政府采购项目，邀请采购办及采购人代表监督开标及评标过程，每个采购项目按法律要求组成评标委员会，进行独立评审。增加招标评标透明度，实行招标信息、评标过程、中标结果公开，打造公平、公开、公正政府采购平台。做到优质服务，由于大多数采购人不了解政府采购工作，在接到采购货物规格、技术标准不清的采购项目时，主动同采购人沟通，重新拟订详细技术标准再实施采购，确保采购到采购人满意的货物，供货时，组织采购人认真验收，保证货物质量。不定期以电话或上门走访方式，征求采购人对货物使用、供应商服务意见，作为今后政府采购的参考。严格按“管”“采”分离制度管理。突出采购办工作权威，所有采购事项务必经过采购办审批备案。政府采购办具体负责本级政府集中采购的监督管理工作，政府采购中心具体负责本级政府集中采购组织实施，坚持公开透明原则，完成政府采购各项任务。

机关事务管理

【概况】 2017 年，昔阳县机关事务管理局以“后勤不后、创新创优”为发展主题，秉持“事务要务、管理要理、后勤要勤”的工作理念，紧贴新常态、新任务、新要求，胸怀大局谋大事，放眼全局抓全面，立足本局履本职，大力推进管理科学化、保障法制化、服务社会化，有效提升了机关事务工作的质量和水平，扎实推进了后勤服务保障工作高效开展。

【后勤保障服务】 2017 年，机关事务管理局进一步完善会议服务工作职责，精准把握会议流程，规范会场服务标准，规范会后工作体系。全年共安排服务各类会议 800 余次，圆满完成县人代会、政协会、三干会等大中型会议的服务保障任务。

全年，投资 15 万元对政府西院（原昔阳中学校区）、政府南院的大院进行硬化，既美化了环境又增设了停车位。投资 10 万余元更换中央空调机组冷却塔 2 台、更换管件及清洗机组、更换主机电脑控制器等。投资 7 万余元更换负一楼通道楼顶、维修一楼多功能会议室楼顶、对部分楼道及办公室墙体进行涂刮。投资 15 万元购买多媒体会议视频设备 1 套、雅马哈调音台 1 台、投影仪 2 套，保证机关各大会议的正常需求。维修组完成空调管道、供水塔、水箱的维修油刷、更换门锁 200 余次、会议室桌椅维修等一系列工作。聘请专业机构对 4 部电梯进行大修，更换“平层装置”1 套，安装电梯不间断供电系统，保证了安全。切实改善膳食质量，每周提前安排好食谱，注重营养搭配，饭菜多样化，并根据季节气候的变化随时调整花样，真正让干部职工吃得舒心，吃得放心。

【公务用车管理】 2017年，昔阳县坚决执行“八项规定”及机关公车管理制度，严格规定下班时间、休息日必须停放在机关，严禁公车私用，公务用车管理更加严格化具体化。明确要求公务用车不得在酒店、商场、娱乐场所等门前停放。机关车队平台为县两会、2017安顺杯汽车场地越野赛及环中国国际公路自行车赛事活动提供车辆服务。全年无安全事故发生。

【公共机构节能管理】 2017年6月11日—17日，在昔阳县直各单位及各乡镇开展了以“节能有我，绿色共享”“工业低碳发展”为主题的节能低碳宣传活动，倡导全县公共机构和广大市民积极探索低碳生活模式，提高资源利用效率。在6月17日开展“低碳日”能源紧缺体验活动，倡导公共机构工作人员率先垂范，提高广大干部职工节约能源资源的意识。活动中，共发放宣传单2000余份，印发节能宣传画60余幅，营造了公共机构节能减排的良好氛围。对公共机构的空调、电脑、电梯和照明等重点用电设备设施的使用做出了严格的限制规定，并纳入节能降耗督查暗访目录。实行节能技术改造，全部将大院各楼层的饮水装置更换为绿色节能高效的热水器并安装定时装置，有效减少了非上班时间电耗，每台每周约可省电50多千瓦时。对政府大楼电梯进行错峰使用，在上下班高峰期4部电梯全部打开，其余时间使用2部，大大降低了用电量。对各类纸张、文印器材、耗材实行严格管理，加强办公用品管理，建立了办公用品采购、配备和领用登记制度，办公用品数量和费用明显降低。办公设备采购时选择能耗低、环保、质优、价廉的设备，积极推行无纸化办公，严格控制文件印刷数量，文稿用纸基本做到了两面使用，尽量减少一次性签字笔的使用，打印机、复印机的墨粉用完后，尽量重新灌装，再次使用，确保节能节约常态化。

【机关大院安全保卫】 2017年，昔阳县机关事务管理局继续以“创建平安机关”为宗旨，坚持“预防为主、防治结合、群防群治”的工作方针，通过统筹协调、宣传教育，定期开展防火、防震、防盗等安全宣传。继续加大专项资金投入，改造机关大院监控系统中心，增设高清监控摄像头和多个监控点，实行24小时值班巡逻制度，完善政府大楼各个区域值班报警机制，并定时检修机关大院各处监控摄像装置。配备强光手电、对讲机等设备，重点地段、重要岗位全天候值班。

中国人民政治协商会议昔阳县委员会

ZHONG GUO REN MIN ZHENG ZHI XIE SHANG HUI YI XI YANG XIAN WEI YUAN HUI

昔阳县政协

【概况】 政协第九届昔阳县委员会从2016年9月中旬开始履职，共有政协委员159名，其中主席1名，副主席4名（党外2名），秘书长1名，常务委员23名，设界别22个。2017年，昔阳县政协牢牢把握团结和民主两大主题，引导广大政协委员，认真开展“两学一做”学习教育常态化制度化、维护核心见诸行动主题活动，扎实履行政治协商、民主监督、参政议政职能，形成党政重视支持、政协主动作为的良好局面，为推动全县经济社会平稳健康发展作出了积极贡献。

【自身建设】 2017年，昔阳县政协组织机关人员和广大政协委员参加“两学一做”知识竞答，向政协委员中的共产党员致公开信，党组成员到所包乡镇、村讲专题党课，确保在思想上、政治上、行动上始终同以习近平同志为核心的党中央保持高度一致，坚决维护党中央权威。召开县政协党组专题民主生活会，开展巡视巡察整改回头看专项行动，认真对照检查梳理出18个问题，分类制定整改措施57条。在西寨乡庄窝烈士陵园举行“七一”主题党日活动，重温入党誓词，深入晋祥养老院开展“颂党恩、跟党走”“七一”主题慰问演出和“心系老人、情暖昔阳”重阳节慰问、义诊、演出活动，进一步健全完善了“三会一课”、组织生活会、民主生活会等制度，制定主席会、党组会、常委会3个议事规则，提高了议事工作水平，进一步增强了党员组织生活的政治性、原则性，凝聚了政协党组的战斗力和执行力。

【参政议政】 2017年，昔阳县政协积极参与县委中心工作，全力做好帮乡扶村工作。面对2017年脱贫攻坚的繁重任务，班子成员带头对所包乡、村进行调研座谈，拿出了帮扶计划、方案，积极协调相关单位，力争在产业帮扶和解决就业上求突破。在2017年初，县政协还组织开展“我为昔阳发展建言献策”金点子活动，报送县委、县政府金点子121条。在政协九届二次会议期间，24位委员就电商发展、脱贫攻坚、医养结合、品牌战略等作了大会发言，为县委、县政府科学决策提出了许多有价值、可操作性强的意见和建议。通过列席县委常委会、参加县四套班子会议等形式，参与全县重大事项的协商。

【协商监督】 2017年，昔阳县政协坚持“在参与中支持，在支持中服务，在服务中监督”的原则，切实发挥民主监督作用。组织政协委员对大寨、西寨、闫庄等乡镇环境整治工作进行民主监督；选派委员参与公检法开放日活动、旁听法院庭审等活动。通过这些活动，认真履行民主监督职责，如实反映情况，大胆提出批评和建议，促进有关部门改进作风，提高机关效能建设。各专委会选择事关昔阳工作重点和发展大局以及群众关心的热点、难点问题，积极加强与对口联系部门的联系沟通，为推进部门工作积极建言献策，开展专题协商议政活动。

【提案办理】 2017年，昔阳县政协组织委员开展调查研究，精心撰写有价值、有分量的精品提案，促进提案由数量型向质量型转变。九届二次全会期间，共收到委员提案120件，经审查立案115件，委员们紧扣精准脱贫、经济发展、城乡建设、民生改善等问题坦诚进言，提出许多建设性的意见和建议。县委、县政府高度重视提案办理工作，精选11个重点提案由县政府领导领办，高位推动提案办理工作；县政协也选择《关于改善投资环境，提高招商引资实效的建议》《关于实施精准扶贫，坚决打赢脱贫攻坚战的建议》等7件提案为重点提案，由主席、副主席领衔督办。组织部分提案委员和昔阳县教科局、文化局、农委等提案承办部门开展面对面协商办理。

【文史征编】 2017年，昔阳县政协认真贯彻“存史、资政、团结、育人”的方针，坚持“亲历、亲见、亲闻”原则，把文史资料工作作为一项功在当代、利在千秋的事业做好做实。着手筹建“昔阳县政协文史馆”，出版了《昔阳馆藏文物》《乐平县志》（3辑）等文史资料，正在收集整理明朝嘉靖年间吏部尚书乔宇的文献资料、昔西抗日文史资料、《昔阳十大廉吏传略》。

【调查研究】 2017年，昔阳县政协常委会就“促进昔阳县双孢菇产业持续发展、发展电子商务促进农民增收、脱贫攻坚、扶持品牌建设、助力企业发展”等课题进行重点调研，组织政协委员走访有关单位、乡镇、企业和返乡农民工代表，并赴浙江省白牛村等地进行专题考察，撰写4篇调研报告，为县委、县政府决策提供了重要参考。全年，昔阳县政协常委会和各专委会组织委员围绕传统村落保护与发展、发展全域旅游、新生代企业家培养、城乡环境整治双示范双达标村、重点工程等进行了5次专题视察，形成4篇建议案和2个社情民意信息。

【信息工作】 2017年，昔阳县政协组织2次政协社情民意培训会，召开3次社情民意工作座谈会。被省政协评为“2015年—2017年度反映社情民意信息先进单位”。全省新一轮计分排名第七，晋中市第三。

【委员帮扶】 2017年，昔阳县政协走访指导，以加强与委员民营企业的联系与指导，促进委员民营企业发展壮大。帮助委员李进军创办“饼业协会”，进一步规范全县饼类食品标识混乱的问题；帮助委员冯道启开展今合网“一带一路”金谷阳光孵化行动，助推全县产品网络外销；帮助委员胡志忠、李玉林、焦志勇协调解决洗煤厂、雪玉面粉厂和昔阳鑫锦石英有限公司土地手续问题等等；促成河北云彩服饰有限公司和三都乡丽云服装制造公司与大寨制衣合作；推动仿真花项目在昔阳县落地；和县教科局合作开辟“情系扶贫，心系教育”网上支教活动，引领广大政协委员采取捐资助学、医疗救助、代缴保险、免费义诊、解决农资、带动就业、包销农产品、捐款等形式积极投入“六个一”助力脱贫攻坚行动。

【联谊工作】 2017年，昔阳县政协以增强联谊为纽带，以团结合作为基础，多渠道、多形式开展联谊活动，不断加强与市政协和各兄弟县政协之间的联系。全年接待了全国政协提案委、山东省政协、四川省政协、四川省巴中市巴州区、江西省九江市、闻喜县等各地政协同行共20余批（次）。

【政协大讲堂】 2017年，共举办了四期政协大讲堂。1月20日，举办第二期政协大讲堂“过大年、吃茶趣”，山西大学北茶研究所常务副所长李学慧教授主讲，政协主席石立军、副主席杨海燕及经济企业、工商联界别委员30余人参加讲座。3月9日，举办第三期政协大讲堂“大寨之魂　永贵精神”，县委党校副校长贾定龙主讲，政协主席石立军、副主席杨海燕、梁素平、吴战军、陈振林及150名政协委员参加讲座。5月12日，举办政协大讲堂第四讲“家风、家训、家规”，主讲嘉宾清华大学特聘教师沈碧津教授。政协主席、副主席和政协委员、人大代表以及党政机关、人大代表、企事业单位、乐平诗社、昔阳中学部分师生共计500余人参加讲座。9月25日，举办政协大讲堂第五讲“推动全民阅读，建设书香昔阳”，由山西省广播电视台主任播音员、山西省朗诵艺术学会副会长磊明主讲，政协主席石立军、副主席杨海燕、陈振林及政协机关全体人员、部分政协委员、乐平诗社、昔阳中学部分师生参加讲座。

全体委员会议

【政协第九届昔阳县委员会第二次会议】 2017年3月9日—11日，中国人民政治协商会议第九届昔阳县委员会第二次会议在昔阳县政府大楼一楼多功能会议室举行。会议应到委员159名，实到委员153名。10日上午，县委书记王根元，县人大常委会主任李显鸣，县委副书记、县长许利伟，以及县委、县人大、县政府担任副县以上实职的其他领导，驻昔晋中市政协委员和历届政协主席、政协机关离职专委主任应邀出席开幕大会。开幕式由县政协副主席杨海燕主持。县委办、政府办分管提案办理工作的负责人应邀列席会议。会议听取县委书记王根元的重要讲话。县政协主席石立军受常委会委托作《政协第九届昔阳县委员会常务委员会工作报告》，县政协副主席吴战军受常委会委托作《政协第九届昔阳县委员会常务委员会提案工作报告》。10日下午，举行第二次全体大会。10名委员进行大会发言，14名委员进行书面发言。11日上午，全体委员列席昔阳县第十七届人民代表大会第二次会议，听取县委副书记、县长许利伟作《政府工作报告》及其他报告。会议期间，委员们分组讨论《政府工作报告》，讨论并审议政协常委会的《工作报告》和《提案工作报告》。11日下午举行第三次全体会议。会议审议通过《政协第九届昔阳县委员会第二次会议政治决议》《政协第九届昔阳县委员会第二次会议关于第九届昔阳县委员会常务委员会工作报告的决议》《政协第九届昔阳县委员会第二次会议关于第九届昔阳县委员会常务委员会提案工作报告的决议》，县政协副主席吴战军作《关于政协第九届昔阳县委员会第二次会议提案征集和审查情况的报告》。

常务委员会议

【九届第四次常委会议】 2017年3月11日，政协第九届昔阳县委员会第四次常委会议举行。县政协主席石立军主持会议。应到常委29人，实到25人。本次常委会分2个阶段进行，第一阶段县委常委、组织部部长郭春林就有关人事事项作说明；第二阶段审议通过《政协第九届昔阳县委员会第二次会议政治决议》（草案）、《政协第九届昔阳县委员会第二次会议关于第九届昔阳县委员会常务委员会工作报告的决议》（草案）、《政协第九届昔阳县委员会第二次会议关于第九届昔阳县委员会常务委员会提案工作报告的决议》（草案）。

【九届第五次常委会议】 2017年6月29日，政协第九届昔阳县委员会第五次常委会议举行。县政协副主席吴战军主持会议。应到常委29人，实到28人。县政府副县长李丽萍、县委组织部副部长王世红和政协机关部分人员应邀列席会议。会议审议通过有关人事事项，县委组织部副部长王世红就有关人事事项作说明。审议通过《关于进一步加强昔阳县传统村落保护与发展的建议》《关于推进昔阳县全域旅游业健康发展的建议》《关于加强昔阳县新生代企业家培养工作的建议》3个建议案，县政协副主席梁素平就3个建议案作说明。县政协副主席陈振林组织学习习近平总书记在山西省太原市召开深度贫困地区脱贫攻坚座谈会讲话精神和考察太原重工轨道交通设备有限公司、山西钢科碳材料有限公司讲话精神。县政协主席石立军作重要讲话。

【九届第六次常委会议】 2017年11月15日，政协第九届昔阳县委员会第六次常委会议举行。县政协主席石立军主持会议。应到常委29人，实到26人。县政协各专门委员会主任、信息中心主任、办公室副主任列席会议。会议学习中共十九大精神及新修订的中国共产党党章。县政协副主席吴战军传达学习《国务院关于支持山西省进一步深化改革促进资源型经济转型发展的意见》和《山西省办理政协提案的规定》；县政协副主席梁素平同志传达学习《中共中央国务院关于营造企业家健康成长环境弘扬优秀企业家精神更好发挥企业家作用的意见》；传达山西省政协深入学习贯彻总书记系列重要讲话精神，做好政协工作经验交流会暨提案和反映社情民意信息工作表彰会精神、安排部署《昔阳县政协关于开展学习宣传贯彻中共十九大精神大调研活动的工作实施方案》。

【九届第七次常委会议】 2017 年 12 月 28 日，政协第九届昔阳县委员会第七次常委会议举行。县政协副主席吴战军主持会议。应到常委 29 人，实到 20 人。县人民法院副院长孔素林、县人民检察院副检察长吕怀斌、县卫计局局长尹洲涛、县住建局局长郭立平、县交通运输局副局长张如林，县政协机关各专委会、信息中心、办公室有关人员列席会议。会议听取县人民检察院关于 2017 年工作情况的通报；听取县人民法院关于 2017 年工作情况的通报；听取县卫计局、住建局、交通运输局关于 2017 年提案办理情况工作汇报，委员点评提案办理工作情况，对 3 个单位提案办理情况进行民主测评。审议通过《关于进一步规范提案办理工作的意见建议》(草案)。县政协主席石立军作重要讲话。

社会团体

SHE HUI TUAN TI

总工会

【概况】 昔阳县总工会属群团组织，参照公务员法管理，正科级建制，工会主席由县级副职干部兼任。编制4人（一正二副一科员），实有6人（常务副主席1人，正科实职；副主席1人，副科实职；经费审查委员会主任1人，主任科员；女职委主任1人，副主任科员；科员1人，工勤人员1人）。县总工会的基本职责是维护职工合法权益，主要职能有教育、生产、建设、维护等职能。设组织民管部、宣教部、法工部、生产保护部、生活保障部、资产财务部、女职工部、经费审查委员会办公室、综合办公室9个部室。职工俱乐部隶属于县总工会管理，正股级建制，为自收自支事业单位，编制5人，实有7人。昔阳县困难职工帮扶中心隶属于县总工会管理，编制0人，实有2人。2017年度，县总工会被评为“山西省优秀县工会”。

【县工会第十一次代表大会】 2017年10月24日—25日，县工会在乐平镇瑶湾村会议室召开第十一次代表大会。经基层工会选举产生的165名正式代表参加会议，部分老工会工作者和群团组织负责人列席会议。市总工会常务副主席刘北亚、县委书记王根元，县委副书记、县长许利伟、县委副书记郭丰慧、县委常委常务副县长李军出席了大会开幕式。会上，县人大常委会副主任、县总工会主席李维新代表县工会第十届委员会作题为《动员广大职工、凝聚向上合力，在决胜全面建成小康社会、在新时代新征程中再立新功》的工作报告。报告回顾总结了过去5年全县工会事业和工会工作取得的成就和基本经验，确定了5年工会工作的总体要求和目标任务。县总工会经费审查委员会主任郝云福代表县工会第十届经费审查委员会作了经费审查工作报告。大会听取、审议并通过这2个工作报告。代表大会选举产生了县工会第十一届委员会、经费审查委员会和女职工委员会。在全委一次会议上，选举产生新一届工会领导班子。当选的4名挂（兼）职副主席，有文体领域的骨干力量，有宣传系统的先进分子，有职工创新工作室的负责人，有非公经济组织的一线人员。新领导班子在结构上充分体现了工会组织的政治性、先进性、群众性。专职领导班子成员中，主席由县级副职干部兼任，常务副主席按乡科级正职干部配备，副主席、经费审查委员会主任和女职委主任均按班子副职干部配备。

【工会改革】 2017年，昔阳县贯彻落实习近平总书记关于群团改革的重要指示精神和各级党的群团工作会议精神，于8月出台《昔阳县总工会改革方案》，并经县深化改革领导组审议通过。以强“三性”（政治性、先进性、群众性）、去“四化”（机关化、行政化、贵族化、娱乐化）、强基层、促创新为总体思路，以改革工会工作的组织体系、运行机制、管理模式和活动方式为着力点，县总工会与多单位部门协商，推动改革有序进行，于2017年底基本完成重点改革任务，有效提高工会整体工作水平。改革县总工会机构设置，配齐配好县级工会班子，强化乡镇（社区）和系统工会建设，加强新领域工会组织建设；改善工会领导班子结构，拓宽工会机关干部补充渠道，充实基层工会工作力量；创新工作方式上，实施工会网上工程，推进工会工作群众化；建立完善职工维权维稳机制，创新职工建功立业的载体和方式，做实困难职工、农民工维权服务工作；加强工会党组建设，规范落实双重领导制度，工会经费进一步向基层倾斜。

【社会扶贫】 2017年，昔阳县总工会开展以扶贫帮困、扶贫帮医、扶贫帮学为主要内容的社会扶贫工作，帮助困难职工解困脱困，为全县脱贫攻坚的中心工作搞好服务。“春送岗位”活动，发放春风卡等宣传资料2000余份，召开了专场招聘会和就业洽谈会，689名农民工实现就业。“夏送清凉”活动，慰问14个单位的一线职工1130人，送去价值3万余元的慰问品。“金秋助学”活动，对考入二本以上院校的54名困难职工和农民工子女发放10万元助学金。“送温暖”活动，为1092名困难职工发放救助金78.25万元。第九期大病互助期内，对因患大慢病住院治疗的118名职工发放互助补偿金42.7万元。在帮扶贫困村上，多方筹措资金约10.8万元，投入到基础设施建设、环境整治和产业发展中。

【“五小”竞赛活动】 2017年昔阳县总工会联合团县委、县科协，继续开展以“小发明、小创造、小革新、小设计、小建议”为主要内容的“五小”竞赛活动。2017年第四届“五小”竞赛，参赛人员范围由原来企事业单位职工扩展到高职院校师生、农村农业领域工作人员及脱贫攻坚带头人，以在更广范围、更深层次激发创新活力。基层共上报83项成果，为历届最多。初评出的30项优秀成果报送省、市参赛，获得省级二等奖1项，三等奖1项。县总工会为2016年获得省、市、县优秀成果奖的项目带头人发放3.55万元的现金奖励。以“五小”竞赛为代表的职工技术创新活动。

【“五一”表彰】 2017年“五一”前夕，由昔阳县劳动竞赛委员会牵头组织，县四大班子主要领导参加的劳动模范和先进工作者表彰大会如期召开。会上，被评为省、市、县先进的10个劳动模范集体、25名劳动模范个人、11名劳动奖章、10个劳动奖状和个人“一等功”“二等功”的获得者等20人受到表彰。其中，中煤昔阳公司白羊岭煤矿张明敏班组获“山西省工人先锋号”称号，昔阳县洁城清运有限公司街道保洁员张卫芳获山西省“五一”劳动奖章。省总工会为黄岩汇煤矿杜海明“山西省职工创新工作室”授牌，市总工会为白羊岭煤矿王秀国“晋中市劳模创新工作室”授牌，为安平电厂范力生、鹿强“晋中市职工创新工作室”授牌。

2017年4月29日，“五一”劳模表彰

【组织建设】 2017年，昔阳县总工会以“两新”领域基层工会组建为重点，聚焦非公经济领域，着力消除工会组织覆盖、工作覆盖和制度覆盖的盲区，推进基层工会组织的规范化建设。至年底，全县共有工会组织343个，工会会员3.83万人，工会组建和职工入会实现网格化全覆盖。全县80%的工会达到“六有”（有依法选举的工会主席，有独立健全的组织机构，有服务职工的活动载体，有健全完善的制度机制，有自主管理的工会经费，有会员满意的工作绩效）标准。大寨村工会被评为晋中市“十大标杆”工会之一。

共青团

【概况】 2017年，共青团昔阳县委属正科级建制，行政编制4名。下辖基层团委27个，团总支7个，团支部694个（农村292个），全县共有团员1.59万人。全年发展团员676人。

【思想引领】 2017年5月，共青团昔阳县委以“不忘初心跟党走”为主题，组织新发展团员参加昔阳历史上首次标准化入团仪式，对新团员开展团前教育，与老团员一并重温入团誓词，700名新团员光荣加入团组织；在全县少先队组织中举办“庆‘六一’暨“喜迎十九大——我向习爷爷说句心里话”主题队日活动，组织学校团员开展“青春心向党，为实现中国梦而努力学习”诗歌朗诵比赛，深入新型社会组织开展“不忘初心跟党走　青春建功新时代”十九大精神宣讲活动，以不同形式的活动加强团员青年的思想道德建设。利用重要时间节点开展“文明祭英烈，共筑中华魂”活动，各乡镇、社区、系统以及中小学生共300余人到县域内各烈士陵园参观、祭扫、缅怀先烈，部分乡镇团委还组织“红色寻访，重走革命路”活动。

【青年创业就业服务】 继续开展青年电商培训工作。2月—3月，与人社部门合作开展3批（次），每批30人的“大学生就业创业及电商知识培训班”，投入资金9万元；为帮助青年解决创业过程中资金需求，与昔阳县信用合作社联合推出“青年创业致富贷”项目，2017年共发放贷款18批次，贷款总额100万元，分别涉及到电商、服务业、种植业、养殖业等行业。第四届“昔阳县青年创新创业大赛”成功举办，自举办创新创业大赛以来，参赛项目累计100多个，一大批优质项目免费入驻电商产业孵化园区，青年创业的引领功能初见成效。

【困难学生帮扶】 2017年，共青团昔阳县委投身社会扶贫，助力脱贫攻坚行动。继续“圆梦行动”等助学行动。2017年资助新入学大学生12人，继续资助在读大学生5人，资助资金共计2.2万元。广泛开展微捐赠、微公益活动，建立“爱心无界、人人公益”的扶贫渠道，重点开展对贫困乡镇、贫困村、贫困户的脱贫助力。4月23日，“4·23”全民阅读及贫困生捐赠活动启动仪式举行，向15名贫困儿童赠送了书包、课本等学习用具。8月9日，与昔阳县新华书店深入赵壁乡南思贤村，开展了“手拉手，传爱心”关爱留守儿童图书捐赠公益活动，共捐赠图书100余本。8月27日，团县委联合松溪公益协会开展爱心捐赠活动，为8名贫困学生捐赠爱心善款近10万元。10月12日，与县政协携新华书店代表在闫庄小学为近200名“建档立卡”贫困户学生捐赠价值5000余元的图书读物。

【志愿活动开展】 2017年3月，共青团昔阳县委举办了“弘扬雷锋精神，引领青年风尚”3·5学雷锋活动月启动仪式，活动月内国税、地税、公安、交警、工商、社管大队等10多家青年文明号单位、乡镇城区各中小学校参加，部分系统、乡镇自发组建志愿服务队，充分运用职能和社会资源，积极参与到学雷锋活动中来，开展各类线上线下学雷锋活动50余场。5月，联合北京LP83志愿者组织深入沾尚、西寨、孔氏、东冶头和皋落的乡镇中小学校，为那里的几十名贫困儿童捐赠了价值共计2万余元的图书和学习用品。

【基层组织夯实】 2017年，共青团昔阳县委按照共青团改革要求，在县乡村三级团组织换届工作中，严格按照组织程序选任了2兼职2挂职团县委副书记，涉及返乡创业青年、金融、非公、国企等领域。各乡镇团委书记全部由乡镇青年班子成员担任，已经全部完成12个乡镇和社区兼职副书记共36名同志的配备。

【新媒体平台拓展】 2017年，共青团昔阳县委探索“互联网+共青团”的新型服务模式，开设“晋中昔阳青年”公众平台，通过线上线下互动引导青年听党话、跟党走，平台已拥有粉丝3万余人。2017年5月以来，在“学总书记讲话，做合格共青团员”教育活动中，通过“入企业、入机关、入学校、入网络”认真开展教育实践活动20场（次），2000余人参加，改革的精神及时传达到团的各个领域。

妇女联合会

【概况】 2017年，昔阳县妇女联合会，财政全额拨款，县妇联下设5个业务部门，编制4个（一正二副一科员）。妇女儿童工作委员会（简称：妇儿工委）主任由副县长担任，其中妇女儿童工作委员会办公室（简称：妇儿办）设在妇联，编制2个。现妇联有主席1名，副主席2名，主任科员1名。

【妇联改革】 2017年，昔阳县妇联按照省市妇联要求，开展妇联系统改革。编制《昔阳县妇联改革方案》，加强执委会建设，在县、乡、村三级妇联共配备1075位兼职副主席，1869位执委，12个乡镇、管委会全部完成乡镇区域化建设，建设横到边纵到底的妇女工作网格化管理体系，建立1220个妇女小组，全县各乡镇、管委会全部建设了妇女之家。在全县各机关、事业单位全部建立了妇女组织，在11家非公企业、10家社会组织中建立妇女组织。

【两癌筛查】 2017年，昔阳县妇联为进一步加快精准扶贫步伐，切实提高农村妇女宫颈癌和乳腺癌（以下简称“两癌”）的早诊早治率，降低“两癌”死亡率，昔阳县政府将“对昔阳县‘建档立卡’的农村妇女免费进行‘两癌’检查”列入2017年民生实事。县妇联联合卫计委、财政局等相关单位为全县3098位35—64岁“建档立卡”贫困妇女进行了免费两癌筛查。同时申请“贫困母亲两癌救助”专项救助金，对经过有检查资质的医疗机构确诊，患有宫颈癌2B以上或乳腺浸润性癌的年龄在35—64周岁的五位农村贫困“两癌”患病妇女进行救助，人均发放1万元救助金。

昔阳县建档立卡农村妇女“两癌免费检查”启动会

【关爱妇女儿童】 2017年，为了做好困境妇女儿童关爱工作，搭建服务城乡困境妇女儿童的公益平台，在全社会倡导关心、关爱困境妇女儿童的良好氛围，为他们提供助学、助养、助医、助困等服务，昔阳县妇联组织以“点亮心灯·为爱行动·助力脱贫”为主题的大型活动。活动倡议大家捐出一日收入，献上一份爱心，关爱一个妇女儿童。全县各级党政机关、人民团体、企事业单位、民营企业、个体工商户及个人等纷纷伸出慷慨之手，共捐款75.19万元。

【弘扬旗袍文化】 山西省妇联将每年5月13日母亲节确立为省旗袍文化研究会大寨旗袍文化文旅学院的学习日，通过开办讲堂、表演交流的方式共庆母亲节，感恩母亲感念亲情，体悟“孝道文化”，也通过旗袍服饰文化展现新中国不同年龄段女性的美好状态，让旗袍母亲接受精神洗礼、传承传统美德。

【服务妇女就业】 2017年，为让更多妇女增收致富，县妇联在县、乡、村三级组建“妇女创业发展促进会”，进一步团结来自各行业的女企业家、女高级管理人员以及在各行各业的妇女创业带头人，搭建政府服务妇女创业的桥梁；在偏远乡镇，扶持一批条件成熟、有社会公益心的创业妇女，创建创业示范基地和“大嫂车间”，配套建设“儿童快乐家园”，接受所在地妇联指导。年内，县丽云服饰制造有限公司、界都乡秀芳仿真花基地、大寨村制衣厂、金谷阳光罐头厂、绣梦阁合作社5家已先行成立“大嫂车间”，并通过示范引领，辐射带动，逐步在全县女职工企业中推广。“大嫂车间”采取所在地妇代会“一对一”经营管理，基地“企业+基地+妇女儿童之家+流动妇女”运行模式和“四联四建四评”管理模式。

【家庭家教家风】 2017年，昔阳县10户家庭获得“晋中市最美家庭称号”，9户获得“晋中市平安家庭称号”，50户获得“昔阳好家庭称号”。举办10场“圆梦中国人·巾帼故事汇”最美家庭巡讲，10场家庭教育巡讲。立好家训、传好家规、扬好家风，以好家庭的好家风支撑起全社会的好风气，为同奔小康路、共筑中国梦贡献巾帼力量。

文学艺术界联合会

【概况】 昔阳县文学艺术界联合会（简称文联），是中共昔阳县委领导下的文学艺术界组成的人民团体。成立于1960年2月，1961年2月和县文化馆合署办公，1992年又成立了昔阳县文学艺术界联合会，2003年恢复正科级建制，编制2人，实有2人，主席1人，实行团体会员制，现有团体11个，即昔阳县作家协会、昔阳县美术家协会、昔阳县摄影家协会、昔阳县书法家协会、昔阳县戏剧音乐家协会、昔阳县舞蹈家协会、昔阳县戏迷协会、乐平诗社、吉他协会、青少年艺术协会、石根艺术协会。

【特色文艺活动】 2017年1月15日，昔阳县组织文艺志愿者走基层迎春送福活动在昔阳县乐平镇北掌城村拉开帷幕，让村民们提前感受到节日的喜庆和欢乐。1月16日，昔阳县文联协同昔阳县书法家协会到三都乡路家峪村举办迎春接福送温暖活动，为路家峪村村民送上新春祝福。1月18日，昔阳县农信社、文联、书法家协会文艺志愿者在大寨村村委会门前开展迎春送福活动。1月19日上午，昔阳农信、昔阳县文联、昔阳县书法家协会共同启动了“走进农信社，送福送对联”公益活动。1月21日，昔阳县文联带领书法家协会一行7人应邀来到昔阳县公安局为民警书写春联，用书法艺术的方式与民警心与心交流，营造浓厚的警营文化氛围。1月28日

宋丽英老人接受文联送祝福

大年初一，昔阳县文联和昔阳县摄影家协会组织20多名摄影师到大寨镇高家岭村为村民免费拍全村福和全家福，以特殊方式，为村民们送上了新春的美好祝福。8月3日，吉他协会举办昔阳县首届“乐风杯”最美童模大赛总决赛，比赛以创新的综合素质教育模式，推进学生素质教育的提高，使少年儿童在德智体全面发展的道路上健康快乐成长。比赛设立幼儿组、少儿组、少年组，金银铜奖各一名，最佳风采奖各五名，以及最具活力奖若干名。翟凯迪、韩一民、王时梅分别获得3个组别的金奖。

2017年舞蹈协会组织承办昔阳县的各个比赛活动，分别组织“强健体魄阳光生活”健身舞比赛，参赛队42支，520人参与；举办少儿模特大赛，参赛队20支，140人参与；组织邮政健身舞比赛一次，参赛队15支，200人参与；组织“农信杯”健身舞比赛一次，参赛队16支，240人参与；组织“华杰杯”健身舞比赛，参赛队33支，420人参加；同时还参加了省市举办的各项活动并获奖。

组织“爱上晋中”采风创作活动；配合昔阳县拆违治乱领导组，举办“我们的家园·百城联动”等活动；在党的十九大召开前夕组织了庆祝十九大召开书画摄影展；组织全县老年书画研究会的会员，举办九九重阳节中老年书画展。文联及作协完成了《虎头山》全年共6期近100万字的编辑校对出版工作。

【对外文化交流】 2017年，县文联采取“走出去，请进来”等多种形式，加强县内外文艺界人士的交流，做好专家学者来昔参观考察、创作采风接待工作，推动昔阳文化大发展、大繁荣。4月—6月邀请省内外13名专家，省作家协会主席杜学文、副主席杨占平、山西文学主编鲁顺民、《黄河》杂志主编黄风对昔阳县作家协会会员进行培训；邀请北京市书法教育委员会主任、炎黄书法协会主席、国家书法艺委会专家阎瑞敏对全县书法家协会会员进行培训；邀请中国美术家协会会员、美术专家宫来祥、中国美术家协会会员、阳泉画院院长王雨来等人对全县美术家协会会员进行培训；邀请省摄影家协会副主席、秘书长武勇、副主席贺子毅、山西省戏剧学院摄影系主任李眠晓教授等3人，对摄影家协会会员进行培训；邀请山西省影视家协会主席、赵树理文学奖获得者对影视协会的近200名会员，进行培训；摄影家协会自筹资金，先后邀请世纪凤凰网摄影频道李凯文，省摄影家协会副会长徐劲松和中国摄影家协会会员、广东知名摄影家蔡焕松，以及市摄协副主席梁生仁举办培训，为广大摄影爱好者传授摄影技法、创作思路。

【文学艺术创作】 2017年，作家协会会员孔令贤在《中国报告文学》2017年4月发表《西风烈》脊梁三部曲第三部；2017年6月7日《山西晚报》刊登记者访谈——《孔令贤：我手写我心》；2017年9月22日《山西日报》刊登关于孔令贤的文章《古稀老人的写作人生》。

作家协会会员孔瑞平先后在国家级和省级刊物发表散文10篇，分别是2017年第二期《散文选刊》发表《在夫子岩想念夫子》；2017年3月8日《山西日报》发表《树的品质》；2017年4月26日《山西日报》发表《喝酒》；2017年3月15日《三晋都市报》发表《树的品质》；2017年第五期《散文选刊》发表《树的品质》；2017年第五期《走进一条河流》载《汾酒美》；2017年第六期《阿拉善四章》入选《醉美巴丹吉林》；2017年7月26日《山西日报》发表《绿檀的香气》；2017年10月11日《山西日报》发表《我的季节》；2017年第四期《名家名作》杂志发表《飞龙在天》。

青年作家李义利书评《无用的倾诉——再评吕新〈下弦月〉》发表于上海《青年报》2017年4月23日；诗歌《惊蛰前，又读金庸》发表于《星星·诗歌原创（增刊）》2017年第5期（5月10日），获“诗酒趁年华”优秀奖；书评《太行山间有歌者——评张海荣〈潘掌的阳光〉》发表于《山西日报》2017年9月27日；诗歌《邪念》入选《中国首部90后诗选》2017年10月（北岳文艺出版）；书评《配角的三张面孔——三评吕新〈下弦月〉》发表于《山西文学·青年评论家增刊》2017年12月1日；诗歌《如果你的风筝还活着》《竹子带我听音乐会》发表于《山西日报》2017年12月13日。

作家协会会员李晓兰在《诗刊》第十期发表作品5首，2017年荣获“中国新诗百年全球华语百位最具活力诗人”。作家协会赵姝梅、李晓兰和赵瑞斐分别出版散文集《梅之姝语》、诗集《雪落红尘》和《昔阳古文译注》。

美术家协会会员张胜利、王春香、卜斌文、王晓庆、乔洪斌、李霞、李维祥获山西省美协、山西省文化馆主办的优秀农民画展山西省优秀作品奖，光兆庭、李丽艳、赵素娥、吕国鑫、王晓丽获入选奖。

摄影家协会会员梁瑞华的作品《黄河之光》获第29届中国华北摄影艺术展览金奖；会员李保生的作品《丰收》在平遥国际摄影展中获二等奖。

音乐家协会为昔阳县第一届春节联欢晚会创作改编音乐5首；会员宋瑞锐、宫连生、李维祥、翟英创作赞美家乡歌曲5首。

戏剧家协会创作晋剧《第一书记》并在昔阳范围内演出。

书法家协会在山西省联咏太行精神、吕梁精神、右玉精神千联千人书法展中，张慧明获奖，张拉喜、张春华、禹晓吾、和徊良、毛守国入展；在《语文报》第二届全国中小学书法教师三笔字大赛中毛守国获二等奖；在山西省第六届群众书法展中，和徊良作品入展，庞有俊、胡怀科、陈爱锁、李久春、卜恩荣、耿文硕、禹晓吾7人作品入围。

参照有关规定，确定重点文艺作品选题资助项目，组织文艺家协会和文艺家申报“五个一工程”创作选题，推动各类文艺创作活动，做好文艺奖项的组织工作，举办选拔赛，推荐优秀作品参加，组织协会会员参加省、市行业及各种专业展览等赛事，组织作品参评全省性文艺评奖活动。全县作家协会有5人，成功加入省作家协会；全县摄影家协会有1人加入中国摄影家协会，8人加入省摄影家协会。同时积极组织筹备成立影视、戏迷、民间艺术3个协会。

残疾人联合会

【概况】　2017年，昔阳县残疾人联合会（以下简称县残联）编制10人，实有在岗6人。5月底，新任理事长上任。

【民生实事】　2017年，按照各类康复救助项目实施方案要求，县残联认真履行职责，各类康复救助计划进展顺利。全年，顺利进行初筛阳性0—6岁残疾儿童复筛诊断项目，其中阳性0—6岁儿童初筛65人，复筛61人，确诊36人。录入数据库24人，超过任务7人，完成了2017年任务的141%；0—6岁残疾儿童提供抢救性康复服务项目，包括为0—6岁聋儿康复训练，为肢体残疾儿童进行康复训练及矫形器装配，为智力及孤独症儿童进行康复训练，0—17岁肢体残疾儿童矫治手术及术后训练。全年，共为0—6岁残疾儿童做了52人（次）抢救性康复服务项目，任务52人（次），完成52人（次），完成了任务的100%。

【残疾人证管理】　2017年，昔阳县严格按标准、程序办理残疾人证。协调评残机构，将办证时间调整为每月2次集中办理，公开残疾人证办理、变更、注销的工作流程及时间，让残疾人少跑“冤枉路”。对全县残疾人证核查一次，做好残疾人证的动态管理。对瘫痪、双下肢等重度残疾，不方便到县城办理残疾人证的群众开辟绿色通道，上门服务，现场进行评估定级，统一办理。全年共办理残疾人证612个，其中上门办证69个，残疾人办证率达到90%以上。

【数据动态更新】　2017年，完成残疾人基本服务状况和需求信息数据动态更新工作。按照山西省残联等12部门《关于转发全国残疾人基本服务状况和需求信息数据动态更新工作意见的通知》和《关于印发〈昔阳县残疾人基本服务状况和需求信息数据动态更新工作实施方案〉的通知》文件精神，围绕更新时间段、更新内容、完成时限及动态更新质量控制等环节，认真开展动员培训、入户登记、数据录入、检查验收，用近3个月时间，完成了对全县7411名残疾人的基本服务状况和需求信息数据动态更新工作。

【社会保障】　2017年，昔阳县残疾人2项补贴标准按照《山西省困难残疾人生活补贴和重度残疾人护理补贴制度实施办法》执行，一、二级重度残疾人护理补贴每人每月50元。全年，符合重度残疾人护理补贴对象的残疾人共2463人，共发放资金147.86万元。同时切实为残疾人适配辅具。根据全年残疾人基本服务状况和需求信息数据动态更新显示，全县有辅具需求的残疾人共1210人，通过严格调查、评估、申请、审核等多个环节，最后将辅具适配到有需求的残疾人手中。2017年共发放辅具813件，辅具适配率达到67.2%。

5月21日全国助残日，昔阳县残联为32名建档立卡重度肢体残疾人免费发放轮椅

【扶贫救助】 2017年，争取到上级2项扶贫项目共25.5万元。党组织扶贫项目35人，对有产业基础的贫困残疾人进行扶持，每人3000元，由省、市、县各配套1000元；产业扶贫项目50人，给贫困残疾人每人3000元入股合作社，年底分红。硬化东固壁村主街道800平方米，硬化打谷场1200平方米。硬化田间地道1800米，修建2个村口公园、1个街心公园、1个停车场、塑胶篮球场1100平方米，喷涂文化墙1.2万平方米，拆除违建4000平方米，煤改气350户。通过齐兴种植专业合作社，引进15万元的红薯自动化种植采收机械，通过红薯种植带动16户贫困户稳定增收。2017年协调电力部门继续完善相关电力并网配套设施建设，在5月30日并网发电并产生效益，每户已收入520元（0.32元/千瓦时）。

【培训就业】 2017年共开展两期残疾人职业技能与实用技术培训，聘请省农科院研究员授课，培训红薯高产栽培、谷子优种种植等技术，共有152名适龄残疾人参加。选送残疾人到晋中远大职业学校学习盲人按摩2人、病虫害防治3人。

【文体宣传】 2017年，昔阳县残联在全国助残日、爱耳日等节日期间，联合有关部门和社会各界，组织开展了慰问活动、志愿者助残活动，并邀请昔阳县医院、胶鹰华眼科医院进行免费义诊。积极参加重大体育比赛，选派15名残疾人运动员参加全市残疾人轮椅柔力球比赛，获优秀组织奖。同时县电视台及时参与进行采访报道，为广大群众转播残疾预防知识及残疾人康复知识。

【维权工作】 2017年，昔阳县残联按时按质完成上级交办的信访案件1件。无集体越级上访事件，回复率100%，办结率98%，减少重复信访。扎实开展残疾人普法和培训1期。全面解决重度、精神、综合残疾人外出办证难问题69人。

科学技术协会

【概况】 昔阳县科学技术协会是昔阳科学工作者的群众组织，是中共昔阳县委领导下的人民团体。其工作职能为：团结和动员全县广大科技工作者，坚持党的科技方针，实施科教兴县和可持续发展战略，促进科技进步、经济发展和社会繁荣。弘扬科学精神，普及科学知识，传播科学思想，倡导科学方法，推广先进技术，开展青少年科学技术教育活动，提高全县人民科学文化素质。反映科技工作者的意见、建议和要求，维护科技人员的合法权益，组织科技工作者参与政治协商、科学决策、民主管理等工作。履行对主管的协会、基地、研究会的管理职责。开展科技继续教育和培训工作。编辑出版科学技术和科普书、报、刊。承担县委、县政府交办的其他事项。

【科普一条街】 2017年，昔阳县科协围绕环境整治，在县城中心路段，制作科普一条街800余平方米。内容包括：政策宣传、卫生健康、气象环保、抗震救灾、节能减排等方方面面。为美化县城增加了新的亮点，为过往行人普及了卫生健康、环保气象、安全生产、科技创新等方面的科普知识，扩大了科普工作的覆盖面，提高了科协工作的影响力。

【新型农民职业培训】 2017年，昔阳县科协围绕农民实用技术培训，县科协创新发展思路，提出新的发展模式，积极向县、市、省、农委、扶贫办等各级申请，经过评估验收，取得了新型职业农民培训资格，在晋中市科协系统为首创。全年争取培训资金9.6万元，职业培训120人，聘请省农科专家深入4个乡镇、7个村对农民进行现场培训，近400人接受农业科技知识培训和教育。

【举办中国科技馆巡回展】 2017年县科协认真实施科普助教行动，联合省科技馆，积极向上争取中国科技馆“科普大篷车”巡回展落户昔阳。10月15日—11月底，举办了为期一个半月的巡回展览。范围涉及12个乡镇、23所小学、初中近2万名学生参与其中。增强了青少年科技意识、开拓了青少年知识视野、激发了青少年学科学爱科学的能力。其范围之广、时间之长，受众人数之多为历年之最。

【全国科普日活动】 2017年，昔阳县科协“‘全国科普日’科技助力精准扶贫”主题活动于9月22日在东冶头镇举办。此项活动正值东冶头庙会之际，县科协和科普志愿者近20人深入农村一线，围绕“科技助力、精准脱贫”开展科普宣传，共散发科技书籍2000余册，宣传资料、挂图3000余份，2000余人参加活动。

2017年中国科技馆流动展览

【科技扶贫】 2017年，昔阳县科协认真贯彻全省“科技助力精准扶贫”工作会议精神，结合昔阳实际，聘请山西农大5名教授，结合昔阳农业产业特点，编印科技助力、精准扶贫农民实用技术系列丛书，共1.2万册，涉及双孢菇、核桃、中药材、土豆、蔬菜技术等方面。利用科技周、地震日、科普宣传月等大型活动全部发放到农民手中。组成养殖、核桃、双孢菇、果林4支专家服务团队，深入农业一线现场咨询、现场指导，为农民提供实实在在的服务。

军 事

JUN SHI

人民武装部

【概况】 2017年，昔阳县人民武装部（以下简称人武部）围绕年初部党委确立的“着重打基础、努力求突破、全力谋发展、奋勇当先进”的工作思路，以“听党指挥、能打胜仗、作风优良”为目标要求，扎实开展思想政治教育，努力提升军事训练水平，大力加强党的建设科学化水平，全面深化军民融合式发展，严格落实8个方面安全基本规范，深入开展争先创优活动，各项建设呈现出整体推进、全面攀升、健康向上的良好发展势头。昔阳县人民武装部被晋中军分区表彰为二〇一七年度“国防教育先进单位”“扶贫攻坚先进单位”；大寨镇基层武装部被军分区表彰为二〇一七年度“优秀基层武装部”。

【专题教育】 2017年，昔阳县人武部党委积极主动作为，按要求开展教育，做到早筹划、实展开、挖典型、出效果，采取党委中心组理论学习、召开党委会、党员干部大会等形式，认真组织学习习主席系列讲话精神，特别是把习总书记在山西视察时的讲话和军委民主生活会上的重要讲话突出出来，加强讨论交流、理论考核、体会交流展评等自选动作，进一步深化学习成效，打牢维护核心、听党指挥、保持高度一致的思想根基。根据各级对抓好十九大精神学习贯彻的一系列指示要求，人武部对照时间节点、按照规定动作、区分层次内容，全方位深入抓好学习贯彻。组织全体干部、战士、职工党员及专武干部、应急分队党员重访大寨纪念馆、重学大寨精神、重温入党誓词，使党员牢记使命任务，明确主体责任，凝心聚力完成党赋予的各项任务。进村入户宣讲，与扶贫帮困工作有机结合，发动武装部全体党员深入界都乡大瓦邱村86个贫困户家中帮助秋收，宣讲十九大精神，确保所有人员能够深刻理解十九大报告中提出的新时代、新矛盾、新思想、新方略、新任务、新征程的思想内涵和精神实质。广泛开展文艺活动，与县政府联合举办“深入学习贯彻十九大精神、加强全民国防教育《中国梦强军梦》专题晚会”，广泛宣传十九大精神，增强全民国防教育意识，在县四套班子、各级机关及企事业单位和各界人民群众中造成深远影响。

【战备训练】 2017 年，昔阳县现设基层武装部 15 个。其中含 12 个乡（镇）武装部、1 个城区社区管委会武装部，2 个大型企事业单位武装部（阳涉铁路、国投公司），专武干部 13 名。2017 年，昔阳县人武部坚持以强军目标为统揽，以使命任务为牵引，按照“改革强军固根本、备战强能抓中心、真练实备打基础、坚守底线保稳定”的思路，突出战备训练、后备力量建设、依法治军等工作创新发展，努力建设“四铁”机关，确保战备训练有效完成。狠抓首长机关训练。严格落实军事训练大纲，狠抓首长机关训练，结合群众性岗位练兵活动，采取分阶段，逐人逐个科目过的方式，详细制定军事训练计划，集中利用 1 个月的时间，组织机关干部、战士、职工和专武部长进行法规理论学习。开展“日练一字、周标一图、月写一文”活动，每天 1 小时体能锻炼，人员训练质量明显提升。狠抓专武干部训练。采取统一集训、以会代训等办法来提高专武干部的组训能力。3 月上旬组织全体专武干部集训，全县 13 名专武干部重点学习民兵整组工作业务，征兵工作业务和教学法等内容，使专武干部的能力素质得到进一步提高。从 5 月份开始，采取以工代训的方法组织每名专武干部到武装部专职工作，利用 1 年的时间将所有专武干部轮训一遍，切实提高每名专武干部的本职业务能力。其中一名专武干部由于工作能力突出得到了提拔重用。狠抓民兵应急分队训练。结合民兵整组，督导各乡镇编实建强本单位应急排，并对其组织为期 3 天的基础训练及队列、擒敌拳等专业科目训练，进一步强化、巩固民兵应急分队应急处突能力，进一步巩固和拓展基层阵地建设成果，实现全县营连部建设达标率 100%。细化完善各类战备方案。着眼实现战备建设规范化、信息化、实战化、常态化目标，提升作战值班指挥处置水平，进一步细化人武部应急行动预案，区分任务，明确责任，补充完善装备物资器材，确保一旦有事，能够快速出动。4 月 5 日清明节期间，出动 60 人参加县山火扑救行动，受到县委、县政府的好评。

【省级国防教育基地检查验收】 2017 年 6 月 7 日，昔阳县委常委、人武部政委柴颖则陪同省军区国教办副主任张培荣、宣保处干事郑荣杰、军分区政治部干事张伟等一行 5 人到三都乡西峪村对省级国防教育基地考评对象进行实地考察评估。西峪惨案烈士纪念馆顺利通过考评，被命名为“省级国防教育基地”。

【征兵工作】 2017 年，昔阳县人武部按照“广泛发动以数量保质量，阳光征集以公开求公正，严明纪律以责任促廉洁”的工作思路，以各项征兵政策规定为依据，适应征兵政策调整，严把新兵体检、政审、定兵关。2017 年的征兵宣传活动中，在内容上，突出《中华人民共和国国防法》《中华人民共和国兵役法》《2017年征集政策》和优抚政策；在对象上，以适龄青年特别是学历高的适龄青年为重点；在方法上，部长发表电视讲话，区分时段，分波次播放；利用手机微信分享征兵宣传海报；印制宣传单2000余份、分发宣传彩页1000余册、解答征兵咨询300多人次，制作条幅120余条、张贴宣传通知120张、喷绘宣传版面10块。组织现役和专武干部带宣传车深入全县12个乡镇；充分动用户外传媒、昔阳报等舆论工具，全方位、多层次、多渠道地开展征兵宣传，大造声势、营造氛围，极大地激发适龄青年踊跃报名参军的积极性。征兵全程向社会公开，接受群众监督，对每个阶段的结果第一时间进行公示，并将不合格人员的具体原因通报到本人，真正做到公开、公正、公平；所有干部职工廉洁自律，向社会公布廉洁征兵举报电话和信箱，发放廉洁征兵监督卡，签订责任书，坚持杜绝不正之风。不断加大优抚安置工作力度。2016年入伍青年优抚金额均列入财政预算，全部兑现到位。

【军民融合】 2017年，昔阳县人武部紧贴昔阳经济发展和武装工作任务，以“市场”和“战场”为结合点，按照县委县政府总体规划，围绕精准扶贫、捐资助学、抢险救灾、安保维稳、植树造林等方面展开一系列活动。注重发挥军民融合协调部门职能，着力拓展融合内容，丰富融合形式，规范融合机制，以全面提高为目标，持续强化军民融合式发展。坚持党管武装

新兵入伍欢送大会

工作制度，积极协调县政府为两参人员和伤残退伍军人交纳个人养老和医疗保险，并全额按标准发放义务兵优待金456万元，利用各种机会积极为退役军人争取利益，并努力做好个别人的化解安抚工作。补齐建强专武干部队伍，利用地方换届的有利时机，重新调整配备10名专武部长，调整比例达到了76%以上，调整后专武干部队伍平均年龄35岁，全部达到大专以上学历，整体达到了“年轻化”“知识化”“合理化”的建设要求，为推进基层武装工作建设发展奠定了坚实基础。持续引深全民国防教育，在全面落实国防教育“五个一”建设的基础上，按照省军区、军分区要求，开工建设国防教育展厅和部史馆建设，先后3次召开专题会议进行研究，两次向县委县政府领导进行汇报，三室建设有序推进。8月，配合军分区的10万元专项扶贫资金，协调县政府10万元配套资金，为赵壁乡川口“八一小学”新建400米操场塑胶跑道。部长陈建鹏作为省军区“百场国防教育宣讲进高校”活动宣讲代表，分别为太原、吕梁、大同、阳泉6所

高校学生组织6堂国防教育宣讲。深入抓好脱贫攻坚，人武部对口精准帮扶贫困村是界都乡大瓦邱村，该村地处界都乡东南部，距乡政府13千米，全村418户共1025人，建档立卡贫困户219户474人，2017年新补录1户2人，共420户476人。2017年3月，按照每月到贫困村走访至少8次的规定，继续走访入户，完成所有贫困户的收入信息采集表，其间共为贫困户办理实事10多件。8月，人武部扶贫工作队组织了“扶贫济困捐赠”活动，共捐赠衣物550多件，惠及群众300余人。为帮扶村联系新建“新鼎业骏”农牧合作社，计划养殖能繁黑山羊300多只。

【正规化建设】 2017年，昔阳县人武部始终把单位正规化建设作为推动工作落实、落实安全稳定工作的有力抓手，在省军区、军分区正规化学习及现场会的基础上，重新制定完善人武部《营院管理规定》和《车辆管理规定》等系列规定，并组织全体干部职工对《安全工作条例》《预防犯罪工作条例》等法规制度进行逐章逐节、逐句逐字认真学习讨论，进一步增强全体干部职工的条令意识和安全意识。为确保制度落到实处，采取领导主抓、科室具体负责的责任制，层层抓落实，一级对一级负责，确保人人都在制度管控范围之内。严格落实一日生活条令化制度化，战备、训练、工作、生活秩序条令化，严格按分区现场会标准落实，进一步提高正规化管理水平。人员管理方面，重点是节假日和8小时以外的管控，严格落实请销假制度和请示报告制度，建立了家庭联管制度，加强对干部、战士、职工生活、娱乐、交友方面的管理。严格落实省军区、军分区重要部位、重点岗位人员审查要求，对全体现役干部和聘用1月以上的职工，进行政治审查，确保了队伍的纯洁。车辆管理方面，严格车辆派遣制度，认真执行车辆使用管理规定，落实司机每月警示教育日制度，严格执行特殊时期军车管理规定。针对私家车较多，突出强化私家车管理，研究制定《私家车管理规定》，有效防范了车辆事故的发生。涉密载体方面，对全部现有办公电脑，都进行三重加密保护，安装加密软件。所有办公电脑都没有储存涉密文件、资料和与办公无关的文件。对所有移动存储介质实行集中管理，统一编号注册，严格落实使用签字制度，做到“日清查、月检查”。基础设施方面，着眼加强对营院安全防控，先后投资2万余元，配套相应物资器材。

【“太行—2017”军地联合演习】 2017年7月24日—27日，按照上级安排部署，县国动办组织多部门参加省、市、县三级联动代号为“太行—2017”军地联合人民防空研究性演习活动。突出了以军事机关为主导，以人防系统为主体，以成员单位为辅助，以三级协同为重点，军事机关、人防系统、相关单位整体联动，省、市、县上下贯通，参演人员多，动用装备多，涉及范围广，军地融合深，持续时间长，是山西省人防演习史上的第一次。军事化氛围浓厚。无论是会场布置（统一悬挂演习会标和作战地图），还是参会人员着装（统一着07式夏季作训服、戴作训帽、扎制式外腰带）要求，都严格按照部队的标准做到整齐划一。县人民防空指挥部严格按照上报的机构编成表，设立“一中心三部门”（即指挥控制中心、情报信息部、政治工作部、综合保障部），各参演部门结合自身实际扮演角色，各司其职，积极应对上级下达的临机处置情况。实战化效果明显。演习准备阶段，完成部分人防专业队伍的现场实兵演练视频拍摄；行动实施阶段，始终围绕着“三保”（保民生、保交通、保支援），推演重要经济目标防护、抢险抢修行动、城市管制、信息防护等科目内容，打破以往的依脚本、念稿子、走程序，由上级导演部根据敌情通报情况随机导调，更加贴近实战，有很强的针对性。

【国防教育】 2017年，昔阳县人武部协调宣传、教育等部门，加大了全民国防教育的力度，增强广大干部、人民群众的国防意识。利用手机开设“昔阳国防”微信公众号，及时发布国防教育动态。通过国防形势教育讲座、学生军训、流动宣传车、设立咨询服务站、印发宣传单、政策宣传栏、电视广播等形式，宣传《兵役法》《国防法》。8月1日，借“军事日”之机邀请专家教授为县四套班子领导及全县科以上干部进行国防教育专题授课。结合纪念建军90周年，组织版面宣传、开展书画作品展示、参加知识竞赛，举行国防教育宣传活动，全县支持国防、关心国防、建设国防的氛围日益浓厚。

【学生军训】 2017年8月26日—9月7日，昔阳县人武部精心组建学生军训教官队伍，对昔阳县2所普通高中，1所职业中学进行学生军训工作。参训学生共计1400名，主要进行军人队列动作、内务培训、军歌、军事常识和国防知识讲座等科目训练。

【防空警报试鸣】 根据《中华人民共和国人民防空法》等有关规定，2017年9月18日（第17个全民国防教育日）上午10时00分，昔阳县组织第九次防空警报试鸣活动，警报试鸣时间准确、警报器运行正常。防空警报按照预先警报、空袭警报、解除警报的顺序依次鸣放，先后历时15分钟，警报期间秩序正常，警报试鸣取得圆满成功。

【烈士公祭】 2017年9月30日上午9时整，昔阳县四套班子领导、部分老战士与革命烈士家属代表、党政军干部及社会各界代表共计150余人在昔阳县松溪公园人民烈士纪念碑前共同参加了全县第四次烈士公祭活动。人武部组织职工、专武干部及应急分队民兵20人参加，整个活动肃穆有序，大家普遍反映深受感动和教育。

人民防空

【概况】 2017年，昔阳县围绕提升信息化条件下局部战争防空袭能力，完善防空袭预案，加强通信警报体系建设，昔阳县安装警报器6部，县城警报信号覆盖率达到95%以上。7月24日—27日，配合开展“太行—2017”全省人民防空演习，取得预期效果。

法 治

FA　ZHI

政法委与社会治安综合治理

【概况】　昔阳县政法委是县政法机关的宏观管理部门。主要职责是：根据党的路线方针政策和党委的部署，研究制定贯彻落实的具体措施，统一政法各部门的思想和行动；组织、指导维护社会稳定工作、社会管理综合治理工作、大调解工作、排查化解矛盾隐患工作、推进社会管理创新工作；检查政法部门公正廉洁执法情况、依法行使职权情况、涉法涉诉信访工作情况和协调政法各部门配合及制约工作；研究加强政法队伍建设和领导班子建设的措施；组织、推动政法部门开展党风廉政建设；研究分析涉及政法工作的舆论情况和舆情信息。内设办公室、政工股、执法监督股、综治督查股 4 个机构。共有行政编制 6 人、事业编制 15 人，实有在职人员 21 人。

【安保维稳】　2017 年，昔阳县政法委承接全国“两会”、党的十九大等重要会议以及环中国国际公路自行车赛晋中昔阳赛段、2017“昔阳安顺杯”山西·大寨中国汽车场地越野锦标赛、昔阳县第四届红叶文化旅游节等大型活动全县安保维稳工作。2017 年，昔阳县法院共审理刑事案件 108 件，审结 84 件，结案率为 77.78%；审理民事案件 996 件，审结 822 件，结案率为 82.53%；审理执行案件 551 件，审结 473 件，结案率为 85.84%。县检察院上半年受理各类提请逮捕案件 59 件 83 人，依法批准逮捕 44 件 56 人；受理移送审查起诉案件 87 件 129 人，提起公诉 86 件 154 人，经法院审理均为有罪判决。昔阳县公安局共立各类刑事案件 281 起，同比下降 32%；破案 185 起，破案率 66%，同比上升 20 个百分点；打掉各类犯罪团伙 7 个，同比减少 13%，抓获团伙成员 25 名；抓获各类犯罪嫌疑人 96 人，同比减少 17%。县司法局全年共接收社区矫正人员 509 人，解除矫正 376 人，现有 133 人。全年共排查各类隐患 503 起，其中公共安全类 322 起，矛盾纠纷类 178 起，网络安全类 2 起，已整治493起，整治率98%，其中3个重点整治对象已全部整治完毕。2017年，昔阳县进京越级访为24件59批162人（次），较2016年同期下降约37.5%，其中，非访登记为5件6批7人（次），下降58.33%，降幅明显。

【平安建设】 2017年，昔阳县委、县政府主要领导与91家单位签订2017年度治安综合治理社会责任书，坚持系统治理、综合治理、源头治理，全面落实社会综合治理目标管理。

重点加强乡村两级“两会一队”、乡镇专职调解员和全县平安志愿者队伍建设。截至年底，全县335个行政村和4个社区共配备“两会一队”人员3600余人，招募平安志愿者2321名，督促全县各单位、小区配备保安力量1600余名。全年，各级社会服务管理中心运行情况良好，累计收集各类网格事件3.35万件，通过各级网格化信息系统收集信息2.14万条。其中，平安建设类事件1.98万件，包括矛盾纠纷排查化解7496件，流动人口服务管理1091件，特殊人群帮教管理366件，社会治安重点整治107件，法制宣传622件，安全隐患排查9501件，治安隐患排查537件，涉法涉诉信访33件。各类网格案件处置率达85%以上。全年，议定并出台《昔阳县领导接访首问负责制》《昔阳县县级领导接访周带班制度》。全年共排查矛盾纠纷185起，已化解矛盾纠纷171起，成功调处率达92.4%，接待群众法律咨询104人（次）。昔阳县消防应急救援指挥中心，投资概算1410万元，10月10日开工建设。依托县网格办和县信访局办公场所，面积550余平方米的昔阳县综治中心正式挂牌成立，包含群众接待室、矛盾纠纷调解室、监控研判室、心理服务室4个主功能区；依托乡镇便民服务大厅和调解中心场所，12个乡镇和1个社区综治中心投入使用，并着力打造50个村级综治中心。县政法委、综治委、公安局联合制定了《昔阳县“雪亮工程”项目方案》，成立了“雪亮工程”建设工作领导小组，县委召开2次“雪亮工程”规范化建设推进会进行具体安排。

2017年4月15日县政法委在县政府广场组织“4·15”宣传活动

【政法宣传】 2017年，昔阳县政法委组织开展综治与平安建设宣传月、“4·15”国家安全日、“11·1”反间谍法颁布实施3周年、“12·4”国家宪法日、“爱路护路”宣传等主题宣传活动。开通“昔阳司法”微信公众号。共开展各类法治宣传活动30余次、发放法治宣传资料2万余份、接待咨询人数1000人（次）、举办法治培训15期。在12个乡镇、4个社区，每个乡镇至少2个以上示范村，全部设立法治文化宣传墙；在县城治安复杂街、乡镇所在地、千人以上村和国省道沿线村建设法治长廊、法治文化街、法治大院等宣传阵地72处，共计1.5万余平方米。录制播出法治微电影2期，录制播出《法在身边》系列节目7期、《交警在线》23期、《道德与法治》13期，为全县政法工作营造良好的舆论氛围。

公　安

【概况】　昔阳县公安局最早成立于1937年11月。下设28个机构，其中内设机构14个：指挥中心、国内安全保卫大队、治安管理大队、刑事侦查大队、交通管理大队、政工监督室、法制大队、警务保障室、经济犯罪侦查大队、巡逻警察大队、禁毒大队、纪检监察室、食品药品犯罪侦查大队、网络安全保卫大队。派出机构12个：乐平派出所、大寨派出所、李家庄派出所、皋落派出所、东冶头派出所、界都派出所、沾尚派出所、赵壁派出所、孔氏派出所、三都派出所、闫庄派出所、西寨派出所。直属机构2个：看守所、拘留所。

2017年，昔阳县公安局完成党的十九大安保维稳任务；强构防控体系，提升维稳能力，社会政治大局安全稳定；高举打击重拳，强化治安管理，社会治安秩序持续良好；推动科技强警，规范执法行为，基层基础建设工作稳步进行；高举执纪利剑，狠抓作风建设，队伍整体形象和战斗力明显提高，各项公安工作和队伍建设整体水平进一步提升，确保了全县政治社会大局稳定，为全县经济发展、人民安居乐业提供保障。

2017年，昔阳县公安局共有10个集体、12名个人获得市级（含市级）以上表彰奖励。

获得省公安厅集体二等功名录：

昔阳县公安局

获得市公安局集体三等功名录：

乐平派出所执法办案二中队

获得市公安局嘉奖名录：

昔阳县公安局

晋中市优秀公安局名录：

昔阳县公安局

山西省先进集体名录：

山西省公安机关“210工程”建设成绩突出集体

警务保障室

晋中市先进集体名录：

“迎接十九大，全警保平安”“1+8”行动先进单位

昔阳县公安局

“迎接十九大，全警保平安”“1+8”行动先进基层单位

国内安全保卫大队

巡逻警察大队

乐平派出所

交通管理大队城市中队

获公安部先进个人名录：

公安监管工作成绩突出个人

刘　健　昔阳县看守所教导员

山西省先进个人名录：

山西省社会治安综合治理先进工作者

张仲梅　昔阳县公安局乐平派出所辅警

获市公安局个人三等功名录：

王瑞明　昔阳县政府副县长、昔阳县公安局党委书记、局长、督察长

刘　斌　昔阳县看守所兼拘留所所长

延　涛　昔阳县公安局刑事侦查大队三中队指导员

宋爱红　昔阳县公安局保安管理大队大队长

刘　健　昔阳县看守所教导员

王　坤　昔阳县公安局刑事侦查大队二中队指导员

晋中市先进个人名录：

“迎接十九大，全警保平安”“1+8”行动先进个人

乔江峰　昔阳县公安局乐平派出所所长

单东亮　昔阳县公安局禁毒大队大队长

王　洋　昔阳县公安局法制大队民警

李晋锋　昔阳县公安局巡逻警察大队辅警

【110 报警服务】 2017 年，昔阳县公安局 110 报警服务台呼入总量为 2.88 万次，同比增加 1.41 万次，上升 96.60%；警情类报警 3120 起，同比减少 143 起，下降 4.38%。其中，刑事类警情 190 起，占 6.09%，同比减少 91 起，下降 32.38%；治安类警情 950 起，占 30.45%，同比减少 30 起，下降 3.06%；交通事故 1879 起，占 60.22%，同比增加 17 起，上升 0.91%；火警 22 起，占 0.71%，同比减少 4 起，下降 15.38%；群众求助 62 起，占 1.99%，同比减少 8 起，下降 11.43%；举报、投诉 17 起，占 0.54%，同比减少 21 起，下降 55.26%；其他报警 0 起，同比减少 6 起，下降 100%。

【党的十九大安保维稳工作】 2017 年，昔阳县公安局抓住十九大安保这一重大政治任务，全面聚焦为党的十九大胜利召开创造安全稳定社会环境总目标，牢牢守住“三个不发生”和“七个坚决防止”安全底线，不断强化“万无一失”的担当意识和“一失万无”的忧患意识，按照“最高标准、最严要求、最强措施、最佳状态、最好效果”之宗旨，全警动员，全员参战，全力以赴推进以“维护政治安全、反恐防暴、信访维稳、严打整治、缉枪治爆、消防安全管理、交通安全管理、队伍教育管理”八大专项行动为主要内容的“迎接十九大，全警保平安”“1+8”专项行动，在强化反恐防暴预警演练、社会治安管理、公共安全管理和严打刑事犯罪的同时，启动李家庄服务站和天黎高速昔阳入口两个公安卡点，出动警力 640 余人（次），严密查控勤务，检查车辆 7691 台（次）、人员 2.63 万人（次），筑牢护城壁垒，拦截劝返各类重点人员 21 人，从严从实从细做好保安全、护稳定、促和谐各项工作，圆满完成了党的十九大安保维稳各项任务，受到了县委、县政府的充分肯定和市公安局的通令嘉奖。昔阳县公安局被市公安局通令嘉奖，4 个基层单位和 4 名民警被市公安局分别评为“迎接十九大

全警保平安”1+8行动先进基层单位和先进个人，4名战时立功个人被市公安局记个人三等功。

【安全保卫】 2017年，昔阳县公安局坚持稳控和打击两手抓，紧抓重点人员、重点部位、重点时段3个环节，以“情报主导、信息支撑”为理念和模式，收集研判各类情报信息381条，落地核实维稳信息110余条（次），据此打击处理教育邪教人员200余人（次），积极妥善处置各类苗头性、突发性、群体性事件10余起，处罚不落实反恐措施单位2家，罚款4万元。坚持矛盾化解和专群结合两手抓，强化对各类社会治安信息的搜集以及矛盾排查化解工作，积极加强对社会面的管控，调处各类矛盾纠纷340余起；接待信访人员40人（次），受理信访案件14起，已办结12起；驻京接访接返重点人员30余批160余人（次），谈话教育训诫上访人员163人（次），查处非访滋事案件8起11人。

【刑侦工作】 2017年，昔阳县公安局充实侦查一线队伍力量，注重科技手段在案件侦破当中的重要作用，创新工作方法，提升打击能力，同时利用各种防控手段，减少和预防各类刑事犯罪，取得“一降一升”（发案率下降、破案率上升）的工作成效。共立各类刑事案件321起，同比下降28%；破案199起，破案率62%，同比上升17个百分点；打掉各类犯罪团伙7个，抓获团伙成员25名；抓获各类犯罪嫌疑人105人；抓获各类网上逃犯102名，同比上升70%；立侵财类案件287起，同比下降24.1%，破案157起，打掉侵财犯罪团伙5个，抓获成员17名。全年，实现命案和有影响的大要案件发案率为零的历史性突破。

【社会治安管理】 2017年，昔阳县公安局紧紧抓住影响社会治安稳定和人民群众安居乐业的热点问题，深入开展社会治安重点、乱点地区及公共复杂场所整治、集中打击“黄赌毒”等专项整治行动，推进“打防管控”一体化建设，全县社会治安秩序进一步好转。共受理各类治安案件1175起，查处549起，其中调解339起，调解率62%；打击处理违法人员651名。共查破涉枪涉爆案件13起，收缴枪支18支，枪弹219枚，炸药613.55千克，雷管341枚，导火索950米，二氧化碳活化器1431支；处罚涉爆单位1家，罚款10万元。

公安干警夜间武装巡逻

【基础设施建设】 2017年，昔阳县公安局坚持把公安基础工作作为基础性、先导性、保障性、根本性任务来抓，在确保社会大局稳定的同时，各项公安基础设施建设取得重大突破。警犬基地建设项目占地面积467平方米，投资60万元，2016

年10月开工建设。车管所项目投资480万元，建筑面积1565.55平方米，2016年6月开工建设，2017年8月投入使用。闫庄派出所建设项目占地面积1333平方米，建筑面积530平方米，投资概算110万元，2017年10月开工建设。昔阳县消防应急救援指挥中心建设项目占地面积4466平方米，建筑面积4427平方米，投资概算1410万元，2017年9月开工建设。王寨公安检查站项目预投资20万，2017年10月开工建设。

【经侦工作】 2017年，昔阳县公安局紧紧围绕全县经济社会发展大局，突出打击经济犯罪主业，切实履行“打击、服务、参谋”职能，积极开展打击各类经济犯罪专项行动，为维护全县经济秩序稳定做出了应有的贡献。全年共受理经济案件14起，立案13起，破案9起，抓获犯罪嫌疑人9名，取保候审7人，移送起诉7案8人，涉案金额2850万元，挽回经济损失63万余元。11月29日，侦破公安部督办董晓庆等人组织、领导“京广和”传销案，其发展下线1600人，最大下线层级89层，招商金额2800万余元。

【食药侦工作】 2017年，昔阳县公安局共立销售假药案4起，破4起，抓获犯罪嫌疑人4人，取保候审4人，收缴疑似假药180余种。共出动警力40余人(次)，与食药监、农业执法、盐业等相关部门开展联合执法8次，检查各类食品、药品生产、经营、销售点52家，查收过期药品30余盒。

【禁毒】 2017年，昔阳县公安局不断强化禁毒宣传、毒品查缉、吸毒人员管控和易制毒化学品管理，严厉打击涉毒违法犯罪活动，推动禁毒工作深入开展，取得显著成效。共查破涉毒案件74起，其中破获刑事案件3起。办理行政案件71起，打击处理涉毒违法人员93人（其中强制隔离戒毒11人、社区戒毒23人），缴获毒品海洛因0.41克、冰毒1.5克。

【户政管理】 2017年，出生登记2132人、迁入3228人、迁出3538人、死亡注销3350人；办理二代身份证1.6万个；注销历年已死亡人员户口2054个，核实未死亡人口78人；户籍登记94名长期无户口人员；核实人像比对线索75条；农业人口转城镇人口191人，城镇化率达到22.78%；登记流动人口1.12万人、出租房屋681间，发放居住证2235个；列管刑释人员386人、社区矫正对象104人。

【出入境管理】 2017年，昔阳县公安局坚持“热情接待、耐心讲解、秉公受理、依法办事”的原则，强化出入境管理工作经常化、网络化、规范化管理，进一步提升服务管理水平，确保了出入境管理工作高效开展。共受理审批出境人证件3017个，其中因私出国1452人、往来港澳1448人、往来台湾117人；清理公民因私出入境证件档案和信息数据109条；核实举报线索1条；排查落实到昔外国人住宿登记管理规定2人；完成重大活动核心区域现场涉外安保1次，登记临时住宿外国人108名；录入法定不准出境人员65

人，国家工作人员25人；核实社会综合治理审核92人。

【队伍建设】 2017年，昔阳县公安局加强党性意识，落实“两个责任”，坚持挺纪在前，严格用人导向，聚力从优待警，队伍整体形象和战斗力明显提高。9月，调整充实局领导班子和基层所队干部81名，搭建较为合理的人才梯次结构，并对被调整干部进行专门的岗位学习培训。规范有效的队伍建设工作带动各项公安业务工作的有序进行，共有10个单位和12名民警获得市级（含市级）以上表彰奖励。

【消防管理】 2017年，昔阳县公安局共监督检查消防单位1345个，督促整改火灾隐患2119处，下发各类法律文书1327份，依法临时查封消防单位17个、责令“三停”相关单位24个，罚款49.79万元；救援火灾25起，财产损失价值45.04万元，火灾事故人员零伤亡。

【监所管理】 2017年，昔阳县公安局坚持将监所安全工作放在首位，抓在手上，通过创新安全机制，改革勤务模式，严密管理程序，监所创造了连续32年安全无事故的佳绩，看守所连续5年被公安部评为“一级看守所”，拘留所连续4年被公安部评为“一级拘留所”。监管民警充分发挥阵地优势，深挖案件线索63条，协破案件41起，抓获犯罪嫌疑人6名，有效打击犯罪。

【全市公安监管系统现场会召开】 2017年6月28日，晋中市公安监管系统“迎接十九大、监所保安全”现场推进会在昔阳县成功举行。市公安局党委委员高俊林主持会议及相关活动。省公安厅监所管理总队总队长陈文武、副总队长蔡瑞清，昔阳县人民政府副县长、公安局局长王瑞明出席会议，市检察院、市卫生和计划生育委员会、武警晋中市支队有关领导应邀参加会议。所属各县（市、区）公安局分管局长、全市公安监管场所所长及主管内勤工作的民警、市局监管支队和县公安、检察、武警、卫计部门负责同志及有关人员等共计80余人参加了会议。

【全市公安机关纪检监察工作现场会召开】 2017年6月14日，晋中市公安机关2017年第二季度纪检监察工作现场会在昔阳县成功举行。市公安局党委委员、纪委书记王有主持会议及相关活动。昔阳县政府副县长、县局党委书记、局长王瑞明出席会议，市局纪检监察干部、各县（区、市）公安局（分局）、交警支队、消防支队纪检部门纪检书记及纪检干部50余人参加了会议。

【典型案例】 2017年，昔阳县公安局破获系列撬盗保险柜案件：7月28日，成功破获系列撬盗保险柜案件10余起，抓获犯罪嫌疑人杨某、邓某、葛某、朱某4人。

昔阳县公安局破获省督系列诈骗案：3月24日，成功破获省督系列诈骗案件10起，抓获犯罪嫌疑人李某、荆某、王某3人。经查，犯罪嫌疑人李某（男，51岁，阳泉市人）在2016年刑满释放之后一直无业，因生活拮据便再次萌发实施诈骗别人钱财的想法，自2016年11月份以来，其伙同荆某（男，47岁，阳泉市人）、王某（男，41岁，阳泉市人）驾车先后窜至昔阳县、和顺县、寿阳县、盂县采取“捡包分钱”的方式实施诈骗，作案10起，涉案金额8万余元。12月20日，昔阳县人民法院一审判决李某有期徒刑2年零5个月，并处罚金人民币4万元；判决王某有期徒刑1年零11个月，并处罚金人民币3.5万元；判决荆某有期徒刑1年，并处罚金人民币2万元。

昔阳县公安局破获系列盗窃电动车电瓶案：2017年7月18日，昔阳县公安局成功破获系列盗窃电动车电瓶案件30起，抓获犯罪嫌疑人张某、王某2人。

检 察

【概况】 昔阳县人民检察院于1978年恢复重建。2017年在监察体制改革和司法体制改革中，调整内设机构5个，分别为政治部、综合保障部、刑事监察部、民事行政检察部、检察业务监督管理部。现有干警35人，在职中共党员26人，大学本科以上学历24人，其中研究生学历4人、双学位2人。

【司法责任制改革】 2017年，昔阳县检察院配合完成国家监察体制改革。7名职务犯罪侦查局人员顺利转正，实现了机构、编制、人员、装备、案件线索和档案资料的全部顺利交接完成。积极参与研究检察机关与监察委员会案件移送衔接机制，共办理监察委员会移送职务犯罪案件7件，经审查起诉案件7件，起诉率为100%；积极推进司法体制改革。遴选产生9名入额检察官，建立以员额检察官为核心的检察官办案组，调整设置为5个内设机构，招录5名书记员充实检察队伍，形成三级检察人员分类管理。

【业务建设】 2017年，昔阳县检察院共批准逮捕分类刑事犯罪45件57人，提起公诉86件154人。办理破坏社会主义市场经济秩序犯罪7件8人，扰乱市场秩序罪1件2人。办理金融诈骗、侵犯知识产权罪等涉众型经济犯罪共5件5人。监督公安机关立案4件，撤案3件，共纠正漏罪23人，纠正漏犯10人，对侦查活动违法情形提出纠正意见12件；在审判监督中，对审判活动违法情形提出纠正意见2件，提出量刑建议75人，提出抗诉1件1人，上诉22人。刑罚执行和监督活动违法情况监督案件50件，监外执行纠违案件47人，羁押必要性审查4人。共受理民事行政案件23件，共支持起诉民事申诉案件11件，针对法院一般程序违法行为提出检察建议1件，法院已采纳1件。按照上级检察院服务营商环境决策部署，对民事行政执行活动监督8件，息诉案件1件。针对国有资产和生态环境污染等领域，向有关行政机关发出诉前检察建议案件4件，督促县林业局履行职责案件1件，督促县水利局履行职责案件1件，为国家追回水资源费11万元。

【自身监督】 2017年，昔阳县检察院开展“执法司法规范建设年活动”专项行动，围绕“六强化、六促进”工作主题，坚持案件质量评查，梳理整改司法不规范问题31个，典型案例5个，着力解决了监督不全面、不及时等监督难的问题。强化检察信息化建设。开展科技强检、智慧检务建设，打造“互联网+智慧检务”工程。更新涉密计算机31台次，适应公文网上流转，大力推进无纸化办公。在检务大厅安装LED大屏显示系统，有效地拓宽检务公开渠道。全面实施“阳光检察”工程，深入推进检务公开，公开案件程序性信息598件，法律文书127份。及时更新“两微一端”和检察信息门户网站500余次，借助新媒体传播检察好声音。

2017年5月6日，县检察院9名入额检察官在大寨礼堂进行宪法宣誓

【队伍建设】 2017年，昔阳县开展“两学一做”学习教育活动，进行为期半年的“讲党课、学业务”学习活动，检察院包括检察官助理以上的干警均完成登台讲课；出台《昔阳县人民检察院学习贯彻党的十九大方案》，每周一下午党组带头，分章节原原本本学习党的十九大报告原文和党章，坚定不移用习近平新时代中国特色社会主义思想统领检察工作。组织干警学习观看《总书记在山西》专题教育片，开展“心有党中央、紧跟核心走”为主题的学用总书记视察山西重要讲话精神交流活动。完成支部换届选举，完成2017年党费收缴工作，发展2名优秀青年干警加入党组织，为党组织增添新鲜血液。强化党建统领带动群团建设，指导工会组织开展演讲比赛、“迎七一，颂党恩”合唱比赛、“五四”青年活动等丰富多彩的文体活动，营造机关文化建设的良好氛围。1名干警获县直机关“微党课”竞赛一等奖，1名干警获干部“赛三才”演讲比赛三等奖。2名干警获统一战线“学讲话，学条例”知识竞赛三等奖。以实施检察人员分类管理改革为契机，举行入额检察官宪法宣誓仪式，进一步坚定宪法信仰。参加入额检察官素能提升培训班8人（次），增强了员额检察官的责任感使命感和履职能力。全年组织干警参加各类业务培训26人（次），参加行政党校培训36人（次），大力开展岗位练兵、业务竞赛、庭审观摩、网络培训和技术信息培训，切实增强干警基本能力建设。

法 院

【概况】 2017年，昔阳县人民法院共有正式在编干警43人。内设机构有办公室、政治处、立案庭、刑事审判庭、民事审判庭、行政审判庭、执行局、司法警察大队。派出法庭为赵壁人民法庭、东冶头人民法庭、西寨人民法庭。

【审判工作】 2017年，昔阳县法院共受理案件1134件，审（执）结案件1079件，结案率95.15%，审限内结案率达97.67%。其中受理刑事案件108件，审结99件，结案率91.67%；受理各类民商事案件996件，审结950件，结案率达95.38%。共公开裁判文书1706份，直播庭审104件。

【案件执行】 2017年，昔阳县法院共受理各类执行案件553件，执结509件，执结率为92%，执结标的额达909.34万元。

接待来访群众

【司法体制改革】 2017年，昔阳县人民法院积极开展司法体制改革工作，2016年初步完成了法官职务套改、首批法官遴选、法官入额、法官职务单独序列评定、法官工资制度改革等工作，并组建了新的审判运行机制，完善了相关制度，2017年开始运行，初见成效。科学配置审判资源。首批入额法官11人，组成2个审判团队，分别由2名入额的院领导担任团队负责人，新聘用书记员，实现1名法官固定搭配一名书记员的“1+1”模式。执行局分为2个执行小组，确定了2名组长，实行统一分案，分组工作，明确责任，提高办案效率。优化法官职业保障。成立了法官保障委员会、法官专业委员会、法官监督委员会3个委员会，使法官权益保障有了坚实的组织依靠，并相应落实了法官待遇。严格落实办案责任。落实主审法官负责制，法官依法独立审理和裁判案件，并对裁判结果负全部责任，实现“让审判者裁判、由裁判者负责”，强化法官责任性，落实办案责任制，提升办案质量与水平。

司法行政

【概况】 2017年，昔阳县司法局主管司法行政工作。内设办公室、基层工作管理股、社区矫正股、法制宣传教育股、行政审批股。下设：昔阳县公证处、宇清事务所、法律援助中心、司法鉴定中心、乡镇12个司法所。行政编制17人，其中领导职数3人，局长1人，副局长2人。

【依法普法】 2017年，昔阳县普法依法治理领导小组及其办公室成立，健全完善普法依法治理工作机制。协调县委组织部、县人社局对新录用公务员、事业单位工作人员进行了岗前法治培训。县司法局、县纪委监委、县委组织部、县人大联合实行领导干部任职前法律知识考试制度，建立健全各级领导干部法律知识任职资格制度。开展了“全民国家安全教育日”“推进残疾预防，健康成就小康”“六·五环境日”“诚信经营，依法维权”“加强依法管理，建设环保企业”“12·4国家宪法日”等主题宣传活动。在村（社区）

"两委"集中进行换届选举期间，联合县民政局在全县农村（社区）进行了法律法规的宣传。开通了"昔阳司法"微信公众号，积极运用新媒体在第一时间向全县社会公众推送法治宣传、法律服务、法治建设的最新工作动态，打通法治宣传教育服务群众的"最后一公里"。共发布法治宣传方面的消息16条，吸引了社会各界近300人的关注。共开展各类法治宣传活动30余次、发放法治宣传资料2万余份、接待咨询人数1000人（次）、举办法治培训15期。

【社区矫正】 2017年，昔阳县司法局以"社区矫正教育矫治质量年活动"为引领，扎实开展"社区矫正和安置帮教工作安全稳定风险隐患大排查大整治专项行动"，建成了社区矫正中心，建立了"七人一中心"和"队建制"为主的运行机制，健全各类规章制度，规范了执法各个环节，重点解决了社区矫正工作中执法力量薄弱、执法能力不足和衔接配合不畅的关键性问题。累计接收社区服刑人员510人，累计解除382人，在册社区服刑人员128人。接收刑释解教人员438人。累计对495名拟适用社区矫正人员进行社会调查评估，不适用社区矫正4人。

【人民调解】 2017年，昔阳县司法局与昔阳县法院制定《关于规范诉调对接及委托调解的实施办法》，积极推进人民调解、司法调解和行政调解的"三调联动"，建立并完善诉调对接机制。以县矛盾纠纷调解中心作为县专业人民调解中心的试点平台，积极推进专业人民调解中心建设试点工作。已探索建立起条块相连、点面结合、互动联调的"五联"专业人民调解中心工作体系。2017年，各级调解组织共排查各类纠纷535件，调解成功535件，调解成功率为100%，履行535件，履行率为100%。

【安置帮教】 2017年，昔阳县司法局严格落实衔接措施，强化无缝对接，实现重点对象接回率100%，一般帮教对象接回率75%的"必接必送"目标。通过刑释解教人员信息管理平台与监所实现对接，提前制定安置帮教方案，提前落实好衔接、管控、帮教措施，实现信息互相沟通。服刑在教人员的信息核查工作由专人核实，专人上报，对服刑在教人员的信息做到有据可查，确保信息准确无误，实现司法所、监所、看守所服刑在教人员信息全面对接。司法所和派出所建立了月工作例会和信息通报制度，对各自登记在册的刑释解教人员名单进行比对，一旦发现有漏登漏报的能及时增补，做到了信息互通，资源共享。鼓励刑释解教人员通过形式多样的自主创业实现就业。经过上下的不懈努力，已初步形成"社会帮、组织帮、家庭帮"的刑释解教人员帮扶新格局，确保这一特殊人群的思想稳定、工作稳定、家庭稳定。

【法律援助】 2017年，县司法局加强乡镇、行业法律援助工作站点建设，进一步做好协调、联络、对接工作，确保相关的制度到位，联络畅通，强化法律援助机构与行业站点的沟通协作，开展宣传、咨询、办理法律援助案件等活动，推动法律援助从“有形覆盖”到“有效覆盖”。尽可能扩大法律援助覆盖面，做到应援尽援。全年共办理各类援助案件35件，其中刑事10件，民事25件，解答法律咨询788人（次）。

【法律服务】 2017年，县司法局积极安排律师参与信访接待值班工作，参与“拆违治乱提质”矛盾纠纷化解、突发事件处置工作，积极服务重大项目、重点工程、重要工作，为深化改革，防范金融风险、防范企业经营风险等提供法律服务；建立“昔阳县法律顾问之家”微信群，及时让律师、法律工作者入驻，对法律顾问工作遇到的疑难问题进行交流探讨；建立健全法律顾问制度和两公律师制度。年内，昔阳县8个党委部门及24个政府组成部门，全部完成法律顾问聘任工作。公证处积极拓展公证工作服务领域，着力为重点项目建设、企业改革、新农村建设等工作中的法律需求，提供公证法律服务。坚持服务便利，执业为民，全心全意为当事人提供优质高效快捷的公证法律服务。全年共办结各类公证事项93件，其中继承类58件，公证业务收费1.6万元，接待当事人咨询700余人（次），处理来信7件。

消 防

【概况】 山西省公安消防总队晋中市公安消防支队昔阳大队，单位称谓昔阳县公安消防大队，于1992年9月成立。大队有现役干部2人、消防员22名、文职7人（其中2人为政府招聘，5人为支队招聘）、后勤临时人员2人；大队现有车辆装备行政车3辆、消防泡沫水罐车2辆、消防水罐车1辆、抢险救援车1辆。获十九大消防安保先进集体、冬春实战化练兵比武竞赛第三名。大队长段瑞慧荣获十九大安保先进个人。

【政治建警】 2017年，昔阳县消防大队根据支队确定的年度工作目标责任书，结合大队实际情况，以“维护核心、听从指挥”主题教育活动为主线，狠抓思想政治工作，深入开展了百日教育整顿、“酒驾问题集中整治”“大队管理中队”、消防监督执法领域专项整治等活动，并开展了学雷锋、清明祭奠、“七一”“八一”等专题活动。各项活动都能做到有组织、有安排、有方案、有措施、有落实，采取多种形式增强教育效果，提升官兵思想政治认识。

消防大队对社区人员开展消防培训

【抢险救援】 2017年，昔阳县消防大队共接警47起，出动47次，出动消防车辆68辆，出动警力367人次，抢救被困人员34人，疏散被困人员29人，抢救财产价值38.1万元。同比2016年，接警起数上升23.7%，抢救财产上升53.6%。

【后勤保障】 2017年，消防业务收入359.98万元，其中50万专项资金为购置消防装备器材，64.64万元为营房基本建设经费，29.91万元为购置空调、电脑、灯等固定资产。

【专项行动】 2017年，全县开展“今冬明春火灾防控”“夏季防火检查工作”“冬春火灾防控”等专项行动，始终保持对火灾隐患的高压态势。全年，县消防大队共监督检查单位1393家，发现火灾隐患2215处，督促整改火灾隐患2192处，印发《责令改正通知书》1305份，印发《行政处罚决定书》47份，依法临时查封单位19家，责令“三停”单位26家，行政拘留12人，罚款55.79万元。政府挂牌督办重大火灾隐患2家，整改销案2家。

道路交通管理

【概况】 交警大队主管交通管理工作。内设办公室、车辆管理所、调控中心、法制股、秩序股、宣教股、城市中队、事故处理中队、东冶头中队、白羊峪中队、中山中队共11个科室。行政干部18人，行政工人2人，事业干部5人，事业工人1人，辅警123人。2017年，交警大队在年度考核中，取得晋中市排名第二的好成绩，荣获“山西省公安交警系统先进大队”荣誉称号。

【交通秩序管理】 2017年，昔阳县交警大队共出动警力5000余人（次），车辆2000余辆（次），圆满完成了元旦、春运、清明节、全国“两会”“一带一路”“五一”小长假、中高考、端午节、2017环中国国际公路自行车赛、中秋节、国庆节、十九大以及各级领导赴昔调研的交通安保工作。共查处各类交通违法行为9.56万例（现场2.9万例，非现场6.67万余例），其中查处饮酒驾驶268例、毒驾2例、超速19862例、超员12例、涉牌涉证306例、超员368例、城市违停9381例、货车不盖苫布1468例，不系安全带2.06万余例，查处无牌无证摩托车350例，行政拘留18人，有效净化了路面交通环境。大队充分发挥公路交通缉查布控系统和一线中队、执法站等网上网下立体防控机制，通过缉查布控系统录入逾期未检、“两客一危”、黄标车等违法车辆343辆，精准打击机动车交通违法行为150例，为交通事故案件、公安局刑事、治安案件提供有效线索563条。

【交通事故处理】 2017年，昔阳县共发生道路交通事故1897起，同比增加34起，增长1.8%；死亡23人，同比增加6人，增长35.3%；受伤154人，同比增加14人，增长10%；财产损失216500元，同比减少41800元，下降23.9%。涉嫌交通肇事刑事案件立案侦查12起，涉嫌危险驾驶刑事案件立案侦查17起，没有发生一起死亡3人以上的重大道路交通事故。

【车辆和驾驶人管理】 2017年，昔阳县新建车管所投入使用，实现集“车驾管业务办理”“交通安全宣传教育”和

"道路交通安全违法处理"于一身的综合性服务管理窗口。不断加强交通安全"源头"隐患的排查工作，加强对"五类"重点车辆和驾驶人的排查清理，共清查整改逾期未检验重点车辆25辆，清理整顿逾期未检重点机动车驾驶人24人，使"五类"重点车辆检验率、报废率均达到100%，重点驾驶人审验率达99.69%，换证率达99.91%。强化了车驾日常管理，共办理机动车注册登记2049台，合法检验合格标志3208台，通知或公告强制报废机动车97台；补、换机动车驾驶证4137个，驾驶证年度审验2637条，办理记满12分安全学习676人次；深入厂矿企业50余次为群众办理相关业务。共淘汰黄标车老旧车95辆，100%完成了下达任务。

【科技强警战略实施】 2017年，昔阳县交警大队针对日益严重的城市道路交通拥堵问题，加大城市交通指挥中心建设的科技投入，完善交通诱导、路面监控、流量研判等功能，新增不礼让行人电子抓拍设备6套，施划标线4.4万平方米，停车位3300平方米，安装标志牌28块，并适时调整全县18套红绿灯交通信号配时，科学渠化路口，向社会发布交通管制信息等，多措并举，及时跟进，全面提升城市交通组织水平和解决拥堵问题能力。大队按照上级交管部门的总体部署，加大国道、省道道路交通安全管控力度，全年新增交通卡口1套、执法站监控系统2套、公路监控设备1套，超限站货车闯禁行设备2套，不盖苫布抓拍设备1套。

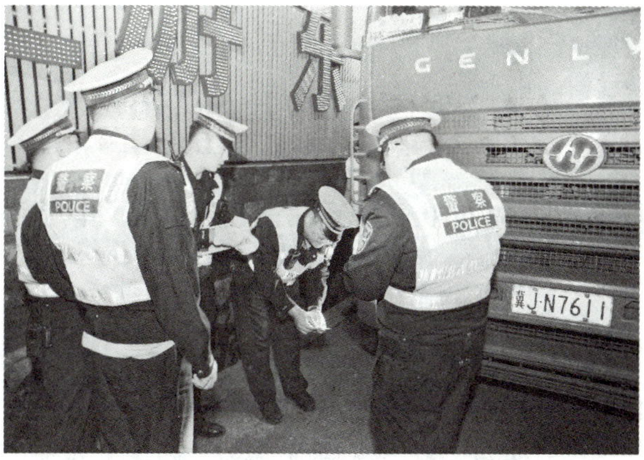

民警对过境车辆进行毒驾检查

【交通安全宣传教育】 2017年，昔阳县交警大队交通安全宣传教育。共深入中小学校、运输企业等场所举行各类大型宣讲活动20场（次），悬挂横幅280余条，张贴宣传画1000余张，发放宣传画册1.8万余本，发放各类宣传单2万余张，播放游走字幕500条（次），通过"双微"平台发布信息300余条，受理群众咨询业务、反映问题、意见建议50余件。

经济管理与监督

JING JI GUAN LI YU JIAN DU

发展和改革

【概况】 昔阳县发展和改革局为正科级行政单位，内部设置6个股室：办公室、国民经济综合股、固定资产投资股（昔阳县重点工程项目办公室）、行政审批股、价格管理股、地区经济股。2个直属机构：价格监督检查分局、成本调查监审分局，均为股级建制。

【重点工程】 2017年，昔阳县实施重点工程66项，总投资157.31亿元，年度计划完成投资65.49亿元。其中新建项目55项，总投资139.71亿元，年度计划完成投资57.49亿元；续建项目11项，总投资17.6亿元，年度计划完成投资8亿元。1月—11月已开复工55项，未开工项目11项。已开复工的55个项目中计划跨年度完工的19项，计划2017年度完工的35项，其中实际年底可完工的15项，年底不能完工的11项，已完工9项。

【“煤改气”工程】 2017年，晋中市下达昔阳县“煤改气”任务8000户，根据昔阳县实际情况，确定任务为1.14万户，工程开工率100%，安装入户1.18万户。竣工率为完成市定8000户任务的146.95%、完成县定1.14万户任务的102.76%，累计完成投资1.38亿元。

【争取资金支持】 2017年，昔阳县通过研究国家、省产业投资政策，主动沟通对接上级发改部门，积极发挥发改部门争取资金的主渠道作用，做深做实做细项目前期工作，通过发改渠道共争取上级资金6270万元。其中，新增粮食产能，争取资金4190万元（中央投资3360万元、省级投资830万元）；农村人畜饮水安全巩固提升工程，争取中央投资1200万元；重点防护林工程，争取中央资金350万元；以工代赈项目，争取省级投资530万元。

【价格管理】 2017年，昔阳县关注市场动态，加强价格监测预警，持续做好昔阳县市场重要生活必需品、农资产品、主要食、禽产品等4类商品的价格监测工作。对50余种常用基本药物的销售价格实行定期监测，落实基本药物的价格管理制度，对销售药品欺诈行为进行严格检查。做好价格检查工作。积极受理前期物业、天然气、水价、基础设施配套等方面的投诉案件。做好污水处理、阶梯燃气价格、阶梯水价的成本监审工作，为政府决策奠定基础。督促公立医院医疗服务价格改革，打击不合理收费。配合县医改办，推进县乡医疗卫生机构一体化改革和公立医院综合改革工作。完善收费公示工作，在政府门户网站公示《昔阳县行政事业卫生收费目录清单》和《昔阳县涉企行政事业性收费目录清单》。发挥“12358”价格举报工作平台作用。做好昔阳县各类委托案件的认证认定工作。

【深化改革】 去产能改革。2017 年昔阳县没有下达具体的煤炭去产能任务，主要在提高先进产能比重，改革采掘方式，节能降耗，提升煤炭企业管理上下功夫。去库存改革。截至年底昔阳县商品房有库存项目计 13 项，面积计 60.79 万平方米，共 5124 套，其中已售 4555 套，面积计 54.12 万平方米，未售（库存）569 套，计面积 6.66 万平方米。去杠杆改革。2017 年末，各项存款余额 125.86 亿元，较年初净增 9.05 亿元，增幅 7.19%。各项贷款余额 29.59 亿元，其中小额扶贫贷款净增 1.24 亿元，完成省市任务 145%，发放易地移民搬迁贷款 7336 万元。降成本改革。把降成本与改善企业管理结合起来，政府通过优化营商环境等从外部降低企业成本，企业从内部挖潜增效。打造“六最”招商引资机制，优化营商环境，试行企业投资项目承诺制，实行无审批管理，变先批后建为先建后验，确实把制度性成本降下来。补短板改革。昔阳县人民政府确定的 8 项重点转型项目上报市级重点工程项目库。

统计管理

【概况】 昔阳县统计局内设办公室和政策法规股、国民经济核算股、投资贸易统计股、农村统计股、工业能源交通统计股、综合社会股 6 个职能股室，下辖昔阳县城乡社会经济调查队、昔阳县统计调查监测中心、昔阳县普查中心 3 个事业单位，共有干部职工 27 人。

【统计服务】 2017 年，昔阳县重点加强对主要经济指标监测，强化经济运行月度、季度分析研判工作，参与政府召开的经济运行分析、重点指标研判，10 余次形成分析评价材料 6 篇。及时发布 2016 年昔阳县经济和社会统计公报、整理编印《2016 年昔阳县国民经济主要统计资料》和每月编印的《统计月报》。组织全体专业人员对 1949 年至 1977 年的即将成为孤本的统计资料重点进行整理编印。为部门、企业和社会团体提供统计数据奠定基础。2017 年走访 50 多个固定资产投资项目和 15 家重点企业。加强节能降耗统计监测方面，对昔阳县 16 家规模以上工业企业开展能耗数据及季度全社会能耗数据审核评估，着重从电力、原煤、成品油消费入手，加强对能源消耗和产值的数据匹配性审核。

【统计改革创新】 2017年，昔阳县创造性地做好统计工作。跟进国家统计方法制度改革步伐，固定资产投资统计“双轨制”运行良好；对接国民经济统一核算制度，做好相关准备工作；重点服务业审核入库及联网直报顺利推进；电子商务、企业创新调查有序进行；特色产业统计逐步规范。稳步推进昔阳县“三新”统计工作方面，严格按照市局统一部署安排，及时掌握相关工作要求，探索拓展“三新”统计领域，力求及时、全面、动态监测和反映本地“三新”发展状况和趋势。加强与县经商粮局、县教科局等部门及具有较强科研能力企业的沟通，在昔阳县范围内开展新产业、新业态、新商业模式和其他新活动摸底工作，完成上报《“三新”活动情况采集表》，为下一步“三新”统计工作奠定基础。

【专项调查和普查】 2017年，昔阳县专项调查完成调查登记和数据上报工作，完成20个样本村样本地块粮食播种面积上报，完成抽取的赵壁乡斜峪沟村、三都乡韩家沟村等6个村的农作物播种面积遥感测量工作，完成10个样本村的秋粮预测、实测工作，开展2017年涉及12个乡镇24个调查小区的人口抽样调查工作，完成城乡一体化住户调查的新样本轮换工作和旧样本住户调查工作，规范有序开展月度劳动力调查，在2个本村（居）抽取20户入户调查，以月按时采集、上报数据。开展第四次全国经济普查前期准备工作，确定昔阳县从事普查工作的专职人员，制作完成昔阳县第四次全国经济普查经费预算。

国土资源管理

【概况】 昔阳县国土资源局有干部职工67人。内设综合办公室、地籍规划股、土地利用保护股、矿产资源管理股、地环股、执法监察股、测绘管理股、行政审批股；下设国土资源监察大队、土地开发整理中心、不动产登记中心、土地交易中心、土地收购储备中心5个事业单位；分区域设有4个基层国土资源中心所（乐平镇、大寨镇、赵壁乡、东冶头镇国土资源中心所）。主要负责昔阳县国土资源调查、登记、发证，建设项目用地审查、土地利用总体规划和年度计划的编制及实施、建设项目用地统一征用、土地收购储备、测绘管理、矿产资源管理工作。

【地籍管理】 2017年，昔阳县以地籍管理规范化建设为核心，全面推进农村集体土地确权登记发证工作，完成6.16万宗集体建设用地和宅基地权属调查，涉及全县335个行政村、423个自然村，现已通过省级验收，进入数据库完善阶段。

【农田保护】 2017年，昔阳县耕地面积3.14万公顷，达到耕地保有量2.94万公顷的目标；完成永久基本农田划定工作，此次划定共划入基本农田1933公顷，划出1586.67公顷，划定后的基本农田为2.64万公顷。在划出基本农田中耕地共划出1546.67公顷，占划出基本农田的97.48%；其他地类共划出40公顷，占2.52%。

【土地整治】 2017年，昔阳县完成皋落等5个乡镇高标准基本农田建设项目主体工程，该项目2016年12月26日开工实施，总规模1116.09公顷，投资5323.46万元，涉及皋落镇、赵壁乡、东冶头镇、闫庄乡、界都乡5个乡镇11个标段，30个村。完成皋落等乡镇高标准基本农田建设项目防护堤水毁修复工程，共修筑堤坝3258米，复垦耕地8.8公顷。完成规模为848.53公顷的闫庄等乡镇高标准农田建设项目的前期踏勘、设计工作。

大寨镇郭庄村土地开发项目

【规划编制】 2017年，昔阳县完成《昔阳县土地利用总体规划（2006年—2020年）》调整完善工作，将有限用地空间更加集中地用于重点项目和区块，努力推动城镇和产业用地“精明增长”。完成编制《昔阳经济技术开发区土地利用总体规划》，总面积0.2万公顷，涉及界都乡柏叶底村、北界都村、南界都村、前安阳沟村、赵壁乡凤居村、黄岩村、黄岩底村、徐峪村、寨上村2个乡9个行政村，占用耕地653.91公顷。

【建设用地供应】 2017年，昔阳县供应土地35宗，面积62.42公顷。其中出让30宗60.55公顷，划拨2宗0.93公顷，集体建设用地占地3宗，0.93公顷，办理宅基地审批手续19户，办理国有建设用地使用权转让7宗，处置批而未供土地52.13公顷，5年平均供地率为77.96%，收储13.77公顷国有土地。

【矿产资源管理】 2017年，昔阳县保持对私挖滥采行为的高压态势，组织开展打击非法采矿“百日行动”，有力维护昔阳县矿业秩序。县国土局、煤管局、安监局3部门联合组织开展昔阳县煤矿企业超层越界开采专项检查整治行动，检查率100%。

【执法监察】 2017年，昔阳县完成土地矿产卫片执法工作，立案查处14宗违法用地，违法占用耕地比例7.58%，较往年降幅明显，经整改后比例降为2.52%；积极配合县政府开展的“五抓五提升”城乡环境大整治攻坚行动与“散乱污”企业清理整治工作，完成对相关主体用地情况的摸排统计。

【地质灾害防治】 2017年，昔阳县地质灾害隐患点（段）共72处。4月与住建、交通、水利、环保、煤炭、安监等部门对全县所有隐患点进行拉网式排查，逐一落实更新监测责任人和具体责任人并登记造册，落实隐患点雨前排查、雨中巡查、雨后核查制度。组织开展昔阳县人为地质灾害隐患的排查整治工作。全年出动宣传车12次，宣传人员46人（次），设置宣传站点7个，宣传短信260条，发放宣传资料3650余份，防灾工作明白卡72份，避险明白卡886份，地质灾害隐患告知书72份，实现地质灾害零伤亡。昔阳县城不稳定斜坡地质灾害隐患治理一期、二期工程全部竣工，完成界都乡前车掌村、赵壁乡东寨村、孔氏乡甘泉沟村共48户106人地质灾害避险搬迁工作。

【不动产登记】 2017年，昔阳县不动产登记实现平稳过渡。基本完成房屋登记数据整合，着力优化办理程序，一般登记办理时限缩减一半，抵押登记缩减80%以上，办事效率大幅提升。全年办理不动产登记1432件，并结合实际，解决不动产遗留问题360多个，为下一步工作积累了宝贵经验。

【测绘管理】 2017年，昔阳县加大对测量标志点维护力度，巡查维护三等水准点2个、二等三角点4个、三等三角点9个、GPS点38个。加强测绘市场监管，6月开展对昔阳县书店地图市场的问题地图专项检查。

【助力脱贫】 2017年，昔阳县优先保证易地扶贫搬迁项目5.19公顷的建设用地指标。加快设施农用地备案速度，全年备案设施农用地186宗，面积118.23公顷，惠及昔阳县12乡镇、城区社区的114个村，保障一批扶贫产业落地。

工商和质量监督管理

【概况】 昔阳县工商和质量监督管理局（简称工商质监局），正科级建制，为县政府工作部门，昔阳县工商和质量监督管理局有干部职工100人，内设12个股室，即办公室、法制股、行政审批股、市场监督管理股、消费者权益保护股、企业监督管理股、特种设备安全监察管理股、质量技术规范管理股、经济检查股、财务股、特种设备（电梯）应急救援中心、非公党建办公室。下设4个基层所，分别是昔阳县工商和质量监督管理局乐平所、李家庄所、大寨所、东冶头所和1个直属事业单位即昔阳县质量技术监督检验测试所。

【商事制度改革】 2017年，昔阳县工商质监局继续推进工商注册登记制度便利化改革。年内新增各类市场主体1819户，同比增幅14.48%，其中，新增企业和农民专业合作社602户，同比增幅51.64%。推行企业“多证合一”，个体“两证合一”。全年，持有“两证合一”营业执照3094户，持有率为42.7%；持有“多证合一”营业执照2531户，持有率达90.07%。推进网上登记全程电子化工作，年内，共办理网上名称核准975户，网上设立登记285户，发放电子营业执照28张；实行企业简易注销，为6户企业办理简易注销登记。推行企业住所登记承诺制，并推动各类市场主体“一照多址”和“一址多照”等住所（登记场所）登记改革，至年底，为9户企业办理“一照多址”。

【事中事后监管】 2017年，昔阳县工商质监局率先在昔阳县启动“双随机、一公开”工作，抽查市场主体180户，抽查结果全部录入到全国企业信用信息公示系统，向社会公示。牵头推进信用体系建设，组织昔阳县36个相关职能部门开展了2次培训，集成食药、国税、地税、公安、国土等各部门信用信息，建成市场主体“全科”档案。年内为全社会和各职能部门提供工商登记及行政处罚等信用信息共1.08万条。开展市场主体年报信息公示及核查工作，公示企业1253户，年报率99.52%；公示个体工商户4548户，年报率73.84%，公示农民专业合作社1010户，年报率98.06%，其中企业和农民专业合作社年报率位列晋中市第一名。

【市场经济秩序规范整顿】 2017年，昔阳县工商质监局实行“一个拳头+股所联动”办案机制。共组织抽检42批次，开展各类专项整治20余次，查办各类违法违章案件704件，罚没款18.40万元。

【维权保护】 2017年，昔阳县工商质监局共受理各类消费者投诉举报59起，全部按程序办结。围绕新型消费领域和诉求热点，组织开展“3·15”消费者权益日活动，通过广播、电视、报刊及微信等媒体，全方位进行宣传、教育，形成维权合力。继续完善消费维权体系建设，扩大基层消费维权网络覆盖面，全年共建立“消费维权服务点”29处。

【计量检定】 2017年，昔阳县共检定并出具《检定证书》和《检定结果通知书》的工作计量器具2335台（件），其中血压计120台，数字指示秤156台，燃油加油机95台，压力表1029块，煤矿用光瓦仪935台。

【特种设备安全监管】 2017年，昔阳县严格核审特种设备使用登记及作业人员证的行政许可工作，共发放特种设备使用登记证367份，其中压力容器183台、起重机械28台、压力管道6家共计79.2千米，电梯109部、场内机动车12台、锅炉19台、气瓶使用单位8家（次）（其中车用气瓶4家），复审操作证25份。多措并举做好特种设备安全监管。开展特种设备大清理工作，重新整理完善特种设备监督管理档案；组织电梯、涉危化品特种设备等专项整治和特种设备隐患大排查大整治，对昔阳县46家电梯使用单位在用的350台电梯内悬挂电梯使用“安全警示牌”，检查企业82家（次），发现隐患54条，现已全部整改完毕；在十九大期间重点开展了企业落实安全生产主体责任情况专项检查，查阅80余台在用特种设备档案，发现安全隐患6处，并督促整改到位，全年未发生一起特种设备安全事故。

推行“双随机一公开”

【商标质量品牌战略】 2017年，昔阳县工商质监局将符合条件且发展势头强劲、竞争力强的企业及产品列入重点培育名单，助力精益化管理企业创品牌工作。至年底，有效商标总量341件，其中著名商标6件，驰名商标1件，年内新注册有效商标46件，国家地理标志产品2件，国际商标1件，覆盖12个国家。山西富邦肥业有限公司等10家企业继续推荐为省级守合同重信用企业。

【脱贫攻坚】 2017年，昔阳县工商质监局立足民生，坚持“特困群体，政策兜底；微困群体，项目助推；轻微群体，生产自力；一般群体，不能掉队”的方针，分类施策，对症下药。形成以传统种植为基础，以双孢菇种植为特色，以服装加工、仿真花项目为辐射，5个农牧合作社带动、阳煤化工就业增收，光伏、金融扶贫支撑，教育、医疗、民政等政策兜底的格局，达到贫困户产业全覆盖。配合环境整治完成入村道路的美化亮化，调频广播、便民一条街、大众澡堂、日间照料中心的正常运营等夯实了民生公益。全年完成黄岩村24户、33名贫困人口的脱贫任务，并做好已脱贫的235户、527口人的脱贫巩固提升工作。

【非公党建】 2017年，昔阳县工商质监局理顺工作体制，成立非公党建办公室，配备专职非公党建办公室主任，专抓此项工作；推进“两个覆盖”，工作覆盖和党员覆盖。全年，非公党组织共建立联合党支部69个，党员总数432名，党组织覆盖率达到82%。共选派党建工作指导员113名，年内新建党组织5个，新发展党员14名。

审计监督

【概况】 昔阳县审计局的主要职责是抓好以县本级预算执行审计为主体的“三位一体”（财政预算、经济责任、专项资金）审计；对县财政决算审计与财政收支审计；土地、涉农、环保等专项资金的审计等。至2017年底，昔阳县审计局人员编制22人、实有16人。设有办公室、财金股、投资股、行政事业股、综合股、社保农业股和经济责任审计中心共1室6个职能股（室、中心）。

【审计工作】 2017年，昔阳县共完成审计项目62项，出具审计报告62个。查出违规资金1.07亿元，其他13.52亿元。核减工程价款872.36万元。其中完成县本级预算执行审计2项和部门预算执行审计2项，专项资金审计及审计调查9项，固定资产投资审计25项，（不含委托中介审计13项），经济责任审计23项，复审项目1个。审计处理处罚金额14.59亿元，其中应上缴财政2567.1万元，应归还原渠道资金249.36万元，审计促进资金到位9088.7万元，提出审计建议151条。

【本级预算执行情况和其他财政收支情况审计】 2017年4月—7月，昔阳县审计局组织开展2016年度本级预算执行情况和其他财政收支情况审计，对财政局、地税局2部门2016年度预算执行情况进行审计，对预算执行及其他财政收支情况进行专项审计，并对西寨乡、大寨镇进行财政

审计回访现场

决算专项审计，另外还对国营苗圃进行终结审计。总审计金额1.67亿元，查出违规资金7130.46万元，其他类资金9564.89万元。针对问题金额归还渠道3.42万元，促进资金到位7347.11万元，其他整改金额9344.83万元，提出整改建议16条。

【经济责任审计】　2017年，昔阳县对23个单位的领导干部进行经济责任审计，其中20家离任审计，3家任中审计。审计发现违规金额共计3.03亿元，其中：查出违规金额2247.33万元，其他类金额2.8亿元。2017年，昔阳县审计局根据经济责任审计工作安排，出具审计报告23篇，审计决定书20份和审计移送处理书11份进行了处理处罚：收缴应上缴财政0.24亿元，退还资金245.95万元，促进资金到位1365.14万元，其他处理整改2.63亿元；审计罚款37.86万元；移送主管部门处理事项11件；提出合理化整改意见及建议66条。

【专项资金审计】　2017年，昔阳县审计局派出5个审计小组，对财政信息化管理情况、“新农合”、薄改专项、住房公积金归集管理和使用情况以及稳增长促改革调结构惠民生等专项资金情况进行审计和审计调查，总审计金额9.72亿元，查出违规金额219.99万元。其他类资金9.7亿元。出具审计决定书3份、移送处理书1份，收缴应上缴财政189.13万元，其他处理整改9.7亿元，提出合理审计建议15条。

【固定资产投资审计】　2017年，昔阳县共开展25项固定资产投资审计，有4家合作社改扩建审计项目，3个抗旱应急提水工程审计，其余10项均为学校教学楼、室外工程以及附属工程的决算审计，以及8项其他类工程项目审计。总审计金额1696.99万元，审计核减工程金额872.36万元，促进资金到位376.44万元，其他资金问题330.19万元，提出合理化整改建议54条。通过审计，查清建设资金、工程造价和项目建设等方面的管理情况及有关政策的执行情况，并针对存在的问题提出建议，提高了投资效益。

安全生产监督管理

【概况】　昔阳县安全生产监督管理局和煤炭工业局（简称安监局）在2012年3月分设，内设机构五个（办公室、安监一股、安监二股、安监三股、安监四股），人员编制14人，其中局长1名，副局长3名，总工程师1名，纪检组长1名。2017年，公务员定编14人，实有13人，局长1名，副局长3名，主任科员2名，副主任科员1名，科员2名，在职公务员9人。现空缺总工和纪检组长2个副科岗位。增设昔阳县安全生产执法大队，为本局下属正股级事业单位，编制为7人，实有2人，空缺5人。作为综合监管昔阳县安全生产工作的部门，同时还承担着县安委办的日常事务，组织协调46个县安委会成员单位的安全生产和安全监管工作。

【安全生产监管责任落实】 2017年，安监局直接监管危险化学品、非煤矿山、烟花爆竹、民爆、其他共57家。拟定安监局直接监管行业安全工作目标任务，把工作任务细化分解到4个股室，并与危险化学品、非煤矿山、烟花爆竹企业签发责任书，危险化学品、非煤矿山等重点企业签订安全生产工作承诺书，进一步有效落实安全监管责任和企业安全生产主体责任。

安全月宣传咨询日活动

【双重预防机制建设】 按照晋中市、昔阳县双重预防机制建设的总体要求，安全生产监督管理局制定了双重预防机制建设方案，各行业领域确定了示范企业，制定本行业安全风险分级管控和隐患排查治理系列制度规范。年内，鑫阳顺搅拌站、鑫汇石料厂、烟花爆竹批发部等3家基本完成，利民石料厂、阳煤电石厂等2家正在进行风险分级辨识报备工作。

【安全质量标准化复核】 安全生产监督管理局配合市局对电石厂、氯碱厂、金星硫化厂、瑞阳煤层气企业进行了安全质量标准化复核，聘请了中石化专家对7家加油站进行了标准化复核。2家采石场、3家危险化学品生产企业、18家加油站、1家烟花爆竹企业、3家冶金工贸行业均达到了安全质量三级标准化标准。2017年又进行标准化达标升级，有2家加油站达到安全生产标准化二级标准。

【安全生产专项行动开展】 严格按照非煤矿山安全生产的规定，2家采石厂全部编制采掘计划，集中整治开采秩序混乱的行为。排查氯碱厂新工艺、新技术、新装备、新产品可能存在的潜在风险和隐患，加强动火、受限空间作业等特殊作业环节隐患的排查整改。加强危险化学品“两重点一重大”（政府安监部门重点监管的危险化工工艺、重点监管的危险化学品和重大危险源的监管）的安全监管，对危险化学品储存、生产、经营、运输各个环节进行排查整治。大力开展安全生产大检查，“大排查大整治”及“反三违”（反“违章指挥”、反“违章操作”、反“违反劳动纪律”）专项行动。强化安全生产基础工作，狠抓职工培训教育。昔阳县冶金工贸行业共组织开展专题培训6次，培训监管人员51人，企业管理人员24人。加大对烟花爆竹批发公司的监管力度，合理布设烟花爆竹零售经营网点，在烟花爆竹经营（零售）许可证的办理上严格审查。按“三严禁”（严禁销售超标、违禁、专业燃放类产品或从非法渠道购进的产品；严禁在许可证载明的经营场所外存放烟花爆竹；严禁超许可证载明限量存放烟花爆竹等违法行为）的要求强化对居民区、沿街销售点的许可，严把销售摊点的设置，整治下店上宅、前店后宅、集中连片经营，打击随意摆摊销售的行为。加大对民用爆炸物品的储存、运输、销售、使用等各个环节的安全监管，严厉打击私制、私藏、私自运输、私自使用民用爆炸物品的违法行为，严防事故发生。加大建设项目职业卫生“三同时”（建设项目职业病防护设施必须与主体工程同时设计、同时施工、同时投入生产和使用）审查及监督检查力度，督促用人单位落实职业病防治主体责任，建立健全职业健康监管制度。

2017 年共组织检查组 86 个，检查人员 270 余人，检查、复查各类企业单位 179 家，共排查治理一般安全隐患 454 条，已整改落实 454 条，整改率 100%，纠正治理“三违”行为 22 条。

【安全事故调查处理】 2017 年，昔阳县按照事故调查处理的有关规定，中国能源建设集团天津电力建设有限公司昔阳风电项目“9·16”起重伤害事故施工现场发生吊车侧翻事故后，安监局立即牵头成立事故调查组，进行现场勘察、调查取证、查阅相关资料、询问相关人员、技术分析等，查明事故发生的经过、性质和原因，分清事故责任，对有关单位和责任人提出相应的处理建议，制定防止类似事故发生的防范措施。按照《晋中市安全生产委员会关于印发生产安全事故举报线索核查处理规定的通知》要求，对群众举报 2016 年 4 月 1 日北坪煤业瞒报事故和 2017 年 11 月 9 日赵壁乡北石瓮村附近铲斗撑下砸死事故，成立了核查组，经过查阅相关资料、询问相关人员等，查明了事件发生的经过、性质和原因，分清了真相，给了群众满意的答复。

农村经济经营管理

【概况】 昔阳县农村经济经营管理中心是县政府直属部门，属全额事业单位，现有 7 个编制，班子配备齐全。

【土地确权登记】 2017 年，昔阳县农村土地承包经营权确权登记颁证工作基本完成。全年调查公示村数 328 个行政村（409 个发包方），完成调查公示面积 2.86 万公顷；签订农户 5.43 万户，签订合同面积 2.27 万公顷，数据入库 12 个乡镇，312 个行政村，392 个发包方，通过县级检查和市、省两级验收，已交农业部数据库；县、乡、村三级档案归档整理工作基本完成，县、乡、村分别保管，县、乡专门设立档案室。土地确权以来，化解纠纷 527 起，县级 103 起，乡村 421 起，仲裁 3 起。土地确权工作的完成，稳定农村土地承包关系，化解土地矛盾纠纷，为推进农村集体产权制度改革打下坚实基础。

山西省农业厅厅长关建勋到昔阳县指导农村土地确权工作

【新型农业经营主体】 2017年，昔阳县新发展合作社297个，培育省级示范社2个，市级示范社2个，县级示范社7个。培育认证家庭农场26个，其中市级示范家庭农场7个，省级示范家庭农场1个。

国有资产管理

【概况】 昔阳县国有资产经营有限公司（简称国资公司）是昔阳县人民政府出资及授权经营县级正科级国有资产的特定行业的国有独资公司，依法经营、独立核算、自负盈亏、照章纳税，具有独立的法人资格。公司在职人员11人，退休人员2人。公司设经理1人、内设机构三部一室，即公司综合办公室3人，财务核算部3人，资产管理部2人，资产经营部2人。

【投资金谷阳光】 2017年，昔阳县国资公司代表昔阳县政府投资1000万元入股金谷阳光食品公司，解决昔阳县菇农销售问题，实现企业与农户双赢。公司运行状况良好，生产的双孢菇食用菌罐头成功出口泰国，填补了昔阳县出口产品的空白。

【应急周转金】 2017年，昔阳县国资公司按照昔阳县政府安排，负责应急周转资金的具体运营和管理，本着“政府引导、公益运转、着眼应急、互利共赢”的原则，累计为山西瑞安邦房地产开发有限公司、山西瑞安邦农业科技有限公司、山西金谷阳光食品有限公司、昔阳县恒雁机动车综合性能检测有限公司4家企业周转还贷资金共计4504万元，缓解上述企业流动资金紧张局面，促进企业健康运行。

【廉租摊位】 2017年，昔阳县国资公司创新管理体制，谋求国有资本收益最大化。本着县委、县政府大力实施廉租摊位建设的总体思路，按照政府购买服务的运行模式，对各路段商业区位进行统一规划。在具体运营中采取“资产统一管理、运营集中监管”管理模式，对摊点统一对外出租，承租费用由城管委统一定价，具体运营由县社管大队集中监管，充分发挥各自职能优势。

【公有门店】 2017年，昔阳县国资公司努力搞好政府经营性资产出租管理工作。按照县政府对国有资金投资的门店实行统一管理、统一出租、租金集中使用的原则，依据市场行情，结合商铺所处地段确定标价，采取公开、公正、公平原则对外招租，全年铺面年租金收入约253万元，出租所得全额上缴县财政，上缴税金约29.8万元。

【安置房入住】 2017年，昔阳县国资公司配合住建局保障性住房管理中心，确保符合入住条件的困难家庭及早入住。

至年底，安置经济适用房 56 户，房款收入约 1405.6 万元；安置回迁户 5 户，房款收入约 40.8 万元；地下室房款约 34 万元，所得收入全额上缴县财政，使县政府这一民生工程落到实处。

【松溪人力资源有限公司成立】 2017 年，昔阳县国资公司根据县政府“关于解决五类涉军群体就业及保险问题”的会议纪要精神，由国资公司投资 200 万元注册成立昔阳县松溪人力资源有限公司。至年底，共有涉军人员 96 人签订合同，工资自签订之日起按月已发至年底。

【建设城西大型停车场】 2017 年，昔阳县国资公司根据县政府“五抓五提升”城乡环境综合治理会议议定事项，由国资公司牵头对原铁厂环境和基础设施进行规划建设，面向社会采取社会化市场运作方式投资约 600 余万元建设城西大型停车场，截至年底投资预评审正在进行，前期基础工程已开工。

【“三供一业”分离移交】 “三供一业”是指国有企业职工家属区的供水供电、供热（供气）及物业管理的简称。2017 年，昔阳县国资公司根据晋中市国企分离办相关会议精神，国资公司同国网昔阳供电公司、晋能集团昔阳煤销公司、山西省昔阳制药厂、中国联通昔阳县分公司签订框架协议。其中框架移交费用：供水总额约 251 万元，供暖总额约 459.8 万元，物业总额约 396.7 万元。

【支持仿真花产业】 2017 年，昔阳县国资公司为支持仿真花产业，根据政府相关文件纪要，从闲置办公用房中，为入驻昔阳仿真花企业调剂提供约 1700 平方米厂地，作为对贫困户脱贫的生产、培训基地。

农 业

NONG YE

农 委

【概况】 昔阳县农业委员会属于政府组成部门，属于行政单位。主要担负着贯彻执行农业法律法规，落实农业方面的方针政策；负责组织指导农业专业教育、农民培训、农业技术推广应用，农业科技网络完善和建设工作；指导全县农业和农村工作、农村小康建设工作，组织协调农业生产资料的供应，以及农产品质量检验检测工作；负责组织农业工程的立项、申报、实施；负责全县农作物的防灾、抗灾、救灾工作；负责农委、农委下属单位及农业系统的全面工作。2017 年，农委含内设机构 6 个。下属单位 34 个，包括农业技术推广中心、蔬菜技术中心、果林技术中心、农业综合执法大队、种子管理站、农业开发中心、农产品质量安全监测、农作物原种场、赵庄果林园艺场、农业技术培训中心、12 个乡镇农业技术推广站、12 个乡镇农产品质量安全监测站，全额事业编制数 103 人，现有人数 71 人。自收自支编制数 7 人，现有人数 3 人，离休人员 1 人。

【特色产业】 2017 年，昔阳县形成“菜果猪菇药”5 大特色产业，规模分别达到 1533 公顷、1.29 万公顷、58 万头、150 万平方米、2333 公顷，成为农民增收致富主导产业。同年，通过实施品牌战略，培育名牌产品，昔阳双孢菇等 5 种农产品申报国家地理标识认证，大寨杂粮等 69 个品牌注册实现昔阳农产品从“无牌”到“有牌”的转变。金谷阳光完成德国等十个国家的国际商标注册认证，实现昔阳县农产品从“贴牌”到“名牌”的转变。

【产业开发】 2017 年，昔阳县进一步优化农业产业结构，坚持种养结合、农林复合的新型农业产业开发模式，推进农业资源利用集约化、生产过程清洁化、产业链条生态化、废弃物利用资源化，围绕“菜果猪菌药杂粮”六大产业，拉伸、扩充价值链，实现小农业生产农产品向大农业生产健康功能食品的转型。无公害蔬菜基地实现多元化、精细化结构调整，腌制品、灌装品、烘干品产地初加工兴起；优质果品冷链储藏保鲜、果脯初加工项目落地；利用四荒开发、退耕还林、粮经饲结构调整等政策，加强规模猪场技术改造，新建规模养鸡基地，年出栏肉鸡200万只，养羊规模翻番达到20万只，培育晋粮饲料加工企业、东合牧丰屠宰场等一批养殖加工龙头，实现畜禽养殖多元化、生熟制品多元开发；食用菌产地冷储、冷链配送、干鲜品加工初具规模；培育大寨药业，以药食同源产品开发为主，形成以药为原料的菜、茶、饮品等初加工产业；小米为主的杂粮，通过控制化肥农药，使用有机肥，推广洁净生产方式，开发绿色健康有机产品，形成以分级筛选、家庭式消费需求为主的杂粮产品初加工。

鹿泉神养殖专业合作社养鸡场

【现代农业示范园区建设】 2015年以来，昔阳县从十个一点上创建到四个一批面上拓展，再到倾力培育新主体、合力打造新业态，2017年形成以李家庄核心片区为中心，辐射带动潘掌七里沟生态园、美好大寨农耕文化产业园、崇家岭生态园、郭庄休闲园、煜峰休闲园、莲花山生态园、巴洲城镇一体化示范园、北圪梁现代农业产业园、南岭山生态园区、李家庄食用菌产业园等十大主题现代农业示范园区建设的产业格局。

【质量安全监管】 2017年，昔阳县依托县乡两级农产品质量安全监管站，从产地和市场2个环节入手，强化对生产基地、批发市场、超市农产品的质量安全监管，共抽检样品400个，抽检合格率96.1%。扶持新型经营主体发展“三品一标”，昔阳县新获批无公害认证企业3家、5个品种、面积646.67公顷。加大农业行政执法力度，开展春季、夏季、秋冬季农资打假专项整治及日常市场执法检查，累计出动执法人员343人（次），印发宣传资料7000余份，检查农资经营户和种植专业合作社256户（次），查处不合格案件5起，罚款1.2万元。

【提高粮食产能】 2017年，昔阳县争取国家及省级投资3920万元，在2个乡镇29个村进行坡耕地综合治理、土地整理、机耕路配套建设，整修石埂4.19万米，石方总量7万立方米，整修田间道路106千米，面积31.88万平方米，增施有机肥1786.67公顷，玉米秸秆粉碎还田1429.33公顷，改造建设高标准农田0.18万公顷，提升粮食产能。

【惠农政策落实】 2017年，昔阳县继续执行农业支持保护补贴和低收入农户冬季采暖货币化补贴政策，严格按照规定程序，以村为单位进行核实，全力抓好支农惠农政策落实。农业支持保护补贴标准为玉米59元/亩、杂粮79元/亩、薯类49元/亩，昔阳县核实补贴面积共2.25万公顷，总补贴金额2091万元。低收入农户冬季采暖货币化补贴标准为200元/户，昔阳县共补贴低收入农户8.35万户，发放补贴金额1670万元，所有补贴资金都通过“一卡通”及时发放到农民手中。

【专业技术培训】 2017年，昔阳县坚持效益为先，创新培训思路，根据不同产业、不同生产环节农民的要求，分层次、分产业、分批次，通过集中办班讲课、专家入户指导、印发科技资料、开通中国农技推广APP和云上智农APP等手段，大力开展农民专业技术。全年培训新型职业农民930人，其中新型经营主体带头人210人、专业技能型720人；基层农技推广培训技术涉及农民达2500多人（次），冬季大培训1.05万余人，进一步提升广大农民的科技素质。

【改善农村人居环境】 2017年，昔阳县围绕改善农村人居环境这一主题，扎实推进完善提质、农民安居、环境整治、宜居示范等“四大工程”，完成投资24421万元，新改建农村公路56.8千米，实施农村饮水安全工程60处，巩固提升2.29万农村人口的饮水安全，对17个村的电网进行改造升级，完成造林0.09万公顷。实施农村义务教育薄弱学校改造计划，新建农村幼儿园2所，建设农村社区老年人日间照料中心16个。改造农村危房1278户、危险土窑洞82户，完成易地扶贫搬迁2445人。6月开展为期3个月的农村环境集中整治行动，昔阳县335个行政村实施拆违治乱行动，90%的行政村实现垃圾定点、统一收集，80%的行政村实施农业面源污染治理行动，创建美丽宜居乡村15个，农村基础设施进一步完善，农村公共服务进一步提升，农民安居条件进一步改善，农村村容村貌明显改观。

【种子经营网上备案】 2017年是种子经营网上备案第一年，昔阳县高度重视，开展宣传培训，深入种子经营单位现场操作指导，由专人负责网上受理和审核，严把农作物种子经营源头，实现种子经营的可追溯性，加强种子市场的监督管理。2017年备案共计119批（次），出具备案单119份。

【新品种引进】 2017年，昔阳县在凤居、赵壁、东冶头、赵庄4个村面积共计19.09公顷开展农作物新品种引进和试验、展示、示范。试验、展示、示范玉米新品种72个，大豆新品种3个，谷子新品种2个，油葵新品种2个。在展示、示范农作物新品种的同时，综合配套应用秸秆粉碎直接还田、测土配方施肥、宽窄行种植、合理密植、病虫害综合防治、化学除草、机械化作业等主推技术，筛选出适宜昔阳推广种植的玉米、大豆、谷子、油葵优良品种27个，为引导农民科学选择适栽品种，保障昔阳县农业用种安全提供第一手资料。

畜牧养殖

【概况】 2017年，昔阳县畜牧兽医中心在动物疫病防控、畜产品安全监管、推进畜牧产业转型升级，以及推进养殖业绿色健康发展等方面收到良好的社会和经济效益，对促进县域经济发展、有效增加农民收入做出了积极贡献。昔阳县畜禽饲养总量281.3万头（只）；畜产品总产量4.9万吨；畜牧业总收入3.55亿元，农民人均畜牧业纯收入1100元。

【动物疫病防控】 2017年，昔阳县严格落实“应免尽免，不留空档”综合防控措施，做到“防疫责任、物资储备、免疫质量、工作督查”四到位。实行集中免疫和常年补免相结合，乡镇兽医站、村级防疫员建立畜禽流动台账，掌握畜禽动态变化，对各类动物做到应免尽免。全年共用牛羊口蹄疫苗27万毫升、猪口蹄疫苗36万毫升、禽流感疫苗74.5万余份、猪蓝耳疫苗16.1万头份件、猪瘟苗23.6万头份；牲畜口蹄疫共免疫猪18万头、牛1.05万头、羊27万只，高致病性禽流感免疫鸡40万只，猪蓝耳病免疫12万头，猪瘟免疫20万头，鸡新城疫免疫40万只，免疫密度均为100%。组织村级防疫员开展H7N9禽流感监测工作，坚持集中消毒日活动，全年共用消毒液285件，消毒面积110万平方米，畜禽圈舍消毒率100%，杜绝了疫病传播。

【畜产品安全监管】 2017年，昔阳县强化安全监管，全面开展饲料、兽药、生鲜乳、病死畜禽无害化处理等专项整治行动，共出动450余人次。全年发放检疫证2100张，检疫畜禽115万头（只）。强化病死畜禽无害化处理，严厉打击经营病死畜禽不法行为，昔阳县5个规模场，无害化处理畜禽计728头。完成送检畜产品任务，抽检合格率100%。建设三级防疫体系，积极筹措资金，加快服务体系、基础设施建设，健全县、乡、村三级防疫体系，尤其是村级防疫体系建设，提升村级防疫员专业素质，落实村级防疫员待遇。推进动物疫苗冷链体系建设，建成实验室100平方米，冷库20平方米，配备冷藏车一辆；对过期、失效应急物资及时更换，使物资储备始终保持在10万元以上水平，为应对突发疫情做好充分的物资保障。

【产业发展与转型升级】 项目扶持推进。落实县政府制定的《昔阳县产业扶贫项目奖补实施细则》，全年共申报畜牧产业发展项目193个，涉及12个乡镇（社区）的92个贫困村，24个非贫困村。项目总投资25664.31万元，扶持资金预算6232.63万元。扶贫产业的发展可以新增能繁母猪5934头，猪饲养量增加8万头；新增能繁母牛2297头、能繁母羊18748只；禽类新增309.1万只，特种养殖1.549万头（只），带动6187户贫困户，13243个贫困人口脱贫。推进现代养猪业。6月11日，昔阳县与山西新大象养殖股份有限公司50万头生猪养殖农业产业化项目正式签约。项目总投资约8亿元，将建成2个种猪场、

1个饲料加工厂、1个畜禽无害化处理厂和20个养殖专业合作社，项目预计3年全部建设完成。昔阳鑫泰养殖有限公司的2000头种猪场项目、三都吕二岩村的双胜养殖专业合作社800头种猪场项目进展顺利。推进肉鸡养殖业。昔阳县厚基伟业农牧科技有限公司与大象农牧集团合作，引进全自动笼养鸡成套设备，吸收大象农牧集团的先进经验，肉鸡养殖结构更加合理，实现肉鸡养殖企业发展规模化、集约化、智能化。至年底已出栏肉鸡6万只。金粮农科40万只肉鸡养殖项目已投入生产。全县饲养量达到200万只。

【养殖业绿色健康发展推进】 2017年，开展养殖场环保专项检查行动。累计出动300人次，主要检查环评手续、畜禽粪便处理情况，对无环评审批手续畜禽养殖企业责令其限期补办，对环保措施执行不到位养殖企业立即下发限期整改通知书，并动态督查，确保整改到位。深入到12个乡镇190个扶贫项目养殖合作社，开展安全生产督查和环保设施建设指导工作。发放养殖环保宣传资料1500余份，积极开展畜禽养殖污染防治和病死畜无害化处理宣传教育工作。配合环保部门划出限养区、禁养区。年内开展科技培训工作。邀请晋中市农业科技扶贫团对昔阳县50个养殖场负责人开展技术培训，开展4次扶贫项目培训会，累计培训356人次，使新型主体带头人掌握标准化圈舍建设、卫生防疫、无害化处理、科学化管理等知识。年内实施畜禽养殖业污染防治工程，争取政策支持，鼓励养殖场配备粪污处理设施，开展粪污处理池建设摸底工作，申报60个粪污处理池。第一批10个粪污处理池建设项目全部完成，项目补贴20万元。

【产业扶贫】 2017年，昔阳县实施大象农牧·厚基伟业肉鸡养殖扶贫项目。项目概算投资2400万元，占地8公顷，建设标准化鸡棚22栋、鸡舍2.17万平方米，年饲养肉鸡330万只。项目分2期实施，生产管理采用自动控制、智能监管、专业管理、跟踪服务的现代化企业管理模式，实现高效运行、安全饲养、科学分配的目标。项目采用“大象集团引领+龙头企业带动+合作社入驻+贫困户分红”的经营模式。山西大象集团负责提供鸡苗、饲料、肉鸡回收及防疫管理等技术服务；昔阳县厚基伟业农牧科技有限公司负责出资建设、日常经营管理。项目吸纳大寨镇安家沟村、大南山村、水泉村，界都乡小东峪村、团前庄村、团大庄村、石门村、里车掌村等19个贫困村参与，8个村分别成立17个专业合作社，贫困户全部入社，贫困资金整合使用，集中投放于该项目。项目全部竣工后，养殖园区肉鸡年饲养量可达330万只，实现产值990万元，利润495万元，带动昔阳县19个行政村，637户贫困户、1193个贫困人口实现稳定脱贫。

实施鑫泰养殖有限公司“公司+农户”合作养殖项目。东冶头镇天圣庙鑫泰养殖有限公司利用自身优势与信用社合作推出“公司+贫困户+脱贫贷”的生猪扶贫发展模式，由公司提供担保，贫困户贷款入股参与分红，促进脱贫增收，参与农户达 63 户，每户 5 万元，共入股 315 万元。公司积极以“公司+农户”的方式与贫困农户开展合作养殖。公司为农户提供猪舍、仔猪、饲料、药品、防疫、技术咨询、定期指导和集中培训等服务，出栏时公司负责以每千克高于市场价出售商品猪再抵顶仔猪款，亏损公司保本，确保所有参与农户都能受益。

实施新大象农牧有限公司万头种猪养殖项目。项目总投资约 8 亿元，将建成 2 个种猪场、1 个饲料加工厂、1 个畜禽无害化处理厂和 20 个养殖专业合作社，项目预计 3 年全部建设完成，2020 年满负荷运行，达到年生猪出栏量 50 万头。7 月 1 日，在东冶头镇东冶头村举行项目奠基仪式。

畜牧产业扶贫项目培训会

【质量安全专项整治】　2017 年，畜牧兽医中心开展“瘦肉精”专项检测行动。对昔阳县 10 个乡镇的生猪养殖、收购、贩运等环节进行逐场、逐户、逐个企业全面排查。每个乡镇重点监测 2—3 个养殖场，并对各乡镇站的“瘦肉精”检测条出入库记录，“瘦肉精”监测记录台账等认真督查，严格落实瘦肉精检验和完善检疫同步制度。按照《昔阳县畜牧兽医中心安全生产大检查方案》部署，采取以生产经营单位自查，县畜牧部门不定期组织督查抽查突查方式进行。共对 138 个场户存在的安全风险点进行摸排评估。发放“安全生产告知书”300 份。针对生产经营单位的防火、防水、防潮、用电、圈舍加固等安全生产隐患点一一排查，“一对一”制定整改措施，限期完善，确保工作效果。此外，还与昔阳县大小养殖场签订畜禽养殖场（户）畜产品质量安全生产承诺书。

林　业

【概况】　昔阳县林业局负责昔阳县林业及其生态建设的监督管理，拟定昔阳县林业及其生态建设的发展战略、中长期规划和起草相关规章草案并监督实施。内设机构有办公室、营林股（科技股）、资源林政保护股、行政审批股、计划财务股。行政编制 10 名，科级领导职数 1 正 3 副，其中：局长 1 名、副局长 2 名、总工程师 1 名。2017 年，昔阳县林业局努力打造“高山远山水保林、低山丘陵经济林、河滩沟地丰产林、平原农田防护林、城乡道路景观林”绿化特色，依托退耕还林、太行山绿化、干果经济林示范项目、补贴制造林、森林防火等林业工程项目，实施“森林质量提升、林业产业增效、城乡环境改善、林业改革创新、森林资源保护、生态脱贫攻坚”六大工程，在生态建设与产业开发、山上治本与身边增绿、规模发展与提质增效、资源保护与开发利用等方面取得新成效。

【造林绿化】 2017年，昔阳县林业局围绕“建设生态大廊道，构筑京津大屏障，打造昔阳新景观，实现宜居幸福地”目标任务，大力开展荒山绿化植树造林，先后实施太行山绿化工程、新一轮退耕还林工程，森林质量精准提升工程、环京津冀生态屏障区建设、高速公路两侧荒山绿化工程、补贴制造林工程共营造生态林0.12万公顷，森林覆盖率增加近0.1个百分点。

【干果经济林】 2017年，昔阳县实施42个村，0.08万公顷核桃经济林提质增效管理工程，使全县核桃经济林产量由2847吨提高到2958吨，使农民增加收入150万元。

【林业产业】 2017年，昔阳县争取绿化任务，承揽绿化工程，培育绿化苗木0.03万公顷，其中新育苗0.02万公顷，尤其是改变传统育苗方式，引进穴盘育苗技术，培育辽东栎、北美红栎等阔叶彩叶树种，为绿化美化昔阳奠定坚实基础。

【林权制度改革】 2017年，昔阳县有效完成昔阳县林地变更调查工作，通过调查，摸清昔阳林业的家底，做到林地数据与国土数据的有效衔接，划清林地与非林地界线，完善林地“一张图”建设，为今后林业可持续发展、林地保护利用、森林经营活动等提供有利支持。

【国有林场改革】 2017年4月25日昔阳县委、县政府率先在晋中市范围内印发了《昔阳县国有林场改革实施方案》，9月21日县编制部门按照市编办的文件要求印发《关于成立昔阳县国有林场的通知》，决定撤销昔阳县国营碧霞观林场和东风林场，整合组建昔阳县国有林场，为公益一类事业单位，副科级建制，隶属于县林业局管理，实现编制核定到位，明确国有林场主要职责及内设机构。以财政、发改、交通、林业、人社等5部门联合行文出台配套改革政策文件，完成财政预算保障到位，完成岗位设置到位，现有临时职工妥善安置到位，初步完成国有林场主体改革任务。

【科技兴林】 2017年，昔阳县加强森林病虫害监测和预报工作，加大对森林病虫害的检疫和防治力度，坚持对调运的木材、苗木核发森林植物检疫证书，组织开展森林病虫害工程治理。有效防治大寨森林公园20公顷侧柏叶枯病，确保大寨森林公园生态安全。

【有害生物防控】 2017年，昔阳县林业局设立一个全自动监测仪和10个人工监测点，有效防止美国白蛾入侵昔阳。针对昔阳县核桃经济林举肢蛾危害严重现状，调回2吨高氯马乳油，分配到以孔氏、皋落、乐平、大寨为主的10个乡镇，发动果农进行喷药防治，有效减少病害发生，提高了果品质量，增加农民收入。

水　利

【概况】 昔阳县水利局为昔阳县人民

政府工作部门，正科级建制，内设机构6个，分别为办公室、劳动人事股、财务股、水利股、管理股、水保股。下辖昔阳县水土保持监督监测站、昔阳县水产站、昔阳县河道管理站、昔阳县水政监察大队、昔阳县抗旱服务队、昔阳县防汛抗旱办公室、昔阳县水资源管理委员会办公室和8个水利工程管理事业单位（郭庄水库管理站、水峪水库管理站、关山水库管理站、秦山水库管理站、杨家坡水库管理站、南郝峪水库管理站、洪水潜流管理站、闫庄供水站）共15个事业单位。

【农村饮水安全】 2017年，昔阳县农村饮水安全巩固提升工程总投资2279.07万元，实施农村饮水安全巩固提升工程60处，解决57个行政贫困村（含5个自然村），2.99万口人（其中贫困人口1.42万口人）的饮水不安全问题。西水东调引水隧洞除险加固工程是昔阳县“兴水战略”系列工程建设的骨干工程，工程总投资4100万元，对坍塌变形的6.56千米引水隧洞进行疏通、维修、衬砌。

【农田水利工程】 2017年，昔阳县沾尚镇新增粮食产能项目水利工程：新建大口井3眼，配套水泵设备3台（套），铺设输配水管道9.03千米及附属设施等。工程实施后，可新增灌溉面积80公顷。

【水库移民及扶持】 2017年，实施大中型水库移民后期扶持项目3个。大寨镇孟壁村新建800立方米蓄水池1个，铺设供水管1000米，总投资40万元；直峪寺村新建防洪堤坝200米、挡土墙229米，总投资39.12万元；大寨镇郭庄村新建600立方米蓄水池1个，铺设供水管道700米，总投资30万元。

【河长制推行】 2017年，昔阳县水利局扎实推进河长制各项工作，真正落实党政主导原则。县级潇河、清漳河、冶河的河长由县委副书记担任，县、乡两级河长由同级党委或政府领导担任。公布14条县管主要河流县乡河长名单，落实河长责任制。组建成立县河长制办公室，下设河长制办公室工作站，办公室主任由分管农业副县长兼任，副主任由县水利局局长、县环保局局长兼任；制定出台《昔阳县全面推行河长制实施方案》。各乡镇的河长制工作也按要求统筹推进；制定出台河长制考核办法及相关配套制度；全面开展河长公示牌设置相关工作。

【水资源管理】 2017年，昔阳县水利局严格取水制度落实。注销取水许可证2个，办理取水许可证7个，换发取水许可证1个，水资源论证4个，水环境评价6个。对取用水户下达取水计划3220万方。严格取水远程监控管理、运行和维护。安装取水远程监控系统18套，平时由专人管理，并进行实时监测和维护管理，全年维修监控系统3套，及时更新用水监控设备手机卡4个，保障设备的正常运行，设备运行在线率90%。严格水资源费征收。专人负责水资源费征收系统的管理，对收缴的水资源费及时更新数据，做到系统的及时性、准确性、客观性的管理。县水资办对征收入库的每笔水资源费及时准确录人，征收水资源费 264.4 万元，完成任务 189%，录入率 100%。

【水政执法】 2017 年，昔阳县强化水政执法，建立和维护良好水事秩序。保持对非法采砂、非法取水等行为高压严打态势，维护良好的水事秩序，出动检查车辆 30 余台（次），出动检查人员 90 余人（次），查处河道非法采砂、无证取水、水污染、河道内非法造地等水事违法行为 13 起，拆除河道范围内非法建筑物 7 处，水事违法活动得到有效遏制。

【水环境卫生整治】 2017 年，昔阳县根据晋中市“拆违治乱提质”城乡环境大整治攻坚行动和昔阳县开展“五抓五提升”城乡环境大整治攻坚行动总体部署和目标要求，水利局集中时间、集中精力大力开展河道集中整治活动，对侵占河道、非法采砂、乱堆乱放、损毁设障等突出问题依法进行清理整治，进一步改善昔阳县河流水系环境，加强河流管理保护，保障河道行洪安全。全年，昔阳县共出动铲车、挖掘机等大型机械 758 台（次），清理河道内生活垃圾 2.47 万余立方米，清淤清障 30 余万立方米，平整河滩 70 万平方米，取缔非法采砂点 7 处，拆除违法建筑物 11 处 465 平方米，清理河道内便道 1 条，修复河堤 2 处 20 米。

扶贫

【概况】 昔阳县扶贫开发中心（简称扶贫办）是昔阳县政府直属事业单位，参照公务员管理，正科级建制，人员编制 8 名。其职能是负责昔阳县贫困人口动态监测管理和扶贫开发工作。2017 年，紧紧围绕年底“脱贫摘帽”这个总目标，因地制宜、突出重点，上下联动、精准发力，昔阳县精准扶贫、脱贫攻坚各项工作稳步推进，取得决定性成果，实现 7889 户贫困户，15341 名贫困人口脱贫，91 个贫困村退出，全县农村居民人均可支配收入增幅高于山西省平均水平，贫困村退出达到 90%以上，农村低保标准超过国家扶贫标准，贫困人口养老参保率、城乡居民医保参保率、适龄儿童学前入园率达到全省平均水平；行政村卫生室达标率、通村公路硬化率、开通客运班车率、安全饮水达标率、互联网覆盖率、综合文化活动场所（地）覆盖率达到山西省平均水平。

【精准识别】 2017 年，昔阳县扶贫办实行一核、二看、三比、四评议、五公示“12345”贫困人口识别程序，突出程序规范、突出群众参与、突出结果客观，确保“不该进的一个不进，该进的一个不落”。按照国家、省市要求，认真组织“回头看”，通过核查整改、动态调整、推磨互查、监督检查等多轮精准识别，共回退 2444 人，出列 9488 人，新识别 9578 人。在昔阳县 12 乡镇逐户开展精准排查，集中纠正信息不准、误登、错登、漏登等问题，对扶贫开发系统数据及时更新，动态监测贫困对象信息变化，为精准扶贫、精准脱贫提供可靠数据支撑。

【特色农业扶贫】 2017 年，昔阳县

扶贫办立足本地资源优势，坚持“区域化布局、规模化发展、优质化生产、集约化经营”的总思路，以“一村一品一主体”为抓手，调结构、促增收，着力打造一批特色富民产业。在继续培育壮大“菜果猪菌药”五大特色产业基础上，大力扶持贫困户借助已有优势产业发展扶贫项目，搭上脱贫致富“顺风车”。全年，56 个贫困村 1368 户贫困户发展蔬菜种植 0.12 万公顷。水果种植达 0.24 万公顷，19 个贫困村 850 户贫困户增收脱贫。昔阳县猪饲养量增加 8 万头，生猪养殖突破 58 万头；新增能繁母猪 5934 头、能繁母牛 2297 头、能繁母羊 1.87 万只；新增禽类 309.1 万只，特种养殖 1.55 万头（只），带动建档立卡贫困户 6187 户 1.32 万人增收。食用菌种植稳定在 150 万平方米，仅此项，全县农民人均年增收 660 元。中药材种植达 0.15 万公顷，63 个贫困村、1260 户贫困户受益。积极鼓励贫困户参与新型经营组织，组建合作社，抱团发展。全县组建扶贫种植和初加工合作社 128 个，联结 4674 户 1.01 万名贫困人口；组建扶贫养殖专业合作社 186 个，联结 6003 户 1.3 万余名贫困人口。通过组建合作社，打造一批“不走的扶贫工作队”。

【劳务就业扶贫】 2017 年，昔阳县在实施好“六个倾斜”政策，安置 4400 余人就业的基础上，为使农村留守贫困妇女能居家灵活就业，从天津引进仿真花，从山东、河北引进服装制衣等劳动密集型“短平快”项目，实现 4600 余名贫困人口稳定脱贫；通过劳务市场招聘、帮扶单位介绍、职业技能培训输出等方式，5200 余名贫困人口实现劳务转移就业。注重扶贫与扶智、输血与造血相结合，加大职业技能人才和新型农民培育培养，分层次、分类型强化对贫困户的技术培训和经营管理培训，全面提升农民素质。全年，共开展各类培训 86 期，培训贫困户 1.3 万余人（次），实现有劳动能力的贫困家庭至少一人掌握一项技能。

【光伏产业扶贫】 2017 年，昔阳县 37 个贫困村联建村级光伏基站 59 个，总装机容量 9900 千瓦，惠及 99 个贫困村 1990 户深度贫困户，每户当年分红 3000 元。296 户贫困户安装屋顶式光伏电站，户均收益 2000 元，贫困户真正实现了“坐地生财”。

【乡村旅游扶贫】 2017 年，昔阳县围绕“山水昔阳，户外天堂”旅游发展定位，深度挖掘贫困村旅游资源，积极发展旅游新业态。全年，共发展“农家乐”、农家客栈等 111 家，直接带动 532 名贫困人口人均年增收 1 万元。

【农村电商扶贫】 2017 年，昔阳县加强农村电商服务体系、农村物流网络体系建设，推进农村电商与精准扶贫深度融合。全年云创众创空间、昔阳县电子商务产业园和电子商务孵化园入驻企业 35 家，注册企业 52 家，建立村级电商服务站点 321 个，网上销售各类农产品总额达 427 万元，687 名贫困人口直接投身农村电商产业，人均年增收 2400 元，昔阳农业经济迈进“互联网+”时代的门槛。

【金融惠民扶贫】 2017年，昔阳县完成小额信贷总额1.26亿元，其中，自主创业贷款973户，贷资入股贷款1705户，户均收益2750元，完成市里下达8538万元任务的148%。积极探索“周转金”资产收益模式，利用省县配套资金1218万元，投入农业产业，带动1275户每户收益560元，实现企业和贫困户双赢。

【林业生态扶贫】 2017年，昔阳县全面实施退耕还林、干果经济林提质增效和林下经济等“五个一批”工程。全年，昔阳县组建造林合作社12个，参与造林贫困人口482人，人均年增收4150元；参与生态管护104人，人均年增收4100元；实施新一轮退耕还林133.33公顷，其中197户贫困户446名贫困人口，人均年增收1614元；2913户贫困户6416名贫困人口享受延长上一轮退耕还林补贴80万元；成功探索林下种栗蘑、套药材、养鸡、养蜂等立体种植模式；1333.33公顷核桃提质增效，266.67公顷板栗、33.33公顷油用牡丹、200公顷连翘成为贫困种植户的“绿色银行”。

【社保兜底扶贫】 2017年，昔阳县对残疾人、重病人、单亲等特殊困难群体进行政策倾斜，就收入测算进行折减，对符合低保、“五保”条件的，全部纳入农村低保、“五保”享受范围，由政府全面兜底，其中建档立卡贫困户达到9432人，农村“五保”供养标准达到4290元/人·年，低保标准从上一年的2920元/人·年提高到3300元/人·年，实现“两线合一”。

【教育扶贫】 2017年，昔阳县“雨露计划”教育扶贫工作，共发放2016年—2017年享受“雨露计划”中、高职在校贫困生396人，每人2000元，共计79.2万元。发放2017年考入二本B类以上专业的贫困大学生70人，每人5000元，共计35万元。做到应助尽助。

【易地搬迁扶贫】 2017年，昔阳县易地扶贫搬迁工作县委、县政府高度重视，调整领导组，实行“双组长制”，成立昔阳县农业扶贫投资有限公司，科学制定《昔阳县2017年易地扶贫搬迁实施方案》，明确任务目标、搬迁对象、住房建设、资金运作、保障措施等。全年全县贫困人口易地扶贫搬迁任务2145人，采取集中安置的方式，在集中安置小区建设9栋多层住宅楼，建设50平方米和75平方米两种户型738套安置房，单身公寓110余套，集中安置765户2145人，圆满完成2017年易地扶贫搬迁任务。

建设中的易地扶贫搬迁集中安置小区

【健康扶贫】 2017年，昔阳县落实“三保险、三救助”政策，全力推进“双签约”服务，全年，完成签约5368人，签约率100%。全面推行“先诊疗、后付费”服务模式，积极推进“一站式”结算工作，685名贫困患者享受到扶贫救助。

【社会扶贫】 2017年，昔阳县扶贫开发中心积极配合社会扶贫专项行动领导组，组织协调县人大、县政协、工商联、工青妇等相关部门，动员社会各界力量，实施社会扶贫项目20多项，投入项目建设及爱心捐助款项1.96亿元，为昔阳县打赢脱贫攻坚战发挥推动作用。

【基础设施建设】 2017年，昔阳县投资2279万元，在57个贫困村实施60处饮水安全工程和农村饮水安全维修养护工程，受益贫困人口1.44万人，322个行政村（不包含13个村改居），饮水安全达标率99.7%，昔阳县贫困村饮水安全问题得到有效解决。投资2188万元改造提升农村电网，所有行政村和自然村全部通了动力电，农村电网结构更加优化，电力供应更加充足。为36个贫困村进行互联网信号优化升级，昔阳县行政村互联网覆盖率达97.8%。投资2.2亿元实施农村公路提质工程，所有行政村基本实现“村村通”“户户通”目标，昔阳县村通公路硬化率达100%，具备条件的行政村通客车率达100%，农村交通网络更加完善，群众出行更加便捷。昔阳县获“四好农村路全国示范县”荣誉称号。

【便民服务工程】 2017年，昔阳县坚持公共资源、公共服务向贫困村倾斜，积极构建“九个一”便民服务体系。即为每个贫困村新建或改造一所村级组织活动场所、一所高标准卫生室和文化活动广场、标准化幼儿园、大众食堂、大众澡堂、红白议事大厅、街心公园、老年人日间照料中心等工程。截至年底，已为贫困村建成村级组织活动场所（村级卫生室、文化活动广场）151个，标准化幼儿园80个，大众食堂66个，大众澡堂19个，红白议事大厅134个，街心公园62个，老年人日间照料中心140个。此外，还在一些有条件的贫困村建设村级养老院，实现孤寡老人老有所依、老有所养，贫困村公共服务功能得到极大提升。

【贫困村提升工程】 2017年，昔阳县行政村划分为贫困村、脱贫村、非贫困村三类，打响“集中攻坚、巩固提升、小康建设”三场主动仗，实施“双示范、双达标”创建工程。通过开展“百村示范”，为昔阳县脱贫摘帽和环境提质树标杆。活动开展以来，先后开展3轮集中观摩和问题整改，共创建示范样板村211个，占到全县行政村总数近三分之二。

【特色创新】 2017年，昔阳县为贯彻落实省委“当先锋、打头阵、立标杆、做表率”的指示精神，立足昔阳实际、大胆创新，探索实施“五大模式”“六个倾斜”“十个全覆盖”。

“五大模式”即：产业统筹模式。通过统筹贫困村户、统筹项目运行、统筹政策资金、统筹利益联结，与大象农牧集团合作，建立肉鸡养殖扶贫基地，17个村组建专业合作社入驻基地，1194户贫困户入股分红，形成“集团引领+龙头企业带动+合作社入股+贫困户分红”的产业化经营与脱贫增收新模式，实现生产要素的有效聚集和资源的优化配置，破解村缺土地、户无技术的难题。“贷资入股”模式。为解决贫困户发展缺资金、投资风险高问题，成立县农投公司，让贫困户利用小额信贷政策，将贷款委托县农投公司，投放到实力雄厚、信誉良好的涉农企业，政府负责贴息，企业定期向贫困户分红，在最大限度降低风险的同时，贫困户实现稳定增收。资产性收益模式。为解决村集体经济破“零”难题，将县城内国有商业性门店统一纳入政府监管范围，集中经营、市场管理，统筹分配租金到所有行政村，实现了千人以上村集体收益1万元，千人以下村收益5000元；利用村级光伏收益，电站所在贫困村每年稳定增收2万元，其余贫困村每年收入9000元。通过土地租赁、项目扶持、资本增值、企业带动、资产盘活、旅游增收等途径，保证所有贫困村集体经济收入至少每年在1.4万元以上。扶贫造林模式。为解决退耕还林贫困户缺劳力、缺技术难题，组建退耕还林专业造林队统一栽植苗木，吸纳贫困户在整地、管护等方面获得报酬。光伏联建模式。紧抓“6·30”并网机遇，按照“统筹统建、联村实施”的总体思路，推出市场化运作、企业化运营的新模式，政府出资100%，在35个贫困村建设光伏基站，覆盖贫困村97个，降低了项目建设运营成本，并有效利用基站用地发展中药材种植、养殖等项目，实现了“农光互补”。

“六个倾斜”即：县境内国有、民营企业，县城大物业用工向贫困户倾斜；县城园林管护、环卫保洁、免费公交等岗位用工及廉租摊位出租向贫困户倾斜；村级日间照料中心、垃圾清运、护林防火等公益性岗位用工向贫困户倾斜；村级收益性固定资产处置向贫困户倾斜；村级实施的各类工程用工向贫困户倾斜；村级党员干部经营的营业性摊点用工向贫困户倾斜。截至年底，在阳煤电石、阳煤氯碱、寺家庄煤矿、国投公司等企业安置贫困人口2200余人，在洁城、万通2家清运公司安置贫困人口380余人，县城廉租摊位安置贫困人口200余人，农村日间照料中心、文化活动广场等场所的保洁管理安置贫困人口600余人，森林防火应急队伍安置贫困人口900余人，园林管护安置贫困人口200余人。这一脱贫举措，受到省市领导充分肯定，并在山西省推广。

“十个全覆盖”即：围绕扶贫政策和帮扶措施“双落实”，在昔阳县开展入户走访全覆盖，帮扶干部带着明白卡、暖心工程清单进村入户，讲政策、算收入、解难题，提高群众获得感；健康义诊全覆盖，10家医疗机构组成医疗服务团队，深入所有行政村开展健康义诊，宣传健康知识，惠及群众3.3万人；教育资助全覆盖，对所有建档立卡贫困家庭就读学生进行资助，实现幼有所教、学有所帮；志愿服务全覆盖，组建了59支5000余人的志愿服务队伍，进百村、入万户，宣讲政策、清理卫生、帮助秋收、扶危济困，社会各界踊跃募捐扶贫爱心款1667.9万元；环境整治全覆盖，投资1.4亿元，对所有行政村进行拆违治乱提质，乡村环境面貌焕然一新；文化下乡全覆盖，新建改扩建文化活动场所，配齐设备图书、文体器材，县组织文艺巡演、电影展演，乡镇排练文艺节目，在“两节”期间入村闹红火；干部培训全覆盖，分6期带领乡村干部赴贵州、苏州、濮阳、兰考、右玉等地学习考察，对换届后的村“两委”班子和驻村工作队以乡镇进行十九大精神宣讲和脱贫政策集中培训；规模村日间照料中心全覆盖，解决了农村空巢老人、孤寡老人的一日三餐和活动场所的实际困难；集体资产性收益全覆盖，让全县所有行政村集体经济实现了“零”突破；“两示范一标兵”评选表彰全覆盖，通过公开评选脱贫争先示范户、孝心之家示范户和卫生家庭标兵，弘扬新风正气，激发内生动力。“十个全覆盖”，打通了脱贫攻坚“最后一公里”，实现了群众满意度、政策知晓率“双提升”。

【政策保障】 2017年，昔阳县成立以县委书记、县长为组长的县脱贫攻坚领导组，各乡镇、村也相应成立了脱贫工作站和工作室。在种植、养殖、光伏、旅游、用地等方面，加大财政补贴力度，切实提高贫困群众发展生产、创业脱贫的积极性。种植业方面，中药材、水果种植每亩补贴400元，对2年生以上中药材连续补助2年。养殖业方面，补贴散养户、合作社，补助畜禽、圈舍。光伏产业方面，户用屋顶分布式光伏每4千瓦补助2万元，村级分布式每100千瓦补贴50万元。旅游产业方面，对星级农家乐按标准给予0.3万元—2万元奖励，贫困户自己发展的农家乐每户另奖励1万元，对农家乐吸纳贫困户就业的每吸纳1人补贴2000元。产业用地方面，全年对昔阳县基本农田进行重新划定，对贫困村养殖用地实现应调尽调，在脱贫攻坚期内免收每亩1.3万元土地复垦费。全年整合各类涉农资金2.24亿元，至年底已支出2.17亿元，支出比例达96.79%；县财政预算脱贫攻坚资金7031.75万元，绝对额增加5734.36万元，同比增幅441.99%，实现“双增长”。按规定对每一项目、每一笔资金分县、村进行公告公示，全年昔阳县共安排扶贫项目576个，全部在昔阳县人民政府网站、昔阳报、微信平台上公示。

农业机械

【概况】 昔阳县农业机械中心成立于1972年4月，正科级建制。设一正二副，事业编制36人。实际在编人员22人，其中管理岗8人，专业技术岗7人，工勤岗7人，缺编14人。2011年机构改革中，昔阳县农业机械管理局更名为农业机械管理中心，简称昔阳县农机中心，正科级建制。主要负责宣传贯彻有关农业机械法律法规和政策，主管农业机械的管理、安全监督管理、农机技术推广、农机技术培训和农机化项目实施等。内设管理站、安全监理站、农机培训校、推广站、财务室、办公室、质量投诉站七个科室。2017年，昔阳县的农机装备水平，农机作业水平，农机社会化服务能力，科技创新能力持续提高，农机化发展势头良好，昔阳县农业机械总动力8.3万千瓦；拥有拖拉机7147台，8.3万千瓦。其中：大中型拖拉机773台，3万千瓦，配套农机具9938部。农业机械综合水平59.63%。

【农机购置补贴】 2017年，昔阳县争取国家补贴资金200万元，完成国家补贴资金83.117万元。补贴各类机具153台，受益农户104户。带动农民购机投资300万元。其中：轮式拖拉机50台、配套机具77台、玉米收割机8台；打捆机3台；还田机4台；畜牧养殖机械3台。2017年春秋两季作业，昔阳县出动拖拉机8500余台（包括手扶拖拉机），共完成机耕1.93万公顷、机播1.73万公顷、机收0.41万公顷，实现收入3000余万元，农业机械化水平有明显提高。

【农机化项目实施】 2017年，昔阳县申报项目11个，完成总投资438.5万元。争取市农机局深松作业GPS监测智能终端20套，安装到昔阳县符合土地深松作业要求的拖拉机上。每台市财政补助2000元，共补助4万元。春季争取土地深松整理项目资金21万元，完成深松整地作业400公顷，每亩得到作业补助35元。秋季争取深松整地项目资金37.5万元，完成深松整地作业0.1万公顷，每亩得到作业补助25元。春秋两季，辐射带动土地深松整理1333.33公顷。合计2666.67公顷土地深松整理，有利地促进增粮计划的实施。

争取省级现代农机推广项目资金21万元，在东冶头镇东固壁村的齐兴种植专业合作社和孔氏乡郝家村的龙豆种植专业合作社，分别实施红薯种植全程机械化和核桃脱青皮榨油机械化。顺延2016年市级农机服务组织建设项目在赵壁乡凤居村卫胜农机专业合作社，完成项目资金15万元，硬化场地2000平方米，建设机库4间，后勤服务设施15间，带动总投入30余万元。争取省级电动农机新产品的奖补项目资金100万元，在昔阳县15家种植专业合作社，推广使用电动农机新产品359台件。按照规范程序，选择5个电动农机新产品，为昔阳县中药材种植、果园绿色管理、小地块农田作业提供适用机械。

【农机资产收益扶贫】 2017年，昔阳县争取山西省农机作业服务组织建设资金10万元，昔阳县政府配套资金10万元，共计20万元，在闫庄乡杏庄村润田农机专业合作社实施农机资产性收益扶贫项目。购买2台大型拖拉机，以及配套的4件农机具，全年完成作业土地面积266.67余公顷，收入4万余元。合作社内贫困户驾驶拖拉机作业得到工资性收入2000余元，合作社外的贫困户以股分红，共分配红利24000元，助推精准扶贫。

【农机培训】 2017年，昔阳县争取省级职业农民（农民驾驶员）培训资金10万元，县级手扶拖拉机驾驶员培训资金10万元，共计20万元。组织农机管理人员在农机补贴办公现场举办新机具、新技术培

红薯机械化播种机

训；对购机农户和有购机意向农户进行专门的理论知识、技术操作、维修保养以及安全生产知识培训，解决农户购机后不会操作、不懂维修保养等问题。合计培训新型职业农民和农机操作手300余人。提高农民的农机理论知识水平和实践操作能力。

【农机安全监理】 2017年，昔阳县农机监理站受理各类农业机械注册登记46台，办理农机驾驶证124人（次），换证7人（次）；办理各类农业机械年度检验75台；开展安全教育活动及安全教育现场会5场（次），发放安全宣传资料500余份，参加培训机手200人（次），2017年，农机安全伤亡零事故。农机监理动态、信息数据做到及时上报，农机监理业务工作各项指标全面完成。安全生产共培训驾驶员四期，考试合格并发放拖拉机驾驶证124人。

农业综合开发

【概况】 昔阳县农业综合开发办公室成立于2003年，为全民所有制财政预算全额事业单位。2007年县编委经研究，决定理顺管理体制，由原副科级建制升格为正科级建制。职能是根据农业综合开发要求，负责对开发项目的规划、设计、申报、施工、管理、监督和验收等。2011年，由原来的昔阳县农业综合开发办公室更名为昔阳县农业综合开发中心，后经请示市编办，同意昔阳县农业综合开发中心挂昔阳县农业综合开发办公室牌子，实行“两块牌子、一套人员”。2017年，机关有干部职工8人，临时人员4人。设机关党支部，党员3人。

【项目完成】 昔阳县李家庄乡莲花山流域生态综合治理项目。计划治理总面积420公顷，总投资753.7万元，完成投资729.96万元。完成计划投资的97%；工程结余资金11.61万元，未支出管理费5.13万元，未支出管护费7万元。

昔阳县晋蔬山珍种植专业合作社年产225吨双孢菇种植示范基地扩建项目，计划投资121.63万元，完成投资122.6万元，完成计划的100.8%。

昔阳县计林农牧专业合作社年新增165吨香菇种植基地扩建项目，计划投资120.34万元，完成投资131.61万元，完成计划的109.37%。

昔阳县龙宇种植专业合作社20公顷林下中药材种植基地扩建项目，计划投资120.6万元，完成投资120.63万元，完成计划投资的100.02%。

昔阳县煜峰种植专业合作社20公顷林下中药材种植基地扩建项目，计划投资123.8万元，完成投资123.80万元，完成计划投资的100%。

【项目建设】 昔阳县2017年东冶头镇、孔氏乡高标准农田建设项目于东冶头镇东冶头村、东固壁村和孔氏乡南营村三村实施。计划总投资330万元（中央220万元，省级103.4万元，市级6.6万元）。建设高标准农田133.33公顷。至年底，蓄水池、田间路、漫水路修复等任务已完成，完成投资266.75万元，完成比例达80%。2万吨罐头生产线新增设备项目，由山西金谷阳光食品有限公司在乐平镇庞家峪村实施。项目计划投资306万元（中央100万元，省级47万元，市级3万元，自筹资金156万元）。至年底，已完成投资240万元，完成比例78%。

晋中市昔阳县13.33公顷林下中药材种植基地建设项目，由昔阳县荣叶农林专业合作社在大寨镇潘掌村实施。项目计划投资121.39万元（中央40万元，省级18.8万元，市级1.2万元，自筹资金61.39万元）。已完成投资110万元，完成比例90%。

晋中市昔阳县13.33公顷林下中药材种植基地建设项目，由昔阳县浩辉种植专业合作社在孔氏乡孔氏村实施。项目计划投资120.92万元（中央40万元，省级18.8万元，市级1.2万元，自筹资金60.92万元）。已完成投资106万元，完成比例87.7%。

晋中市昔阳县13.33公顷林下中药材种植基地建设项目，由昔阳县龙宇种植专业合作社在孔氏乡马占岩村实施。项目计划投资120.08万元（中央40万元，省级18.8万元，市级1.2万元，自筹资金60.08万元）。已完成投资105万元，完成比例88%。

特色农产品

【昔阳核桃油】 据明嘉靖《乐平县志》记载，昔阳盛产野生核桃，并作为“土贡”之贡品，进贡朝廷。从那时起，核桃油随着人们的生活需求应运而生。古老而传统的制作方法是：以本地优质野生核桃为原料，经过精心筛选、剥壳取仁、铁锅烘炒、石碾粉碎、高温蒸制、木梁压榨等工艺流程，生产的核桃油具有原生态，纯天然，香味浓郁，口感细腻，营养丰富，色泽橙黄等特点。自古以来，就成为昔阳百姓及大众餐桌上的美味佳肴。昔阳核桃油，富含人体必需的脂肪酸和天然抗氧化剂，不含胆固醇，具有强身健体，滋润皮肤，美容养颜，秀美护发，健脑养老，骨骼补钙，提高内分泌系统功能和预防心脑血管疾病等功效。

1973年4月23日，周恩来总理和邓颖超陪同墨西哥总统埃切维里亚及夫人一行65人访问大寨，因外宾不吃猪油和小麻油，必须用当地的核桃油来烹制菜肴，从此，昔阳核桃油正式进入盛名远播的“大寨国宴”。成为接待外宾的唯一指定用油。昔阳罐头厂生产的核桃酥（核桃仁）也备受外宾欢迎，出口到日本、韩国、澳大利亚等13个国家。

【昔阳小米】 昔阳小米，俗称昔阳“大白谷”。产于昔阳县12个乡镇335个行政村。主要分布在界都乡前车掌、里车掌，冶头镇套掌村，皋落镇桃躯村等区域。生产规模3867.7公顷，年产量1.16万吨。昔阳米色泽蜡黄，颗粒圆润，状如珍珠，米质上乘，具有丰富的营养价值和非凡的养生功效。已获中华人民共和国农产品地理标志产品。

昔阳地处太行山东麓，多山少川，为典型的中低山区地貌。四季分明，光照时间长，昼夜温差大。独特的地理区域和气候条件非常适合谷子的栽培种植，富含有机质的黄土质褐色土壤加上没有任何污染源的生态环境，特别适宜独具特色的昔阳“大白谷”的生长发育。

昔阳小米，从有人类在昔阳这块土地上繁衍以来就开始种植和食用。距今已有上千年的历史。“万粮山赐米”的民间传说流传至今，已成为昔阳人口口相传的佳话。明代嘉靖年间，号称“晋中三杰”的吏部尚书乔宇的“黍稻陈酒馔，羔豚具庖厨”诗句，足见小米已成为百姓日常的饭食。抗战时期，昔阳小米更是八路军官兵的主要食粮。更为传奇的是，20世纪六七十年代，昔阳小米一度曾被称为“国宴小米”，作为一道特色美食，享誉神州。

昔阳小米品质优良，独具特色，食用方便，味美可口。熬粥米香四溢，粥黄黏稠，营养丰富，有“代参汤”的美称。是北方妇女“坐月子”调养身子必不可少的传统食品。

昔阳小米含有丰富的淀粉、无机盐、胡萝卜素、VA、VD、VC和VB1、VB2，还含有铁、钙、锌、锰、铜、钾等矿物质及硒、碘等微量元素。其含脂肪、可溶性糖类、粗纤维、蛋白质的量均高于小麦、大米。熬粥焖饭，营养丰富。

中医有云：“小米味甘、咸，性凉；入肾、脾、胃经”。《本草纲目》也记载小米“治反胃热痢，煮粥食，宜丹田、补虚损，利肠胃”。具体来说，小米有滋阴壮阳，养血安眠，健脾利胃，补益虚损，除热解毒之功效，是孕产妇、儿童、中老年人不可缺少的理想补品，长期食用，增智养颜，延年益寿。

【昔阳老陈醋】 北魏时期，昔阳百姓就用手工酿醋，小米为原料，称为米醋。在20世纪60年代—70年代，就生产昔阳陈醋，它选用优质高粱、大麦、豌豆等五谷，经蒸、酵、熏、淋、晒的过程酿就而成，有色、香、醇、浓、酸五大特征。昔阳老陈醋，色泽呈酱红色，食之绵、酸、香、甜、鲜。在农业学大寨时期，到大寨参观的党和国家领导人周恩来、叶剑英、李先念、邓小平、华国锋等和22个外国元首都品尝过昔阳老陈醋，并给予了好评。

【洪川板栗】 昔阳县板栗种植主要集中在孔氏乡洪川村一带，从20世纪90年代初开始种植，规模达133.33公顷，已成为农民致富的主导产业。板栗是一种抗旱、耐瘠薄，适宜山区种植，具有较高经济效益的树种。栗子的营养丰富，果实中含糖和淀粉高达70.1%、蛋白质7%。此外，还含脂肪、钙、磷、铁多种维生素、微量元素。维生素C、B和胡萝卜素含量比一般水果高出5—10倍。栗子中氨基酸含量比玉米、面粉、大米高1.5倍。中医认为：栗有补肾健脾、强身健体、益胃平肝等功效，被誉为“肾之果”。板栗是我国传统的出口物资，也是我国重要的创汇农副产品。板栗修剪下的树枝可以是加工培养食用菌的原料——栗蘑。它生长环境适合微酸土壤，生长寿命达400年以上，适宜在山坡生长，它既能绿化荒山，又可实现良好的经济生态效益。

【南横山西红柿】 南横山西红柿主要产自于昔阳县赵壁乡南横山村。南横山村，地处昔阳县的粮食主产区，土地资源丰富，土壤肥沃。上游有水峪水库和水深泉水，水资源富足，适宜发展西红柿的种植。南横山西红柿肉厚、味甜、汁多，该村村民从20世纪80年代以来就有种植西红柿的传统。2011年，该村村民武江军成立旺绽种植专业合作社，建成高标准阳光温室大棚11栋，面积达4公顷，扩大西红柿种植规模，采用有机施肥的方法，达到了环保、无公害的要求。

南横山西红柿色泽鲜艳、味美甘甜，富含人体所需的多种维生素和矿物质，深受广大消费者的青睐，产品远销阳泉、石家庄、太原等城市，市场前景向好。

【栗蘑】 栗蘑，主因其自然生长在板栗树的根部而得名。其形状似盛开的莲花，重重叠叠呈云片状，又名“灰树花”“舞茸”。主产地在孔氏乡黄安村一带。

栗蘑是一种高蛋白、低脂肪、多营养的珍衡保健食品。鲜蘑肉质脆嫩、食味芳香、鲜美可口，干品一泡即用，久煮仍脆，食法多样，可炒、炖、炸、煮、涮，还可做馅、汤、凉拼等。栗蘑营养价值丰富，100克栗蘑中含蛋白质25.2克，脂肪3.2克，碳水化合物21.4克，热量215千卡，膳食纤维33.7克。栗蘑与其它食用菌相比维生素E含量约高10—20倍，维C是其它食用菌3—5倍，蛋白质可与鸡肉相当而比米面高1—2倍，膳食纤维是一般脱水蔬菜的3—5倍。经常食用可益气健脾、扶正驱邪、增强体质，具有较强的防癌抗癌、抗艾滋病、调节血压、预防贫血、延缓衰老等功效。栗蘑还具有改善人体微循环、促进人体免疫力、促进脂肪的分解，有强体减肥、养颜美容等药用价值，被誉为“华北人参”和“食用菌王子”。

【静阳水稻】 静阳村地处华北地区太行山东麓冀晋交界处，是一个四面环山的小盆地，季风气候显著，夏季高温，雨热同期，水热条件配合得当。农作物在旺盛的生长期内，能够得到充足的热量和水分。静阳村水资源丰富，号称昔阳“小江南”。该村种植水稻的历史可追溯至明代中后期。相传西寨脑马氏就有种植水稻的传记。20世纪六七十年代水稻种植进入高潮，播种面积达到133.33公顷。静阳水稻，香甜可口、营养丰富，以独特口味深受人们青睐。进入21世纪以后，随着人员的外出，农村劳动力的大量减少，水稻种植面积逐渐萎缩。为了发扬传统农业优势，2017年通过驻村帮扶工作队牵线搭桥，静阳村两委提供场地，跃龙农业种养专业合作社具体实施，在龙王庙一带新造稻田3.33公顷，并逐渐扩大种植规模，使静阳水稻这一传统产业做大做强。

【京红栗南瓜】 京红栗南瓜是北京市农林科学院蔬菜研究中心最新育成的，为小果型早熟红皮优质杂交一代南瓜新品种，全生育期 80 天左右，果实发育期 28—30 天，植株生长势稳健，叶片中小，叶色浓绿；坐果习性好；果实厚扁圆形，果色金黄，果面光滑，果脐小，丰满圆整，外观秀丽；果肉橙红色，肉质紧细，粉质度极高，水分少。既可作嫩果炒食，又可作老熟果食用，具有板栗风味，品质极佳。它极耐贮，老果还可供观赏之用。单果重 2 千克左右，产量 37500 千克/公顷。

京红栗南瓜的营养价值较高。嫩南瓜中维生素 C 及葡萄糖含量比老南瓜丰富。老南瓜则钙、铁、胡萝卜素含量较高。这些对防治哮喘病均较有利。中医学认为：南瓜味甘，性温，具有补中益气、消痰止咳的功能，可治气虚乏力、肋间神经痛、疟疾、痢疾等症。还可驱蛔虫、治烫伤。南瓜中对人体的有益成分有：多糖、氨基酸、活性蛋白、类胡罗卜素及多种微量元素等。近代营养学和医学表明，多食南瓜可有效防治高血压、糖尿病及肝脏病变，提高人体免疫能力。清代名医陈修园说："南瓜为补血之妙品"。南瓜粉是世界食品公认有效的医药原料、食品原料、保健食品、功能食品、添加剂。主要应用在医药、美容、食品、饮料、冷食、馅料等领域。其种子能食用或榨油。南瓜子也有一定的药用价值。

昔阳县泉欣农牧专业合作社年种植南瓜 3000 吨，产出成品南瓜粉 300 吨，年产值达 600 万元，每亩收入可以达到 3500 元，可以带动农民脱贫致富，促进农业产业化战略的实施和食品工业生产的发展。

【长岭玉米高筋粉】 长岭玉米高筋粉产于昔阳县界都乡长岭村。2000 年长岭村 5 位村民合伙投资 12 万元建成了日产 0.5 吨小型玉米高筋粉生产线。2007 年成立了长兴农产品加工专业合作社，投资 20 万元建成了日产 2 吨的生产线。2014 年成立了山西昌鑫农业开发有限公司并升级为日产 5 吨生产线。2017 年投资 400 万元新建一条日产 10 吨的生产线。

长岭玉米高筋粉是引进北京科技大学玉米专家研制成功的最新玉米加工技术，采用精细筛选，脱皮去胚，高温增劲，精研细磨等工序制作而成。去除了玉米口感粗糙、食味辛辣的缺点，使玉米的可食性得到进一步提高。用此面粉制作的玉米系列食品，具有小麦的滑爽，荞麦面粉的筋性，口味更具有玉米食品特有的清香，味道鲜美，营养丰富。产品富含人体所需多种微量元素，符合现代人的饮食理念，深受广大消费者好评。产品供不应求，已推向周边的大中城市，市场前景十分广阔。

工 业

GONG YE

工业综述

【概况】 2017 年，昔阳县完成规模以上工业增加值 31.5 亿元，同比增长 2.9%；昔阳县社会消费品零售总额完成 26.98 亿元，同比增长 7.1%；市里下达昔阳县节能降耗目标任务是单位地区生产总值能耗降低率为 3.2%，昔阳县实际降低率为 5.18%，全年规模以上工业企业能耗是 76.4 万吨标煤，月均实际能耗是 6.37 万吨标煤；昔阳县非煤产业增加值占比完成 16.5%；昔阳县规模以上工业企业实现利税同比增长 233.2%。

【工业经济运行】

主要产品产量五升两降

2017 年 1 月—12 月，昔阳县除聚氯乙烯、烧碱、电石、糠醛、发电量同比增长 413.6%、171.4%、139.4%、7.4%、4%外，煤层气、原煤产量分别同比下降 23.1%、3.9%。

重点行业运行情况

煤炭行业：2017 年 1 月—12 月，昔阳县煤炭行业完成工业总产值 52 亿元，工业增加值 26.31 亿元，同比下降 2.98%，煤炭行业增加值占比83.5%。

1 月—12 月主要产品累计产量及价格情况

产品名称（单位）	12 月当月产量	1—12 月累计产量	同比 %	12 月末价格(元/吨、元/千瓦时、元/立方米)
原煤(万吨)	121.8	1312.3	-3.9	500
发电量（万千瓦时）	18536	161618	4	0.3465
电石(吨)	33680	327802	139.4	2597
煤层气（万立方米）	194	3572	-23.1	1.69
聚氯乙烯(吨)	7675	113617	413.6	5258
糠醛(吨)	353	3832	7.4	15728
烧碱	9.52	107531	171.4	3015

电力行业：2017 年 1 月—12 月，电力行业完成工业总产值 5.4 亿元，工业增加值 2.31 亿元，同比增长 2.18%。

化工行业：2017 年 1 月—12 月，化工行业完成工业总产值 16.85 亿元，工业增加值完成 2.46 亿元，同比增长 136.2%。

天然气开采业：2017 年 1 月—12 月份完成工业总产值 5426 万元，工业增加值 3179 万元，同比下降 19.5%。

煤炭工业

【概况】 昔阳县煤炭工业局为昔阳县人民政府直属机构，承担煤炭行业管理和技术服务职能。内设机构有办公室、安全管理股、行业管理股、规划发展股、环保股、劳动用工管理中心、安全监控信息中心。下属事业单位三个：煤矿安全监管巡查队、煤矿安全纠察分队、安全生产培训中心。

【安全生产】 2017 年，昔阳县有 3 座矿井通过一级标准化矿井验收，其余矿井均维持在二级标准；3 座煤矿被验收为现代化矿井，为矿井的安全高效发展奠定了基础。2017 年县管煤矿中煤公司白羊岭煤矿发生了一起由于工人违章作业造成一人死亡的安全事故，事故调查后对该企业及相关人员进行处罚和撤职处理。

【经济指标】 产销情况：2017 年，昔阳县 12 座县管煤矿生产原煤 814.4 万吨，同比增长 5.22%；销售原煤 818.28 万吨，同比增长 9.79%。

主要指标完成情况：2017 年县管 12 座煤矿完成工业总产值 38.37 亿元，同比增长 47.23%；完成销售收入 38.27 亿元；

黄岩汇现代化综采

同比增长 51.72%。2017 年昔阳县煤炭企业固定资产投资完成 11.5 亿元。

【重点项目】 2017 年，昔阳县寺家庄煤矿低浓度瓦斯发电项目：新建装机容量 15 兆瓦发电机组，投资额 1.6 亿元，土建工程已完成投资 500 万元；昔阳县鼎丰瓦斯发电项目：装机容量为 20 兆瓦，投资额 1.1 亿元，已完成投资 5200 万元；阳煤寺家庄双电源改造项目：投资额 6000 万元，已完成投资 1500 万元。

电力工业

【概况】 国网昔阳县供电公司成立于 1963 年，现下设 8 个职能部室、10 个班组、12 个乡镇供电所，承担着昔阳县 8.99 万户用电客户的电力供应任务。2017 年，主业在册职工 91 人，农电工 191 人，多经职工 18 人，离退休人员 55 名。公司党总支部共有 3 个党小组，党员 74 名。

【基础建设】 昔阳电网拥有 220 千伏变电站 2 座，总容量 660 兆伏安；110 千伏变电站 2 座，总容量 171.5 兆伏安；35 千伏变电站6座，总容量108.6兆伏安；35千伏公用输电线路15条，长度192.93千米；10千伏公用配电线路46条，总长982.16千米，10千伏公用配变769台，总容量101.9兆伏安。

2017年，国网昔阳县供电公司被山西省文明委评为“2016年—2017年度山西省文明单位”。被国网山西省电力公司评为2017年度营销（农电）专业基层基础工作先进集体。

被国网晋中供电公司评为2017年度同业对标县公司劳动竞赛先进单位、2017年度县公司变电精益化管理评价劳动竞赛先进单位、2017年度互联网+营销服务劳动竞赛先进单位、2017年度“合区月度同期线损”劳动竞赛先进单位、2017年度计量采集提升劳动竞赛先进单位、2017年度供电可靠性劳动竞赛先进单位、2017年度“成本入账精益管控”劳动竞赛先进单位、2017年度审计问题整改落实劳动竞赛先进单位、2017年度配网调度应用管理模块劳动竞赛先进单位。

王怀柱被国网山西省电力公司评为“2017年度新一轮农网改造升级‘两年攻坚战’工作先进突出贡献个人”。任磊被国网山西省电力公司评为“2017年度新一轮农网改造升级两年攻坚战工作先进个人”。王怀柱、闫晓明被评为“2017年度先进个人”。张恩寿被国网山西省电力公司评为“2017年度营销业务规范管理先进个人”。

任磊、赵军被国网晋中供电公司评为“2017年度先进工作者”。王德芳被国网晋中供电公司评为“2017年度优秀班组长”。王德芳、范守斌、刘乃瑞、李权威被国网晋中供电公司评为“2017年度安全生产先进个人”。李彦香被国网晋中供电公司工会委员会评为“2017年度学习型女工”。

【工程实施】 2017年，国网昔阳县供电公司以优化发展环境为抓手，积极推进电网建设协调发展。加强电网精准规划，及时了解昔阳县经济发展规划，按期完成“十三五”配电网滚动规划修编工作。特高压工程引领带动，圆满完成“晋北—江苏±800千伏”特高压输电工程属地协调任务。完成晋中东500千伏输变电工程前期工作。完成盂县–河北南网500千伏输电工程（昔阳段）属地协调工作。至年底，该工程100基基础已全部开挖，浇筑完成97基，组塔完成46基。有序推进农网工程建设，借助新一轮农网升级改造工程的契机，总投资2188万元，先后完成了2016年第二批、第三批中心村改造、机井通电工程、10千伏安平线改造工程、东固壁、里岩等2个村村级扶贫电站并网接入、“村村通”动力电工程。支持三产实施各类客户工程，投资

村级光伏电站并网投运

630万元，完成东冶头、静阳等35个村57处村级扶贫地面光伏电站并网接入工程。投资1291万元，完成14项政府迁改工程。投资2113万元，完成43项用户工程。投资168万元，完成6项系统大修技改工程。

【援藏帮扶】 2017年，昔阳县供电公司选派王怀柱副经理和任磊参加援藏帮扶。王怀柱担任西藏芒康县农改工程常务副总指挥，历时8个月奋战在高寒缺氧的雪域高原，先后建成35千伏及以上变电站2座、线路35.2千米，10千伏及以下线路261.1千米，为芒康县电网升级改造做出了贡献。任磊代表市公司参加省公司支援帮扶昌都市农网改造项目建设。

【行业用电】

山西省电网销售电价表

用电分类	电度电价(元/千瓦时)					基本电价	
	不满1千伏	1-10千伏	35千伏	110千伏	220千伏	最大需量元/千瓦·月	变压器容量元/千伏安·月
一、居民生活用电	0.4770	0.4670	0.4670				
二、一般工商业用电	0.6635	0.6435	0.6285				
三、大工业用电		0.5082	0.4782	0.4582	0.4482	36	24
四、农业生产用电	0.5002	0.4852	0.4702				
其中 非贫困县深井及高扬程农业排灌用电	0.4402						
其中 贫困县农业排灌用电	0.3492	0.3392	0.3292				
其中 提黄灌溉用电（万亩以上特定泵站）	0.0700						
五、预售用电(不含基金)	0.3298						

注：1. 表中所列价格，除贫困县农业排灌用电、趸售用电外，均含国家重大水利工程建设基金0.52分钱。

2. 表中所列价格，除农业生产用电、趸售用电外，均含可再生能源电价附加，其中：居民生活用电0.1分钱，其他用电1.9分钱。

3. 表中所列价格，除农业生产用电、趸售用电外，均含大中型水库移民后期扶持资金0.24分钱。

4. 表中所列价格，除农业生产用电、趸售用电外，均含小型水库移民后期扶持资金0.05分钱。

5. 表中所列价格，除贫困县农业排灌用电、提黄灌溉用电、趸售用电外，均含农网还贷资金2分钱。

【安全生产】 2017年，昔阳县供电公司全面落实“党政同责、一岗双责”的安全责任体系，大力推进本质安全建设，2017年未发生人身、设备、电网事故和信息安全事件，高效完成春检、秋检、迎峰度夏、十九大及环中国国际公路自行车赛（昔阳赛段）等重大保电任务。加强安全生产基础管理。认真组织开展“强化本质安全”“三强化、四提升”“两排查一治理”等系列活动，排查各类隐患318项，整改293项，整改率92.13%。强化现场安全管控。实现现场督（纠）察全覆盖，认真执行生产作业现场军事化管理。全年共96个作业现场，发现违章15起，教育违章人员11人。领导干部和管理人员到岗到位率100%。重点开展“一线一案”治理工作。细化、优化专项治理工作方案，实行部门主任包片、包所、包线责任制，深入基层站所现场帮扶，开展地毯式排查治理。全年共计整治10千伏线路18条，发现缺陷400余处，已全部整改处理，有效降低了线路掉闸率。制定了《配网专项运维考核办法》，调动各级人员排查治理消除设备隐患的积极性和能动性。细化出台《停电信息发布办法》，建立台区经理微信群570多个，总计入群户数29061户。通过“微信群”“昔阳在线”、昔阳电视台、昔阳广播电台等媒体多渠道扩大停电信息的覆盖面。在确保安全的前提下，有针对性地开展零点作业、避峰消缺、高效停电作业，尽可能减少停电作业次数和时间，提升供电可靠率。截至12月31日，公司实现安全运行9676天。

【营业服务】 2017年，昔阳县供电公司服务经济社会发展，建立与县、乡两级政府的常态沟通机制，超前服务煤矿、园区等重要客户，开展“问需求、送服务、促发展”秋季大走访活动，走访12个乡（镇）政府和8个重点企业，切实帮助客户解决3大类9项用电方面的难点问题。面向社会各界重新聘请12名行风监督员，建立服务监督长效机制。服务人民美好生活需求，全面拓展“互联网+”营销服务，多渠道普及宣传智能缴费，推广实行“三包”制，线上办电率100%，线上缴费率由年初的5%提高到56%，连续5个月排在11个县公司首位。服务脱贫攻坚，加大对西丰稔村定点帮扶力度，对口帮扶贫困户88户，使183人实现脱贫。同时，完成35个村级光伏电站、365户个人屋顶分布式光伏电站的配套送出工程建设。先后对16个贫困村、17个台区进行增容改造，昔阳县所有自然村均实现村村通动力电，在脱贫摘帽过程中体现“国网担当”。深化“全能型”供电所建设，公司成立领导小组，组织各部门及供电所人员开展“全能型供电所”建设培训，通过季度、月度定期开展营配技能学习比武、供电所自主培训等手段，培育员工一专多能。安排新进大学生与供电所结对帮扶，对照《全能型供电所创建考评细则》，完善资料台账。将“全能型”供电所创建要求纳入星级供电所创建内容，有效提升供电所的管理水平和服务能力。大寨、李家庄供电所顺利通过省公司“四星级供电所”复验。界都供电所被省公司评为2017年度“四星级供电所”。

中小企业服务

【概况】 昔阳县中小企业服务中心为财政拨款事业单位，正科级建制，隶属于昔阳县经济和商务粮食局管理。内设办公室、财务股、企业股、综合股、经监股等5个股室，在职人数13人，主要职责是对昔阳县中小企业进行规划、指导、协调、服务。

【企业成长工程实施】 2017年，昔阳县中小企业服务中心按照“创办一批、成长一批、壮大一批”的总体思路，全力推进小微企业创办、骨干企业成长、规模企业培育3项工程。2017年在12乡（镇）及城区社区实施“一乡一企”工程项目39个，完成投资45000万元，孵化小微企业312个。同时，加大服务力度，加强跟踪监测，助推金谷阳光、斯能光伏发电、碧洲生物科技有限公司等3个企业顺利实现“小升规”目标，成为规模以上工业企业。全年昔阳县中小企业完成工业总产值17.9亿元、规模以上工业总产值完成15.33亿元，营业收入完成22.32亿元，实现利润总额2.31亿元，上交税金1.73亿元，从业人员达到1.23万人，昔阳县中小企业经济运行呈现出稳中有进的良好态势。

【产品销售渠道拓宽】 2017年，昔阳县中小企业服务中心以“走出去学习经验，引进来管理人才”的发展理念，帮助企业拓宽产品销售渠道。上半年，组织昔阳县农副产品加工企业先后赴太谷鑫炳记、荣欣堂、北京新发地、义乌小商品城、杭州微谷、梦想小镇等地实地考察学习，汲取先进的生产经营理念和营销策略；5月，邀请堡子酒营销经理和上海、太谷等外地营销专家深入德兴隆酒业、大寨酒业等昔阳县多家企业实地调研，帮助其构建营销策略、制定营销方案、拓展营销渠道。

【推介展销活动参加】 2017年，昔阳县中小企业服务中心组织企业走出去参加各级各类产品推介和展览展销活动，同时，利用各种大型节庆活动，举办产品展销品鉴等活动，宣传企业和产品，提升企业知名度。5月，精心组织金谷阳光有限公司与今合网“一带一路”昔阳行活动，实现当天直播销售54万元，带动昔阳县50余家中小企业与今合网的对接合作，帮助企业有效拓展线上销售渠道。利用西南旅游专列“寻梦大寨”活动组织昔阳县40余家企业在大寨红旗广场举办产品品鉴展销活动；上半年，组织大寨酒业、德兴隆酒业、金谷阳光等企业，赴浙江宁波、榆次三晋乐园等地参加农副产品促销展销活动。

【企业规范行动提升】 2017年，昔阳县中小企业服务中心在德兴隆酒业、大寨农产品加工有限公司、澳瑞美饮品有限公司等5家企业实施“企业规范化管理提升行动”，聘请专业人员组建专家团队，深入企业指导服务，帮助企业完善法人治理结构，建立现代企业制度，转变发展方式，提升管理水平，2017 年 5 家企业均已达标。

【银企洽谈平台搭建】 2017 年，昔阳县中小企业服务中心继续与建行合作，为符合条件的企业开展助保贷业务，共计发放贷款 415 万元（其中：四通饮品 100 万元、邦诚建筑 190 万元、老家农牧 125 万元），同时，将昔阳县农村信用联社增加为“助保贷”业务合作机构，2017 年已为田甜大药房有限公司和嘉会商贸有限公司分别放贷 50 万元和 200 万元。

【品牌创建活动开展】 2017 年，昔阳县中小企业服务中心引导鼓励中小企业积极开展商标注册和品牌创建活动，全年昔阳县中小企业申请注册商标 313 件，成功注册 70 件，做大做强产品品牌。德兴隆、赵壁双孢菇、鑫阳顺、红装素果核桃、龙翔贸易、大寨羊毛衫、大寨制衣 7 件著名商标申请已被省工商局受理；金谷阳光 29 类产品成功注册马德里国际商标 1 件，是晋中市 2017 年新注册的唯一一件国际商标；昔阳压饼、昔阳双孢菇、昔阳香核桃、黄庵垴鸟接茶国家级地理标志证明商标已被国家工商总局商标局认定，品牌名片有效提升了昔阳县中小企业产品的附加值和竞争力。

交 通

【概况】 昔阳县交通运输局是县政府组成部门，负责统筹规划、建设、养护、管理、运营全县农村公路，营造统一、开放、竞争、有序的道路运输市场。内设机构有办公室、财务股、安全监察股、行政审批股、质监站，所属事业单位有农村公路管理所、交通运输综合行政执法大队、道路运输管理所、城市汽车客运管理所，所属企业有昔阳县通达筑路工程有限责任公司，昔阳县交通战备办公室挂靠县交通运输局，全局共有干部职工210人。

【“四好农村路”建设】 2017年，昔阳县交通运输局围绕“四好农村路”建设、脱贫攻坚、美丽乡村建设，按照“建设大手笔、管理高起点、养护高定位、运营高标准”工作思路，稳步推进“四好农村路”示范县创建工作。实现全县建制村通硬化路率和通客车率100%。8月23日—24日交通运输部在山东临沂召开的全国“四好农村路”养护现场会上，昔阳县被命名为全国53个首批“四好农村路”建设示范县之一，并于11月份又顺利通过交通运输部组织的“四好农村路”交通扶贫督导考评。

坚持“四好农村路”建设与改善人居环境、美丽乡村建设、脱贫攻坚、旅游产业开发相结合，重点实施县乡公路改造、畅返不畅建设、窄路基路面拓宽和安全生命防护工程，全年建设里程197.2千米，总投资2.21亿元。其中，重点实施项目有，投资5420万元，完成丁峪至里沙瑶公路改造工程20千米；投资1600万元，完成赵壁至北石龛公路改造工程10千米；投资212万元，完成三都至翟絮和毕路线至韩家沟窄路基路面拓宽4.5千米；投资743万元，完成县乡村公路防护工程31.2千米；投资67万元完成小腰咀桥、泉口桥2座桥梁加固工程；投资1.4亿元，完成全县四好农村路“畅返不畅”工程项目162.7千米。

昔阳县12个乡镇全部设立农村公路管理站，配备专职工作人员，完善办公设备，保障工作经费，实现机构、人员、经费“三落实”，县乡两级农村公路管理机构设置比例达到100%。落实农村公路精细化管理。全面落实县级路长统筹引领、乡镇路长落实推进、公路路长日常管理、巡路路长执法监管、村级路长宣传促进的“五级路长”联动机制；全面签订道路交通安全联勤联动和农村公路管理联勤联动协议；全面建立农村公路群管网络，明确乡镇监管员、村护路员的双重职责，形成县有路政员、乡有监管员、村有护路员的三级公路路产路权保护体系。全年办结路政赔补偿案件10件，路政处罚案件8件。全面开展“拆违治乱提质”“五抓五提升”农村公路路域环境大整治专项行动，以示范路为突破口，以点带面，全面推进，依法开展道路两侧违章建筑的拆除行动，开展田路分家、路宅分家，还地于“绿”；集中开展了公路两侧草堆、粪堆、垃圾堆及非公路标志的治乱行动，还路于“美”；依法开展治超工作，联合查处整治货运车辆装载物抛洒路面、污染路面和危害道路安全等行为，还路于“畅”。

继续实行“县道县管、乡道乡管、村道村管”的工作机制，确定界李线化工园区段、留马线留庄至凤居段、西外环峰豪至安广线上秦山段共计32千米为县级示范路，以县级示范路建设带动乡镇示范路建设，积极打造“一乡一路示范路”，昔阳县12个乡镇完成乡级示范路57.3千米，完成村级示范路15.4千米。扎实搞好公路水毁及养护大中修工程，完成县公路179.3千米、乡村路12千米养护大中修工程，完成投资1101.05万元。在全县各个乡（村）设置农村公路养护管理“乡（村）规民约牌”；完成静阳公路休闲景点建设。昔阳县1635千米农村公路全部进行列养，农村公路列养率和经常性养护率均达到100%，养护质量稳步上升，农村公路优、良、中路率达到85.2%，路面技术状况指数（PQI）稳中有升。

丁里线重点公路工程开工仪式

推进建制村通客车“全覆盖”。综合运用冷热线搭配、干支线打包、客运公司区域兜底等措施，逐步扩大通达深度和广度，实现昔阳县建制村100%通客车。县委、县政府为方便群众出行，先后购买纯电动公交客车20辆，燃气客车8辆，在县城开通3条免费公交线路，覆盖县城23条街道，实现县城区域免费公交全覆盖。为使农村客运班车保持稳定通达率，有效益、留得住，县政府在每年对城市公交提供财政补贴250万元的基础上，2017年，又对农村客运班线运营补贴100万元，保证村村通客车“开得通、留得住、有效益”。同时规划建设公交首末站1个。投资186万元，更新增补农村客运候车厅和招呼牌210个，从而达到县乡有站、大村有亭、小村有牌，推动昔阳县城乡客运一体化达到AAAAA级水平。推进农村物流网络节点体系建设，着力培育农村物流龙头骨干企业。“山西江华物流有限公司”在昔阳县设立32个“农村淘宝服务站”，形成县、乡（镇）、村三级物流网络体系。“昔阳县汽车站农村物流配送中心”通过与5家寄递公司、25个村级便民服务点、30个客运车辆业户签约，充分利用客运车辆的通村优势，拓展农村物流市场，方便农村物流需求。“昔阳邮政公司”利用自身的邮政网络，在51个行政村建立村邮站。

【交通园区建设】 2017年，昔阳县启动机动车维修园区建设，成功引入第三方经营主体，在交通便利，地理位置优越的原晋煤物流公司旧址，启动恒雁众通维修园区建设工程。维修园区占地面积3.6公顷，规划配套设立配件销售、汽车装饰、维修作业、废油废件回收、物流、仓储场地等固定区块，计划入驻业户50—55户。

【交通运输发展】 2017年，昔阳县完成客运量515万人，旅客周转量1.71亿人千米。完成货运量939万吨，货物周转量6.67亿吨千米。

国道、省道建设

【概况】 昔阳公路管理段隶属于山西省公路局晋中分局，机关设“三股一室一队一中心”，即：综合办公室、财务资产股、工程技术股、安全资产股、路政大队和路面养护中心。承担G207国道31千米，S317省道94千米，共计125千米干线公路的养护管理任务。

【公路养护路况指标】 2017年，昔阳县按照“重点路段创精品、一般路段保提高、薄弱路段保畅通、杜绝油返砂现象”的分级分类养护措施，对125千米路面使用性能评定为优良的路段加大预防投入，及时采取灌缝、贴缝、小型罩面等小修养护措施，防止病害扩展。累计路面灌缝156.06千米，小型罩面17.03万平方米。对48千米评定等级为中、次的317线王寨、冶头、杏庄、沾尚等路段，采取沥青碎石同步封层养护措施，累计完成13.18万平方米/21千米。针对省道317线马道岭路段664平方米翻浆严重的路面病害，采取片石填筑进行彻底处治，有效地稳定了路况。累计处理路面坑槽2016平方米，仅317线昔沾路段处理路面坑槽930平方米，处理207线、317线沉陷7369平方米、翻浆664平方米。通过上述工作，确保所辖干线公路路况提升上取得明显成效。年末，

昔阳县松溪供水工程水磨头库区道路建设工程

所辖干线公路优良路率达67.7%，路面PQI值达78.29。

【小修养护】 2017年，昔阳县公路管理段结合大气污染防治行动，不断加大路面保洁力度。根据养护里程，保洁难易程度，科学配备清扫机械和保洁人员，确保所辖干线公路路面全天候干净整洁；对所辖干线公路涵洞、急流槽、水沟等进行清理，对损坏的路沿石进行整修。累计清理边沟（单侧）542千米，清理垃圾等杂物7713立方米，绿化平台、边坡整修43000平方米，清理涵洞淤塞750立方米/150道，疏通急流槽25道，整修路沿石4943米，拦水带450米，维修隔离墙903米，维修边沟1033米；在207线种植各类花卉14300平方米，317线种植31000平方米，其中：栽植紫穗槐5万余株，修剪行道树12200棵。对公路沿线的停车点、休憩点及小型景点全部进行维修。对207线31千米及九榆线94千米里程碑、百米桩、轮廓标等设施进行了维修、粉刷；对沿线构造物及设施进行了维修，累计820立方米/46处。投资30余万元在马道岭新增一处方便过往人员观光、休憩、停车的景点。九榆线寿阳交界，投资6万元新增凉亭一个。

【路政管理】 2017年，晋中市“拆违治乱提质”和昔阳县“五抓五提升”环境整治攻坚行动开展以来，按照《实施方案》的安排部署，对照整治标准，从严从实从细抓落实。充分发挥公路部门职能作用，路地结合、密切协作、形成合力，点线面相结合。从路面病害处治、路基边坡高标准整修、沿线设施维修、行道树及设施粉刷等入手，列出责任清单、层层压实责任，全力以赴开展整治工作。配合沿线乡镇对所辖国省干线公路沿线非公路标志进行彻底拆除，累计出动机械54台（次），路政执法人员220人（次），雇用电焊工5人，拆除非公路标志131块。2017年，取缔加水点31处，拆除违章建筑4115平方米/82处，清理乱堆乱放605立方米，取缔占用公路摆摊设点35处，过村镇路段治理取得明显成效。同时，不断加大路政损路案件处理，依法收取赔（补）偿费11.26万元，收取平交道口管理费9.58万元，通过“拆违治乱提质”攻坚行动进一步强化路政管理，进一步推进“路地共管”的模式，进一步锻炼路政执法队伍，路政管理水平有了新提升。

【安全生产】 2017年，昔阳县按照“党政同责、一岗双责、齐抓共管”的安全生产责任制，以安全生产大检查、“打非治违”专项行动和安全生产专项整治等一系列活动为载体，以从严、从细、从实的要求，扎实有效推进各项安全生产管理工作，确保安全生产无事故的良好态势。为进一步加强安全管理，投资40余万元建立抢险应急管理平台，对所辖干线公路9处重点及险要路段实现动态监控全覆盖。2017年未发生任何安全责任事故。

【文明单位创建】 2017年，昔阳县公路管理段开展一系列文明创建活动，营造全段干部职工奋发向上、敬业友善的正能量，顺利地通过“全国文明单位”“省级文明单位标兵”考评验收，2017 年 11 月被中央文明委表彰为“全国文明单位”。

道路运输管理

【概况】　昔阳县道路运输管理所成立于 1979 年，是法律法规授权的行政执法主体单位，副科级建制。主要承担全县道路客货运输、客货运输站场、机动车维修、驾驶员培训、汽车租赁、源头治超等道路运输相关经营活动的行政许可、行政处罚、监督检查工作职责。内设办公室、计财办、客运办、货运办、维修办、驾培办、安全办、治超办、法制办、行政审批办、大寨站、稽查队、科技信息中心。事业编制 40 人，领导职数 8 人，所长 1 人，副所长 7 人。

【城乡客运】　2017 年，昔阳县城乡公交一体化布局更加合理。创新线路审批模式，实行多样化、差异化的农村客运经营许可。综合运用冷热线搭配、干支线打包、客运公司区域兜底等手段，逐步扩大通达深度和广度，顺利完成建制村 100%通客车目标。政府出资购买纯电动公交客车 20 辆，燃气客车 8 辆，在县城开通 3 条免费公交线路，设置 114 个停靠站点，覆盖县城 23 条街道，实现县城区域免费公交全覆盖。在此基础上，又开辟 4 条城市公交延伸线路，覆盖 61 个村镇，昔阳县城乡客运公交化率达到 20%，服务人群 10 多万，占全县人口的一半。

昔阳县运营的城乡客运线路共 53 条，客运车辆 92 辆。其中，城市公交线路 7 条、28 辆客车，农村客运班线 44 条、58 辆客车，区域班车 6 辆，覆盖 335 个建制村，建制村通客车率达到 100%。城市公交线路和农村客运班线达到顺利衔接，更加方便城乡居民日常出行。

政府保障力度逐步提高。持续加大对城乡客运的投入，每年对城市公交提供财政补贴 250 万元。2017 年，县政府又增加农村客运班线运营亏损补贴 100 万元，保证村村通客车“开得通、稳得住”。同时，加大城乡客运一体化基础设施建设投入，规划建设公交首末站 1 个。投资 186 万元，更新增补农村客运候车厅和招呼牌 210 个，从而达到县乡有站、大村有厅、小村有牌，推动全县城乡客运一体化达到 AAAAA 级水平。

【农村物流网建设】　2017 年，积极推进农村物流网络节点体系建设，立足因地制宜，坚持需求导向、结合本县资源禀赋、自然条件、产业特点，围绕农村物流发展的实际需求，着力培育农村物流龙头

恒雁众通物流园区建设项目

骨干企业，发挥各自专长、融合互补，形成点、线、面拉动辐射的农村物流网络建设格局。昔阳县形成以“山西江华物流有限公司”“昔阳县汽车站农村物流配送中心”“昔阳邮政公司”3户物流企业为龙头，多方合作、共建共管、合理布局、高效便捷的农村物流网络节点体系。

“山西江华物流有限公司”通过承揽“阿里巴巴集团”旗下的菜鸟物流及“顺丰速运”等5家快递公司的乡（镇）级、村级快递配送业务，在昔阳县设立32个“农村淘宝服务站”，形成县、乡（镇）、村三级物流网络体系。

“昔阳县汽车站农村物流配送中心”通过与5家寄递公司、25个村级便民服务点、30个客运车辆业户签约，充分利用客运车辆的通村优势，拓展农村物流市场，方便农村物流需求。

“昔阳邮政公司”利用自身的邮政网络，运用11个乡（镇）邮政所，在51个行政村建立村邮站，实现县城与农村间的快运快达。

昔阳县已建立一个县级仓储物流中心、12个乡镇集散点和108个农村物流网络节点，335个行政村基本实现了农村物流网络全覆盖。截至12月底，三级物流网络快递收寄量达到38万件，通过三级物流网络，累计外销农副产品和传统手工艺品总值达到20多亿元。农村物流网络节点体系建设全面盘活城乡物资流通渠道，促进了经济社会的转型跨越发展。

【机动车维修园区建设】 2017年，昔阳县维修市场作为影响整体环境形象的难点，成为此次城乡环境整治行动的一个重点，仅317省道青岩头至建都沿线拆除的机动车维修摊点就达48户。

2017年，成功引入第三方经营主体，在交通便利，地理位置优越的原晋煤物流旧址，启动恒雁众通维修园区建设工程。维修园区占地面积54亩，规划配套设立配件销售、汽车装饰、维修作业、废油废件回收、物流、仓储场地等固定区块，规划入驻业户50—75户。其中：物流服务30户，汽车配件销售20户，小型机动车维修15户，大型机动车维修8—10户。力争经过2至3年的发展，逐步形成全县机动车综合性服务保障基地。

【道路运输市场】 2017年，昔阳县道路运输市场经过长期发展，已基本实现人便于行、货畅其流的总体目标。全年有客运公司4户，汽车客运站7个（其中：基本符合二级站建设标准但未通过验收的简易车站1个，乡镇汽车站5个，县城免费公交站1个）。客运线路54条，营运客车103辆（其中：农村班线44条、58辆客车，长途班线10条、45辆客车）。昔阳县在册货运车辆2316辆，货运企业23户。全县机动车维修企业81户，其中：一类维修企业1户，二类维修企业4户，三类维修企业76户。驾校2所，年培训学员8000余人。机动车综合性能检测站1个，政府公示货运源头企业67户，全行业从业人员1万余人。

2017年度，全行业完成客运量515万

人（次），客运周转量1.71亿人（千米），完成货运量939万吨，货运周转量6.67亿吨千米。

铁 路

【概况】 阳涉铁路是铁道部和山西省合资建设的国家重点工程。北起石太线的白羊墅车站，向南经山西省阳泉市、平定县、昔阳县、和顺县、左权县，跨黎城县边缘，到达河北省涉县，与邯长线的悬钟站接轨，全长199千米。

2001年9月8日，阳涉铁路有限责任公司成立。2017年公司经营层领导构成：总经理1人，副总经理5人。机构设置：办公室（党群办公室）、安全监察室、财务计划部、人力资源部、运输指挥中心、货运营销部、行政事务部、技术装备部、信息中心、物资供应中心、公安派出所，临设工程管理部。下设5个站区、4个车间。

【经营工作】 2017年，昔阳县阳涉铁路适应市场变化，不断转变观念。2月开通泊里集装箱业务，是公司历史上的首次；5月开通向渤海新区的发送；下半年寺家庄矿至左权电厂物流总包；按照铁总统一布置，经过北京局价格委员会批复，对阳煤集团发灵山、范屯、老边、东大沽实行一口价，石港口至濅口实行一口价；在管内，参照阳煤集团发左权电厂物流总包模式，昔阳站发石港口站实行一口价；以上业务的开展，效果非常明显。麻悬段开通电气化。适应了国铁邯长线电气化的需要，作业更顺畅，大大提高了南口运输能力，是增量的基础。2017年发送运量完成北京铁路局的指标。

阳涉铁路公司多方寻求合作实现铁海联运。3月20日—21日，阳涉铁路有限责任公司董事长、总经理王常久、总经理助理霍建忠带领相关业务部室及线内部分发运单位一行20余人赴黄骅港到港煤炭发运实现铁海联运有关事宜与邯黄铁路公司、沧州渤海港务公司、河港集团国际物流等多家企业进行实地考察，面对面对接座谈达成一系列运输发展共识。

【教育培训】 2017年，人力资源部协同有关部室、站区、车间共组织背规活动15次58场，完成背规716人（次），共计背诵规章1.69万条，按照奖励标准发放奖金6.03万元，涌现出52名背规能手，参加了公司组织的背规竞赛，通过行车、货运、机修、机务、工电系统5场竞赛，产生出各工种前3名优秀选手，竞赛领导组根据评选条件和程序，评选出集体优胜奖2名，优秀组织奖2名。

【安全管理】 2017年，昔阳县实现第九个安全年。不断加强制度建设，修订公司《行规》，运输指挥中心、技装部、货营部等做大量工作，制定、修订《调车作业和管理有关规定》《防溜管理办法》《信号连锁管理办法》《信号设备应急抢修预案》《牌卡发放标准》《破坏性地震应急预案》等，进一步完善制度管理。突出《安管系统》的使用及《安全通报》讲评点评，持续每月通报讲评，形成常态。

汽车站

【概况】　昔阳汽车站创建于1952年，隶属山西汽运集团阳泉汽车运输有限公司。历经省、市级道路运输管理部门考核、核定为二级汽车站。按照政府新城建设规划调整，汽车站选址变更，于2012年8月，车站整体迁往昔阳县城白马街边过渡边建设。2017年，汽车站有职工46名，其中：中共党员6名、具有大专以上学历职工40名。主要从事客运站场安全管理和服务、包车服务、小件快递等业务。设旅客行包安检岗、车辆例检岗，旅客售票、联网售票、检票服务，车辆进、出站检查和站场秩序管理等岗位。严格按照“三不进站、六不出站”的规范要求。为进站客运车辆和旅客提供服务。

【基础建设】　2017年，昔阳汽车站有微机售票系统一套，能够满足售票、网售、检票、调度、结算等。行包安检仪一台，车辆例检地沟一条，发车位16个，治安、安全监控系统，LED显示屏。候车室设有售票处、联网售票机、旅客候车区、行包托运、调度、广播室、治安室、饮水处、特殊旅客专席。候车室、站场及办公区域消防设施齐备有效。

【安全检查】　2017年，昔阳县汽车站每月进行一次安全大检查，安全领导组成员分线路包单车每月进行三次“安全带—生命带”检查，值班领导每天进行自查自检，主要对站场、车辆、人员、岗位操作规程进行日排查。加强安全防范，及时消除不安全因素，以检查促整改，以检查促管理，以检查促安全。截至12月底，汽车站共查出站场隐患121条，整改121条，隐患治理率达100%。

【运营数据】　2017年，汽车站有进站营运车辆117台。日迎、送旅客超过1500余人。全年共计发出3.99万班次，加班车辆110班次，运送旅客30.95万人，旅客行包安检33.46万件，查出违禁物品54件，并进行妥善处理。例检车辆2.69万台次。班车正点率达到99%，旅客安全运送率达到100%。

【拓宽经营模式】　2017年，昔阳县农村物流“最后一公里”旅游集散全面铺开。开办太原服装城一日游、旅游包车、通勤车等新业务，汽车站营销部与当地景点合作，开辟景区一日游专线，旅游集散中心积极与旅行社合作，开辟黄金旅游线路；农村物流强势推进。利用资源补短板。汽车站利用乡下班车通达偏远乡村资源优势，补齐农村物流“最后一公里”短板。

邮　政

【概况】　中国邮政集团公司山西省昔阳县分公司隶属中国邮政集团公司晋中市分公司，担负昔阳县范围内的邮政普遍服务。内设综合办公室、市场营销部、金融业务部、渠道平台部、文化传媒部、包裹快递部、机要室，下设乐苑邮政所、新建路邮政所、南关邮政所及大寨、赵壁、皋

邮政局到赵壁村宣传邮政业务

落、东冶头、杜庄、沾尚、李家庄、界都、孔氏、闫庄、三都、西寨邮政所，从业人员 123 人，其中合同用工 62 人，劳务派遣工 61 人。2017 年，中国邮政集团公司山西省昔阳县分公司累计实现业务收入 1461 万元，较 2016 年同期增长 21%。

【拓宽业务】 2017 年，昔阳县在城西设立南关邮政所，开办邮政综合业务及邮政储蓄业务。对李家庄、界都、孔氏、闫庄、三都、西寨 6 个邮政所实行委托代办。

【金融服务】 2017 年，昔阳县落实“旺季上规模，2017 年调结构”的发展策略，以提高发展质量为目标，采取“大项目拉动，小活动补位”的办法，在做好“幸福生活在三晋广场舞”“幸运大抽奖”等营销项目的同时，各网点还结合实际开展“微营销”“微沙龙”“首卖日”“拓展月”“客户节”等小型客户活动，促进各项业务良性发展。全年新增储蓄存款 6038 万元，代收保险保费 6332 万元，存款余额达到 7.57 亿万元。

【包裹快递】 2017 年，昔阳县成立包裹快递部，新增快递人员 5 名，三轮摩托车 8 辆，开展公文寄递、银行保险业单册寄递、“二代身份证”、车牌照寄递等业务。先后签约昔阳德兴隆酒业、今合网昔阳店、顺联动力、医采专卖等多家电商企业，2017 年包裹进出口量超过 10 万件。

【文化传媒】 2017 年，昔阳县与大寨旅游开发公司制作 200 册大寨昔阳风光形象册，与昔阳农民画家张胜利合作开发《张胜利书画作品选》（邮册），在传播地域文化，发展特色旅游方面做了一些有益探索。

【渠道平台】 2017 年，昔阳县共有“三农”（便民）服务站 83 个，其中 12 个便民站安装“邮掌柜”。在所有农村邮政所开通“优惠购”业务，与 6 户贫困户签约电商扶贫协议。

通 信

中国移动通信集团有限公司昔阳分公司

【概况】 昔阳县移动分公司成立于 1999 年 9 月，为大型央企中国移动通信集团下属的有限责任公司，从事移动通信、IP 电话和互联网等网络设计、投资、建设和设施的安装、工程施工、维修等基础及增值电信业务。至年底，昔阳移动拥有在县城、各乡镇、各村落开设的自办营业厅专营店、普通代办点等多种方式相结合的营业网点 150 余处，覆盖昔阳县全部乡镇；

2017年4月全体党员警示教育

下设市场部、综合部、集客部、网络和渠道中心五个职能部门；有员工44人，其中合同制员工39人，劳务派遣制员工5人。践行“正德厚生臻于至善”的企业核心价值观。开展加强新增发展、实现快速增长，推进党建工作、建设“六好支部”，整风肃纪、嵌入式廉洁风险防控为主线的各项工作，全力服务县域经济发展。

【生产经营】 2017年，昔阳移动按照上级公司发展部署，细分区域市场。大力推广4G飞享套餐、折扣流量包等适合老百姓的资费，通过进厅客户宣传，互联网微信营销和电话推广让优惠真正落到客户；大力落实国家提速降费政策，通过免费赠送免费体验等形式，克服自身成本限制不利条件，积极发展宽带。至年底，昔阳县到达客户同比增幅10%，净增用户同比增幅82%，实现全年累计新增、净增客户市场份额双过50%。从二季度开始昔阳移动启动4G+狂欢节活动，通过终端补贴、流量补贴等政策，为县域用户创造手机畅游互联网的基本条件。坚持客户流量使用针对性免费工作，通过咪咕定向包免费体验、低零客户流量免费送等活动，解除客户移动流量贵不敢使用的顾虑。2017年4G客户增幅18%，4G终端渗透率增幅80%，人均月流量达到1G以上。针对老百姓宽带使用需求，昔阳移动制定“分场景、清家底”策略，通过发挥渠道、产品优势，以家客经理、集团客户经理、渠道经理、网络人员、维护人员多支队伍协同，深入研究解决业务安装、专业知识等客户使用中可能存在的问题，积极开展入户测试和问题排查，树立移动宽带优质口碑，实现最短时间解决用户问题，提升问题处理效率。

【云微客推广】 2017年，昔阳县在全区率先试点推广云微客，通过扫描二维码、微信分享集赞有好礼等活动，利用互联网社群扩大云微客的知晓度和影响力。积极探索互联网形势下新营销模式，加强云微客合作网点的拓展，在饭店、小商铺、彩票站等人口聚集场所张贴云微客二维码，方便用户办理，为用户快捷方便使用业务提供新方式，积极创新互联网业务受理新内容。与本地最大商家联盟晋美集团及旗下50余家商家进行联合活动；与昔阳县供销合作社开展合作，覆盖村级100余个电商网点，新建50余家渠道。

【优化4G网络】 2017年，昔阳县开展网络优化工作，对政府提出的弱覆盖村庄进行实地勘测，联系上级公司、铁塔公司进行相关网络覆盖工作，通过宏站、直放站、微站等多种手段进行网络覆盖，解决梁家山、上元、黑洼等20余处贫困村的信号覆盖问题；配合扶贫及拆违治乱工作，完成了胡窝、邮政、拖拉机厂、丁峪4处机房的搬迁，以及秋树沟路、青岩头、峰豪酒店、李夫峪等23处线路迁改；2017年新建站点49个。

【保障服务】　2017年，昔阳移动分公司共参与应急抢险任务3次，其中清明节期间沾尚发生山火，第一时间赶赴现场，并在最短时间内完成应急站点的开通，保证现场通信畅通；7月举办的全国汽车越野赛与10月举办的全国自行车赛，昔阳移动安排通信应急车辆进行现场通信保障，圆满完成任务。

中国联合网络通信集团有限公司昔阳分公司

【概况】　中国联合网络通信集团有限公司昔阳分公司（简称昔阳联通）主要经营：固定通信业务，移动通信业务，国内、国际通信设施服务业务，数据通信业务、网络接入业务和各类电信增值业务，与通信信息业务相关的系统集成业务等。昔阳联通公司设置一部三中心：综合部、公众客户运营中心、政企客户运营中心、建设维护中心。下辖12个生产班组，8个营业网点。至年底，公司共有员工121人，其中合同制员工45人，劳务工76人，31人取得大专及以上学历，中共党员33名。

【生产经营】　2017年，昔阳联通围绕生产经营这一中心，优化结构，推动持续发展；经营宽带、移动两大品牌，坚持应用与产品切入，推动全业务融合发展。围绕聚焦重点产品，推出流量王、腾讯王卡、冰激凌产品，农村聚焦“美丽乡村”产品，深耕聚类市场及农村市场，加大移动业务获取；聚焦创新业务，促进发展转型。全年在山西省30个B档县级分公司经营业绩评价中排第四名。

【服务扶贫】　2016年—2017年，昔阳联通向上级争取投资1000万余元，新建4G基站118个，其中各乡镇、村项目占比达90%，乡镇所在地及较大村庄实现了4G网络全覆盖，其中280个村实现了手机信号全覆盖，移动网络覆盖率83.58%。由于部分农村地处偏僻，人员稀少，投资成本和效益不匹配，没有手机信号，2017年昔阳联通分公司实施公共服务提升工程，根据昔阳县人民政府《关于进一步完善贫困村基础设施和基本公共服务的通知》，针对通知指定的12个贫困村无移动网络覆盖问题，投资200万元实施偏远农村特别是贫困村移动通信网络建设项目，新建基站18个，解决明水头村、卷峪沟村、窑会村，西峪口村等无移动网络覆盖问题；赵壁乡徐峪村单独建一个杆形基站解决该村无移动网络覆盖问题。分公司主动向上级争取投资，解决偏远农村匀铺等8个村的联通手机信号覆盖。此项工程投入大、效益差，但为以上地区彻底解决了无手机信号问题，实现了普遍服务，为信息扶贫打下基础。从2015年下半年开始在农村实施全光网络建设项目。该项目总投资2千余万元，至年底，昔阳县农村宽带用户基本实现光纤到户，实现了行政村光纤覆盖率100%。为把开展“两学一做”学习教育落到实处，联通公司为东冶头镇天圣庙村养猪场专门架设了通信光缆，投资5万元单独为该村手机信号较弱的下属山庄窝铺新建移动基站。通过光纤互联网进一步帮助农民及时掌握各类政策和经济信息，搭建农业信息网，积极促进农产品网上交易。至年底，联通公司已完成全光网络建设的农村积极开展光纤网络的试用和体验活动，建成沾尚镇中大寨村、界都乡东峪村等40个“三网融合”电视村。信息技术向农村地区延伸，广大农村用户尽享与城市同步信息文明，提高农村信息化水平。

中国电信集团有限公司昔阳分公司

【概况】 中国电信集团有限公司昔阳分公司（简称昔阳电信）是中国电信集团有限公司（中国电信股份有限公司）在昔阳县行政区域范围内设立的县级分公司。主要经营固定电话、移动通信、卫星通信、互联网接入及应用等综合信息服务。2017年底共有员工18人，其中：劳动合同制员工1人，劳务员工17人。中国电信顺应信息通信业智能化发展趋势，将着力推进网络智能化、业务生态化、运营智慧化，实施网络、业务、运营、管理四大智能化重构，致力于做领先的综合智能信息服务运营商。

【服务地方】 2017年，昔阳县电信完成文化信息扶贫专项行动贫困村前峪掌、里峪掌、雀鸣等12个村的基站建设任务。全年共建设LTE基站83个，建设C网建站4个，共计投资820万元。投资150万元建设宽带端口3000个，覆盖10个行政村。新建光缆220千米，投资280万元。响应县委政府安排，驻村帮扶东冶头白沙岩村脱贫攻坚。

【综治工作】 2017年，昔阳电信严格按照公司的工作部署，认真贯彻落实国家、省市、县的有关指示精神，始终坚持“安全第一、预防为主、重点监控、标本兼治”的方针，推进和谐企业建设，完善综治维稳体系。公司2017年整体工作运行平稳，无任何重大事件发生，确保了企业安全。

城乡建设　环境保护

CHENG XIANG JIAN SHE　HUAN JING BAO HU

住房保障和城乡建设

【概况】　昔阳县住房保障和城乡建设（简称住建局）负责规范昔阳县住房和城乡建设管理秩序的责任；负责昔阳县城乡规划的编制、实施、监督管理工作；负责住房建设和住房保障、工程建设、城市建设、村镇建设、建筑业、房地产业、市政公用事业及重点工程、工程勘察设计咨询业的管理工作。机关内设股室10个；下属单位12个，包括规划办、工程质量监督站、招标站、园林局、市政园林环卫所、保障性住房管理中心、房产管理所、自来水公司、集中供热供气中心、污水处理中心、城建监察大队、建筑设计室。

【规划编制】　2017年，昔阳县编制完成《昔阳县经济技术开发区总体规划》，初步实现昔阳县国民经济和社会发展规划、城乡规划、土地利用总体规划、产业发展规划和生态环境保护规划的“五规合一”多规融合，空间管控得到了统筹安排，保障规划的有效实施；继续推进城市控制性详细规划编制报批备案工作，2017年编制完成了《城东新城控制性详细规划》，规划面积约3.5平方千米；《旧城区西部片区控制性详细规划》，规划面积2.7平方千米；《旧城区东部片区控制性详细规划》，规划面积约2.3平方千米。上述3个规划年内已通过专家评审；地下管线综合专项规划编制已通过专家评审；《昔阳县县域乡村建设规划》已编制完成并通过专家评审；《大寨特色小镇规划》已完成初稿；对列入2016年第四批国家级传统村落的大寨镇大寨村、赵壁乡楼坪村、赵壁乡东寨村、乐平镇西南沟村、孔氏乡三教河村等5个村落的《传统村落保护和发展规划》编制完成；《三都乡三都新村村庄规划》《赵壁乡东平原村村庄规划》和《乐平镇总体规划》已编制完成，并通过专家评审。

【安居工程】　2017年，昔阳县城市棚户区改造新开工256套，基本建成256套。年度累计完成投资9006万元（其中，新建4660.8万元、续建4345.2万元）。从8月开始，县住建局按照《昔阳县2017年度公共租赁住房申报和复审工作通知》，对1036户公共租赁住房保障对象进行审核（其中新申请53户，复审983户），共有961户通过审核（其中新申请43户，复审918户），对600户保障对象发放租赁补贴款90.15万元。12月，对2016年以前申报公共租赁住房并在2017年复审通过的610户统一进行公开摇号预分配，保证保障性住房分配工作的公正性。

易地扶贫搬迁工程规划总建筑面积6.07万平方米，共11栋，其中：9栋住宅楼5.39万平方米、1栋综合服务楼3800平方米，1栋3层仿真花制作车间3000平方米。项目用于集中安置共9栋，建设50平方米、75平方米和单身公寓3种户型808套安置房（在建50平方米270套，75平方米468套，单身公寓70套）。截至2017年底，用于集中安置搬迁户的9栋住宅楼钥匙已发放到贫困户手中。

【市政公用设施】 2017年，按照县委、县政府的安排部署，实施基础设施提升工程，包括沾岭路建设工程（一、二标段）：全长1100米，宽31米，同步建设Φ1000砼排水管道1.1千米，Φ300–Φ1000雨水管道1.1千米，配建路灯60盏；学府路及学府东街建设工程：道路全长约715米，宽16米，同步建设Φ700砼排水管道365米，Φ300–Φ700雨水管道365米，配建路灯48盏；朝阳街延伸工程：西起三义街，东至朝阳西街，道路全长568米，宽23米，同步建设Φ700砼排水管道568米，Φ300–Φ700雨水管道568米，配建路灯34盏；城壕街拓宽改造工程：道路长400米，宽18米，同步建设Φ800砼排水管道400米，Φ300–Φ800雨水管道400米，配建路灯18盏；改造背街小巷9.91千米。2017年，新建和改造供水管网13.6千米；新建和改造供气管网5千米，燃气入户安装2000户；新建供热管网7.2千米；新建污水管网8千米。

【村镇建设】 2017年，昔阳县完成涉及12个乡镇危房改造任务1360户，工程全部竣工验收。对传统村落长岭村进行综合整治，第四批中国传统村落大寨、西南沟、三教河、北岩4个村列入2017年中央财政支持范围，东寨、楼坪2个村力争列入2018年中央财政支持范围。完成广阳村、李家沟村等45个村的绿色村庄申报工作。

【园林绿化】 2017年，昔阳县对县城建成区内公园、游园、广场、通道116万平方米的苗木生长、灌木修剪、草坪保养、行道树管护、病虫害防治以及管护区内17.07万平方米清扫面积的环境卫生监督考核管理。截至年底，县城绿地面积为238.97万平方米，绿化覆盖面积254.8万平方米，公园绿地面积93.96万平方米，县城绿地率达到39.82%，绿化覆盖率达到42.46%，人均公园绿地面积达到14.45平方米/人。

【城市管理】 2017年，昔阳县成立了物业化市场管理办公室，各区域由专人负责监督，对物业公司管理的6大8小市场全覆盖并责任上墙公示，实行全天候24小时管理，分工明确，责任到人。广告招牌规范化。全年，昔阳县审批新设广告牌匾121块，社会投入资金50余万元，取缔路牌700余块。县城的广告牌均实现“一街一景一特色”的标准，极好地维护广告阵地，使新东街等街道由“最乱街”成为“示范街”。广告牌匾从审批到设置步入了“规范化、高档化”，并建立了广告审批工作台账；整体工作数字化。2017年，大队工作全部实现电子化管理，完善档案资料的收集整理，工作逐步迈向正规化，达到了一天一日志、一周一小结、一月一汇总，使队员工作具体化、数字化，考核更加客观。共查处乱设摊点行为1.53万摊（次）；暂扣经营工具82件；查处店外经营摆放行为1580多次；查处乱设广告、条幅、布幔、路牌行为1834次；检查发现市政设施破损现象53起；清理橱窗字画、残余对联1.37万多条；规范早夜市10个月，3.01万摊（次）；规范儿童游戏娱乐场所25家。

【环境整治】　2017年，昔阳县为全面整治建筑工地扬尘污染，要求各施工企业按照建筑工地扬尘污染整治“六个百分之百”的要求，所有工地按要求全部配备防尘雾炮机，申报省级标化工地1个，市级标化工地3个。

2017年，社管大队按照“五抓五提升”工作思路，对城区街道所有对联、破旧广告牌匾、违规店招、店外摆放经营、私搭乱建等乱象进行地毯式集中清理整治，取得明显成效。同时，保障助力各乡（镇）政府拆违治乱，促使乡（镇）政府拆违任务圆满完成。对全县沿街门店和住户字画、破损对联进行全覆盖清理共3300多处，7500余条；拆除条幅120条，拆除破损广告牌匾、布幔、临时招牌500余块，取缔规范流动摊点52个，查处规范店外经营600多次，规范管理非机动车停放点17处，日摆放非机动车3000多辆，助力乡镇完成拆违任务涉及5个乡镇11个行政村，出动警力220人（次）55车（次）。完成煤改电（气）摊点122个，完成率达到100%，实现了露天烧烤散煤清零，走在了晋中市前列。其中瑞安邦物业完成58个，惠民服务中心完成31个，流动摊点散装蜂窝煤用户33家。共拆除各类违章建筑31处，面积885平方米，下达限期整改通知书21份，下达停工通知书4份，下达责令改正通知书33份，下达行政处罚事先告知书3份，下达行政处罚决定书3份，立案11起，结案4起。

拆违治乱专项行动

对县城建成区内主次干道，街巷、城中村146万平方米的街道、通道清扫保洁以及生活垃圾处理厂的运行和29座公共卫生间进行管理维护，年征收生活垃圾处理费70余万元。县城机械化清扫率为82.59%，年清运垃圾2.1万余吨，创建省级或市级保洁示范街道和容貌示范街道各一条，成功创建省级保洁示范街道：新建路，省级容貌示范街道：红旗一条街。

【市场管理】 小吃集中。2017年，昔阳县共安置商户161家，其中小吃城商户安置32家，步行街和八小市场商户安置121家，上城街夜市摊点安置8家。果蔬集中。共安置商户224家，其中和谐菜市场安置商户25家，体育场安置早市摊点189家，旧质监局院内安置临时瓜果蔬菜摊点10家。熟食集中。共安置商户11家。废品集中。共安置商户27家，取缔2处不规范收购点。汽修集中。共安置商户26家。其中江口汽配一条街安置商户7家，留庄晋美汽修城安置19家。原晋冀废旧物品回收公司正在改造为汽配城，建筑面积5000多平方米，可安置商户22家，现已进驻9家。农机具交易集中。市场建筑面积2460平方米，现已建成可安置商户22家，已进驻10家。农副产品集中。投资600万元，占地面积12800平方米，商铺建筑面积3620平方米，安置商铺49家，经营品种20多种。电商集中。建设了昔阳县云创众创空间和昔阳县农村淘宝运营中心2个电商集中管理平台，吸引全县40多家电商企业集中入驻。寄递物流集中。2017年，县城从安全第一、堵塞漏洞、服务便民出发，对12个小区的19家快递物流点进行了清理整顿，并在城东和城西规划建设了2个寄递物流园区，现已进驻10家，其余9家正在入驻。大型汽配物流汽修集中。该园区规划占地50亩，建成后将成为集汽修、配件供应、汽车装潢、物流于一体的大型综合汽修园区，可容纳175家商户入驻。

【建筑市场管理】 2017年，昔阳县建筑业工程项目共计29项，建筑面积57.39万平方米。其中新开工程6项，建筑面积16.22万平方米；竣工工程6项，竣工面积1.25万平方米。全县建筑业共完成生产总值11.13亿元，同比增长率8.2%。房地产开发完成投资5.5825亿元，截至12月全县商品房在售的项目共计12项，面积共计60.3万平方米，共4789套，其中已售4220套，面积共计54.1万平方米。对建筑市场和房地产市场进行综合整治，对全县所有建筑企业和房地产开发企业开展“双随机”检查，检查率达到100%。为企业办理履约担保合同备案22项，业主支付担保合同备案12项。

为解决建设领域发生的拖欠工程款和农民工工资行为，维护建筑企业和农民工的合法权益，县住建局认真执行建筑市场农民工工资保证金管理制度，截至2017年12月，农民工工资保证金累计预存账面余额共计1172万元，其中2017年收取农民工工资保证金共计429万元，涉及项目16

项，返还农民工工资保证金共计 51.74 万元，涉及项目 8 项。

【房产市场管理】　2017 年，昔阳县提供新建商品房确认单 365 份，抵押确认单 592 份，规范确认单 35 份，二手房确认单 116 份，开出住房公积金证明 284 份，开具无房证明 1203 份，其中经济适用房证明 154 份，廉租房证明 898 份，外地买房 151 份，法院查封解封证明 26 份。在规范产权产籍档案管理工作方面，整理档案 700 余卷，实现档案归档率、完整率、准确率 3 个 100%。此外，向社会各界提供档案查询服务 60 余次，提高房产档案的利用率和可信度。2017 年，房地产交易业务全部纳入电子系统监察，缩短二手房交易的时限、精简审批环节、推进信息共享、开展关爱服务、强化主动协调、解决遗留难题、加强政务公开、加强政民沟通、提高办事效率，切实转变工作作风。房地产市场信息系统与晋中市联网，完善商品房销售产权登记备案和网上新版合同的备案，规范房地产市场的秩序，同时与不动产登记系统对接，配合不动产规范发证业务。全年，对 72 户解困楼，投资 6 万余元整改水网及水表；直管公房，投资 4 万余元维修上下水管道及楼顶防水。向社会招聘有资质的物业公司，入驻 3 个老旧小区，给小区配备保安及保洁员，安装监控及防盗门，解决了居民的安全和卫生问题。加大对物业的考核力度，进一步提高小区居民的满意度和信任度。

环境保护

【概况】　昔阳县环境保护局行使环境保护的监管职责，正科级建制，定编 5 人，实有 7 人，其中局长 1 人，副局长 2 人，总工程师 1 人，纪检组长 1 人，主任科员 2 名。下设昔阳县环境监察大队和昔阳县环境监测站。2017 年以解决环境领域突出问题为重点，在大气污染防治、水污染防治、环境执法监管等方面，凝心聚力明目标、狠下功夫抓落实，攻坚克难求突破、重拳治污显成效。昔阳县空气、水环境质量得到持续改善，环境污染得到有效控制，生态环境得到较好保护。

【环境质量】　2017 年，昔阳县突出“散乱污”企业整治、燃煤小锅炉清零、重点行业错峰生产以及散煤污染治理，强化环境执法、强化应急减排、强化机制保障，建立 SO_2 科学预警机制，切实采取超常规工作举措提质提效，大气环境质量达到了较好水平，成为在 2017 年秋冬季大气污染综合治理攻坚行动中没有被市委、市政府问责的 2 个县份之一。1 月—12 月，昔阳县环境空气质量综合指数为 5.84，与 2016 年同期相比下降 6.1%，晋中市排名第二；优良天数达 276 天，晋中市排名第一，比 2016 年同期增加 42 天，优良天数比例为 77.1%（市控指标为 70%）；PM10 浓度为 110 微克/立方米，同比下降 7.6%；PM2.5 浓度为 57 微克/立方米，同比下降 10.9%（市控指标为 10%）；

SO_2浓度为36微克/立方米，同比下降5.3%，晋中市排名第一。重污染天气10天，比2016年减少7天。县城区PM10、PM2.5、二氧化硫三大指标年度平均浓度呈现连年下降的良好态势。水环境质量方面，1月—12月，昔阳县水环境质量总体保持良好，松溪河王寨国考断面、清漳东源祁家沟省考断面和潇河松曲市考断面3个断面水质状况总体为“优”，均为Ⅱ类水质。县城和乡镇11个饮用水源地全部达到考核标准。

【污染防治】 2017年，在晋中市环保工作考核中，昔阳县大气、水污染防治工作被评为双“良好”。推进大气污染治理方面，围绕扬尘污染、超标排放、燃煤锅炉、露天焚烧等重点领域，扎实开展专项治理。2017年大气污染防治涉及35项，除阳煤电石化工有限责任公司剩余1台烟粉尘治理设施调试安装工作正在进行外，其余34项均按要求完成治理任务，其中，淘汰10蒸吨以下燃煤锅炉5台，完成18家洗煤厂的封闭式原煤库建设工作，完成储石厂扬尘整治任务2个，完成建材行业脱硫任务3家，实施瓦斯清洁能源替代燃煤锅炉企业2个，完成清洁生产审核工作1家，完成餐饮业油烟治理任务10家，淘汰黄标车95辆，更新公交车3辆、出租车20辆，完成重污染天气监测预警体系建设工作。推进水污染治理方面，制定印发《昔阳县2017年水污染防治行动计划》，将各项工作任务分解到相关责任单位。全年水污染防治涉及29项，已完成22项，其中9个畜禽养殖企业全部完成配套建设污染防治设施，并通过验收；关山水库防护隔离工程完工，并通过竣工验收；有12个加油站完成更换双层罐或防渗池工程任务。昔阳县潇河、清漳河湿地恢复和保护项目工程编制《昔阳县汾河流域生态修复规划实施方案》和《昔阳县清漳河流域生态修复规划实施方案》，进入向省政府报批程序。切实强化土壤污染防治方面，编制完成《土壤污染防治实施方案》，完成19个产生危险废物企业的规范化管理考核工作。

【污染减排】 2017年，晋中市环保局下达昔阳县大气减排任务24项，分别是安平电厂超低排放、8家17台燃煤锅炉综合整治、8000户“煤改气”工程和5台燃煤锅炉淘汰。除安平电厂超低排放工作正在进行初设未完成外，其余23项均完成任务。削减二氧化硫187.44吨（任务141.25吨），氮氧化物25.51吨（任务18.15吨）。水减排任务为8家畜禽养殖业，2017年完成9家畜禽养殖。

晋中市环保局副局长刘富魁一行督察安平电厂

【环境执法监管】 2017年，昔阳县建立覆盖全县执法力量为主体的环境监管网络，将昔阳县划定4级13个网格，以网格为单位，确定以辖区内国、省、市控企业、存在环境污染隐患企业等为环境监察工作重点，扎实开展环境监察日常管理工作，实现对排污单位动态监管基本模式。2017年出动执法人员1万人（次），排查企业149家，立案查处环境违法案件352件，其中：下达责令违法行为改正决定书213份，下达行政处罚事先告知书62份，下达行政处罚决定书55份，实施查封企业22个。累计上缴罚款330多万元，同比翻了1倍多。共征收排污费393.3万元，同比增长了54%，共受理环境举报案件34起（大气污染28起，水污染4起，噪声污染2起），移送案件7起，分别移送至乐平镇、闫庄乡、国土局、公安局、食药局、园林局、社管大队。

【建设项目环境管理】 2017年，昔阳县以工业项目和基础设施项目为重点，充分发挥环评审批对经济结构调整和发展方式转变的调控作用，开辟绿色通道，优化服务流程，提高审批效率，推动项目建设，使一批民生工程、基础设施建设和生态保护项目顺利实施。全年受理建设项目环评36个（其中，环评审批35个，通过专家技术审查未批复1个），受理建设项目登记表备案239个（其中，畜禽养殖项目207个，非养殖项目32个）。共受理建设项目验收20个（其中验收审批9个，验收备案11个）。

【生态环保】 2017年，昔阳县开展矿山生态环境恢复治理：加强对煤矿生态环境恢复治理监管力度，重点抓好3个露天煤矿生态恢复治理工作。全年三都露天矿，应绿化22公顷，已完成绿化13.33公顷，外排土场治理20公顷，完成西山、张家峪、黑土岩、延家底、葫芦拐5个村居民搬迁工作，累计投资2750万元；北坪露天矿，应绿化19.8公顷，已完成绿化3.33公顷，外排土场治理2.87公顷，累计投资270万元；铁炭窑沟矿，应绿化1.4公顷，已完成绿化1公顷，外排土场治理0.67公顷，累计投资15万元。此外，坚持督促企业严格矸石规范化处置，自觉做到3—5米要分层，黄土覆盖要碾轧，确保矸石不发生自燃现象，确保矸石堆场最大限度减轻环境的污染。推进3个生态环保工程：王寨水质监测断面规范化建设项目和关山水库水源地防护隔离工程2个项目于10月25日通过市局组织的竣工验收。白羊岭煤矿治理工程项目，矸石场治理工程设计施工招标、验收标准审核，设计施工总承包招标等前期准备工作接近尾声，总承包已经挂标，积极开展传统古村落保护：昔阳县传统村落农村环境综合整治项目为界都乡长岭村，该项目环保总投资150万元，建设成一座日处理规模50吨的小型生活污水处理站，于2017年8月完工。

【固定资产投资】 2017年昔阳县政府下达县环保局固定资产投资为1.56亿元。昔阳县环保局进一步强化工作措施，指导和协调阳煤电石厂、安顺北坪煤业、安顺三都煤业和白羊岭煤矿4个企业，积极推进环保项目建设工作，促进项目落地投资落实。至年底，实际完成固定资产投资2.03亿元。其中，电石厂计划总投资1020万元，累计完成投资1157万元；北坪煤业计划总投资4100万元，累计完成投资4870万元；安顺三都煤业计划总投资6500万元，累计完成投资7750万元；白羊岭煤矿计划总投资8439万元，已录入固定资产投资6524万元。

绿化环卫

【概况】　昔阳县园林局属全额事业单位，有事业编制5名。2011年园林局成立后，原市政园林管理站、原市政园林环卫所相继合并于园林局，均属自收自支事业单位，管理站有在编人员17人，环卫所有在编人员12人。内设机构为综合办公室、市政股、园林股，市政园林环卫所合并后，因工作需要增设垃圾处置费收费股、市政监察股、财务股、安全股及工会。下设洁城清运公司、垃圾处理厂。主要承担园林绿化、县城环境卫生管理、市政设施维修管护的工作。2017年，在昔阳县开展的“五抓五提升”城乡环境卫生整治活动中发挥职能优势，实施城乡市容市貌和环境卫生提档升级、做好长效保持工作，强力推进“文明县城”建设进程。

【陶乐公园建设】　2017年7月，昔阳县陶乐公园建成，免费对市民开放，也是继澳垴山森林公园、颐民公园、松溪公园、湿地景观公园和杏坛公园之后又一大型主题公园。公园位于县城迎宾西街，占地2.4万平方米，总投资650万元，按照“传承历史文脉，保护文化遗产，融入生活方式，守望精神家园”规划设计，整体雄伟大气，分休闲观景区、老人活动区、儿童活动区、植物观景区、健身活动区、非物质文化遗产展示区（羊毫故城文化展、拉话文化主题活动广场）、健身广场、观景平台以及停车场等。公园内八角亭、景观墙、景观长廊、弧形广场、景观石、双百“福寿”雕塑、91步台阶和1500米非遗二十四节气健康步道等建筑群落合理布局，与“针叶阔叶搭配，乔木灌木结合”绿化格局相结合，形成“春有绿、夏有荫、秋有果、冬有景”的独特景观，集自然景观、人文景观、历史文化于一体，提升了全县市民幸福指数。

【落雁头游园建设】　2017年4月，昔阳县落雁头游园项目于昔阳县落雁头村洪水桥段开工建设，占地2.1万平方米，总投资198万，栽植树种有法桐、柳树、龙爪槐、油松、桧柏等40多种，乔灌木相结合，植物配置与环境相结合，改善了该区域生态环境。

【生态绿化】　2017年，昔阳县按照以路带绿、拆墙透绿、游园增绿、见地插绿、广场补绿的思路，新建小游园4个，新增绿化面积2.67万平方米；道路延伸绿化21处，新增绿化面积2.96万平方米；完成南关砖厂、红土沟、东固壁等村级拆违治乱绿化工程27处，新增绿化面积5.35万平方米。零星绿化工程新增面积1.15万平方米，全年共新增绿化面积13.36万平方米，完成投资1081.75万元。截至年底，绿地总面积238.97万平方米，绿化覆盖率42.46%，绿地率39.82%，人均公园绿地面积14.45平方米。

【美化亮化】 按照“主次有序、层阶分明、一街一色”的美化思路，2017年对昔阳县城主要地段的立面墙体结合建筑特色进行统一粉刷，粉刷面积达7万平方米；重新更换墙体大型公益广告26块，面积5120平方米；对厚庄桥、迎宾桥、大寨桥、东风桥、思乐桥等5座出入县城桥梁护栏进行加固、更新、粉刷，体现一桥一亮点；对城内临街游园、主题公园、步行街道、入城路口安装石刻雕塑、铁艺造型、人物小品16处。以“健康与文明、美丽与特色”为主题，按照“一路一景观、一街一主题、一墙一亮点”思路，把主题街、文化墙作为传递道德正能量、弘扬文明新风尚重要载体，精做文化提质工程，投资144万元，新建、更新文化墙1.2万平方米。打造核心价值观宣传、大寨精神弘扬、德孝文化传承、科普法律知识传播教育阵地。按照“街道亮化不同色，展示内容有寓意”理念，展示“五个昔阳”建设步伐，分别对新建路、新西街、迎宾街、松溪大道、杏坛路等三纵三横主干街道加装LED亮化灯景1052盏，新增云翼桥亮化231米、荷花灯造型87.25平方米,高速引线护坡亮化等。完成投资152万元。

昔阳县智慧市政管理平台建立

【城乡环境卫生】 2017年，昔阳县“拆违治乱提质”行动开展，园林局利用智慧市政平台监督2家清运公司持续开展以公共场所、背街小巷、城乡接合部为重点的环境整治工作，出动机具96台5760余次，动用环卫工人834人，集中清理积存垃圾5.19万立方，清理“四堆”1435处，清理拆违建筑垃圾5280吨，清理无序广告586处，清除卫生死角1063处，年清运生活垃圾2.1万吨，无害化处理量1.93万吨，无害化处理率92%。投资175.5万元，购置垃圾箱、果壳箱、农用车、装载机专业环卫清扫、清运设备。实施公共卫生间的新建、改造升级、人行便道铺装、河道清理防治、拆违治乱提质环境整治、生活垃圾处理厂渗滤液处理设施的技术改造等工程。2017年成功创建省级保洁示范街道一条（新建路）。街景容貌示范街一条（红旗一条街）。机械化清扫率达82.5%。

【管理管护】 2017年，昔阳县为达到建绿、养绿的园林建设效果，提升环卫保洁和绿化管护水平，实行“保姆式”管理，针对县城116.39万平方米的绿化养护和17.08万平方米的园林铺装任务及县城134万平方米街道保洁和垃圾清运工作。积极探索新路径和新方法，采取政府购买服务方式，引入市场机制，经过公开招标，由腾益园林绿化有限公司和洁城清运公司，两家专业化公司分别承担相关任务，政府职能部门由“养人干事”转变为“监督管理”，真正实现“监管分离”。严格对照标准，检查考核，限时整改，扣分罚款形成一整套奖惩办法，科学有效地推动工作的开展。积极推进城乡市容市政环卫管理便捷化、常态化、智慧化，运用“互联网+卫生巡查+市政设施管控”智慧市政模式，成立市容市政环境卫生巡查执法队伍，利用无线视频技术，探索应急反应快速处置，提升监管执法效能，一线执法人员巡查常态化，形成日巡查、日上报、日汇总、日整改的工作机制，实现感知、分析、服务、指挥、监察“五位一体”，建立用数据说话、用数据决策、用数据管理、用数据创新的新机制。组建“城乡市容市政环境卫生整治工作群”，共下达各类整改通知2300余份，实现非现场执法新型执法模式。

财政 税务

CAI ZHENG　SHUI WU

财　政

【概况】　昔阳县财政局是综合管理昔阳县财政收支、实施财政监督、参与宏观经济调控的职能部门。下设国库集中支付中心、农发办、财政投资评审中心、行政事业资产管理中心等4个事业单位和13个基层财政所。局机关内设办公室、国库股、预算股、行财股、农财股、监督股、社保股、综合股、经建股、国资股、行政审批股（会计股）、农村综合改革办公室等12个业务股室。昔阳县财政局共有干部职工57人，其中党员19人。

【财政收入】　2017年，昔阳县实现财政总收入13.95亿元，较上年收入10.33亿元增长了35.05%，增加3.6亿元。其中公共财政收入完成5.7亿元，占2017年任务数5.54亿元的103.05%，超收1688万元，较上年收入5.21亿元，增长了9.5%，增加4950万元。此外，非税收入完成2.28亿元，占2017年任务数2.63亿元的86.99%。

公共财政收入分别为，增值税1.76亿元，营业税49万元，企业所得税944万元，个人所得税776万元，资源税6017万元，城市维护建设税2714万元，房产税1894万元，印花税834万元，城镇土地使用税1101万元，土地增值税495万元，车船税457万元，契税596万元。

【财政支出】　2017年，昔阳县财政累计支出17.58亿元，较上年支出16.06亿元，增长了9.5%，增加1.52亿元。其中，一般公共服务支出1.4亿元，国防支出90万元，公共安全支出7877万元，教育支出2.6亿元，科学技术支出1489万元，文化体育与传媒支出2394万元，社会保障和就业支出2.8亿元，医疗卫生支出1.28亿元，节能环保支出3992万元，城乡社区事务支出1.04亿元，农林水事务支出4.46亿元，交通运输支出5200万元，资源勘探电力信息等事务支出2770万元，商业服务业等事务支出1045万元，住房保障支出5775万元，粮油物资储备事务支出215万元，国债还本付息支出840万元。

【财政管理】 2017年，昔阳县加强财政支出预算管理，严格执行《预算法》，规范编制政府预算、部门预算，纪检推行预算公开，昔阳县政府预算及部门预算实现全公开。积极清理部门单位结余结转资金，盘活财政存量资金，强制单位消化以前年度结余资金。对财政往来资金专户的财政存量资金分年度、分类别、分项目进行全面彻底清理核查。按照中央、省要求，对政府性债务实行限额控制和预算管理，统一举债方式，坚决制止部门单位违法违规举借债务、负债建设和提供担保。建立完善政府债务风险预警机制和考核问责机制，规范债务资金用途。在基础设施建设及公共服务领域逐步推广使用政府与社会资本合作模式（PPP）。

继续对工程类采购项目采取“抽取定标”的评标办法，规范招标文本，堵塞了招标漏洞。进一步规范部门集中采购和采购代理机构的采购行为，提升政府采购的公平性和透明度。2017年，政府采购中心共集中采购88次，采购预算金额3073万元，实际采购金额2744万元，节约资金329万元，节约率为10.7%；部门集中采购预算金额2310万元，实际采购金额2089万元，节约资金221万元，节约率为9.57%。履行财政监督职责，不断完善监督管理机制，积极开展各类财政监督检查。积极开展预算绩效评价工作，本年度对保障性住房等项目开展预算支出绩效评价工作，不断提高财政资金的实效性和安全性。举办各类培训班，涉及国有资产管理信息系统培训班、昔阳县财政财务政策培训班、农村财务人员培训班和乡镇财政决算电算化软件培训班，提升财政财务管理水平。

【财政改革】 2017年，昔阳县深化预算管理改革。严格执行新预算法的规定，编制全口径预算，将财政收支全部纳入财政预算。健全完善预算管理制度，建立了定位清晰、分工明确、统筹衔接的政府预算体系，编制公共财政预算、政府性基金预算和社会保险基金预算，并及时提交县人代会审议。完善部门预算编制方法，将部门所有的预算内、外及其他收入全部纳入预算管理，厘清了基本支出和项目支出的界限；加大对部门保障的投入，对各项资金统筹安排、统一管理，提高了部门的保障水平。规范预算编制程序，实行“两上两下”。严格执行两上两下的程序编制部门预算，坚持从基层单位编起，逐级汇总，做到有计划、分阶段、分步骤地开展部门预算编制工作。加强非税收入管理改革。昔阳县财政局先后出台《昔阳县非税收入管理制度》《昔阳县财政票据管理办法》《专户资金管理办法及拨付流程》等文件，用制度的形式加强非税征收和管理。对非税收入项目的设立、变更、取消、停止执行和非税收入标准的调整，严格按照法律、法规、规章和国家有关政策规定执行。昔阳县各行政单位的非税收入，全部通过非税收入系统集中缴入县财政专户。县财政局定期会同县人行、审计、监察、物价等部门加强对预算单位非税收入管理的监督检查，对非税收入征管、使用情况进行绩效评价。深化政府投融资改革。县政府及相关部门工作扎实、推进有力，抓制度，推项目，促实施，防风险，各方面工作进展顺利。通过创新投融资模式，昔阳县相关领域资金来源渠道得以进一步拓展，为昔阳县投资实现平稳增长提供重要支撑。全年通过竞争性磋商，成功采购 PPP 项目咨询机构，并与之签订合作协议，同时进行 PPP 相关内容的培训，推进项目库的建设工作。政府债务风险应急处置机制。完善地方性债务管理制度，规范地方政府性债务管理。建立债务风险预警指标体系，明确债务管理主体、有关责任及债务统计的范围，着重解决地方政府债务多头举借、多头管理的问题。制定《昔阳县政府性债务风险应急处置预案》，有效防范政府债务风险。

【自身建设】　昔阳县财政局加大“下基层接地气”调研活动力度，通过开展座谈研讨、“强素质、树形象、促管理”专题讲座、网络学习，同时印制《昔阳财政专题讲座》小册子，将大家的学习心得体会、调查研究成果一并收录，提升广大财政干部的政治素养和业务水平。做好会计人员继续教育工作，组织开展对农村财会人员培训共 2 期计 350 人，对行政事业单位会计人员进行内控培训，继续教育约 200 人。层层签订党风廉政建设责任书，明确廉政内容、廉政要求和廉政职责，形成“一级抓一级、层层抓落实”的责任制约链条；开展“每月一堂廉政课”专题活动、廉政座右铭征集活动，在昔阳县财政局营造学廉、崇廉、敬廉的良好氛围，为规范权力运行实现依法理财提供了保障。探索和建立覆盖财政运行全过程的大监督机制，实现由“一般监督”向“强化监督”转变；由“单一检查”向“全方位监督”转变；由“单兵作战”向“齐抓共管”转变。落实监督职权，拓展监督空间，整合监督力量，将财政监督列为“一把手”工程，有力有效推进财政大监督落实。提升财政服务效能。召开财政国库集中支付代理银行座谈会，通过设置专门窗口，增加工作人员、延长营业时间、单位账户与经办人手机捆绑短信的办法，提高支付工作效率。加快专项资金审核和支付，在确保财政资金运行规范前提下，做到文到即办、款到即拨。

【助力扶贫】　2017 年，昔阳县出台了《昔阳县 2017 年实施精准扶贫统筹整合使用财政涉农资金管理办法》《昔阳县 2017 年统筹整合财政涉农资金实施方案》，昔阳县财政设立统筹整合扶贫资金专户，资金使用严格按照规定进行支付。开展精准扶贫专项贷款，努力完成 2017 年省批复下达的指标任务。配合有关部门积极衔接争取省级财政扶贫资金，认真整合财政涉农资金，精准实施扶贫项目。强化贷款管理和财政扶贫资金监管，扎实做好帮扶村的帮扶工作。年内共整合财政涉农资金 2.24 亿元，其中财政专项扶贫资金 7924 万元，县级财政投入资金 7031.75 万元。围绕精准扶贫、民生改善、电子商务等，优选、申报一批拉动能力强、发展后劲大的项目。争取县级基本财力保障机制，奖补、生态功能区转移支付等转移支付资金和债券资金。组织项目建设，投资1674.40万元，实施农村公益事业建设、“一事一议”财政奖补和农业综合开发世行贷款可持续农业发展两类项目，改善农村基础条件。

财政核算

【概况】 昔阳县国库集中支付中心成立于2008年11月25日，与昔阳县会计核算中心合署办公，实行“两块牌子，一套人员”，增加全额预算事业编制5名。正科级建制，隶属于昔阳县财政局管理，核定财政拨款事业编制15名（其中，行政管理人员编制4名、专业技术人员编制10名、后勤工作人员编制1名）、科级领导职数1正2副。

【业务开展】 2017年，昔阳县国库集中支付中心按照国家、省、市、县财政部门的法律法规和政策规定，及时、准确、完整地记录、反映国库集中支付情况；按照规定对国库支付相关凭证进行审核，准确、及时支付各项资金。国库集中支付不论在支付金额还是支付范围都呈现出逐年增加的趋势。全年支付金额达到了21亿元，支付范围包括县、乡（镇）各级行政事业单位、企业、村级经济组织和个人。只要是财政性资金都通过国库集中支付中心的零余额账户直接支付给最终收款人。

国家税务

【概况】 昔阳县国家税务局（以下简称昔阳县国税局）正科级建制、全职能局，为主管昔阳县国家税收工作的职能部门，实行垂直领导的管理体制。规范机构设置后，昔阳县国税局设9个内设机构（正股级），分别为：办公室、政策法规股、收入核算股、纳税服务股（办税服务厅）、征收管理股、人事教育股、监察室、税源管理一股、税源管理二股。1个直属机构（副科级），稽查局。3个派出机构（正股级），昔阳县国家税务局大寨税务所、昔阳县国家税务局杜庄税务所、昔阳县国家税务局李家庄税务所。1个事业单位（正股级），信息中心。昔阳县国税局现有干部职工103人，其中在职人员78人，离退休人员25人。2017年昔阳县国税局不折不扣落实各项税收政策，充分发挥了税收职能，担负昔阳县3378户纳税人的税收征收管理，支持和促进了县域经济发展。全年昔阳县国税局获得省级文明单位、市级平安单位荣誉称号；昔阳县国税局办税服务厅分别获得山西青年五四奖状、省级青年文明号荣誉；昔阳县国税局大寨税务所、办公室分别获得市级青年文明号荣誉。

【税收收入】 2017年，昔阳县国税局累计完成税收收入7.02亿元，完成年初计划5.64亿元的124.5%，同比增长63.11%，增收2.72亿元。其中，营改增累计入库税收 1.06 亿元，同比增长 4438 万元，增收 71.7%。

分级次完成情况：中央级收入累计完成 3.64 亿元，完成计划的 124.1%，同比增长 45.99%；地方级收入完成 3.37 亿元，完成计划的 124.9%，同比增长 86.78%。其中，县级收入累计完成 1.82 亿元，完成县级计划 1.6 亿元的 113.5%。

分税种来看，除企业所得税减收外，其他税种持续增长。其中，增值税累计完成 6.49 亿元，同比增长 71.27%，增收 2.7 亿元；车辆购置税累计完成 2051 万元，同比增长 65%，增收 808 万元；消费税累计完成 25 万元，同比增长 13.64%，增收 3 万元；企业所得税累计完成 3177 万元，同比减少 17.48%，减收 673 万元。

税务大厅

【税收征管】 2017 年，昔阳县国税局优化营商环境，服务经济转型发展。认真贯彻国务院《关于支持山西省进一步深化改革促进资源型经济转型发展的意见》和山西省委、省政府关于进一步深化改革促进资源型经济转型发展重大部署，11 月 28 日，昔阳县国税局与昔阳县地税局联合召开《优化税收营商环境服务经济转型发展专题研讨会》，成立工作领导小组，商讨工作开展方式，制定工作计划，明确落实方向。并组织专题学习交流会，对《山西省地方税务局　山西省国家税务局关于印发〈全省税务系统优化税收营商环境服务经济转型发展实施意见〉的通知》中 28 项工作内容进行集中学习、责任分工和任务分解，并在办税服务厅 LED 显示屏上进行滚动宣传。

开展万名税干入企服务活动。12 月 1 日联合昔阳县地税局召开税干入企服务协调会，抽调县局领导、中层骨干和业务尖子组成 16 组 32 人团队，集中开展入企服务。为企业宣传十九大精神、28 条优化税收营商环境·服务经济转型发展措施和国务院“1+4+6”优惠政策，同时，了解企业发展现状，为企业讲政策、送优惠、解难题。

【纳税服务】 2017 年，昔阳县开展第 26 个全国税收宣传月活动。4 月 1 日，昔阳县国税局与昔阳县地税局深化国地税交流合作，集结优秀骨干力量，在昔阳县博物馆前联合搭建税收宣传咨询台，解答群众疑问，讲解政策内容，让纳税人及社会各界更全面、细致掌握营改增及税收优惠政策，并邀请新闻媒体宣传报道，扩大宣传面及覆盖面。

4 月，昔阳县国税局、昔阳县地税局严格按照《山西省国家税务局、山西省地方税务局关于联合开展 2016 年度纳税信用评价工作的通知》要求，联合对 315 户参评纳税人开展信用评价工作。其中，A级纳税人38户，B级纳税人232户，C级纳税人30户，D级纳税人15户，并对A级纳税人通过电子屏幕、公告栏等形式对外公示。

2017年7月，按照《山西省国家税务局关于印发〈山西省国家税务局进一步深化“放管服”改革，优化税收环境的具体措施〉的通知》（晋国税发〔2017〕90号）要求，深化简政放权、创新监管方式、优化纳税服务。昔阳县国税局、昔阳县地税局联合成立昔阳县国税地税联合办税服务厅，正式推行“一人两业务、一机两系统、一屏两界面”“一人一窗”国税地税联合办税服务模式。现有窗口12个，其中国税窗口8个，地税窗口4个，实行国地税联合“一窗通办”窗口9个，除增值税专用发票发行和车购税业务外，全部实现国地税涉税业务一窗式办理。

【税收执法】 2017年，昔阳县国税局落实税收优惠政策。对享受起征点优惠、结构性减免税、政策性减免、企业所得税减免等优惠政策的企业进行广泛宣传、辅导和政策落实。同时，就国务院“1+4+6”减税政策针对性地开展分行业分类型专题培训5次，培训人数600余人次；通过LED显示屏、网上申报平台、“12366”纳服热线、E税客、手机短信等渠道，广泛向纳税人宣传国务院“1+4+6”减税政策，让纳税人实实在在享受政策红利。2017年1月—12月份减免税收6677万元，其中退库减免981万元，征前减免5696万元。

全年昔阳县国税局共开展纳税评估户次37户，入库评估税款1537万元，其中：增值税入库1519万元，企业所得税入库18万元，累计加收滞纳金298万元。同时，对29户企业进行税收风险提示提醒，自查补税3104万元。推进“公司+行业”稽查模式，以重点税源企业检查为突破，深入开展整顿和规范税收秩序工作。2017年稽查查补入库税收共计871.43万元，其中查补增值税736.32万元，查补企业所得税1.13万元，滞纳金44.78万元，罚款89.18万元。

【队伍建设】 2017年，昔阳县国税局数字人事平稳运行。数字人事是国家税务总局贯彻落实中央关于深化干部人事制度改革、加强干部队伍建设部署和要求的重大创新举措。1月1日，数字人事正式运行，昔阳县国税局严格按照干部日常管理体现痕迹化管理和过程控制要求，明确各部门、各岗位职能责任和操作规范，引导昔阳县国税局干部职工认真按照规定流程和步骤制定工作计划、记录工作重点、开展工作点评，确保数字人事的导向作用得到充分发挥。

绩效管理与数字人事统筹推进。建立数字人事+绩效管理的队伍管理“双驱动”，进行一体化设计，实行一体化运行，实现干部评价“看数字”、干部考核“考数字”、干部管理“用数字”，全面推进干部队伍管理的科学化、规范化、指标化，提升干部队伍管理的质量和水平。

地方税务

【概况】 昔阳县地税局设7个股室：办公室、人事教育股、征管和科技发展股、计划会计股、税政管理股、信息化管理股、监察室，均为正股级建制。三个直属分局：稽查局、直属一分局、直属二分局，均为副科级建制。5个基层税务所：第一税务所、乐平税务所、大寨税务所、杜庄税务所、东关税务所，除东关税务所为正股级建制，其余4个所均为副科级税务所。全局编制人数95人（公务员83人、工人7人、事业5人），在职干部职工84人（公务员77人、工人6人、事业1人），退休11人。全局平均年龄46岁。40岁（含）以下21人，41岁—50岁（含）30人，50岁以上33人。共产党员70人，占总人数的83.33%。担负着昔阳县2500多工商管户、14个地方税种和4项规费的征收管理和二手房交易增值税代征工作。

【组织收入】 2017年年底，昔阳县组织收入累计完成4.97亿元，比同期3.72亿元增加1.25亿元，增长33.52%。其中：一般公共预算收入完成4.57亿元，比同期3.41亿元增加1.16亿元，增长34.09%，占2017年计划2.91亿元的157.08%。县级收入完成1.64亿元，比同期1.66亿元减少235万元，减少1.42%，占县级计划1.31亿元的124.86%。已经全面完成年初下达的各项计划任务。

【因素分析】 2017年，昔阳县煤炭行业一枝独秀，占全部地方税收整体比重的82.4%，其中贡献县级收入9926万元，占整个县级收入的60.68%。其他占税收比重较大的行业有房地产行业（2.88%）、建筑业（2.11%）、服务业（1.76%）、电力行业（1.67%）、化工行业（1.51%）、交通运输业（1.36%）。受煤炭行情好转影响，增收行业主要集中在煤炭运销行业、交通运输业，分别比2016年同期增长53.18%和37.5%；此外，由于新增阳煤化工有限公司，化工行业同比增长139.04%（主要体现为房产税增加145万元）。

【税收征管】 2017年，昔阳县深化国地税合作。加强与国税部门沟通协调，互派办税服务厅主任，副局长挂职，现场指挥，现场协调，实现流程的无缝对接。全年举办国地税联席会议11次，细化合作事项，明确路线图。根据“业务通办、压力分担、阵地保留”的原则，选派7名业务素质高的地税人员进驻国税大厅，实行“一人两业务、一机两系统、一屏两界面、双网同时运行”模式。国地税2017年联合评出2016年A级纳税人38户，B级纳税人233户，共同核查管户信息1409户，联合办证470户，合作征收税款1597万元，国地税合作迈上新台阶。通过大力清缴欠税，共计清欠2665万税款，企业所得税汇算清缴成果明显，其中通过2016年度企业所得税汇算清缴工作，补缴企业所得税224万元。深化税收风险管控，及时开展疑点排查，信息整改和风险应对，共推送税收风险任务534户（次），累计查补入库税款163万元，税收风险管理成效明显。积极推广个人所得税全员全额扣缴明细申报，加大年所得12万元以上个人自行纳税申报管理力度，为进一步加强个人所得税管理奠定了坚实基础。通过对年所得12万元以上纳税人自行纳税申报工作的督查，查补个人所得税税额34.08万元。

【工作创新】 2017年，昔阳县落实28条措施。落实"造环境，促转型"优化营商环境28条措施和市局征管措施10条工作会，开展进企业送政策送服务活动。已全部入户。个体户营业额3万元以下征收率为零，涉及1901户已全部修改，年均减免83.52万元，房产税计税余值扣除标准30%，涉及房产企业78户，年均减免107.5万元。昔阳地税有针对性地制订提升服务水平的措施，全面落实税收优惠政策，全力释放国家税收红利，为企业发展增动力添活力。

做好水资源税和环境保护税的开征准备工作。8月，成立2项改革工作领导组，负责部署全局改革推进工作。9月，与县财政局、环保局、水利局建立联席工作机制，提请政府成立领导机构。对昔阳县22户自备井取水、13户取水许可、1户城镇公共供水、9户水利工程取水单位进行专项调查。对昔阳县84户工业企业排污单位

昔阳县地税局第26个税收宣传月宣传活动

进行摸底。通过微信、电视、办税厅等多渠道广泛宣传，进一步提升两税的知晓度，确保改革顺利推进。

实施"互联网+昔阳地税"行动。为提高工作效率，解决基层单位特别是税务所与股室间文件传输慢、沟通反馈滞后、易感染病毒等现状，9月上旬，安装配置腾讯通服务端，并在全局内网电脑中逐台安装客户端，使全局内网网络信息安全再上新台阶。申请"昔阳地税"微信公众号。开通纳税服务、便民办税、网上申报3个主板块和最新法规、办税指南、征期日历、发票查询、车船税查询、信用查询、非正常户查询、地税申报及国地税网上申报等9个子板块。在十九大召开、全省造环境促转型时期及环保税、水资源税开征前夕等关键时间节点，公众号及时动态发布相关信息，迅速开辟指尖上的税收宣传和纳税服务新阵地。

金 融

JIN RONG

银 行

中国人民银行昔阳县支行

【概况】 中国人民银行昔阳县支行党组隶属中共中国人民银行晋中市中心支行委员会。业务管辖：驻县工商银行、农村信用合作联社、中国银行、建设银行、晋中银行、农业发展银行、农业银行、邮政储蓄银行。内设办公室、综合业务部、综合金融管理部、纪检监察审计室4个部室，党组下设党支部1个，共有党员18人，编制26人，设领导职位3人，正、副行长各1人，纪检组长1人。

【货币政策】 2017年，昔阳县加强信贷政策引导。指导辖区各金融机构落实中国人民银行办公厅《关于做好2017年信贷政策工作的意见》。中国人民银行晋中市中心支行货币信贷管理科关于印发《2017年货币信贷重点工作安排意见》的通知等有关文件精神，促进金融机构加大对“三农”和小微企业信贷支持，加强与地方政府、金融机构的联系与沟通，对县域经济运行情况进行动态监测和分析。建立沟通协调机制。按季组织召开由政府部门和各金融机构参加的全县经济金融联席会议，研究当前辖区金融政策执行的效果和存在的突出问题以及对“三农”和小微企业的信贷支持力度，并就如何改进金融服务、支持地方经济发展和加强彼此之间的沟通与协作进行沟通交流。管好用好支农再贷款。根据《中国人民银行关于完善信贷政策支持再贷款管理支持扩大“三农”小微企业信贷投放的通知》精神，支行积极引导降低涉农贷款、小微企业贷款利率水平，积极创新银行信贷产品，督促将支农再贷款集中用于支持“三农”和小微企业的合理资金需求，保证了支农资金的及时到位。

【金融监管】 2017年，昔阳县推行存款保险制度。及时组织召开辖区各金融机构《存款保险条例》实施工作会议，传达落实存款保险条例专题会议精神，成立昔阳支行《存款保险制度》领导小组。要求各金融机构确定存款保险制度负责人及联系人。组织辖区昔阳各金融机构相关业务人员进行存款保险条例实施有关事项学习培训。继续推进“两管理、两综合”工作。定期对金融机构执行人民银行有关规定情况进行通报，加大金融监管力度。开展对辖区昔阳7家银行业金融机构和13家保险机构综合评价工作。

【金融服务】 2017年，昔阳县强化调查统计研究工作。“三农”融资担保体系建设情况调研，金融支持社会资本与农村建设调研。推动支付环境建设工作。“助农取款点”惠农工程，对辖区农村支付环境进行全面摸底，在辖区选择基础条件好、对周边具有一定带动和辐射作用的1个乡（镇）和几个行政村开展“千点百乡”支付惠农示范点工作。按照《支付业务风险提示》等文件精神，坚持“四落实、四到位”，深入开展银行卡助农取款服务风险排查工作，对辖区助农取款服务点进行了现场检查、监督和指导，促进银行卡助农取款服务的规范开展。昔阳支行通过组织金融机构利用各网点、LED显示屏，宣传折页，设立咨询点、微信宣传等方式对地方各级党委、政府、人大、政协，及其相关部门、商业银行及社会公众、人民银行系统干部职工等对象进行了宣传；组织督促开展“金融综合服务站”建设，按照“五有”标准（有标识、有机具、有登记、有培训、有宣传）在行政村的便利店、小卖铺、卫生所、村干部家等村民聚集的地方设立，做到成熟一个，设立一个，方便村民的生活缴费，金融性交易结算及小额取现等；特别是在“6·14”全国征信宣传日，根据上级行的统一部署，组织辖内各金融机构在全县范围内开展声势浩大的征信宣传活动。开展反洗钱、反假人民币等宣传活动。

中国工商银行昔阳支行

【概况】 中国工商银行股份有限公司昔阳支行，位于山西省晋中市昔阳县上城街15号，属工商银行晋中分行辖内的一级支行。2017年9月，被山西省银行业协会评选为“文明规范服务单位”。支行拥有优质的客户基础、多元的业务结构、强劲的创新能力和市场竞争力，在全县范围内向客户提供广泛的金融产品和服务。以“服务实体，助力昔阳”为己任，在30多年的经营发展中，一直不忘初心、尽善尽美，成为昔阳县业务种类最全面、品牌价值最高、安全性最可靠的国有控股商业银行，并得到了社会各界的广泛信赖、好评。

【服务渠道】 2017年，昔阳县物理网点环境优雅，畅享尊贵金融服务。至年底昔阳支行拥有机构网点2个，离行自助网点1个。营业部位于昔阳县上城街15号，新建路支行位于昔阳县新建南路，离行自助网点位于昔阳县江口东街城中2区底商。昔阳支行始终将“打造一流网点，提供一流服务”作为重点工作，注重网点升级改造。支行物理网点的地理位置、营业面积、营业环境、装修设计、便民设施等硬件水平在全县首屈一指，客户进入工行网点便能畅享尊贵金融服务。自助设备功能齐全，便享快捷实时服务。昔阳支行致力于向“网点智能化”和“业务自助化”靠拢，网点智能服务水平和市场竞争能力显著增强。2017年年底全辖拥有7台存取款一体机，并配备了多功能自助终端、产品领取机、网银机、回单打印机等智能化设备。让客户无需等待，7×24小时便享实时服务。电子渠道应用广泛，畅享智慧金融服务；昔阳支行加快推动互联网金融发展，从网上渠道、电话渠道、手机渠道三维度、立体化、全方位健全电子金融服务，推出融e购、融e联、融e行、融e借、工银直销银行等，让客户足不出户即可畅享集转账汇款、投资理财、网上购物、网上贷款、购物缴费等多元化服务。

【业务经营】 2017年，昔阳支行积极响应县政府“全市争上游，东山创一流”的发展目标，把自身经营发展与地方经济建设有机结合，实现银企双赢。支行积极支持县城支柱产业发展和城镇化建设，加大对新型产业、民生产业和小微企业的金融扶持力度，同时自身积累丰富的业务经验并形成核心优势，已成为业务种类最全、开办时间最早、资产规模最大、服务客户最广的银行。2017年昔阳工行积极应对新常态，与时俱进，不断升级产品、更新业务体系，同时积极防范和化解各类风险，加大内控案防检查力度，打造“三晋最安全银行”，为客户的资金安全保驾护航。昔阳支行的特色业务包括：代发工资业务。昔阳支行自2005开展代发工资业务，为全县200多家财政、企业单位提供代发工资业务，已形成安全成熟的代发工资体系，具有广泛的客户基础。个人住房按揭贷款业务。昔阳支行自2008年开展个人住房按揭贷款业务，为大型楼盘金博园小区、城东家园、城中家园、钟兴家园等提供按揭贷款服务，累计发放贷款金额1.3亿元，帮助千家万户实现了安居梦。理财业务。大额储蓄存单、节节高2号、薪金溢；国债、“三利”系列、“灵通快线”系列、“步步为赢”系列本外币理财产品等。对公贷款业务。流动资金贷款、项目贷款、国内贸易融资、银行保函、票据贴现、银行承兑业务等。昔阳支行为国投昔阳能源有限责任公司等7家大型企业提供贷款服务，累计发放贷款金额12.8亿元。

【人员配置】 2017年，昔阳工行下辖2个网点共有员工43人，其中网点服务人员28人，其中网点负责人2人，运营主任4人，柜员10人，大堂经理4人，产品经理1人，客户经理2人，服务支持岗5人。人员配备符合现代银行业岗位需求，更好地为客户提供优质高效服务。支行网点柜员全部具备工商总行认证的柜员资质，通过“反假币资格考试”。客户经理全部具备工商总行认证的客户经理资质，持有“保险从业资格证”“基金从业资格证”。43名员工中，36人拥有大专以上学历和学位，其中5人拥有本科学位，1人拥有硕士研究生学位，2人通过理财师资格认证。较高的员工素质为客户提供最全面、最专业的金融服务。

中国农业银行昔阳县支行

【概况】　中国农业银行昔阳县支行（简称昔阳农行）是一支“立足县域、服务‘三农’”的大型国有股份制商业银行的分支机构，恢复设立于1979年。2017年年底支行内设4个部门，为综合管理部、客户部、财会运营部和风险管理部，下辖3个营业网点（支行营业部、城关支行、新建路支行）和4个自助网点（城东家园、轻工家园、名仕家园、大寨红旗广场）。拥有员工54人，党员46人，其中在职党员22人，离退休党员24人。设立5个党支部：机关党支部、营业部党支部、城关支行党支部、新建路支行党支部和离退休人员党支部，实现党支部在网点全覆盖。先后获得全国金融系统职工体育达标先进单位、农总行服务“三农”先进集体、农总行案件防控先进单位、农总行第七届精神文明单位、省公安厅省级治安先进单位、省妇联“三八”红旗集体、市文明办精神文明标兵单位、昔阳县委县政府服务经济建设先进单位等荣誉。

【业务经营】　2017年，昔阳农行以党建为引领，围绕服务地方经济建设这一主线，夯实业务基础，加快业务发展，强化风险管理，各项业务发展良好。截至12月末，各项存款余额达25.26亿元，贷款余额3.1亿元，实现净利润1558.03万元。

【服务“三农”】　2017年，昔阳农行秉承服务“三农”历史使命，精心打造以物理网点为骨干、以“金穗惠农通”服务点为支点、以“移动金融”为延伸的“三位一体”服务“三农”网络，走出一条具有农行特色的服务“三农”新路。至年底，全行累计发放惠农卡11.69万张，布放转账电话964部，开展代缴电费、话费，全年累计代缴16.35万笔，1130.18万元。运用“三农代缴费平台”开展新农保代收工作，在闫庄乡、皋落镇、李家庄乡实现电子机具代收。

【支持县域经济建设】　2017年，昔阳农行发放项目贷款、开展票据贴现等业务，满足企业发展资金需求，支持企业扩大再生产；发放个人住房按揭贷款，支持城镇、农村居民住房刚需；发放存单质押、理财质押等个人贷款，满足个体工商户经营资金需求；发放农户贷款，支持农村产业带头人，发展种养殖等农业产业项目。至年底，全行各项贷款余额达3.1亿元，较年初增加2114.89万元。

【金融安全】　2017年，昔阳农行持续深化创建“平安农行”工作，扎实推进“三化三达标”管理，以防范风险、转移风险、减少风险、排除风险、规避风险为主要抓手，加强案件防控和管理，各项工作制度、工作措施得以顺利贯彻落实。员工防范意识、防范能力进一步增强，防范措施进一步健全，安全保卫工作井然有序。构建高科技，智能化，集物防、人防、技防为一体的安全防范体系，有效地防范各类刑事案件发生，防抢、防盗、防诈骗、防涉枪、防火案件得到有效的控制和预防，保证了金融资金安全。

中国建设银行昔阳支行

【概况】 中国建设银行昔阳支行（简称昔阳建行）成立于2012年12月底，2017年在册员工22名，其中在职13名、退休人员5名、内退4名；在职员工13名，其中男员工9名、女员工4名、平均年龄34.5岁，30岁以下员工6人。

【主营业务】 2017年，昔阳建行一般性存款余额2.88亿元，全年新增8779万元。其中对公存款余额0.97亿元，全年时点新增5663万元，系统排名第十，四行时点新增占比第二，日均新增3075万元，系统排名第十一，四行日均新增占比第二；储蓄存款余额为1.91亿元，全年时点新增3116万元，系统新增排名第十，四行时点新增占比第二，日均新增2207万元，系统排名第十四，四行占比第三。各项贷款余额6.79亿元，公司类贷款5.1亿元，其他类贷款1.69亿元，全年小企业贷款发放10笔，金额1078万元；个人贷款1.6亿元，2017年新增金额2472万元，个人贷款余额、新增当地四行占比第一；贴现业务6096万元，四行占比第二。

【社保卡应用】 2017年，昔阳建行由于成立较晚，员工较少，在全县已发放17万张社保卡，布放175台助农POS机，但是社保卡激活率不高，建行召开全员会议集思广益，群力群策找办法。克服重重困难，配备专人专车，通过主动下乡入村，对符合条件的助农点增开裕农通30个，三个月的时间激活社保卡2.5万张，为今后社保卡的激活积累经验，同时为助农设备及裕农通的活跃提供了条件。

【创建营销商机】 2017年，昔阳建行依托新一代系统创建营销商机进行全员营销、重点产品专人负责全员配合、对公对私业务互补寻找营销商机，抓成果落实，抓服务质量。在营销客户时了解客户需求，狠抓服务水平，建立首问负责制，无论当面、电话询问，被询问人首先予以解答，如对业务不熟悉需亲自移交给他人；加大工作纪律的检查、考核力度，严格执行请销假制度、签到制度。客户感受到贴心服务的同时满足客户的需求。成功完成晋中分行首笔“寺庙黄金积存业务”。

中国银行昔阳支行

【概况】 中国银行股份有限公司昔阳支行（简称昔阳支行）于2011年1月13日注册成立，位于山西省晋中市昔阳县新建南路（邮政综合楼），共有员工15人，主要经营办理人民币存款、贷款、结算业务，人民币信用卡业务，办理票据贴现业务，代理发行金融债券，代理发行、代理兑付、销售政府债券，外汇存款，外汇付款，外汇汇款，外币兑换，通过上级行办理代客外汇买卖，代理国外信用卡付款业务，经中国银行业监督管理委员会依照有关法律法规批准的其他业务。

【主要业务发展】 昔阳支行自搬迁成立以来，坚持“群策群力、尚贤用能、稳健经营、积极进取”的工作思路，在市行各部门的大力支持下，通过支行全员的共同努力，业务发展取得了长足的进步。在与当地同业的竞争中，取得了应有的地位。至2017年年底，昔阳支行存款余额达到3.6亿元。各项贷款余额达6900万元。特别是本年度实现扶贫贷款投放1800万元，有效担当了社会责任。

【企业文化建设】 昔阳支行经过7年多的发展，员工队伍建设有了新的变化，班子成员在内15名员工均为“80后”“90后”，思维活跃，但社交圈子窄，社会经验缺乏。班子成员管理经验不足。面对这种情况，首先坚持班子团结，重要决策互通信息。做到互相信任，充分授权。坚持并控制好每周例会的质量，鼓励员工提建议，凝心聚力谋划业务的发展。

尚贤用能，合理配置。按照“合适的人干适合的岗位”的原则，加强营销队伍的力量。合理配置岗位，明确职责分工。在完成对人员岗位的调整后，每季度初对每个岗位的职责分工予以细化，坚决杜绝推诿扯皮的不正之风。

摸索发展，积极进取。在业务拓展上，坚持负责人带头亲力亲为。支行领导带领支行员工在开发商销售部蹲守收单，成功实现该项业务的落地。按照“坚持以人为本，激发发展活力的要求”，培养昔阳支行员工“敬业、专业、乐业”的工作态度和“用心、精心、细心”的工作作风。建立落实好考勤制度、岗位职责、考核方案等规章制度，择机对人员岗位予以调整，调动积极性，创造条件紧密员工间、上下级间的关系。

抓实内控，稳健经营。坚持每周一次案例学习，结合实际工作中出现的问题，分析并查找管理漏洞，改进支行的管理工作。对于各类通报、监控发现的问题，业务经理逐条逐项与当事人核实，分析原因，提出整改措施。坚持“双十禁”的学习，建立思想重视、行动规范的合规文化。

【内部控制管理】 2017年，昔阳支行以制度和绩效为抓手，积极提升内控管理水平。贯彻落实员工岗位职责与绩效考核挂钩的方针，使每位员工做到责任明确、履职到位，建立健全激励约束机制，确保风险防控措施落实到位，为各项业务发展奠定基础、提供保障；强化制度学习，加强员工思想教育和管理工作，使制度文件成为员工业务操作的标准，使员工熟知业务规定，避免发生操作风险；突出抓好员工案防教育、职业道德教育、爱岗敬业教育，提高全员风险防范意识；将“心不正，念则斜；心无杂念，则目不斜”的理念落实到内控管理之中，利用好晨会、夕会制度，周期性地通过培训、宣传、督导，使领导成为员工的领航员、指路者。

晋中银行股份有限公司昔阳支行

【概况】 晋中银行第9家县域网点——昔阳支行于2017年11月16日正式揭牌开业。昔阳支行设立三条线：公司、运营、零售。支行在编人数18人，平均年龄28岁。全部为40（含）岁以下，是一支年轻有活力的队伍。昔阳支行秉承“扎根昔阳大地，支持地方经济，弘扬大寨精

晋中银行昔阳支行开业

神，服务城乡居民”的服务理念，砥砺前行，为发展县域经济和造福社会民生做出应有的贡献。

【筹备组建】 2017 年初昔阳支行筹备组从昔阳县人口构成、同业竞争状况、交通地理环境、商业地价等因素考虑，于 3 月份高质、高效地完成昔阳支行的选址工作。二季度，昔阳支行筹备组积极配合总行参与报批、设计工作，并开展市场调研，主动拜访昔阳县政府、城区街道办、城管局、交通大队等政府职能部门，得到相关部门对装修等筹备事宜的支持。为进一步提高社会公众金融素质，加强银行消费者权益保护，9 月，昔阳支行积极响应落实总行、银监会与人行的要求开展为期一个月的金融知识宣传活动。11 月 16 日，晋中银行昔阳支行开业，昔阳支行将坚持“服务地方经济、服务城市居民、服务中小企业”的市场定位，积极支持昔阳县经济发展，以优质高效的服务，充分发挥“快捷、方便、灵活”的特色，利用晋中银行一系列金融产品，为县区人民提供结算、汇兑、代收代发、小额周转贷款、住房按揭贷款、个人消费贷款等多种特色金融产品，为社会各界提供一流的金融服务。开业当天，昔阳支行各项存款达到 1.6 亿元，其中零售存款突破 1 亿元。

昔阳县农村信用合作联社

【概况】 昔阳联社现辖 30 个营业网点，其中，1 个营业部，29 个信用社，内设部门 16 个，现有班子成员 7 名，在职员工 399 人（在编在岗 273 人，劳务派遣 126 人）。班子成员 7 名，平均年龄 44 岁，平均从业年限 25 年，研究生 2 人，大学学历 5 人，中级职称 4 人，初级职称 2 人；职工平均年龄 35 岁，大专以上学历占比 90%，平均从业年限 16 年。

【改制转型】 2017 年，昔阳县联社改制农商行。通过及早筹备、扎实推进，顺利完成了清产核资、审计评估、股金募集工作，9 月通过监管部门初验，年底已进入批筹阶段。

【业务发展】 2017 年，昔阳联社始终把拉动存款、服务县域作为首要业务来抓，存款余额达到 57.04 亿元，市场份额达到 44%，且增势良好。拓展对公账户营

第四届“农信杯”青年创新创业大赛

销，成功营销30个县域机关单位代发账户，涉及代发人员1000余人，在交通不便的农村资助农机具164台，县域各大商户开通POS机226台，在政府、政务大厅、县人民医院等地布放离行式柜员机9台，满足县域储户的业务需求。

【支农支企】　依托4类18款信贷产品，不断加大支持县域经济的覆盖面，将“信贷产品推广、不良贷款清收、银行卡业务营销拓展”三项工作相结合，主要贷款产品受到客户的认可，贷款净增额达2.5亿元，助力昔阳经济发展。

【清缴欠款】　2017年，昔阳联社主动开展“百日清非攻坚”专项活动，通过争取公检法联合支持、“兵团化”集中清收、全面的宣传考核办法、借助催收担保人实现突破、对还本挂息行为进行规范等措施，清收不良贷款1100余万元，有效净化了社会信用环境。

【助力脱贫】　2017年，昔阳县顺利完成山西省首批、晋中市首个脱贫摘帽。昔阳联社加大金融扶贫工作力度，建档立卡贫困户1.88万户完成评级授信100%全覆盖，申请使用扶贫再贷款5000万元，保障了金融扶贫的高效、快捷；探索新模式，积极建言，推动政府、企业、公司、农信“贷资入企”有效帮扶，实现“以社带户、以企带村”发展特色扶贫优势产业，针对实力较强、风险较小、富有稳健性的经营实体，打好“四位一体”和自营贷款的“组合拳”，开创了政府引导调控、扶贫开发公司协助、企业解决融资困难、贫困户享受政府贴息和投资收益的合力脱贫新局面。至年底，县信用联社扶贫贷款余额3.63亿元，较年初净增2.6亿元，单位精准扶贫余额2.24亿元，较年初净增1.58万元。个人精准扶贫贷款1.38亿元，较年初净增1.02亿元。

【服务县域】　2017年，昔阳联社主动参与社会公益捐款，助力学生高考，为贫困生送爱心、组织多频次的金融宣传，开展文化笔会、全民广场舞等大型活动，使“山西农信、百姓银行”深入广大客户心中。

昔阳银监办

【概况】　昔阳监管办事处是晋中银监分局的派出机构，负责昔阳县辖内银行业金融机构的监管。现有编制人员4人。

【服务实体经济】　2017年，昔阳银监办牢牢把握“引导银行业回归本源，服务实体经济发展”总原则，引导辖内银行业金融机构提升服务实体经济发展质效，取得明显成效。至年底，昔阳县银行业金融机构各项贷款较2017年初增加5.7亿元，其中小微企业贷款增加3.1亿元，小额扶贫贷款增加2.6亿元。坚持创新，提高小微企业金融服务水平。针对小微企业存在担保难、融资难的问题，积极引导辖内银行业不断创新金融产品和服务手段，改进完善业务流程，最大限度满足小微企业的资金需求。优化环境，积极为政银企牵线搭桥。为解决中小企业续贷过桥资金的问题，昔阳监管办协调县政府，由县财政拿出3000万元资金，县国资公司在银行设立“应急周转保障金”专户储存，作为过渡资金，帮助企业解决临时资金周转困难问题。至年底，已为8户企业办理“周转贷”5831万元。强化督导考核，推动银行业支持实体经济提质增效。建立银行业服务实体经济质效统计监测评价办法，对辖区各家银行机构按季实施监测评价、定期通报。采取监管约谈、会谈等手段，督导银行业机构扭转“脱实向虚”的势头，加大支持实体经济信贷力度。

【营造良好环境】 2017年，昔阳联社深化农信社改革，推动农商行组建。3月起，通过清产核资、优化股权、压降不良等，逐步完善公司治理，积极改制农村商业银行，初步形成权责清晰、运转协调、有效制衡、行为规范的现代企业模式的公司治理框架。募集股金4.6亿元，购买不良1868笔，金额4.2亿元，不良占比下降13%，已完成改制前各项工作，现已进入批筹阶段；配合县政府做好对社会经济金融秩序的整治工作。参与治理恶意逃废金融债务、化解企业担保链条等专项行动。加大对逃废金融债务行为打击力度，联合信用联社和人民法院对长期贷款不还“赖债户”，亮出“公开曝光”和“依法拘留”两柄利剑，有力打击具有担保能力但不履行担保义务、恶意逃避担保责任的企业和个人，保护合法金融债权，营造良好金融生态环境；约见网贷企业，打击非法集资。5月，昔阳监管办组织各银行机构开展打击非法集资宣传月活动，广泛宣传金融知识和非法集资带来的危害。6月14日，昔

中国人寿昔阳支公司下乡扶贫

阳银监办牵头，联合县工商局、公安局、人民银行，召开“昔阳县网络借贷中介机构约谈会”，对开办有网络借贷中介业务的翼龙贷昔阳分公司等5家企业负责人进行约谈。并与5家企业的法人代表签订《依法合规经营承诺书》。

【助力发展】 2017年，昔阳监管办以推动普惠金融“村村通”建设为突破口，着力解决服务群众“最后一公里”的问题，通过建立基础金融服务“村村通”已覆盖行政村台账和空白行政村台账，健全推进责任制和考核机制，明确任务，按季考核，落实责任，分步实施，扎实推进，至年末“村村通”覆盖率达到98.2%。积极开展“金融知识进万家”宣传活动。9月1日上午，昔阳监管办组织的昔阳县2017年“金融知识进万家”宣传服务月活动启动仪式在县博物馆门前举行。通过发放宣传资料、解答群众提问、宣传业务品种等方式向社会公众提供咨询服务，增强群众金融知识、提高依法维护消费者权益意识。对金融消费者维权建议或投诉进行合理、快速解决。

全年共受理信访、消保投诉7件，办结率为100%；11月15日，开展深化银税合作暨小微企业金融服务宣传月活动，组织辖内各机构开展宣传活动，将有关政策进行推介。同时加大与县税务部门合作，解决小微企业融资过程中银行和企业信息不对称问题，引导各银行机构创新信贷流程和金融产品，加大对小微企业信贷支持，至年底，已为符合条件的6户企业发放4890万元“银税合作”贷款。

【监督检查】 2017年，县银监办成立2个专门工作小组，分片包干对工农两行60名协解人员进行矛盾摸排，重点对其思想、生活、工作情况进行了解。通过排查以及近几年了解掌握的情况，这些人员基本上都得到了妥善安置，未发现可能上访的苗头；协助公安局进行全县银行业金融机构第五次安全评估。2017年11月15日—12月15日，积极配合县公安局对辖内47个银行网点按评估标准进行安全评估。通过听取汇报、调阅资料以及对营业场所、业务库、自助设备、消防设施、运钞安全、数据中心、监控中心、枪支弹药安全、案件防范制度等实地检查进行评分，将安全风险降到最低。

保 险

中国人民财产保险股份有限公司昔阳支公司

【概况】 中国人民财产保险股份有限公司昔阳支公司（以下简称昔阳财保公司）是全县唯一的国有财产保险公司，也是经营险种最全，市场份额占比最大的非寿险公司，公司下设综合部、理赔分部、业务部、营销部、出单中心，在职职工16人。

【开展业务】 2017年，昔阳县财保公司主要经营的业务有各类机动车辆保险和第三者责任险、车上人员责任险、全车盗抢险及附加险、货物运输险、各类企业财产险、综合险、各类家庭财产保险、环境污染责任险、雇主责任险、公众责任险、监护人责任险、医疗责任险、学生校园方责任险和教职员工校方责任险、各类人身意外伤害险、建筑安装工程意外险、驾驶员及司乘人员意外伤害险、借款人意外险、学生意外险和健康险，重大疾病补充医疗险、各类信用保证保险、种植业和养殖业保险，能繁母猪保险、奶牛保险和苹果保险、森林保险、大棚蔬菜保险等100多个险种。

【指标完成】 2017年，昔阳县财保公司累计实现保费收入1404万元，同比增长344万元，增幅32%，其中车险累计保费收入886万元，同比增长68万元，增幅8%。非车险累计保费收入518万元，同比增长276万元，增幅114%。其中农险保费收入280万元，同比增长100万元，增幅36%，市场份额占据33%，位居第一。

【经营建设】 2017年，昔阳县财保公司超额完成保费计划任务，完成率106.36%，市场份额回升12%，位居全县第一。荣获2017年度综合经营管理一等奖，全年整体跑赢市场。

商　贸

SHANG MAO

商务综述

【概况】 昔阳县经济和商务粮食局，为县政府工作部门，正科级建制，行政编制 20 名，科级领导职数 1 正 6 副，其中：局长 1 名、副局长 4 名、总经济师 1 名、总工程师 1 名。内设办公室、企业股、能源股、商务股、粮食股、行政审批股。

【商贸流通】 2017 年，昔阳县加快推进电商扶贫。建成云创电子商务运营服务中心和农村淘宝昔阳服务中心 2 个园区，共入驻企业 37 家，孵化涉农电商企业 3 家。昔阳县共建成农村淘宝、京东、农芯乐、乐村淘等 4 个县级运营中心，共建设村级服务站 321 个，共覆盖昔阳县 9 个贫困乡镇，98 个贫困村，实现服务站乡镇全覆盖。建设 1 个仓储物流中心，顺丰、韵达、圆通、申通、天天快递等 16 家快递企业落户昔阳县，全年昔阳县培训农村电商人员 342 人，共带动 702 名贫困人口。

认真做好油品升级工作。2017 年，根据《2017 年昔阳县大气污染行动计划》和市局文件精神，昔阳县经济和商务粮食局制定《昔阳县经济和商务粮食局 2017 年大气污染行动计划》，要求国省道沿线的加油站于 2017 年 6 月底前销售符合标准的车用尿素；正常营业的加油站于 2017 年 9 月底前，全面供应国Ⅵ标准车用汽油、柴油。年内，国省道沿线的加油站已按要求销售车用尿素；正常营业的 20 个加油站均按要求完成国六油品升级工作，均提供了国六的进货发票或配货单、油品质量承诺照片，加油机标识照片等佐证资料。

农村淘宝电商培训

扎实开展“双打”工作。2017 年昔阳

县“双打”办各成员单位共出动执法检查781人次，查处案例20例，有效地净化了昔阳县流通市场。昔阳县“双打”办组织县委宣传部、经商粮局、工商质监局、公安局、国税局、环保、安监等部门进行昔阳县车用燃油暨打击土炼油专项整治，对成品油经营企业的购销台账制度、油品来源、情况、证书、有效期限及基础设施是否符合有关规范等加强检查，对成品油零售经营企业的油质进行抽检，对不合格油品进行处罚，共取缔黑加油点3处、废旧轮胎加工点一处，查扣黑加油车2辆，拆除北坪煤业附近疑似油罐3个，共处以罚款2350元。

【粮食储备】 2017年，昔阳县粮食总产量1.6亿千克，其中玉米产量1.45亿千克，收购1.35亿千克，销售量为1.35亿千克。昔阳县调入粮食（贸易粮）5000万千克，其中小麦1500万千克，面粉3250万千克，调入大米435万千克，食油290万千克，均与上一年基本持平，粮食流通实现了供需平衡。

制订《昔阳县粮食应急预案》《昔阳县粮食系统应急保障方案》，并依据方案要求，建立上下联系、纵横交叉的粮食应急网络，做到实物、人员、车辆、制度、措施五保障，一旦发生突发事件，随时可以启动应急预案，确保人民生活基本所需。

全面部署10个粮食应急供应网点、2个应急加工企业、1个应急配送企业和1个应急储运企业，并签订《粮食应急供应（加工）协议书》，不仅加强了管理，更确保昔阳县应急时期粮食的有效供给，夯实基础。极大提高发生突发事件的粮食应急反应能力，建立纵横交错的应急保供体系。

加强县级应急成品粮储备管理，对昔阳县25万千克应急成品粮储备，建立健全档案，制订管理制度，形成常效机制。加强了对承储粮企业晋粮农业开发有限公司的监管，坚持一月一小查，一季一大查，不定期搞抽查的方式，查实物、看账簿、看制度，定人定责，确保库存数量真实、轮换及时，品质保障，储存安全，实现了2017年无安全事故。

建设“放心粮油”示范工程。结合昔阳县粮油消费量、人口、交通、地理位置以及仓储、加工等因素，对经营网络进行了统一规划、合理布局，圆满完成“放心粮油”示范工程建设任务，发挥了企业的示范引领作用。全年，完成建设了示范配送中心1个、示范销售店3个、示范经销点6个。并对铭牌统一编号，提高“放心粮油”产品的知名度和市场占有率，在昔阳县基本形成规范化、标准化、品牌化的“放心粮油”经营网络。

开展粮食安全责任制考核工作。组织协调16个成员单位，本着“简便易行、务实管用”的原则，对增强粮食可持续生产能力、保护种粮积极性、增强地方粮食储备能力、保障粮食市场供应、确保粮食质量安全、落实保障措施等6个方面13个重点考核事项45项考核内容，开展粮食安全责任制考核自评工作，考核办公室设在粮食储备中心。通过有序开展自查、自评及上报等工作，得分为72.2分。

【安全生产监管】 2017年，昔阳县重点落实工商注册企业安全监管倒逼机制，共担负着3905家工业、商业、粮食企业的监管任务，其中正常营业1986家，未营业1919家，在建企业13家。昔阳县工贸企业没有发生一起安全生产事故。

【经济技术开发区】 2017年，昔阳县经济和商务粮食局把经济技术开发区建设作为破解一煤独大、深化转型综改的主战场和大平台，一手抓面上的整体推进，一手抓点上的重点突破，经济技术开发区建设取得阶段性成效。

3月起，县政府出资3000万元，成立昔阳县经济技术开发区投资开发有限公司，为入驻开发区的企业提供水、电、气、暖、清洁等服务。县政府下发《关于成立昔阳经济技术开发区创建工作领导小组的通知》，成立由县长担任组长、分管副县长担任常务副组长的领导小组，用8周的时间将开发区可行性研究报告与总体发展规划先后编制成功，顺利完成“五规合一”。

昔阳县经济和商务粮食局按照一次规划、分步实施的原则，因地制宜确定起步区范围，以10平方千米核心区为起步区，集中人、财、物等要素资源，在交通基础、公共服务、市政配套和重点产业项目等方面先行启动开发建设，力争2020年建成并初具规模，在经济发展目标上生产总值达到100亿元，在产业规划目标上建成循环链条完备的精细化工基地。

县政府筛选出3个拟采用PPP模式建设的基础项目，分别为：工业污水处理厂项目、地下综合管廊项目、S317省道改线项目；县政府单独投资建设开发区服务中心办公大楼回购装修工程与天然气管网铺设工程。已决定落地的投资项目有5个，分别为锂电池负极材料生产一体化项目、蓄光材料生产项目、科莱工业废物资源化循环利用项目、年产50万吨环保节能自动化竖窑活性石灰项目与阳煤年产10万吨普通树脂生产项目。各个项目正在有序开展。

不断强化招商引资，卓达装配式建筑材料项目、山东泰瑞汽车零部件生产项目、新能源岛项目等高新科技产业正在不断考察协商。昔阳县经济和商务粮食局对开发区产业链进行完善，形成产业集群、企业集聚、要素集约、服务集中的资源循环可持续发展新格局。

【行政审批】 2017年，昔阳县凡涉及的审批事项（粮食收购资格许可、酒类批发许可证审批、鲜茧收购资格认定、固定资产投资项目核准或备案、煤矿建设项目节能评估报告上报）全部按规定进驻县政务中心大厅，统一办公，阳光行使权力，设置流程图、流程卡、一次性告知书，同时按规定要求向社会公示，严格执行一站式办理、办结事项一次性告知制度。全年，共办理各类行政审批事项9件，坚决杜绝超范围审批项目、变相审批或擅自增加审批项目、“庭外审批”的现象。

供销合作

【概况】 昔阳县供销合作社属农村合作经济组织，宗旨是为“三农服务”，推动成员社经营创新、组织创新、服务创新，努力使供销合作社成为农业社会化服务的骨干力量，农村现代流通的主导力量，农民专业合作社的带动力量。截至2017年年底县供销社直属企业8个：农业生产资料公司、永丰土产果品有限公司、棉麻日杂公司、盐业公司、县社经销公司、县社印刷厂、国贸大厦、万通供销商贸有限公司。所属基层供销社20个。县社机关内设6个股室：理事会办公室、监事会办公室、人事教育股、财务计统股、业务基层股、审计股。

【拓展经营业务】 2017年，全县供销社系统以深化综合改革为动力，以“服务三农”为根本，以密切与农民利益联结为切入点，加大基层社改革，全力开展农村电商建设，积极引导培育专业合作社发展，在强化合作社经济组织属性，拓展服务领域，提升服务能力，构建现代流通网络体系方面进行积极探索，取得明显的成效。全年全系统购进总额完成9.35亿元，同比增长24.9%；销售总额完成10.39亿元，占计划的104%，同比增长25.1%；生产资料销售完成1.28亿元，占计划的103%，同比增长24.2%；农副产品收购完成1.18亿元，占计划的104%，同比增长25.2%；实现利润210万元，同比增长23.5%。同年获得山西省供销合作社“项目建设先进单位”表彰。

【农村电子商务】 2017年，昔阳县供销社积极争取全国供销总社惠农项目资金，依托所属股份制电子商务企业“昔阳万通供销商贸有限公司”，加快农村电子商务网络经营体系建设，建成电子商务运营中心、培训孵化中心、仓储物流分拣中心、商品批发配送中心、农副产品加工中心，调配、购置货运电动物流车辆20辆，组建农村供销物流体系；以20个基层供销社为依托，在12个乡镇建设乡镇仓储物流服务中心；以“万村千乡”和“新网工程”建成的农家店、便民店为基础，已建立村级电商体验店160个，并配备电脑、显示屏等设备，对门店进行标准化改造。供销社农村电子商务依托“供销e家”“农芯乐”电子商务平台，已上线运营，为实现工业品下乡、农副产品上行，破解农村商品流通“最后一公里”难题，起到强有力的推动作用。

2017年12月物流配送车队启动

【改造基层供销社】 2017年按照市供销社下达的2个恢复重建供销社任务，完成了对杜庄供销社、凤居供销社的改造建设任务。共投资73.4万元，其中市、县财政专项资金60万元，改造门店、仓库等经营设施面积共计1956平方米。并利用总社惠农项目资金维修改造11个基层供销社，完成投资180万元，基本全面恢复原有供销社网点，以此作为乡镇电子商务、仓储、物流中转中心，增加惠农服务、庄稼医院、土地托管服务、农副产品收购、存储、加工及农村小商品流通业务。至此在3年内已完成东冶头、闫庄、西寨、沾尚、皋落、赵壁、凤居、杜庄、巴洲、界都、瓦邱、白羊峪、丁峪、王寨等14个基层供销社的恢复改造任务，进一步改善了供销社基础设施功能，提升了服务“三农”能力。

【发展农村专业合作社】 2017年，昔阳县供销社系统在综合改革中，以服务“三农”为目的，以吸纳农民专业合作社为抓手，以“供销社+公司+专业社+农户”的经营模式，设立以农民为主体的专业合作社，大力开展土地托管和社会化服务，新增参办引领专业合作社8个，其中规范提升专业合作社1个，培育示范专业合作社1个，主要项目为种植蘑菇、蔬菜、粮食以及加工等，共吸纳入社农户406户，入社社员1300人，完成销售1817万元，完成土地托管面积588公顷，土地流转面积263.2公顷。

招商引资

【概况】 昔阳县招商局是县政府直属参公单位。正科级建制，编制10人，负责全县的招商引资工作。2017年签约项目16个，总投资124亿元，完成签约任务120亿元的103.3%；开工项目10个，总投资29.48亿元，开工率62.5%（开工任务为25%）；签约项目资金到位19.1亿元，完成到位资金任务18亿元的105.87%；落地项目（以办结立项手续为准）10个，投资30.48亿元。

【服务工作】 2017年，昔阳县范围内组织开展加快招商引资项目落地专项行动；试行企业投资项目无审批管理，开辟项目落地绿色通道，优化项目落地服务流程，建立项目全程跟踪服务制度，争创一流营商环境，促进招商引资项目落地开工。

【签约项目】 2017年，昔阳县招商引资签约项目16个，其中已开工项目10个，分别是丰汇瓦斯发电厂建设项目，投资4亿元，现已竣工投产；煤层气分布式能源示范项目，投资2亿元；屋顶分布式光伏发电项目，投资1亿元；农村扶贫光伏发电项目，投资1亿元；山西大象50万头生猪养殖项目，投资8亿元；华源药业中药材饮片加工项目，投资2亿元；农村煤改气建设项目，投资4亿元；鑫锦石英石加工项目，投资1.4亿元；孔氏乡康养项目，投资5亿元；寺家庄15兆瓦瓦斯发电项目，投资1.08亿元。已经落地项目10个，分别是丰汇瓦斯发电厂建设项目，投资4亿元；浙江运达风力发电（二期）项目，投资5亿元；上海斯能风力发电（二期）项目，投资3亿元；屋顶分布式光伏发电项目，投资1亿元；农村扶贫光伏发电项目，投资1亿元；山西大象50万头生猪养殖项目，投资8亿元；华源药业中药材饮片加工项目，投资2亿元；农村煤改气建设项目，投资4亿元；鑫锦石英石加工项目，投资1.4亿元；寺家庄15兆瓦瓦斯发电项目，投资1.08亿元。

【项目库建设】 2017年，昔阳县包装策划工业、农业、文旅、基础设施4大类招商引资项目板块进行精准对接，储备项目有工业项目10个，分别是：投资60亿元的昔阳经济技术开发区综合能源规划项目；投资15亿元的贝特瑞年产3万吨锂离子电池负极材料项目；投资3亿元的山东泰瑞汽车配件加工项目；投资2亿元的配套工业废物资源化循环利用静脉产业项目；投资1.2亿元的年产8万吨气还高纯铁粉项目；投资3亿元的蓄光新材料项目；投资2.2亿元的50万吨环保节能自动化竖窑活性石灰项目；投资0.5亿元的邢台中车火车零配件项目等。上述项目共计86.9亿元。农业项目3个，分别是：山西振东药业10万亩中药材加工项目、北京金维福仁肉牛养殖及加工项目、首农集团农产品加工项目。旅游项目5个，分别是：大寨特色小镇项目、中太行峡谷风情项目、崇家岭康养基地项目、水磨头文旅综合开发项目、朱石铺康养基地项目。开发区基础设施建设项目3个，分别是：经济技术开发区知青小镇建设项目、农村煤改气建设项目（二期）、开发区污水处理项目。

【招商宣传】 2017年，昔阳县参加第十届“中国中部投资贸易博览会”。会上发放昔阳县招商引资投资指南300份，对接企业15家。5月26日在北京成功举办“山西·昔阳招商引资推介暨重点项目签约仪式”，会议邀请晋中市领导、昔阳籍在京企业家及50余家北京企业。会上播放昔阳县招商引资宣传片，现场发放招商项目推介宣传资料150余份，对32个招商项目、4个重点引资项目进行了公开发布，来自全国各地10余家企业达成投资意向项目17个，现场签约项目8个，签约总额136.6亿元。此外，在县主要领导带领下，以小分队形式走出去，主动出击开展招商引资活动，先后到北京、上海、广州、深圳、江苏、湖北、河南等地与客商洽谈对接，针对经济技术开发区、煤化工、现代农业、文化旅游等领域的产业发展、管理运营、招商引资政策、项目立项审批等工作进行实地调研和学习，为经济开发区建设、煤化工产业链延伸、招商引资以及实现化工园区集约集聚循环经济发展提供经验借鉴。重新编制昔阳县招商引资宣传册，优化招商项目，更好地发挥宣传效果。

粮食购销

【概况】 昔阳县粮食储备中心主要工作是县级储备粮食管理。财政拨款全额事业单位，正科级建制，隶属于昔阳县经济和商务粮食局管理。设3个内设机构，分别是办公室、仓储调运股、财务股。编制12名，核定科级领导职数1正2副、股级领导职数3正。现有人员13名。

【应急成品粮管理】 2017年，昔阳县粮食储备中心对昔阳县25万公斤应急成品粮储备，建立健全档案，制订管理制度，形成常效机制。加强对承储粮企业晋粮农业开发有限公司的监管，坚持一月一小查，一季一大查，不定期搞抽查的方式，查实物、看账簿、看制度，定人定责，确保了库存数量真实、轮换及时，品质保障，储存安全，实现了2017年无安全事故。

昔阳县50万斤应急成品粮面粉储备

【粮食应急供应】 2017年，昔阳县粮食储备中心经过认真筛选，在昔阳县域内全面部署建立了纵横交错的应急保供体系。建立14个应急供应（加工）网点，其中粮食应急供应网点10个、应急加工企业2个、应急配送企业1个和应急储运企业1个，并与之签订了《粮食应急供应（加工）协议书》。

【放心粮油工程建设】 2017年，昔阳县粮食储备中心结合昔阳县粮油消费量、人口、交通、地理位置以及仓储、加工等因素对经营网络进行统一规划、合理布局，完成“放心粮油”示范工程建设任务，发挥企业的示范引领作用。全年，完成建设示范配送中心1个、示范销售店3个、示范经销点6个。并对铭牌统一编号，提高“放心粮油”产品的知名度和市场占有率，在昔阳县基本形成规范化、标准化、品牌化的“放心粮油”经营网络。

石油购销

【概况】 中国石油化工集团公司昔阳石油分公司下辖新建路、树条峪、瑶头、北关、青岩头、北渡海等六座加油站，2017年共销售成品油1.3万吨，其中汽油1万吨，柴油0.3万吨。

【油品换代升级】 2017年，昔阳石油分公司为提升成品油品质，改善车辆对大气污染的影响，全年按照中石化集团的统一部署，将加油站销售油品由国V标准，提升为国VI标准，为打造绿水青山创造了条件。

【双层罐改造】 2017年昔阳石油分公司投资，对所属加油站储油罐和输油管道进行改造，由过去的单层地埋罐改造成双层罐，输油管线全部更换为双层复核管线，大大提升加油站防渗漏能力，将油品渗漏对地下水资源的污染减少到最小程度。

烟草专卖

【概况】 昔阳县烟草专卖局（营销部），内设5个股（室）（站），包括综合办，专卖股，内管股，营销股，中转站。

现有干部职工43名，其中领导职数4人，局长1人，副经理1人，副局长2人。

【卷烟销售】　2017年，昔阳县共销售卷烟7889箱，实现销售收入16304万元，实现毛利4612万元，同比（4702万元）减少90万元，降幅2%；累计条均价82.57元，同比（80.74元）增加1.83元，增幅2.27%；全年细支卷烟销售449箱，同比（229箱）增加220箱，增幅96%，销售金额1870万元，同比增加876万元，增幅88%；全年重点品牌累计销售卷烟5224箱，同比增加58箱，增幅1%，销售金额1.36亿元，同比（1.34亿元）增加了114万元。

【专卖业务】　2017年，昔阳县辖区内总持证经营户945户，持证有效经营户925户，共新办103户，延续87户，停业19户，恢复营业7户，补办1户，歇业103户，注销141户。全年，专卖人员共对辖区内大户监管20户，每月平均对每户卖烟大户检查至少2次，至年底，对辖区内卖烟大户共检查156次。年内昔阳县局共查获涉烟违法案件41起，查扣非法卷烟49.99万支，总案值31.69万元。其中真品卷烟36.91万支，价值15.98万元；假冒注册商标卷烟12.6万支，涉案标值15.46万元。走私卷烟0.48万支，价值0.25万元。全年共出现预警1911条，其中零售户单次订购价格预警925条，零售户单次订购数量预警986条。以上预警全部进行调查核实处理，经核实无内部违规行为。组织召开周例会48次，走访检查零售户480户，对营销部下达建议书12份，质询整改4次，召开协同监管例会12次。并留存相应的工作底稿和痕迹资料。

【安全工作】　2017年，昔阳县烟草专卖局开展安全教育活动，时刻提醒全员始终树立安全第一的责任意识，在工作中注重安全、确保安全；人人签订安全承诺书；制定和修订汛期应急预案、汛期值班表、车辆管理制度、夜间值班制度、夜间巡逻制度、门卫管理制度等相关制度。通过开展消防演练，更换灭火器等防控措施，将安全问题抓在源头，从措施上确保安全制度落实到位、安全责任落实到人，有力地推动全局的安全管理工作。

【中转站建设】　2017年4月19日，山西省烟草专卖局对卷烟物流配送中心昔阳中转站工程建设项目进行批复，批复主要内容为总建筑面积1800平方米，新建3层框架结构中转仓库及生产管理辅助用房；配套建设公用动力设施、安防及室外管线、绿化、路面硬化等工程。项目总投资控制在800万元。

卫生 医药

WEI SHENG YI YAO

卫生和计生管理

【概况】 昔阳县卫生和计划生育管理局（简称卫计局）是昔阳县卫生计生行政主管部门，与县计生协会、县红十字会合署办公，下属5个直属事业单位，分别是：县人民医院、县中医院、县妇幼保健和计划生育服务中心、县疾控中心、县卫生监督所。全县现有各级各类医疗卫生机构397个，其中，县直医疗卫生机构2个，城区社区卫生服务中心1个，乡镇卫生院、分院19个，村卫生室335个，民营医院5个，个体诊所及其它医疗机构32个；县直专业公共卫生机构3个，分别是县疾控中心、县卫生监督所、县妇幼保健和计划生育服务中心。全县现有医疗卫生技术人员529人，其中有执业（助理）医师230人，注册护士231人，其他医技人员68人，每千人拥有执业（助理）医师1人，每千人拥有注册护士1人。医疗机构床位总数948张，千人口床位数4.11张。社会办医床位数114张，社会办医千人口床位数0.49张。中医医疗机构床位数100张，千人口中医床位数0.43张。基层医疗机构床位总数419张，基层医疗机构千人口床位数1.82张。

2017年，昔阳卫生计生工作着重围绕县乡医疗卫生机构一体化改革和健康扶贫2个工作重点，着力加强农村卫生、公共卫生、社区卫生3项建设，积极推进县、乡医疗卫生机构一体化改革，继续实施全面两孩政策，县域内医疗卫生资源配置更加科学，按政策生育制度体系日趋完善。持续推进医疗卫生发展创新，群众健康就医新需求逐步得到满足。大力开展爱国卫生运动，城乡居民生活环境更加美丽。卫生计生资源配置进一步优化，医疗卫生服务结构得到调整，群众看病难、看病贵的问题得到缓解。

2017年，卫计局成功举办山西省幸福家庭创建现场会；昔阳县城、大寨镇被全国爱卫会正式命名为“国家卫生县城”和“国家卫生乡镇”。

【一体化改革】　2017 年，昔阳县在全市 8 个第三批医改县中，率先组建医疗集团、率先完成法人登记，率先实施医保打包总额预付制度。9 月 7 日，昔阳县委县政府将 2 所县级公立医院、县妇计中心和 20 所乡镇卫生院分院整合，组建了具有独立法人资格的昔阳县医疗集团。成立 8 个管理中心和 8 个业务中心，建立和完善集团内部管理制度，实施了药品采购“两票制”，推进了分级诊疗制度建设，全力实施家庭医生签约服务，重点人群签约实现了全覆盖。协调推进全民医保制度建设，推进药械供应保障制度建设，提升了健康促进与教育水平。

昔阳县医疗集团成立大会

【公共卫生】　2017 年，昔阳县卫计局开设“健康昔阳名家大讲堂”，山西名医黄立坤、冯五金先后做客开讲；县电视台开播健康教育栏目，县人民医院开展健康教育大讲堂，县疾控中心开展健康支持性环境建设，市健教所 3 支讲师团队，在全县城乡开展了 6 场（次）健康扶贫巡讲。全年累计规范建档人数 20 万份，并有 18.04 万人录入健康档案管理系统。开展结核病、职业病等重大疾病防治行动，全县治疗管理结核病 70 人。扎实开展预防接种工作，所有的疫苗均通过国家冷链渠道，接种人员也通过接受专业培训挂牌上岗。建立完善精神卫生综合管理制度，规范管理精神障碍患者 936 人。推进慢性病综合防控，高血压登记人数 3.45 万人，规范管理 2.94 万人；糖尿病患者登记人数 4686 人，规范管理人数为 3957 人。65 周岁以上老年人健康管理人数 2.88 万人，已建档人数 2.62 万人，接受健康管理的人数 2.47 万人；新生儿活产数 1594 人，新生儿访视人数 1442 人；孕妇建册 1068 人，产后访视 1463 人；加强卫生监督协管，按计划积极开展巡查，巡查次数 240 次，发现事件和线索次数 1 个，信息报告 100%。

2017 年，卫生监督所推进综合监管制度建设，全面落实预防为主方针，着力普及健康生活。生活饮用水监测完成率 100%，肺结核管理率 95.71%，规则服药率 95.06%，预防接种单苗合格接种率达到 96.24%以上，疫苗及时接种率达到 100%，昔阳县严重精神障碍患者管理率 86.43%，高血压患者规范管理率 85.4%，糖尿病患者规范管理率 84.44%，老年人健康管理率 85.99%，新生儿访视率 90.46%，孕妇建册率 67%，产后访视率 91.78%，传染病突发公共卫生事件发生报告及时率 100%，基本公共卫生服务对老年人和 0–6 岁儿童实施中医药健康管理，为 14954 位 65 岁以上老年人实施了中医体质辨识，0–36 月龄儿童实施摩腹、捏脊等服务2211例，服务率51%，提升了重点人群健康服务水平和重点疾病综合防治水平。

【卫生室建设】　2017年，昔阳县15个贫困村卫生室完成了维修和新建：东丰稔、有仁村、西石瓮、安丰、胡丰、口上、万家山、闫庄、民安、蜂洼、鸦掌、楼上、王寨、李家庄、九龙关。其中闫庄村为维修，其余14个为新建。5个非贫困村进行维修新建：北掌城、赵壁、河上、神堂岭、杜庄。其中：北掌城、河上新建，其余3个是维修。新建的卫生室每个投资5万元，维修卫生室投资3万元。共计85万元。

食品药品监督管理

【概况】　昔阳县食品药品监督管理局于2014年7月机构改革完成。局机关正科建制，领导职数设一正二副，内设5个股室：办公室（综合协调与应急管理）、食品和化妆品监管股、餐饮监管股、药品和医疗器械监管股（药品/医疗器械不良反应/不良事件监测中心）、行政审批股。2017年人员编制经过单位划转、合并和新招录，

执法人员深入农村集贸市场开展宣传

共有84个，其中行政编制11个，工勤编制1个，事业编制72个（其中，食品药品稽查队25个、不良反应监测中心5个、乡镇食品药品监督管理站42个）。人员共到位有51人，其中行政人员7人，事业人员44人（不良反应监测中心3人、稽查队12人、食品药品乡镇监督管理站29人）。以保障全县人民群众饮食用药安全为基准，紧扣市、县两级目标管理责任工作任务，认真履行食品（含保健食品）、药品、医疗器械、化妆品监管职能，扎实细致地开展监管工作。

【食品监管】　2017年，昔阳县食品药品监督管理局严把食品安全关口，规范生产经营服务行为。突出整治重点，全面开展各类专项行动。围绕社会关注、问题突出的领域和环节，开展以元旦、春节、“五一”、国庆等重点时段，学校周边、农村食品市场、旅游景区等重点区域，无证生产经营食品、保健食品欺诈虚假宣传、食品安全隐患排查大整治等重点行为的专项整治近15项，有效净化食品消费市场和经营环境。强化抽检监测，构筑食品安全“防火墙”。坚持问题导向，强化风险防控，实施精准打击。食用农产品240批次抽检任务已全部完成。严格监督检查，做好重大活动安全保障。全年先后完成了县“两会”、高考、中考、国际自行车赛昔阳段、中国大赛“长寿者杯”门球挑战赛等10余次重大活动餐饮服务食品安全保障工作。开展服务指导，促进餐饮服务单位升级改造。积极开展“明厨亮灶”工程及“油烟

治理”项目，全年昔阳县有11家餐饮单位完成“明厨亮灶”建设工作，10家餐饮单位安装油烟净化装置，完成市里下达的工作任务。

【药械监管】 2017年，昔阳县强化药械安全监管，提高药械质量安全水平。加强日常履职，健全安全监管责任制。按照2017年年度履职计划，食品药品监督管理局共检查各类药械机构185家，药械不良反应成功上报370起，进一步强化药品从业人员的安全责任意识。开展整治排查，规范药械市场流通秩序。开展疫苗专项整治、药品流通领域违法经营行为专项整治，打击购销“回收”药品专项整治等9项专项整治排查活动。加强药品抽检，保障药品质量安全。6月—9月进行药品抽检工作，共抽取31批（次）药品，完成晋中市食品药品监督管理局分配的抽样任务，进一步促进了药品质量的提高。

【案件查处】 2017年，昔阳县加大案件查处力度，严厉打击食药违法行为。坚持教育和处罚相结合，加大对违法行为打击力度，充分发挥“12331”投诉举报作用，认真细致梳理有关案件线索，集中力量查办案件，积极回应百姓的诉求。全年，“四品一械”共立案96件，结案96件，罚没款共计13.49万元。销毁没收物品共计350（盒、袋、瓶），货值金额约1.5万余元。

【创建工作】 2017年，昔阳县食品药品监督管理局获得“食品安全示范县”荣誉称号。在此基础上，开展“放心肉菜示范超市”创建活动，通过前期调研考察，最终选取家家利超市、常鲜生鲜便利店、诚信鲜菜店作为首批“放心肉菜示范超市”创建单位，通过示范引领、以点带面，扎实推进创建活动、推动创建内容标准全部落实到位。加强经费投入保障，与昔阳县委、昔阳县政府积极协调沟通，由县政府对3个超市共拨付30万元专项创建经费，专门招聘6名快检人员，由县财政发放工资，负责示范超市及乡镇站所的快检工作。年内，家家利超市已按相关要求初步达到验收标准，其余2家正在按标准开展创建活动。

【智慧食药】 2017年，昔阳县推进“智慧食药”建设，提高食药监管科学化水平。创新监管方式，推进“智慧食药”建设，与县移动公司合作，以“大安全、大监管、大健康”为目标，广泛应用物联网、云计算、大数据、智慧终端等新一代互联网技术，建设综合监管指挥平台、摄像前端监控、远程云端储存及监管视频回传系统等，通过覆盖昔阳县3049家食品药品生产经营单位，实现远程实时双向全透明监管，构建“政府主导、公众参与、社会共治”三位一体的“创新、协作、共治、共享”的监管体系。全年已与移动公司签订相关协议，移动公司拟投资3000万元，分3期打造“昔阳县学校食堂及餐饮行业‘明厨亮灶’工程、食品药品‘食美药安’工程、四品一械‘智慧监管’工程”。至年底，此项工程已在“四品一械”经营企业中全面推行。

妇幼保健计划生育服务

【概况】 昔阳县妇幼保健计划生育服务中心是2015年由原妇幼保健院和原人口和计划生育服务中心合并成立的新机构，隶属于昔阳县卫生和计划生育局，是一所集医疗、保健、科研、宣教、培训为一体的公益性事业单位，是为育龄夫妇、妇女、儿童提供公共卫生和服务的专业机构，承担着确保昔阳县妇女儿童身心健康的重要任务，是昔阳县计划生育和妇幼保健工作的业务技术指导中心。中心建筑面积1800平方米，批设住院床位15张，年接诊服务对象1.2万人（次），固定资产541万元。现有干部职工52人，卫生专业技术人员32人，副高以上职称5人，中级职称15人，从事妇幼保健专业16人。门诊部设置包括：妇女保健科、儿童保健科、各专业临床诊室、医学影像科、检验科、计划生育专科等。

中心本着“母亲安全、儿童优先”的原则，坚持“以人为本”的服务理念，突出保健特色，为妇女儿童健康服务。临床主要开展业务是担负着昔阳县的妇女儿童保健和计划生育技术服务工作的任务和妇幼类民生工程、重大公共卫生服务等项目的管理和实施。依法开展婚前医学检查、孕期保健、生殖保健、儿童生长发育监测和营养保健和新生儿遗传性疾病筛查等服务。是昔阳县妇幼保健、计划生育技术指导、业务培训与生殖医学健康服务中心。中心内拥有全进口GE彩色B超仪、迈瑞B超、迈瑞全自动生化分析仪、十二导联心电图机、麻醉机、多功能手术床、新生儿急救复苏台、听力筛查仪、胎心监护仪、心电监护仪、迈瑞血细胞计数仪、盆底治疗仪、骨密度测量仪、盆底康复治疗仪及艾滋病筛查等一批现代化医疗保健设备。为昔阳人民提供从婚前医学检查、计划生育技术服务、优生优育、孕产期保健、产前筛查、儿童保健、艾梅乙母婴阻断、宫颈癌筛查、免费孕前优生健康检查、免费产前筛查、妇女病普查普治、更年期保健、避孕节育知情选择、健康教育等一站式全程服务。

【公共卫生服务】 2017年，昔阳县妇幼保健中心免费孕前优生健康检查2010人（次）；产前检查建档1613人（次），孕期检查6412人（次）；产前筛查940人（次）。孕产妇健康管理率99.5%；产后访视1447人，产后访视率92.21%；住院分娩1591人，住院分娩率100%；全县5岁以下儿童死亡率6.92‰、婴儿死亡率6.29‰、新生儿死亡率为5.66‰，均控制在相关要求范围以内。4月17日起，开展免费产筛工作，通过血清学筛查共完成1049人次，筛出高风险人数49人，筛查出畸形胎儿6人，转诊到省妇幼保健院产前诊断中心49人。有效地降低出生缺陷的发生。全县住院分娩活产1590人，参加新生儿遗传疾病筛查1412人，筛查率为92.41%，全年免费发放价值1.15万元的避孕药具，满足了育龄群众的避孕需求。扶

母乳喂养周宣传活动

贫“两癌”筛查工作作为政府为民办实事的工作之一，完成筛查3098人，完成率为100%。在已完成的筛查人员中发现TCT异常的82人（其中：ASC-US 61人、ASC-H 2人、LSIL14人、SHIL 5人），发现生殖道感染的458人，均给予对症治疗或转诊随访服务。

【业务培训】 2017年，昔阳县选派超声科主任到山西省人民医院进修超声影像专业1年。选派30余人（次）参加省、市组织的包括宫颈癌筛查、产前筛查、乳腺癌专业技术人员培训、无痛技术培训、妇女儿童保健、孕前优生信息系统培训、盲人行走康复训练师资培训等10余次专业技术培训项目，使得技术人员专业技能得到不断提升。

爱国卫生

【概况】 昔阳县爱国卫生运动委员会办公室（简称爱卫办）为全额财政拨款事业单位，核定编制5名，其中领导职数一正一副，现有编制3名，隶属于卫计局管理。主要职责是：环境整治、乡村清洁、病媒生物防制、全民健康教育、卫生城镇（村）创建、农村改水改厕工作。

【创建国家卫生城市】 2017年，昔阳县开展环境整治、“五小”行业整治、病媒生物防治等活动。通过细致扎实的工作，使县城居民对卫生状况的满意率达到了94.6%，顺利通过了国家专家组的技术评估，并于2017年6月23日获得全国爱国卫生运动委员会颁发的“国家卫生县城”殊荣。

【乡村清洁】 2017年，昔阳县探索和完善市场化运作的有效方法，加强监管考核，制定《昔阳县乡村清洁工程考核办法》和《昔阳县乡村清洁工程市场化运行考核办法》，对乡镇环境卫生和万通公司实行双单元考核。同时把城乡环境卫生管理工作纳入各乡镇、各机关年度目标责任制考核范畴，并充分利用网格化平台，发挥网格队伍的监管作用，通过监督、曝光、举报等手段，对城乡环境卫生实行全时段、全方位、全覆盖管理。

【病媒生物防制】 2017年，昔阳县以巩固创卫成果为契机，采用日常居民领取药品、定期发放药品和市场化消杀相结合，通过爱卫月活动、进社区发放药品等宣传病媒生物防制工作。加强对“五小”行业、公共场所、公园绿地、垃圾站点病媒生物的监控，宣传普及病媒生物防制知识，免费为12乡镇、县直机关以及200余户居民发放防制药品500多千克，没有发生传染病暴发疫情，有效改善了居民生活环境，提高了群众的健康水平。

疾病预防控制

【概况】 昔阳县疾病预防控制中心为全额拨款事业单位，正科级建制，昔阳疾病预防控制中心编制数34人，现实有人数27人，在岗26人，离岗1人，临时工10人，核定领导职数3人，主要负责昔阳县疾病预防与控制、突发公共卫生事件应急处置、疫情及健康相关因素信息管理、健康危害因素监测及控制等职能。

【传染病防控】 2017年，昔阳县报告法定传染病14种1134例，发病率484.47/10万，比上一年上升24.34%。2017年度无甲类传染病报告。乙类传染病共报告9种784例，发病率334.94/10万，发病率与上一年相比上升30.38%。乙类传染病报告发病率上升的病种按上升的幅度依次为：猩红热、淋病、艾滋病、肝炎、梅毒、肺结核。发病率下降的病种按下降幅度由高到低依次为：百日咳、痢疾、布病。2017年度丙类传染病共报告5种350例，发病率149.53/10万，发病率与上一年相比上升11.69%。丙类传染病报告发病率上升的病种按照上升幅度由高到低依次为：急性出血性结膜炎、手足口病、流行性腮腺炎、其它感染性腹泻。发病率下降的病种仅有：流行性感冒。乙类传染病报告发病数居前五位的病种为：肝炎613例、肺结核72例、布病30例、梅毒30例、淋病12例，共计757例，占乙类传染病发病总数的96.56%。丙类传染病报告发病数居前三位的病种为：其它感染性腹泻316例、手足口病19例、急性出血性结膜炎4例，共计339例，占丙类传染病发病总数的96.86%。细菌性痢疾（以下简称菌痢）是本县常发传染病之一，全年昔阳县菌痢发病数9例，发病率3.85/10万。伤寒和副伤寒在本县每年都有散发病例发生，2017年无伤寒副伤寒。全年梅毒报告发病数30例，发病率12.82/10万；梅毒发病呈逐年下降趋势，2017年有所上升。淋病报告发病数12例，发病率5.13/10万。手足口病采咽拭子送检10例，肠道病毒核酸阳性3例，EV71肠道病毒核酸阳性2例，A6肠道病毒核酸阳性3例。其他感染性腹泻属于丙类传染病，2004年开始列入传染病疫情报告，在昔阳县属于常发传染病，2017年发病数316例，发病率135/10万。医院传染病漏报调查全年漏报率下降到0。全年无突发性公共卫生事件。

【结核病防治】 2017年，昔阳县定点医院为诊断、治疗肺结核病人的专门机构，乡镇卫生院追踪管理肺结核病人，疾控中心负责追踪病人、业务指导和培训。肺结核病人的转诊、诊断、治疗、督导、追踪、密切接触者的筛查等工作得到了“中央补助结核病防治项目”的资助，免费为肺结核病人拍片、痰检，为肺结核病人提供国家免费抗痨药物，并在村医或家属的面视下服药，乡镇防疫医生和县疾控工作人员定期督导。全年肺结核病人发病排位在前四，报告发病率为37.59/10万。

【艾滋病防治】 昔阳县于2000年6月19日成立了“昔阳县卫Ⅸ项目领导组”，由政府常务副县长任组长，相关17个单位主要负责人为成员。2004年7月成立“昔阳县艾滋病防治工作委员会”，由政府副县长任主任，相关24个单位为成员，形成了由政府牵头、多部门协作、共同参与的综合防治体系。2017年重新修订了“昔阳县艾滋病防治工作委员会”。1999年—2017年本县报告2例HIV，及时地进行了流调。本县艾滋病感染地理分布在乐平、大寨、李家庄、赵壁、界都、孔氏、皋落7个乡镇。2017年对91名暗娼、300名农民工进行行为干预。疾控中心每年组织专业人员到现场对中小学生、娱乐场所服务生、建筑工地等进行艾滋病防治知识宣传。利用电视、广播、报刊、出动宣传车等形式，开展艾滋病知识的宣传活动。全年共举办各类讲座3次，发放宣传资料3万余份。共对112名看守所羁押人员进行了HIV抗体检测，积极开展VCT活动，接待150名自愿咨询者，对咨询者遵循自愿、知情、保密的原则，积极提供免费咨询和检测服务。

【免疫规划】 2017年，昔阳县接种服卡介苗774人份，脊灰疫苗2161人份，乙肝疫苗5079人份，A群流脑菌苗1375人份，乙脑疫苗3200人份，甲肝疫苗1400人份，麻风疫苗2543人份，无细胞百白破6270人份，麻风腮疫苗1280人份，A+C群流脑疫苗4080人份，百破疫苗2140毫升，狂犬疫苗1200人份，流感疫苗225人份，水痘疫苗656人份，乙肝疫苗（二类）368支，甲肝疫苗（二类）844支，全年共管理流动儿童58名，单苗接种率均达100%。2017年开展含麻成分疫苗的强化免疫和查漏补种工作，应种816人份，实种795人份，接种率97.42%。入托入学儿童查验预防接种证和疫苗查漏补种工作，全年共查验入托入学儿童8122人，补证1人。全年开展疫苗相关病例、AEFI监测工作，报告麻疹风疹疑似病例采血送检8例，排除8例；外地报至本地AFP病例1例；报告AEFI一般反应27例，偶合症1例。全年接种率抽样调查，卡证符合率82.5%，卡介苗合格接种率100%；卡痕形成率100%；脊灰疫苗基础免疫合格接种率100%；百白破三联疫苗基础免疫合格接种率99.5%，加强免疫合格接种率94%；含麻成分疫苗基础免疫合格接种率98.5%，加强免疫合格接种率96.5%；乙肝疫苗全程合格接种率99.5%，乙肝疫苗第一针及时接种率100%；乙脑疫苗基础免疫合格接种率98.5%，加强免疫合格接种率98.5%；A群流脑疫苗合格接种率97.5%；甲肝疫苗合格接种率93.5%；A+C疫苗合格接种率99.5%；九苗合格接种率达到93.5%。全年儿童预防接种信息系统（“金苗助手”），录入适龄儿童接种信息1743名。2017年医院产科新生儿接种信息管理系统，48小时内建档1532名。

【卫生监测】 2017年，昔阳县共采集食源性疾病病例信息147例（任务要求120例），上报相关报表17份；向晋中市疾控上报报表，其中包括食源性疾病（包括食物中毒）事件定期报告表5份，疑似食源性异常病例/异常健康事件定期报告表5份；对各乡镇卫生院负责食品安全风险监测工作的人员进行培训，共计20人（次）；与县食安办联合开展食品安全风险相关宣传。全年中心常规监测共监测水样133份，共检项目数1322项，合格率84.96%；国家饮用水监测项目共监测水样92份，共检项目数2968项，合格率27.17%；按照县委县政府脱贫攻坚要求，采集全县各村落水样163份，共检项目数3097项，出具报告143份，并将报告进行复印，交水利局、脱贫办、自来水公司等单位存档。生活饮用水水质分析结果按照《生活饮用水卫生标准》（GBT5749—2006）进行评价。2017年，继续开展环境卫生监测，监测乡镇更换为大寨、闫庄、皋落、东冶头、孔氏。调查期间共收集到县基本情况调查表1份，监测点调查表20份，入户调查表100份，土样20份，学校调查表9份，在总结汇总之后上报国家农村环境监测系统并及时存档。11月，疾控中心通过县政府办发函，向煤炭局、安监局、人社局收集职业病各类报表，收集工伤保险待遇落实情况8人，单位职业病危害项目申报表50份；督导县人民医院并审核体检个案报告卡690份，用人单位信息13份，尘肺病报告卡21份，疑似职业病报告卡38份，有毒有害作业工人健康监护汇总44份。全年，医疗机构消毒监测共抽检单位15个，监测共采集样品72份，合格样品为72份，共检验项目206项，合格项目206项，合格率100%；消毒监测面对5所幼儿园，监测各类样品85份，合格84份，合格率98.82%，监测项目数95项，合格94项，合格率98.95%。其中玩具15份，合格100%，桌子15份，合格100%，门把手15份，合格100%，保育员手册15份，合格93.33%，空气15份，合格100%，餐具10份。

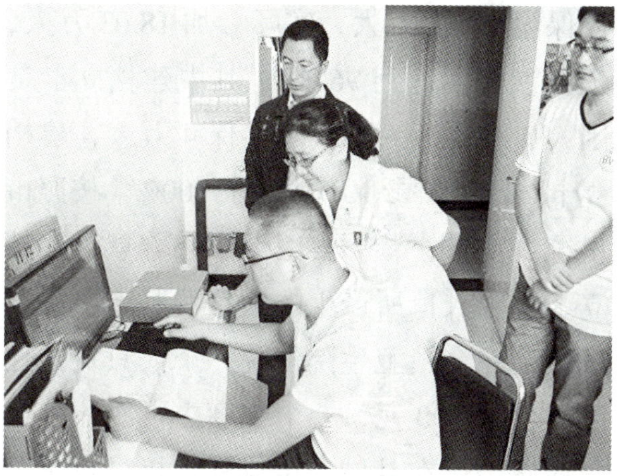

晋中市疾控中心到昔阳进行食品安全风险监测工作督导

农村合作医疗保障

【概况】 昔阳县新型农村合作医疗管理中心（简称“新农合”）负责全县“新农合”的业务管理，是隶属于昔阳县人社局管理的副科级全额事业单位，现有职工31名，下设股室有办公室、审核1科、审核2科、财务股、稽查股、信息综合股、政务大厅和12个乡镇合医办。

【落实优惠政策】 2017年，昔阳县共有农业人口19.76万人，应参加居民医疗保险 18.61 万人，实际参加 18.03 万人，全县参保率达到 96.9%，其中建档立卡贫困人口达 4 万人，实际参保 4 万人，建档立卡贫困人口参保率达到了 100%。按照市里统一安排，昔阳县医保中心着重对建档立卡贫困人口所产生的医疗费制定了如下政策。在乡镇卫生院住院，个人只负担住院起付线 100 元，一个年度内再次住院起付线减半。在县域内定点医疗机构自然分娩，在 2000 元限额范围内实行全免费。大病医疗保险起付线由 1 万元降低为 5000 元，报销比例为 75%，最高支付限额为 40 万元。在县域内、市级、省级医院住院，个人年度自付封顶额分别为 1000 元、3000 元、6000 元。35 种大慢病的门诊费用补偿比例为 100%。补充保险（指目录外费用）在规定范围内补偿 85%。

【待遇享受及补偿】 2017 年，昔阳县住院享受 856 人（次），总费用 558.86 万元，实际补偿 490.48 万元，其中：基本医疗加兜底补偿 406.14 万元，补充保险 51.29 万元，民政补偿 33.05 万元，医院自付 13.14 万元，实际补偿比达 90%。县域外住院享受 390 人（次），总费用 619.98 万元，补偿 413.7 万元，其中：基本医疗保险补偿 236.37 万元，补充保险回补 154.43 万元，兜底补偿 22.9 万元。大病医疗保险享受 581 人（次），总费用 989 万元，补偿 326 万元。正常分娩享受 48 人（次）总费用 10.06 万元，补偿 8.62 万元。35 种大慢病享受 1775 人（次），总费用 174 万元，补偿 135 万元。

昔阳县人民医院

【概况】 昔阳县人民医院位于山西省晋中市昔阳县乐东路，创建于 1942 年，2011 年 9 月新建、搬迁，占地面积 3.35 万平方米，建筑面积 2.86 万平方米，其中业务用房面积 2.42 万平方米，是一所集医疗、教学、科研、急救、康复、预防、保健为一体的综合性二级甲等医院，是昔阳县唯一的县级医疗机构，系昔阳县“新农合”和城镇医保定点医院、职业病及健康体检定点医院。担负着本县 24 万人民群众的医疗救治、急危重症及疑难病症的会诊和急救、应急突发公共卫生事件、重大抢险任务。

医院编制床位 300 张，科室 35 个，其中：临床科室 11 个、医技科室 11 个、行政职能科室 13 个。2017 年在职职工 497 人，其中卫技人员 389 人，占职工人数的 78.26%。高级职称 26 人，中级职称 132 人，初级职称 163 人。省级重点专科 1 个、市级重点专科 2 个。年诊疗人次 12 万人（次），年出院病人约 1.3 万人（次），固定资产 1.02 亿元。

医院整体功能完善，基础设施齐全。主楼分门诊、急诊、住院楼 3 部分，另建高压氧室、后勤楼、传染病房楼，配有血液透析、中央空调、10 人座高压氧舱及中心制氧供氧和具有先进层流净化设备的无菌手术间、传呼系统；装备有德国西门子 1.5T 磁共振、64 排 128 螺旋 CT、800 毫安数字胃肠机、悬吊式X光机CR、彩超，美国GE双排螺旋CT、血管造影机、东芝800速全自动生化分析仪、五分类血球计数仪、尿沉渣分析仪、V260奥林巴斯胃镜、24小时动态心电图、脑电图、心电网络监护系统、C臂、腹腔镜、电子胃镜、肠镜、阴道镜、膀胱镜、电切镜、超声骨密度、碳14等万元以上的大中型医疗设备150余台件；设有重症监护病房（ICU）、冠心病监护病房（CCU）；“120”急救中心拥有5辆医疗急救车及配套急救设备，提供24小时急诊急救服务。2010年中国医疗卫生保健基金会批准授予“全国爱心医院”称号。2006年通过二级甲等医院评审，2017年11月通过省厅复审。

2017年，昔阳县人民医院门诊诊疗人次11.55万人（次），较上年同期增长9500人（次）；急诊人次4126人（次），较上年同期增长345人（次）；出院人数1.24万人（次），较上年同期增长408人（次）；健康体检2.5万人（次），较上年同期增长4863人（次）；手术1842例，较上年同期增长218例。出院患者平均住院日8.3天，较上年同期+0.2天；平均每张床位工作日346.6天，较上年同期+16.3天；床位使用率95%，较上年同期+4.8%；床位周转次数41.4次/床，较上年同期+1.4次；出院患者实际占用总床日10.4万日，较上年同期+4901日。全年医院感染例次发病数250例，感染率1.9%，网报传染病病例1118例。2017年城乡居民补偿7997人（次），职工医保补偿1169人（次），居民医保补偿965人次，职工生育医保补偿45人（次），民政局一站式救助791人（次）。全年业务收入首次突破亿元大关，为1.03亿元。药占比29.08%，医疗费用增长幅度9.43%，百元医疗收入（不含药品）19.05元，均控制在标准范围之内。

【医疗服务】 2017年，昔阳县人民医院以全面提升医疗服务质量为医院管理工作的着力点，在服务行为、服务细节上抓规范，在医疗质量、技术水平上抓提高，在管理环节、工作制度上抓落实，持续加强医疗文书规范化书写，每月对临床科室的现运行病历和归档病历进行质控、评审，对病历中存在的问题，定期召开全院病历质控会，书面反馈给科室，提高甲级病历率，杜绝丙级病历。定期组织院内综合性培训，临床医护人员心肺复苏、心脏电除颤、气管插管等急救技能操作培训，保障临床医务人员人人掌握各种急救技能的操作，提高危重病人的抢救成功率。“三基”（即基础理论、基本知识、基本技能）理论及临床操作技能考试合格率85%以上，知识层次明显提升。注重监督检查医疗质量管理，采取完善质控组织，明确各组织的职责，制订各种管理与改进措施，完善各种应急预案，分级管理，层层把关。加强全院术前、疑难、死亡病例讨论并形成制度化，使医务人员全方位提高临床专业知识。加强对危重患者救治工作的监控，制定危重患者日报制度，根据患者病情及时组织科间会诊，提高危重患者抢救成功率。医院的综合服务能力和社会影响进一步扩大，于11月，顺利通过“二级甲等”等级医院复审。

【专科建设】 2017年，昔阳县冠心病转诊率长年占据高位。为了减轻县域内老百姓外出就医负担，提高县域内冠心病的早诊早治率，医院积极吸收应用上级医院技术成果，引进美国GE公司OEC9900血管造影机，每周聘请北京阜外医院、安贞医院专家来院手术，为冠心病患者提供造影及集中支架植入术。2017年成功实施冠脉造影114例、支架植入术46例。使老百姓足不出户就享受到国内一流专家的优质服务，为患者带来福音，同时加强了医院的心内科专科建设，提高了专科能力与水平。

【拓展医疗服务】 2017年，昔阳县人民医院投入1500万元，通过政府集中招标采购64排128层螺旋CT，GE9900心血管造影机、全自动生化分析仪、超声骨密度仪、碳14等医疗设备，持续推进核磁共振检查、血液透析、四维超声、无痛人流、无痛胃镜、新生儿听力筛查、精神病门诊等新工作和新项目的实施，进一步拓展医疗服务范围，提升了技术水平，增强了核心竞争力。

【健康扶贫】 2017年8月，昔阳县人民医院响应昔阳县委、县人民政府的精准扶贫、健康扶贫号召，抽调医术精湛的医护人员656人（次），每日组建2支由医院名医及科室骨干组成的医疗服务队，先后赴177个村庄，免费义诊患者8289人（次），测血压4699人（次），心电图2848人（次），B超1943人（次），血糖348人（次），车辆服务164车（次），11月底，完成177个行政村的健康扶贫义诊任务。医院组建77人的以乡镇挂职副院长为首的家庭医生“双签约”服务队，构建以县人民医院专科医生为支撑，乡镇卫生院为平台，村医为主体的1+1+1的家庭医生组合签约模式，制作了家庭医生签约团队联系卡，印发《健康扶贫“双签约”服务宣传册》，在首诊确诊的基础上，家庭医生定期入户，对签约家庭开展健康扶贫政策宣传、健康评估、健康咨询、体检服务、慢病随访、大病救治诊疗、医疗护理康复，因人因病制定个体化治疗方案等服务。全年共签约5430户，6.94万人（次），对接入户4530人（次），开具长处方4530人（次），12月底全部完成家庭医生签约服务，使贫困人员享受到了健康扶贫的政策红利。遵照《农村贫困住院患者县域内“先诊疗，后付费”工作方案》文件精神，医院制定“先诊疗、后付费”工作实施方案，对符合条件的农村贫困患者，率先实行了“先诊疗、后付费”和“1·3·6”健康扶贫减免医疗费用政策，确保农村贫困患者得到及时救治，有效破解贫困患者资金垫付压力，为贫困患者开通生命“绿色通道”。

社 会 生 活

SHE HUI SHENG HUO

人力资源和社会保障

【概况】 2017年，昔阳县人力资源和社会保障系统扎实推进各项工作。昔阳县城镇新增就业2378人，城镇登记失业率2.31%，实现控制在4.2%以内的目标任务。城镇居民人均可支配收入增长6%，养老、医疗、失业、工伤、生育“五大保险”参保人数分别为15.92万人、21.33万人、1.57万人、2万人、1.59万人，均超额完成目标。加大脱贫攻坚力度，为1019名“建档立卡”农村贫困劳动力提供了免费职业培训，新增高技能人才88人，企业劳动合同签订率98%，劳动人事争议调解成功率达91%，劳动人事争议仲裁结案率100%，劳动保障监察投诉举报案件结案率95%。

【完善就业政策】 2017年，昔阳县人力资源和社会保障系统完善就业创业政策，推进就业创业工作稳步发展。城镇新增就业人数2378人，完成年度任务2050人的116%。城镇登记失业率2.31%，实现控制在4.2%以内的目标任务。创业就业702人，完成年度任务650人的108%。帮助下岗失业人员再就业603人，完成年度任务530人的113%。就业困难对象再就业128人，完成年度任务120人的107%。转移农村劳动力3606人，完成年度任务2900人的125%。

【就业服务】 2017年，昔阳县人力资源和社会保障局积极开展各类劳动培训，为重点群众就业提供好服务。全年共开展创业培训300人，下岗失业人员再就业培训658人，技能人才培训1602人，农民工职业技能提升培训3420人，为1019名“建档立卡”农村贫困劳动力提供了免费职业培训，新成长劳动力培训112人，新增高技能人才88人，其中技师31人。

【机构整合】 2017年，昔阳县人力资源和社会保障局积极推进机构改革，增强服务功能。把昔阳县人才交流服务中心与昔阳县就业指导中心两个机构整合为“昔阳县公共就业和人才服务中心”，整合后的公共就业和人才服务中心主要承担的服务项目有：高校未就业毕业生档案代理、全县事业单位聘用干部和大学生村官档案管理；大学生实名制登记、回访及有关就业方面的各项调研活动；大学生见习岗位安置及补贴的发放；组织大学生人才招聘会；为劳动者提供就业政策法规咨询；对昔阳县求职人员及农村进城务工人员进行登记和发放就业证、失业证等事务；为用工单位和求职者提供信息、为求职人员提供用工信息并进行就业指导；组织劳务输出；对就业困难人员实施就业援助；对高校毕业生进行登记；下岗人员社会保险的补贴发放，“4050”人员公益性岗位和大学毕业生见习岗位的安置，提供就业信息，并进行职业技能培训的工作衔接，对就业人员实行跟踪服务；承担上级机构交办委托的其它事宜。

【人力资源市场】 2017 年，昔阳县人力资源和社会保障部门夯实工作基础，推进公共就业服务体系建设，充分发挥市场在人力资源配置中的决定性作用。公共就业和人才服务中心全年共接收人事代理档案 840 余本，发放 3 个季度 76 名大学见习人员补贴 55.64 万元。11 月新增高校毕业生就业见习 67 人，见习单位 23 个。

【免费职业培训】 2017 年，昔阳县人力资源和社会保障局积极开展农村贫困劳动力免费职业培训活动。昔阳县“建档立卡”贫困劳动力免费培训共开展 13 期，培训贫困劳动力 1019 人，其中十字绣培训 210 人（李家庄乡王家山村 75 人，孔

开展职业培训

氏乡孔氏村 35 人、王寨村 45 人、务种村 8 人、方台 20 人、郝家村 27 人）；中式烹调培训 196 人（孔氏乡松树岩村 68 人，东冶头镇沺上村 93 人、前岩村 35 人）；专项技能刀削面培训 318 人（沾尚镇沾尚村 29 人、北头村 20 人、坡底村 25 人、谷兴沟村 1 人，东冶头镇活石村 41 人、葱窝村 104 人，天圣庙村 98 人）；中式面点培训 147 人（皋落镇皋落村 78 人，沾尚镇畔峪村 31 人、北庄沟村 22 人，大寨镇潘掌村 16 人）；家政服务培训 148 人（界都乡安阳沟村 80 人、克栳会村 68 人）。“建档立卡”贫困劳动力经培训后取得技能鉴定证书为 865 人。

【公益性岗位】 2017 年，昔阳县人力资源和社会保障局积极响应“开发公益性岗位安置就业困难人员就业”精神，帮助就业困难人员实现就业。县人力资源和社会保障局牵头组织，就业指导中心具体承办，用人单位协助配合，经过报名、审核、资格认定、双向选择等程序，全年共聘用 104 名就业困难大学生及 6 名“4050”人员为单位公益性岗位。聘用单位与聘用

人员签订劳动合同，合同期不超过三年，月工资按照昔阳县最低工资标准执行，同时享受养老、医疗、失业、工伤4项社会保险补贴。

【社会保障工作】 2017年，昔阳县人力资源和社会保障局积极推进社会保障工作。共发放社保卡16.6万张，2.66万人参加城镇职工基本养老保险，完成年任务2.5万人的106.4%。企业基本养老保险参保1.9万人，完成年任务1.9万人的100%。企业养老保险（不含离退休）参保职工人数达到1.18万人，完成年度目标任务1.18万人的100%。机关事业单位共参保职工7600人，完成年任务6000人的126.73%；机关事业单位职工（不含离退休）参保人数达到4600人，完成年度目标任务4500人的102.4%。全县城乡居民共参保13.26万人，完成年度目标任务13.25万人的100%；全县城镇职工基本医疗保险参保人数达到2.07万人，完成年度目标任务2.05万人的101%；城乡居民基本医疗保险参保人数19.26万人，完成年度目标任务18.49万人的104.2%。其中城镇居民基本医疗保险参保人数1.44万人，完成年度目标任务1.25万人的115.2%；农村居民基本医疗保险参保人数17.82万人，完成年度目标任务17.24万人的103.4%。失业保险参保人数达到1.57万人，完成年度目标任务1.55万人的101.77%；全县工伤保险参保人数达到2万人，完成年度目标任务1.95万人的102.56%；全县生育保险参保人数达到1.59万人，完成年度目标任务1.59万人的100%。

【社会保障基金】 2017年，昔阳县城镇职工基本养老保险基金征收4.12亿元，完成市任务3.04亿元的135%。企业职工基本养老保险基金征收1.97亿元，完成市任务1.07亿元的183%。机关事业单位养老保险基金征缴收入达到2.15亿元，完成年度目标任务1.97亿元的109%。城乡居民基本养老保险基金征缴收入达到1370万元，完成年度目标任务1360万元的100.7%。城镇职工基本医疗保险基金征缴收入达到6509万元，完成年度目标任务5350万元的122%。城乡居民基本医疗保险基金征缴收入达到2926.94万元，完成年度目标任务2814万元的104.01%；其中城镇居民基本医疗保险基金征缴收入达到254万元，完成年度目标任务228万元的111.4%；农村居民基本医疗保险基金征缴收入达到2672.94万元，完成年度目标任务2586万元的103.36%；失业保险基金征缴收入1240万元，完成年度目标任务440万元的281%。征缴工伤保险基金959万元，完成年度目标任务850万元的113%。生育保险基金征收实际完成151万元，7月开始与城镇职工医疗保险合并征收。

【社会保障服务】 2017年，昔阳县人力资源和社会保障局不断提高服务意识，增强社会保障服务水平。2017年共为170名机关事业单位工作人员、308名企业职工办理了退休手续，按规定落实了各项待遇。为符合条件的52户企业，3752名职工办理了劳动关系备案手续。

【提高社会保障待遇】 自2017年1月起为3516名退休人员人均增资160元，享受乡镇工作补贴共1671人，其中按乡镇工作年限享受乡镇工作补贴人均增资302元，按职务享受乡镇工作补贴人均增资125元。根据山西省机关事业单位工作人员死亡后遗属生活困难补助的规定，为122名生活困难的遗属办理了相关手续。

【全民参保】 2017年，昔阳县人力资源和社会保障局推进全民参保工作实施。先后印发《关于进一步规范社会保险征缴工作的通知》《实施“全民参保登记计划”工作方案》，明确工作目标，推进全民参保核查登记工作。统筹相关部门，实现信息共享，落实责任分工，周密组织。全年共完成登记上传数据16万条。

【养老保险制度改革】 2017年，昔阳县人力资源和社会保障局正式启动机关事业单位养老保险制度改革工作，印发《关于县直机关事业单位养老保险制度改革实施准备期基本养老保险基金和职业年金结算问题的通知》，确定昔阳县县直机关事业单位养老保险制度改革的工作进程和标准，完成全县151个单位4684人（公务员和参公人员915人，全额事业人员3769人）的信息核实工作，确保信息数据真实、完整、准确，完成对2014年10月以来县直机关事业单位预扣的财政统发机关事业单位工作人员养老保险费个人部分的清算工作，2017年12月开始正式实施机关事业单位养老保险统筹。

【医疗和工伤保险改革】 2017年，昔阳县人力资源和社会保障局积极推进机关事业单位医疗和工伤保险制度改革，印发《关于全县机关事业单位参加职工医疗保险和事业单位参加工伤保险相关事项的通知》，按照统一申报、统一标准、统一缴纳的原则，精心组织部署，统筹相关部门，开展业务培训，顺利实施机关事业单位统一医疗、工伤参保登记。

【取消生育保险】 2017年，昔阳县人力资源和社会保障局积极推进医疗保险制度改革进程，印发《昔阳县城镇职工医疗保险和生育保险合并实施经办规程》，取消生育保险收入过渡户和支出过渡户，7月起，进行合并征收。城乡医保合并工作按市政府要求，已将原“新农合”并入医保中心，撤销“新农合”机构及账户，全部归医保中心管理，按照市人社局及医保中心“六统一”政策要求推进。

【劳动保障监察】 2017年，昔阳县人力资源和社会保障局充分发挥劳动保障监察职能，维护昔阳县广大劳动者合法权益。全年，昔阳县企业劳动合同签订率达到98%，全年受理工资拖欠问题投诉34起，涉及农民工774人，追讨工资115万余元，开展各类专项整治、专项检查6次。

【劳动仲裁】 2017年，昔阳县劳动争议仲裁委员会共接到劳动争议申诉27件，符合立案条件25件，仲裁裁决25件，其中仲裁调解10件，涉及劳动者

143人、资金545698元，结案率为100%。对不属于劳动争议的申诉，人社局工作人员耐心细致地对当事人进行了政策解释，并在有条件的情况下，告知当事人解决问题的渠道。为了增强仲裁工作的公正性和透明度，让当事人清楚地了解案件，人社局制作了《案件登记表》与《不予受理登记表》，让双方当事人可清楚地看到案件受理与处理的时间、案件的承办人等基本情况。

【阳光仲裁】 2017年，昔阳县稳步实施“阳光仲裁工程”建设。建立分类处理机制。根据争议大小、矛盾轻重缓急，分类分级处理。建立全程调解机制，在案件处理过程中，始终坚持把调解作为劳动争议处理工作的主线。案前、案中、庭前、庭中、裁决之前全程调解，把调解方式作为劳动人事争议处理最优选择。建立突发事件应急处理机制，制定全县处置劳动保障群体性突发事件应急预案，在案件处理过程中，对于可能出现的突发事件，做到早发现、速报告、快解决、保稳定，防止群体性突发恶性事件的发生。

【公务员管理】 2017年，昔阳县人力资源和社会保障局依法持续规范公务员人事管理。完成2017年度公务员公开招录。严格规范公务员职位管理，全面推进公务员绩效考核。办理2016年公开招录的9名公务员和2017年公开招录的19名公务员的入编手续；完成2016年度公务员数据库更新工作，办理2015年公开招录的11名公务员、2016年公开招录的8名公务员定科员，完成2016年招录的11名公务员登记工作；对符合职务职级并行的8名人员进行套改，晋升为副科级；对2016年度考核为优秀的165名公务员发放每人800元的奖金，共发放奖金132000元；制定2018年昔阳县机关公务员（参公）、事业招录招聘计划；完成昔阳县公安局招聘10名合同制警务辅助人员招聘工作。

【公务员职位管理】 2017年，昔阳县人力资源和社会保障局进一步加强公务员职位管理。做好科级以下公务员转任、调任以及职务调整的审核、审批工作，严把人员资格条件关，杜绝超编制、超职数、超规格配备干部。

【军转安置】 2017年，昔阳县人力资源和社会保障局积极推行军转干部慰问工作。对34名企业军转干部和4名自主择业军转干部进行慰问，发放慰问品金额3万多元，补发工资补差7万余元，发放2016年取暖费1万多元。

【公务员绩效考核】 2017年，昔阳县人力资源和社会保障局会同昔阳县委组织部开展全县公务员考核奖惩工作专项检查，在单位自查的基础上，重点抽查部分地区、单位公务员日常绩效考核及考核结果运用等情况，对检查中发现的问题及时提出整改意见，并将其纳入县级机关部门绩效综合考评，有效推动全县公务员绩效考核工作的制度化和规范化建设。坚持公务员考核奖惩情况定期通报，落实全市公务员考核信息的互通共享。审核2016年度全县公务员考核结果，核发165名公务员年度考核奖。加强与有关部门沟通协调和跟踪督查，及时兑现年度考核结果，落实对优秀公务员在职务晋升、评先评优等方面的从优待遇和相关措施。

【人事制度改革】 2017年，昔阳县人力资源和社会保障局积极推进人事制度改革，制定《关于做好全县事业单位岗位聘用管理工作的通知》《关于改进事业单位岗位设置聘用管理工作的意见》。全年评审通过助理工程师资格23名；大中专生确认定级初级资格4名；办理中高级聘任170名，其中中级126名，正高4名，副高40名。对未报过的和新合并成立的28家单位岗位设置进行申报。

【服务扶贫】 2017年，昔阳县人力资源和社会保障局积极会同扶贫部门开展“建档立卡”农村贫困劳动力摸底调查，详细掌握其基本情况，建立农村贫困劳动力资源信息库，为开展针对性职业培训和有组织劳务输出打好基础。全年昔阳县贫困劳动力技能提升培训共开展13期，培训1019人，经培训后取得技能鉴定证书为865人；晋中市定转移就业1100人，完成2114人，其中县内983人，县外省内737人，省外394人。召开贫困人口专场招聘会7场，发放宣传资料8000余份，参会单位46家、提供岗位2800余个，参加招聘会人数4380人。其中：贫困劳动力1980人，达成初步意向人数1500余人，秀芳仿真花就业54人。昔阳县农村建档立卡贫困人员医疗保障帮扶，按照省市关于建档立卡贫困人口落实“一三六”政策和“一站式”服务的要求，贫困人口住院只需支付1000元以内个人自付部分及补充医保15%部分即可出院，对政策实施以前在7月1日后住院的建档立卡贫困人口的住院医疗费用进行回补。全年，县内住院已经办理直补和回补192人，补偿91.56万元，落实“一三六”政策追补支付2.5万元。省内转外就医已结算59人，支付金额2.4万元。辖内住院的由定点医院垫付解决，现已报销192人，支付18.3万元。2017年对全县16–59周岁1.96万名“建档立卡”贫困人员进行每人每年100元的城乡居民养老保险缴费补助，共计195.96万元。

【重点信访问题源头化解】 2017年，昔阳县人力资源和社会保障局严格按照市委、市政府和省人社厅关于开展“重点信访问题源头化解专项行动”的安排部署，制定出台了《昔阳县企业拖欠社保信访问题源头化解专项行动实施方案》，成立了4个专项行动小组，确保专项行动目标任务圆满完成。

昔阳县人力资源和社会保障局开展“大走访”活动，与34名企业军转干部进行面对面交流，详细了解企业军转干部的思想和生活状态，防范越级上访事件的发生。

【养老保险清缴】 2017年，昔阳县人力资源和社会保障局对全县重点企业开展排查工作，共排查出中煤昔阳公司、阳煤运裕、阳煤寺家庄等8家企业欠缴养老保险费9548.5万元，至年底，已清缴3900万元，其余正在采取有效措施积极清欠。

【下岗失业退休军人】 2017年，昔阳县人力资源和社会保障局解决42名企业下岗失业退役军人养老保险共计276.6万元（其中滞纳金挂账103.6万元）。清缴中煤昔阳公司、李夫峪煤业、坪上煤业3个企业5名企业下岗退役军人养老保险14.6万元。解决46名企业下岗失业退役军人再就业问题，截至4月已全部实现就业。

【农民工欠薪问题】 2017年，昔阳县人力资源和社会保障局联合住建、人社、信访等部门，经多次协商，成功解决了晨熙顺景工地农民工欠薪197.7万元的问题，4月17日拖欠工资得到兑现，矛盾成功化解。

【重点工程】 2017年，昔阳县就业和社会保障服务中心与医保“新农合”综合服务大厅项目位于昔阳县政务中心东侧，占地面积0.52公顷，总建筑面积5300平方米，为地下一层和地上四层框架结构。项目总投资约1400万元，资金来源为中央、省项目资金及县财政配套资金。项目于1月17日完成招投标工作，3月3日正式开工建设，截至12月31日，工程主体结构已全部完工，室内地板砖全部铺贴完毕，完成投资950余万元。

民政服务

【概况】 2017年，昔阳县民政局在上级民政部门的大力支持下，民政系统广大干部职工，认真贯彻党的十八大、十九大精神，坚持以人民为中心，以习近平新时代中国特色社会主义思想为指引，秉承“民政为民、民政爱民”的工作理念，同心协力，履职尽责，奋力谱写全县民政工作的新篇章。

【社会保障救助】 城市方面：2017年，昔阳县发放城市困难居民各类救助金619.18万元。其中，城市低保对象770户1323人，发放低保金461.61万元；医疗救助177人（次），发放救助金66.49万元；临时救助430户839人，发放临时救助金75.85万元；城市困难残疾人205户213人，发放残疾人生活困难补助金12.78万元。高龄老人41户44人，发放高龄补贴1.58万元；失能老人11户12人，发放补助0.86万元。

农村方面：农村低保对象5459户9146人，发放低保金1724.07万元；“五保”对象2012户2014人，发放“五保”金942.63万元。特殊群体关爱扶贫行动共支出2154.79万元，其中，经济困难高龄老人补贴发放26.154万元，困难失能老人补贴23.544万元；医疗救助支出604.2万元；临时救助支出1245.52万元；困难残疾人补贴88.5万元；孤儿救助5.76万元；自然灾害救助资金161.12万元。

【兜底保障扶贫】 2017年，昔阳县兜底扶贫对象达到9432人，占全县建档立卡贫困对象的23.6%，2017年农村各类保障救助金发放额达4800余万元。

【优抚安置双拥】 2017年，昔阳县

共有各类优抚对象1751人，其中，伤残军人144人，老复员军人96人，带病回乡退伍军人40人，三属53人，“两参”人员152人，60周岁退伍军人1094人，烈士子女157人。全年共发放各类优抚补助金946.99万元。医疗救助166人（次），发放医疗救助金43.6万元。

安置工作积极稳妥推进。符合安置条件的4名转业士官全部安置到中煤昔阳能源有限责任公司，全面完成年度安置任务。

坚持“八一”春节开展走访慰问优抚对象活动，2次慰问活动发放慰问金及困难救助金60余万元。对五类涉军群体的97名涉军人员实行帮扶再就业，解决待安置期间的养老保险问题。成立松溪人力资源有限公司和昔阳县退伍军人服务站，负责接待退伍军人，同时提供相关服务。

【农村（社区）“两委”换届】 2017年，昔阳县为保证“两委”换届选举按时保质完成任务，通过摸底调查，掌握了21个重点村、23个难点村的基本情况，通过对可能影响换届选举的原因和问题的分析，提出解决问题的4条措施，并指导乡镇因地制宜制定了应急预案。制定换届选举实施方案，对昔阳县“两委”换届选举工作的指导思想、方法步骤、时间要求做出了全面部署。做好培训宣传工作，党员领导干部深入全县乡镇社区进行讲课培训；印发《山西省村委会选举实用手册》300余册，印发《关于严厉打击贿选、破坏选举等违法行为的通告》400份；选举期间主要领导和分管领导还多次深入到村现场指导、帮助解决实际问题。昔阳“两委”换届选举自10月23日正式启动以来，依法平稳有序推进，截至12月18日，应换届选举的322个行政村、17个城市居民社区依法产生新一届村（居）民委员会，晋中市第一家率先圆满完成第十一届村（居）换届选举任务。完成率均达到100%。

【城乡低保救助保障】 2017年，昔阳县城市低保标准每人每月达到485元，比上年提高35元；农村每人每年提高420元，达到3300元；特困人员分散供养标准由上年的3130元提高到4290元。10月1日起，优抚对象抚恤和生活补助标准提高15%。

【重点民政项目】 2017年，昔阳县晋祥养老院二期工程景观绿化、道路硬化等附属工程全部完成，晋祥养老院已具备向社会提供750余张床位的条件，基本成为集医疗保健、心理咨询、康复训练、临终关怀、社会养老等服务功能为一体的综合性养老服务机构。

投资115万元，新建农村老年人日间照料中心19个，全县农村老年人日间照料中心达到140个，42%以上的行政村有了老年人日间照料中心，覆盖农村人口近8万，服务对象近2000人。

【自然灾害救助】 2017年5月30日，昔阳县沾尚镇此沟村、赵壁乡赵壁村等10余个村，遭冰雹暴雨袭击，800多公顷农作物受灾严重，塌垮5700多米。猛彪村涵洞被淤2500多米，饮水水窖被淹，人畜吃水出现困难。西平原排窑受损严重，紧急撤离安置10户20余人。

7月26日—29日，全县部分乡村发生雷电活动并伴有长时间降水、大风、冰雹等强对流天气。乐平、三都、赵壁三乡镇的部分村的大秋作物被洪水淹没、倒伏，受灾严重。倒塌房屋5间，严重损毁22间，受灾人口达1814人，紧急转移安置35人，300公顷农作物受灾，直接经济损失约830万元。

2017年自然灾害救助支出161.11万元。

【社会组织登记】　2017年，昔阳县民政局登记注册的社会组织54个，其中，社会团体41个，民办非企业13个。

老龄工作

【概况】　昔阳县老龄办为正科级全额事业单位，编制4人，在编4人，实际工作人员3人，退休5人。主要职能：以老有所养、老有所医、老有所为、老有所学、老有所乐为目标，推进昔阳县老龄办事业发展；统筹协调昔阳县老年工作并提出合理化建议。

【发放高龄补贴和特困救助】　2017年6月底，昔阳县通过乡级政府完成全县60周岁以上农村老年人的数据统计摸底工作，以及80周岁的农村高龄老人数据统计工作，准确掌握2017年新增、死亡80周岁老人的各种情况，核对往年领取高龄补贴老人信息，防止冒领、少领等情况发生。开展“暖冬关爱”行动，项目继续落地。年初对皋落镇50名失能老人争取到5万元的爱心资助，为全县20名失能、半失能老人提供4万元生活服务补贴。

【“敬老月”活动】　慰问百岁老人，发放高龄补贴。2017年10月27日，昔阳县委王根元书记，许利伟县长，陈立军主任一同走访慰问4名百岁老人，送上1000元慰问金。赠送给老人4根带椅拐杖。全县百岁老人7名，敬老月期间共发放慰问金7000元。共为全县4817名高龄老人发放155万元高龄补贴，为81名特困老人发放救助金4.05万元。为百岁老人免费体检，访贫问寒。10月19日，昔阳县医院为4位百岁老人进行免费体检。医护人员到赵壁水深104岁王丑和、东寨101岁陈相珍及南关社区101岁赵喜连、东冶头北庄101岁常小妮老人家中。测量血压、做心电图、化验血等常规检查。全县6600余名贫困老年人得到社会各界上千万元的资助。老龄办为所包白沙岩村6名老人发放3000元特困救助。“关爱老年人，喜迎十九大”。10月16日上午，昔阳县老龄办牵头，柏康医院参与，在医院门口举行《老年法》专题宣传与义诊活动，为腿脚不便的老人发放了20根拐杖。昔阳县松溪情韵队老年朋友表演自编自演文艺节目，展现新时代老年人风采。“九九”重阳节，浓浓敬老情。10月28日，敬老示范村大寨村、石坪村、王家山村为老人举办了“尊老敬老，恩惠老人”为主题的文艺演出活动。乐平镇瑶湾村举办“重阳茶话会”活动。瑶湾村连续6年为老年人发放养老金，从1000元增加到7000元。新口上村举办“重阳节”庆祝活动，这是由村16位中年人自发筹款组织的活动，为老年人献爱心，尽孝心。替天下儿女敬孝心，养老院活动情意浓。10月28日，政协委员走进晋祥养老院进行捐赠慰问演出。田甜书社、乐平诗社为老年人免费包饺子、捐献了120个暖手宝。老年书画研究会承办重阳节书画展正式开展，延青商贸公司为河西村老年人发放几十万元慰问金。昔阳县第三届红叶文化旅游节暨重阳登高，烟雨蒙山活动仪式正式启动。10月28日，昔阳县体委、老干局、老龄办组织百名老年人参加“重阳节”登山活动。

住房公积金

【概况】 晋中市住房公积金管理中心昔阳管理部，副科级全额事业单位，内设办公室、公积金股、信贷股、财务股，从业人员10人。主要负责昔阳县行政区域内的住房公积金归集、使用、管理。2017年归集住房公积金1.29亿元，完成目标任务5700万元的226.35%；提取住房公积金2911.33万元，完成目标任务3000万元的97.04%；发放住房公积金贷款2506.4万元，共105户，完成目标任务5000万元的50.13%，全县住房公积金覆盖率达到了71.1%。

【提升服务水平】 2017年4月，昔阳县开通住房公积金业务网上申报，为缴存单位提供信息变更、单位职工缴存（新增、封存、转移）登记、公积金年度缴存基数与比例调整等业务，使单位经办人一次性就能办理好公积金缴存业务，极大地方便了职工缴存。6月初，与中煤昔阳能源有限责任公司沟通，并向其下达了催缴通知书，经过多次协调，集团公司在资金短缺、生产经营困难的情况下优先为职工补交2016年欠缴公积金300多万元，有力维护了职工权益。2017年1月起，昔阳县财政供养人员的缴存基数由原来基本工资的8%提高至全额工资的8%。

公积金政策宣传

【提取业务】 2017年，昔阳县公积金管理中心利用《昔阳报》、广播电视台等媒体进行广泛宣传报道，利用各协作银行的LED电子显示屏滚动字幕播放，在管理部业务大厅和承办银行专柜摆设有关宣传资料等方式宣传住房公积金提取政策，提高缴存人对住房公积金的认识。严格审核购房、租房、偿还住房公积金贷款、提取的相关证明材料，防止有冒领或套取住房公积金行为的发生，并及时将凭证准确进账。

【贷款业务】 2017年，管理部对“晨熙顺景”“天泉现代城”“学府嘉园”“城中二区”等4个县内重点房地产项目建设的贷款工作给予了大力的支持。建立了“贷前严审、贷中规范、贷后跟进”贷款风险管理机制，强化日常监控，通过各种手段加强对借款人情况的掌握，对可能造成贷款风险的情况及时处理，把风险扼杀在萌芽状态，全年贷款逾期率为“零”。

【资金管理】 2017年，管理部严格按照《会计法》《住房公积金财务管理办法》《住房公积金项目贷款会计核算办法》和《住房公积金会计核算办法》进行财务管理和会计核算。缴存的金额做到每户必审，每月必核，严格把关，精准入账，严防审核数据和实缴数额，按要求开具业务凭证，并时时与受托银行联系沟通，对业务办理情况进行掌控，以便发现问题及时进行处理并及时入档。加强管理部住房公积金存量资金的管理，合理调拨大额资金，及时办理定期存款，严格按照市中心有关财务的规定落实财务制度，严肃财经纪律，细化岗位职责，实现了财务会计工作的管理制度化，运行流程化，操作规范化。

教育 科技

JIAO YU　KE JI

教育管理

【概况】 2017 年，昔阳县有中小学学校 98 所，其中普通高中 1 所、职业中学 1 所，初中 10 所、九年一贯制学校 6 所、小学 62 所，另有教学点 18 个。专任教师 2589 人，在校学生 24865 人，入学率 100%。全县共有幼儿园 85 所，适龄入学儿童 5698 人。其中城区幼儿园 7 所，入园幼儿 3156 人；农村幼儿园 78 所，入园幼儿 2356 人。幼儿入园总人数 5512 人，入园率 96.7%。2017 年县教科局按照“高品位、精内涵、创特色”的办学理念和“文化引领、精细管理、内涵发展”的指导思想，着力实施“教师队伍素质提升、办学品位提升、教学质量提升、校园安全建设”，教育事业实现跨越式发展。

【改善办学条件】 2017 年，昔阳县教育立项新建工程 6 个，完成投资 558 万元，其中昔阳中学综合楼完成投资 60 万元；职业中学综合楼完成投资 40 余万元；北渡海小学综合楼完成投资 110 万元；泉口小学完成投资 58 万元；北关幼儿园完成投资 230 万元；大寨幼儿园完成投资 60 万元。同时，整合利用扶贫资金对 10 个建档立卡贫困村的 12 所校舍进行维修改造，改造面积 14195 平方米，完成投资 323 万元。

【师资队伍建设】 2017 年，昔阳县启动校长职级制改革，率先为昔阳中学、职业中学聘任新校长，完成高中校长职级制改革。加大教师招聘力度。全年，全县共招聘特岗教师 108 名，免费师范生 4 名。以教师培训为抓手，着力提升教师业务水平，教师队伍素质有了根本性的提高。提高教师待遇，实施《昔阳县乡村教师支持计划》，为所有乡村教师落实了乡镇补贴待遇，共计发放农村教师乡镇补贴 387.7 万元。实施“励耕计划”“润雨计划”，对 27 位经济困难教师（“励耕计划”24 人，“润雨计划”3 人）每人资助 1 万元。

【提升教育质量】 2017 年，昔阳县以提升质量为目标，深化高效课堂教学改革，狠抓新教材、新课标的研究与开发；

第三十三个教师节表彰大会

以盟区为核心，加强联片教研，实现优质资源共享；注重学校教育教学精细化管理，强化绩效考核力度，教育质量实现了新跨越。高考成绩再创新辉煌。全年全县高考报名1189人。高考应届二本以上达线551人，达线率46.3%，其中应届一本达线182人，达线率15.3%；职业中学对口高考达线140人，指标达线率3.6%。中考成绩实现新提升。全年全县中考特优生23名，比2016年增加19名；中考成绩全市排名由2016年的第9名上升至第7名。

【教育惠民政策】 2017年，昔阳县严格落实各项教育惠民政策。学前教育发放资助金81.9万元；义务教育阶段“两免一补”资金共计1780.57万元，其中免除教科书费204.17万元，免除学杂费1576.4万元，寄宿生生活补助61.14万元；普高、职高免学费共计957.5万元；投资130万元实施义务教育阶段寄宿生营养改善计划；全县共资助建档立卡困难学生4036名，发放资助金474.35万元，实现建档立卡资助全覆盖。为1645名特困大学生发放生源地助学贷款1019.5万元，保证每一个贫困学生都能顺利完成学业。

【学前教育】 2017年，昔阳县完善帮扶机制，推进学前教育帮扶工作。出台了《昔阳县学前教育精准帮扶实施方案》，开展城区幼儿园和乡镇中心园、城区幼儿园和贫困村幼儿园结对帮扶工作。强化教研工作，狠抓队伍建设。以城区3所一类一级幼儿园为教研中心园，组织全县83所幼儿园共开展教研活动60余次，参加人数达500余人。同时，以学区为单位组织农村幼儿园教师开展联片教研活动。严格年检工作，提升办园水平。对全县40余所二类园以及城区一类园的创特色工作进行了评估检查，对存在的问题进行了及时整改。

【义务教育】 2017年，昔阳县严格执行免试、就近、划片入学政策。招生工作从政策发布、片区划分、报名、录取、教师配备、编班情况等全部对外公开，义务教育阶段新生入学全面实现阳光招生，均衡编班。扎实推进学校共同体建设，全县义务教育阶段学校划分为八个盟区，盟区内成员学校间管理互助，人才交流、研训联动、质量同进、文化共建，实现强校与弱校间资源共享、优势互补、合作共赢，扩大优质教育资源覆盖面。全县6周岁学龄儿童2056人，小学一年级入学2056人，入学率100%；全县12岁学龄少年2328人，七年级入学2328人，入学率100%；小学辍学率为0，初中辍学率为0；初中毕业生2037人，初中毕业生升学率达到98%。

【德育工作】 2017年，昔阳县坚持

以人为本、立德树人，扎实有效地推进德育序列化教育。强化师德师风建设，开展班主任素质展示、中小学班主任学生管理培训、最美教师评选等活动，不断提升德育队伍的管理水平；加强中小学生德育教育，开展学生综合素质评价工作，促进学生全面发展。推动德育基地建设。2017年，大寨被认定为“全国中小学生研学实践教育基地”；强化心理健康教育，以5·25心理健康教育周活动为契机，通过教师培训、实地观摩、实验校引领、推进会等多种方式，扩大心理健康教育的影响；强化校园文化建设，通过国学诵读、文艺会演、社会实践等系列活动丰富师生校园生活，促进学生的综合素质提升；强化家长学校建设，普及提高家长的家庭教育思想，营造家校共有的德育氛围。

科　技

【科技项目】　2017年，昔阳县以科技计划项目为抓手，突出科技的创新引导作用，提高重点产业的科技含量。全年，全县共申报省市各类计划项目8项，其中山西省“三区”人才专项项目3项，项目资金共计25万元；市级科技扶贫项目5项，争取市级科技专项资金40万元；实施县级科技计划项目7项，其中星火计划1项，成果推广6项，拨付县本级科技研发专项资金1241万元。

【科技人才】　认真实施“三区”人才支持计划。2017年，支持昔阳县“三区”科技人才共计18人，开展服务13次，培训人员200多人（次）。联合县农广校、畜牧兽医中心、果林中心、种子管理站，同时邀请省市专家在昔阳县开展扶贫培训34场（次），培训人数共计1500余人（次），从县畜牧兽医中心、农委、乡镇农技推广站等单位选聘20名科技人员，结合2017年服务昔阳县的16名“三区人才”，共计36名科技特派员，带项目、带技术到贫困地区开展技术服务，加大先进实用技术在贫困乡村的普及推广力度。

【企业科技创新】　2017年，昔阳县大力强化企业技术创新主体，扶持科技中介服务组织发展壮大。2017年，以信息、项目、技术支持为抓手，大寨酿酒有限公司顺利通过了省级民营科技企业的认定。以脱贫致富为目标，以产业发展为载体，申报并通过了昔阳县双孢菇产业孵化基地国家级“星创天地”认定。

【专利申报】　2017年，昔阳县致力于自主创新能力和核心竞争力的提升，知识产权摆到了重要地位，加大企业专利申请力度，成功申报专利发明10件，新增发明专利拥有量1件，万人发明率达0.22。

气　象

【概况】　2017年，昔阳县气象局紧紧围绕中心工作，夯实基础业务，提升气象监测预报预警、气象防灾减灾服务水平，强化气象职能，着力提升空中云水资源开发利用能力和大气污染防治气象保障服务能力，发挥部门优势，扎实推进文明创建等工作。

【主要气候事件】 2017年，昔阳县大风日数28天，年极大风速为30.9米/秒，风向西北，出现在7月9日；终霜冻出现在3月24日，初霜冻出现在10月29日，无霜期为218天；全年出现大雾日数为27天，其中年最小能见度为134米，出现时间为7月15日；寒潮天气，1月30日早晨最低气温-15.0℃，24小时降温幅度达到7.8℃；全年昔阳县国家级观测站出现冰雹天气两次，分别在5月30日和8月11日，最大直径6毫米。

【气象监测预报预警】 2017年，昔阳县实施气象观测标准化台站建设项目。升级改造2个骨干区域站，完善小型雷达建设1个。昔阳县建成新型自动气象观测站1个，区域气象观测站19个，自动土壤水分站1个，天气现象仪1套，小型测雨雷达1部。气象观测设备稳定运行率和资料可用性稳步提高。智能网格气象预报业务在昔阳县推广应用。通过国家突发事件预警信息发布系统共发布各类预警信息70次。

【气象防灾减灾】 2017年，昔阳县修订完成《昔阳县级气象灾害应急预案》，开展气象防灾减灾培训，78人次受训。争取中国气象局投资开展“三农”气象服务专项建设，完成昔阳县农业气候资源及种植区划、农业气象灾害风险区划。建立《防雷安全重点单位库》。全年共制作发布《雨情快报》《一周天气预测》等服务材料128期；向县委、县政府、县直有关部门提供《重要气象报告卡》《重要气象信息》14期；发布节假日和高、中考等各种专题预报8期。与县环保局建立联合会商工作机制，每周发布《空气污染气象条件周报》。

【人工影响天气】 2017年，昔阳县开展人工影响作业培训2次，指挥员及各炮点炮长、炮手全员参加培训。更新7门防雹作业高炮。新购中兵车载火箭作业系统1套。安装雷达天线罩。全年开展增雨防雹作业47次，发射炮弹397发，火箭弹12枚。有效地减轻冰雹灾害影响。

【文明和谐创建】 2017年，昔阳县气象局有志愿者9人，参加各类公益活动12次，有省级科普基地1个，校园气象站1个，参观学习950人次。开展科普活动5次，发放科普宣传资料2000份。参加首届晋中市气象科普讲解大赛并获优秀奖。1人获厅局级以上奖励（眭晋华被评为中国气象局优秀县局女局长、山西省气象部门十佳青年）。2017年昔阳县气象局由市级文明单位标兵提档升级为省级文明单位。

地　震

【概况】 2017年，昔阳县防震减灾工作坚持预防为主、防御与救助相结合的工作方针，以防震减灾与经济社会融合式发展为途径，创新防震减灾社会管理，统筹推进地震监测、震害防御、应急救援体系建设，创新防震减灾科普宣传，不断提升全县抵御地震灾害的综合能力，为昔阳经济社会建设提供地震安全保障，获得2017年度全国县级防震减灾工作综合考核先进单位。

【地震活动】 据山西地震台网测定，2017年1月1日至12月31日，昔阳县共发生ML 1.0级地震4次，最大地震为12月13日发生在三都罗庄附近（北纬37.45°、东经113.70°）的2.3级地震。

【地震监测预报】 2017年，昔阳县地震局对监测仪器进行了全面检修维护，更换了电磁波前置传感器，在监测仪器周边设立了保护标志牌，有效提升了前兆监测仪器运行率，1月—12月份监测仪器运行率达到了99.8%以上，获取了连续、稳定、可靠的前兆观测数据。强化震情监视跟踪，加强震情会商，制定了《昔阳县震情监视跟踪工作方案》，加强与专业台站联系协作，共享数据信息，联合开展月、季震情会商，提升震情会商研判水平，全年共召开月会商12次，季会商4次，形成会商报告16期，编制了《2018年度山西中东部地区地震趋势研究报告》。协助省市地震部门完成“国家地震烈度速报与预警工程”昔阳站点勘选与基建工程，在昔阳勘选建设基本站1个、一般站1个，勘察确定2个预警终端应用示范点。

【地震应急救援】 2017年，昔阳县地震局全面落实各项应急措施，推进地震应急救援体系建设。开展地震应急准备工作督查检查，排查地震安全隐患。县防震减灾领导组于6月组织相关单位对昔阳县基础设施和重大建设工程地震安全隐患进行了排查检查，对承担地震应急救援任务的部门应急准备工作进行了督查检查；加强地震应急救援队伍建设管理。昔阳县组织成立有1支县级地震紧急救援综合队伍，7支部门专业应急救援队伍，地震应急救援队伍人员达440人。6月，县防震减灾领导组办公室对昔阳县地震应急救援队伍建设管理情况进行了督查检查，督促相关部门调整更新了应急救援人员，建立了救援人员档案，补充了部分应急救援装备，健全完善了救援队管理制度。组织开展地震应急演练。组织工作人员和“三网一员”队伍开展了4次震情、灾情速报演练，通过演练熟悉了地震应急处置流程，熟练掌握了地震应急信息平台操作使用技术，提升了快速应对处置突发地震事件的能力。开展地震应急救援培训。9月7日，组织县防震减灾领导组成员单位负责人和各应急救援队队长举办了地震应急管理培训会。9月21日，县地震局组织了“三网一员”培训会，对昔阳县地震宏观观测员和防震减灾助理员进行了培训，通过培训进一步增强了全县各级、各部门地震应急管理意识和处置突发地震事件能力。加强应急救援物资储备管理。健全完善应急物资储备调用管理制度，按规定储备了相应的生活救助品和救援物资，对各单位储备的各类救援物资、生活救助品、医疗救助药品进行了造册登记，动态掌握各类救援物资储备情况，确保震后指挥部能及时有序调度。推进地震应急避险场所运行管理。昔阳县建设确立颐民公园、松溪公园、澳垴山公园、体育场、市政广场、昔中体育场、示范中学体育场、示范小学体育场等 8 个地震应急避险场所，应急避险疏散场所面积达 9.4 万平方米，可安置疏散 6.3 万人。按照《昔阳县应急避险场所管理制度》，建立了地震应急避险场所保障队伍，明确了应急避险场所日常维护与管理职责，确定了各功能点的责任单位和保障要求，更新维护了各个应急避险场所应急标志牌，在县城主干街道设立了应急避险场所指路标志，确保震时应急疏散避险需求。

【地震灾害防御】 2017 年，县地震局认真贯彻落实新一代《地震动参数区划图》（GB18306-2015），加强建设工程抗震设防要求监管，2017 年为阳煤职工住宅小区、学府嘉园二区、祯祥悦二区等 11 项建设工程提供了地震动参数服务。制定了《建设工程抗震设防要求事中事后监管制度》，变注重事前审批为加强事中事后监管，对新建建设工程抗震设防要求情况进行了执法检查，督促各工程建设单位严格按照《中国地震动参数区划图》或批准的设防要求对建筑工程进行抗震设计，确定科学合理的抗震设防标准，确保全县新建建筑工程全部达到抗震设防要求，逐步提升全县城乡建筑防御地震灾害的能力。加强防震减灾群测群防管理，推进防震减灾“三网一员”体系建设，调整了地震宏观观测队伍，补充更新了灾情速报队伍，在昔阳县设立了 13 个宏观测报点，339 个灾情速报点，在各乡镇设立了防震减灾助理员，形成纵向到边、横向到底的防震减灾群测群防管理体系。

学生防灾演练

【防震减灾科普宣传】 2017 年，县地震局创新宣传方式，充分利用“5·12”“7·28”等防震减灾纪念日开展形式多样、丰富多彩的科普宣传活动：将防震避震知识编排成文艺节目，由社区文艺宣传队通过说唱、快板、小品等形式将防震减灾知识传送给社区居民；组织干部自编讲稿，走进校园、走上讲台，为中小学生讲授地震科学知识，开展防震避险技能培训；建立新媒体宣传平台——昔阳地震微信公众号，通过微信公众号推送震情快报、防震避震自救互救知识等便民服务信息；在开展广场集中宣传活动时为居民演示人工呼吸心肺复苏操作方法，为社区居民提供防灾避险自救知识咨询服务；积极推进防震减灾示范创建，组织学校、社区开展防震减灾示范创建，示范小学申报创建为第一批国家防震减灾科普示范学校，东冶头初级中学校和皋落小学申报创建为市级防震减灾示范学校，钟村社区申报创建为市级防震减灾示范社区。

昔阳中学

【概况】　昔阳中学创建于1952年，是一所全日制县直普通高中。有教学班56个，在校学生2800余人。其中，昔中学籍44个班，学生2200名；东冶头中学学籍12个班，学生600名。高一20轨，其中昔中16轨，冶中4轨，实行混合编班，统一管理；高二、高三各18轨，昔中14轨，冶中4轨，保持原状，单独编班，统一管理，教师统一使用。教师编制数316名，其中昔中265名，冶中51名。实际任教305名。学校旧址在县城南寺坪慈云寺，2012年9月10日迁入新校。新校占地10公顷，总投资1.3亿元，总建筑面积4.87万平方米，拥有教学办公综合楼、实验楼、图书综合楼、学生公寓楼、学生餐厅、全塑胶400米跑道操场、篮球场等基础设施，实现了“硬化、绿化、亮化、美化”；拥有配置先进的理化生实验室、通用技术教室、图书阅览室、电子备课室、多媒体教室以及数字化校园网络系统；教室配备了电子白板交互式多媒体教学系统、IP智能广播系统和电子考场监控系统；阶梯教室配有多媒体教学系统和视频会议网络直播系统。学校设置规模与规划合理，建设用地，行政办公用房，生均校舍面积、理化生实验室、通用技术教室、阶梯教室、藏书室等教学教辅用房，学生宿舍、学校食堂、学生卫生间等生活服务用房符合标准要求，科学类及技术类教学、现代教育技术、生活设备、安全设施设备等设施设备符合标准要求。

【高考成绩】　2017年，昔阳中学高考在参考人数相比于上一年减少100人的情况下，全校二本B类以上达线526人，其中文理两类达线504人，再次突破500大关。应届二本B类以上达线385人，文理两类达线368人，达线率61.6%，同比增长7.3%；一本达线151人，达线率25.3%，均创历史新高。往届二本B类以上达线136人，达线率54.4%，同比增长6.2%；理科学生张琮以646分的优异成绩位居全省第73名，被北京大学录取。

【校长职级制改革】　山西省晋中市是山西省政府确定的全省惟一的中小学校长职级制改革试点市。2017年8月18日，晋中市召开动员会，正式出台《关于推行中小学校长职级制改革的实施意见》，标志着1017所中小学校校长职级制改革正式启动。《实施意见》明确指出了此次改革的12项主要制度和措施，其中，包括中小学校及学校干部去行政化、建立中小学校长职级序列、建立中小学校长人才库、建立中小学校长岗位聘任制度、落实中小学校长办学自主权等方面。为进一步深化教育改革，积极全面落实中小学校校长职级制改革这一政策，建立以校长职级制度为核心的校长管理制度体系，更好地促进校长专业化发展，不断提升教育教学质量，昔阳县在全县范围内公开选聘校长。其中，昔阳中学选聘校长1名。李保荣当选昔阳

昔阳中学校长聘任仪式

中学校长。李永杉为昔阳中学校党委书记，兼任副校长。9 月 3 日—10 日，在校长的提名下，昔阳中学校领导班子进行了改组。副校长的任用由原先的任命制变为聘任制。学校出台了副校长竞选条件，通过自主申报、教代会竞选答辩确定副校长正式候选人，然后由教职工公开投票。投票结果上报县委县政府，并进行公示，李志刚当选为昔阳中学副校长。

【“一体化办学”模式】 2017 年 9 月 1 日起，昔阳中学和东冶头中学实行“一体化办学”管理模式。此次昔阳高中教育改革是立足于学生未来可持续发展方向，特别是以 2018 年后的新高考改革为指针的又一次重大改革。改革之后，两所学校将由昔阳中学校长统一管理，教师混合搭配，学生相互穿插，设备共享共用，真正实现了教育软件硬件资源的优势互补和合作共享。学校新的领导班子就教育理念、学校管理、校园文化、育人模式的辐射等“两校一体化管理”问题进行进一步积极探索与实践，力求在教育信息化、同步课堂建设、优质资源共享等方面实现更大的突破。这次改革让昔中学子不仅收获满意的成绩，更有适应未来的全面的综合素质。

高级职业中学

【概况】 昔阳县高级职业中学校是一所国家重点中等职业学校，也是昔阳县唯一一所职业高中，学校位于城南 207 国道西侧，占地面积 11.4 万平方米，建筑面积 2.8 万平方米。2017 年，学校有教职工 141 人，其中专任教师 130 人，行政教辅人员 5 人，工勤人员 6 人。专任教师中高级讲师 47 人，讲师 64 人，助理讲师 16 人，无职称 3 人。现有 30 个教学班，在校生 1630 余人。现开设农科类、工科类、艺术类、综合类四大类 15 个专业，其中园林技术、焊接技术应用、社会文化艺术是山西省示范专业，计算机应用、会计专业为晋中市骨干专业。园林技术、社会文化艺术、制冷与空调、汽车运用与维修、旅游服务与管理为校骨干专业。学校现有焊接、园林技术、计算机、电子电器应用与维修四个省级实习实训基地。

1983 年建校以来，学校共向高等院校输送专科以上学生 5000 余人，为社会培养出具有一技之长的实用人才 1 万多人。其中返乡的毕业生大多数成为昔阳县各行各业的技术骨干和农村脱贫致富的带头人。特别是近年来，对口高考成绩喜人，2015 年本科达线 100 余人，突破百人大关。2016 年本科达线 171 人，2017 年本科达线 141 人。在技能大赛上，2005 年以来，学校师生积极参加省市技能大赛，共获得各类奖项800余项，获奖名次位居全省职业院校上游。在学生就业上，学校始终坚持以就业为导向，以能力为本位的办学理念，不断拓宽学生就业渠道。通过实行联合办学、校企合作、工学结合、社会培训等多种办学模式，先后与上海歌剧院、山西省劳动厅驻京劳务管理处、青岛海尔集团、北京汇源果汁集团、中国人民银行北京清算中心、国家事务管理局物业管理中心、苏州华硕电脑集团、解放军北海舰队造船厂、山东中集集团、太原富士康科技集团、天津一汽夏利汽车股份有限公司、上海沪东中华造船（集团）有限公司、中办老干部局、空政招待所、全国总工会北京日坛宾馆、全国人大北京培训基地等30余家大中型企业及院校建立了长期稳定的合作关系。2004年以来共有3000余名学生定向输送就业，产生了广泛的社会影响。1998年5月，时任全国政协副主席周铁农视察学校时，对学校的做法和经验给予充分的肯定，并题词“祝昔阳职中在为农服务上迈出更大的步伐”。

【教育教学】 2017年，学校从干部管理上完善了管理制度，选任配齐了中层干部，明确了校级领导、中层干部的岗位职责，制订了工作目标，实行了领导干部年度考核测评；从管理职责上划分了五个小组：文化建设组、教学工作组、纪律监督组、学生日常行为考核组、安全工作组。各个小组各负其责、明确分工，协调合作。教学制度的完善，管理程序的理顺，使学校办学质量稳步提高。对口高考成绩显著。2017年，305名学生参加对口高考，141人达本科录取线。在2017年晋中市第九届职业技能大赛和省第11届职业技能大赛中，学校师生取得了一等奖8个、二等奖20个、三等奖42个的优异成绩，位居全市职业学校前列。总成绩排名全市上游。教学教研成果丰硕。语文、地理两个学科组完成了国家级课题项目。在全市骨干教师选拔活动中，获1个一等奖。全年教师在省级以上教学刊物发表论文23篇。

【专业建设】 2017年，通过巩固提升龙头专业，拓展延伸传统专业，培育发展新型专业，全力打造骨干专业建设，已发展到四大类（农科类、工科类、艺术类、综合类）15种（园林技术、畜禽疾病与防治、农产品保鲜与加工、电子电器应用与维修、汽车运用与维修、焊接技术、制冷与空调、钳工、工艺美术、社会文化艺术、会计、老年人服务与管理、计算机应用、旅游服务与管理、美容美发）专业。焊接应用技术、电子电器应用与维修已经成功纳入省级重点实训基地备选名单，会计专业和园林技术专业成功纳入省级重点专业备选目录。

2017年在完成投资150万元的园林技术省级实习实训基地、投资150万元的计算机应用省级实习实训基地、投资200万元电子电器应用与维修省级实习实训基地三大工程外，启动投资200万元的焊接专业省级实习实训基地建设。这些实习实训基地建设的完成，从根本上改善学校的基础办学条件，提升专业教学和社会培训能力。

【招生工作】 2017年秋季共招收高一新生710人，组建了农学、医护、财经、计算机应用、机电、旅游服务与管理、电子电工等10个专业班，超额完成全年招生任务。招生完成率位居全市职业高中前茅。

乐平一中

乐平一中

【概况】 乐平一中是一所公办全日制初级中学校，坐落在昔阳县城北社区北关村，始建于1983年，占地面积1万余平方米，建有8300平方米的教学综合楼、3230平方米的餐厅实验楼、8000平方米的半塑胶操场和水冲式厕所，多媒体教室、计算机教室、理化实验室、心理健康活动室、特殊教育资源教室、图书室、阅览室、音乐舞蹈室、美术活动室等设施齐全、功能齐备。

2017年乐平一中共有教学班24个，在校生1130名，其中住校生322名，专任教师93名，中小学高级教师5人，中小学一级教师38名，省级学科带头人1人，市级教学能手4人，县级教学能手23名，教师学历达标率为100%。

【教学教研】 2017年，学校抓住课堂教学这一主阵地，掀起了轰轰烈烈的课堂教学改革活动，结合学校实际确立了“情境—问题—探究—反思—提高”的学教并重五步式课堂教学模式，变无序教学为有序教学，变无效教学为有效教学。持续实施教师校本教研，出台了具有针对性的教研计划和措施，充分利用学校人力、物力资源，做到领导、时间、制度、措施、条件和内容的六落实。4月，学校推荐梁彦平、乔红霞两位教师参加晋中市骨干教师评选，被评为“晋中市骨干教师”。11月，张丽萍、王慧芳、王飞、苗青、张丽娜、李旭、郭晓丽、张彦荣、路向红被评为“昔阳县教学能手”。

【素质教育】 2017年元旦，成功举办了迎新年文艺节目汇演，学生们积极参与，踊跃登台献艺。10月底，舞蹈队排练的节目《舞动青春》在昔阳县中小学生艺术展演活动中获得成功。体育方面，5月，学校足球队参加县教科局组织的初中生足球联赛，获得全县第一名，并于6月11日—13日组队参加了在和顺县召开的晋中市校园足球联赛。10月底，成功组织第三届秋季运动会，学校共有24个教学班288名运动员参加18个项目的角逐，其中有13个项目19人次打破校运会纪录。10月23日，学校接受国家教育部对学生体质健康的抽检，3 个年级 210 名学生参加体质健康抽测。文化方面：4 月，学校承办县教科局组织的初中生汉字听写大会，并组队参加晋中市的汉字听写决赛，开阔学生的视野，提高学生的能力；组织师生代表参加“夏青杯”朗诵比赛。活动的开展，提高学生素质，促进学生的全面发展。

【教学质量】 2017 年，学校把握住提高教学质量这一落脚点，多管齐下，持续发力。在教师管理方面，学校领导经常深入课堂第一线，不定期不定点进行推门听课，摸清每位教师的教学状况。在学生管理方面，千方百计、想方设法挖掘潜力、调动其学习的主观能动性。在家校教育方面，多次组织各种形式的家校沟通会，架起家校联系的桥梁，共同担负起教育子女的重任。2017 年中考出现了很大的飞跃，250 人参考，特优生 1 人，跻身全县前 10 名，优生人数 41 人，优生完成率位居全县第 4 名，升入昔阳中学 85 人，另有 22 人考入冶头高中。在 11 月召开的昔阳县 2017 学年中小学教学质量分析会上被昔阳县教科局授予“教学质量先进单位”。

乐平二中

【概况】 乐平二中始建于 1988 年，是一所 12 轨制县直初级中学。2017 年，学校占地面积 4.13 万平方米，建筑面积 1.42 万平方米，现有教学班 36 个，学生 1856 名，教职工 155 名。其中中学高级教师 17 人，中级教师 66 名，初级教师 67 名，省市级教学能手 20 名，县级教学能手 50 余名，教师学历达标率 100%。

学校整体布局科学合理，设施设备达标，现拥有 400 米环行跑道标准化操场、理化生实验室、多媒体教室、音乐室、美术室、舞蹈室、图书室、阅览室、心理咨询室、多功能阶梯教室等专用教室。

学校围绕“将学校办成环境高雅、特色鲜明、家长社会满意、师生快乐幸福成长的好学校”的办学目标，始终坚持“以质量求生存、以管理求突破、以创新求发展”的办学理念。教学质量综合评估位列全县第一，获“昔阳县初中教学质量优秀单位”的荣誉称号；10 月，荣获晋中市培德健体基地校柔力球比赛团体三等奖；11 月，获晋中市国学经典系列活动比赛，团体三等奖、个人二等奖；12 月，被评为“晋中市教育协会第四届理事单位”。

【学校管理】 2017 年，学校组织教师学习《中华人民共和国教育法》《中华人民共和国义务教育法》《中华人民共和国教师法》和《中华人民共和国未成年人保护法》等法律，增强法治观念，提升依法治校能力；组织机构健全，职责明确、分工协作，作风民主；依法制定学校章程，规范学校治理行为，提升学校治理水平。

【师资队伍】 2017 年，学校开展示范课、送教下乡、专题讲座培训等多形式、多渠道的活动，为教师交流与展示搭建平台，从而很好地发挥了优秀教师的示范引领作用。认真推进“师徒结对”，充分发挥新老教师的优势互补。

【常规教学】 2017年，学校建构的“3+3”教学模式日趋成熟并全面实施，并在此基础上稳步推进，课堂教学中，师生互动、生生互动、民主开放平等交流的课堂已经呈现，课程改革初见成效。

【安全工作】 2017年，学校加强安全工作，重点预防校园侵害、食物中毒、交通事故、溺水及突发事故的发生。建立完善安全稳定的工作领导责任制和责任追究制，不断充实、完善学校各项安全工作制度，做到有章可循，违章必究，不留盲点，不出问题。

【设施设备】 2017年，学校配备价值41.24万元的录播教室，为教师随时讲课录课、网络教研、盟区校同步课堂教学提供了有利条件；由政府投资14.71万元，安装了净水设备，保证了师生课间安全卫生饮水。

示范中学

【概况】 昔阳示范中学，原名城镇中学，始建于1983年，1991年通过山西省教委验收命名为“山西省示范初中”。2013年迁入新校址，占地2.77万平方米，建筑面积1.18万平方米，操场占地1.13万平方米。2017年，学校为10轨建制，教学班30个，在校学生1510个，教职工128名，省市县模范教师、优秀班主任、学科带头人、教学能手60余人，占到全体教职工的48%；中小学高级教师13人，中小学一级教师49人，占全体教职工的48%；任课教师学历达标率100%。学校设有图书室、阅览室、多媒体教室、心理健康室等10余个专用教室，各室设备齐全，管理科学，使用高效。学校坚持“以德立校、以质兴校”的办学理念，积极转变教育教学理念，全面实施素质教育，努力提高教育教学质量，在创办特色学校的道路上阔步前行。

【学校管理】 2017年，学校认真贯彻落实《中华人民共和国义务教育法》《中华人民共和国教师法》等法律法规，始终坚持科学、民主的管理理念，把制度放在一切工作的首位，学校建有完备的管理手册，指导学校的全部工作。在教育教学上，严格执行各级主管部门的相关要求，做到各个环节规范、科学。

【师资队伍】 2017年，学校重视教师队伍建设工作，根据新形势、新要求，制订教师成长方案，建立完整的传帮带机制，促进青年教师的迅速成长。积极参与各级各类培训，提升教师的理论水平和专业素养。全年，共有30余名教师参加国家、省、市、县组织的各类培训。

【常规教学】 2017年，学校落实集

示范中学学生演讲比赛

体备课制度，全面遵循“四环双学”教学模式，在备课、上课、批改、辅导、反馈等环节上强化管理，实现了从过程到结果的全程监管，同时积极健全评价机制，既注重结果评价，又注重过程评价，让师生在激励中成长进步。

【教研教改】 2017年，为全面提升教师专业水平，学校建立了教研组集体备课研讨制度。语文、数学、英语每周集备两课时，其他科目每周集备一课时，并有学校领导参与，通过集体研讨，课后反思，统一教学进度，缩小班级之间的差距，提高学生成绩。

【安全工作】 2017年，学校坚持“预防为主、防管结合”的原则，在日常工作中利用媒体、主题班会、宣传展示等方式，积极在全校师生中宣传安全知识，提高师生的防范意识，同时坚持按照上级要求举行各种安全演练，培养师生自救技能。此外，加强安保工作，学校实现了监控全覆盖，做到了“人防、物防、技防”统一协调，为师生营造了平安和谐的校园环境。

示范小学

【概况】 昔阳县示范小学始建于1945年，2012年9月迁入新校区。校园占地面积1.6万平方米，建筑面积8008平方米。2017年，有40个教学班，1926名学生，103名教职工。其中省级骨干教师6人，市级骨干教师18人。设有图书室、微机室、档案室、多媒体室、科学实验室、多功能录播室、心理健康教育室、电子备课室等10余个专用教室，各室设备齐全、管理到位、使用率高。坚持“教育就是培养良好习惯”的教育理念，以“核心素养”工作为有利契机，积极转变教育教学观念，提高教育教学质量，全面实施素质教育，创建特色学校。市级文明单位、市精神文明建设文明单位、市优秀毒品预防教育示范学校、市科普教育示范学校、市“中华魂”主题教育活动先进单位、市教育学会第四届理事单位、市首届中小学生合唱比赛一等奖、市田径运动会第七名、县汉字听写大赛二等奖、县足球比赛第二名。

【学校管理】 2017年，学校贯彻落实《中国教育与改革发展纲要》《中华人民共和国义务教育法》《中华人民共和国教师法》《中华人民共和国未成年人保护法》等有关教育法律、法规。认真学习和贯彻《晋中市中小学管理工作基本规定》，严格执行课程标准，落实三级课程，开展丰富多彩的课内外活动；严格执行作息时间，严肃工作纪律，规范教师行为，重视师德师风建设。坚持“德育为先，各育并举”，开展内容丰富的德育教育活动，重视未成年人思想道德建设。

【师资队伍】 2017年，学校重视教师素质提升工程，制定实施教师素质提升方案、教师培训计划并贯彻实施；建立青年教师、骨干教师、新教师成长档案，以老带新，结对互助；认真组织校本培训和校本教研，号召全体教师积极参加各种培训，提升教师理论水平、专业素质和道德水平。全年，组织6名省级骨干教师参加培训学习，8名青年教师参加“昔阳县小学青年教师课堂教学能力大赛”，50名教师先后参加省、市、县组织的各级各类培训、教研活动。8名教师参加了“昔阳县教师素质提升暨教师技能竞赛”，并获奖。

【常规教学】 2017年，学校把教师的“教”、学生的“学”和学校的“管”三维有机结合。鼓励教师建规立模，完善拓展“三五五”教学模式，在备课、上课、改作、辅导、测评、反思等环节上加强管理，认真落实集体备课制度。将老、中、青教师“师徒结对”，共同进步，共同提高教学质量。引导学生树立“负责任，做主人”意识。在教师的引导下，积极“主宰”课堂，通过“四人小组”探讨交流获取真知，科学有效地营造高效课堂。实行科学评价。学校启用“素质测评”和“书面测评”相结合的考核方式，邀请家长参与，利用“红花评价”和“等级评价”的激励方法，形成竞争机制，对学生进行科学合理的评价，让师生携手、家校合作，共同行进在幸福的教育路上。

【学生管理】 2017年，学校制定学生的日常行为的养成教育的管理制度，严格执行示范小学“十不准”。以“社会主义核心价值观”主题实践活动为主线，以学生行为规范养成教育为主要内容，以学校少先队活动为载体，以重大节日、纪念日为契机，开展生动活泼的德育教育活动，加强对学生进行爱国主义、集体主义、社会主义核心价值观教育和道德规范教育。强化学风、校风建设。实行校级领导带班值周制、班主任跟班制、小红帽值日制、家长监督引导制。小学生“全科阅读”“周周做家务”贯穿始终，聚焦核心素养，唱响主人文化。

【教研教改】 2017年，学校经常利用周二、周三时间组织教师进行集体培训、集体研课，积极推进教研教改工作。加强常规教学；骨干教师送教到盟区小学活动；开展“三公开”活动。“示范小学盟区联片协作交流活动暨青年教师语文教学技能展示会”，促进各校教师的专业化

示范小学“六一”儿童节活动

成长，促进各学校的跨越式发展。召开“小学语文学科实施高效课堂教学观摩研讨会”，推动全县语文学科教学的发展。“提升村小教学质量暨骨干教师送教下乡教研活动”，促进教师素质的整体提升，实现教育教学的均衡稳步发展。学校承担多项科研课题研究工作，教师积极投身科研活动。其中1个省级数学课题《小学生数学能力的实践研究》完成结题；1个市级语文课题《语文作业设计的有效性》即将结题；1个省级全科阅读课题《小学生全科阅读、语言表达、快乐写作与儿童思维一体的探索研究》处于研究阶段。7名教师担任课题主持人，全校100名专任教师均参与课题研究。

【素质教育】 2017年，学校一贯坚持“环境育人、活动育人、基地育人、书香育人”，积极响应阳光体育运动号召，认真实施并完成《国家学生体质健康标准》的测试和上报工作，学生体质健康达标率98%。大课间体育活动和韵律操坚持不懈，保证学生每天锻炼一小时。扩大学生足球队、锣鼓队、合唱队、舞蹈队、书法队规模，加强训练，卓见成效。以春季运动会、“六一”儿童节、十九大胜利召开为契机，举办“示范小学体育艺术节”，融体育与艺术为一体，锻炼学生体质，发展学生特长，展示学生才华。

【安全工作】 2017年，学校把学生安全工作放在重中之重的位置，坚持“安全第一，预防为主”的原则，切实加强安全防范工作。利用电子滚动屏、板报、安全宣传展示板、校园小广播、晨会、班队会等，宣传安全知识，做到“安全天天讲，安全时时记”。将生命教育有机地渗透在各门学科、各种形式的专题教育和课外活动之中，月月有演练，周周有班会。共组织10多次安全疏散演练。积极创建“平安校园”，为师生营造安全、和谐校园氛围。学校被评为“2017年度和谐校园先进学校”。

【改善办学条件】 2017年，学校新开辟一个“学生QQ农场基地”，是示范小学探索科普教育的一个新的尝试，是现实版的“开心农场”。为孩子们搭建全员参与的科技实践活动平台，让更多的孩子真正体验到动手玩科学、亲身事耕种的乐趣。新建了一个教师录播室，解决和缓解教师当前的课堂教学状况，激发教师教学的积极性，加强多媒体教育资源的整合。

文化 体育 旅游

WEN HUA TI YU Lü YOU

文化工作

【概况】 2015年2月，根据《中共晋中市委 晋中市人民政府关于印发〈昔阳县人民政府职能转变和机构改革方案〉的通知》，将昔阳县文体广电新闻出版局名称规范为昔阳县文化局。正科级建制，核定编制9人，为昔阳县人民政府工作部门。2017年，昔阳县文化局设5个内设机构，综合办公室、文化体育股、广播电影电视股、新闻出版股和行政审批股。管理的文化部门事业单位共7个，分别为县文化馆、县图书馆、县文管所、县文化市场行政综合执法队、县广播电视台、县体育中心和县电影公司。

【群众文化活动】 2017年1月6日下午，昔阳县文体中心举行由昔阳县城区社区管委会和县广播电视台共同主办、昔阳县农村信用联社和晋中市万成房地产公司协办的昔阳籍晋剧名家演唱会。1月20日，在昔阳县文体活动中心举办了首届春节联欢晚会。紧扣时代脉搏、凸显本土文化是昔阳首届春晚的一大亮点。2月10日至14日，县城区社区管委会举办了2017年“锦绣昔阳”元宵节戏曲专场演出。此次戏曲专场活动共演出5天，城区社区管委会特别邀请山西省晋剧院青年团安排《打金枝》《白蛇传》《窦娥冤》等经典剧目。

纪念“5·18国际博物馆日”宣传活动

正月十五至正月十八期间，昔阳县博物馆南北展厅举行了“走进博物馆有奖猜谜活动”。活动期间博物馆参观达到2000余人（次）。1月中旬至2月中旬，城区社区举办昔阳县第四届“迎春杯”棋牌大赛。

活动采取电视台告知自由报名的形式决定参赛人员名单，社区棋牌爱好者共计400余人参加了这次棋牌赛初赛。2017年2月9日至2月12日，“两节”期间举行昔阳县“首届太行崖柏文化艺术节”。艺术节期间，特邀请相关专家、教授及收藏界、根雕界知名人士代表，面对面交流，并主办围绕“崖柏艺术品未来的发展方向”为主题的高峰论坛。2月20日下午，在东冶头镇镇政府的大力支持下，在东冶头村委会进行了第一场柔力球比赛。3月5日，崔家庄村举行“三八”妇女节文艺会演，参加演出人数70多人，参演节目28个，节目形式多样。3月12日—3月17日（农历二月十五—二月二十），东冶头镇静阳村举办第二届为期6天的“静阳文化节”。4月26日，在县体育场举行由县总工会举办、体育中心承办的昔阳县首届职工拔河比赛。8月1日—8月5日“八一”物资交流会期间，昔阳县文化局组织丰富多样的文艺演出活动，丰富广大群众的文化生活。以环境整治“五抓五提升”为主题的文艺节目，在农村、社区巡演38场。

【文化惠民工程】 2017年2月4日—2月16日（正月初八—正月二十），昔阳县文化局组织公共文化示范区创建宣传及非物质文化遗产节目下乡展演活动。邀请“昔阳拉话”“昔阳迓鼓”“足足马”“南界都八音会”等民间文艺队伍深入12个乡镇集中巡演，并向群众展示了近几年来文化局组织民间技艺培训的作品。

从7月底开始深入全县12个乡镇，以乡镇政府所在地为主要演出地点开展免费送戏下乡活动，完成省里下达的80场免费送戏下乡任务。以脱贫攻坚为题材成功打造了一部新编大型现代晋剧《第一书记日记》，并在全县农村、社区进行了巡回演出，共计22场，并在晋中市大剧院进行展演。

农村免费公益电影放映3936场，农村寄宿制学校免费放映电影198场，县文体活动中心公益放映厅免费放映电影360场。

【非遗保护】 2017年，通过资料收集整理，对“昔阳面塑”“昔阳报官”“昔阳八音会”“昔阳根雕”4个项目进行了市级非物质文化遗产保护项目的申报，已进入专家评审阶段。在正月期间，开展送非遗节目下乡活动，深入全县12个乡镇开展非遗节目展演和非遗培训作品展览，共12场。在元宵节以及县里组织的第三届石马寺旅游节、环中国公路自行车赛、门球赛等活动期间，组织开展民间艺术展演活动，利用各种平台展示昔阳县地方文化风采。组织民间手工艺“雕塑”“面塑”和民间舞蹈“燕山大板”的培训，均为期1个多月，培训学员共计60多人，制作雕塑作品和面塑50余件，面临失传的民间舞蹈“燕山大板”得到传承。

【农村基层文化建设】 2017年，昔阳县积极争取文化惠民项目，投资500多万元对12个乡镇文化站进行标准化升级，建成了300多平方米的乡镇文化站。配备了图书室、活动室、电子阅览室、培训室等文化活动场所，全部配齐书籍、书柜、桌椅、乐器和电脑等现代化办公设备，12个文化站全部配备了3名以上工作人员。把公共文化设施建设延伸到全县322个行政村，实现农家书屋全覆盖。村级文化设施建设中，村级70%的行政村共235个村（社区）综合文化服务中心基本达到200平方米标准，并每村配备1名财政补贴的文化管理辅导员，每个行政村免费开放项目、免费开放时间全部达标达效。涌现出河南村花画园地、西峪村红色纪念馆、井沟村农耕文化展示馆等一批先进村级文化活动室。村村建起文化信息资源共享工程服务点，广播电视“村村通”工程实现全覆盖，农村公共文化服务网络进一步健全。在创建文化示范区基础上，322个行政村，除9个搬迁村外，其余313个行政村建有综合文化服务中心，行政村综合文化活动场所覆盖率为97.2%，达到山西省文化脱贫的标准。

【文物安全工作】 2017年，向各乡镇、各重大项目指挥部发放《关于做好项目建设中文物保护工作的函》，将项目建设涉及文物的保护知识、审批事项及流程等相关事项进行告知，保障涉文物保护建设项目的顺利进行。共办理文物审批项目11宗，全部在规定时限内免费办结，办结率100%。

昔阳县政府专门拿出资金为没有保护员的文保单位配备保护员，昔阳县各级保护员达42名，实现文物点的全覆盖。与聘用的42名文物保护员签订了《2017年度文物安全责任书》，层层落实文物安全管理责任。县级文物保护单位北掌城寿圣寺保护修缮工程投资106万元，于5月开始施工，11月27日通过市局专家组验收。

【文化市场管理】 2017年“两节”期间，对所有文化市场经营户进行培训，并签订《管理责任书》，加强对网吧、娱乐场所等人员密集场所和演出活动的检查力度和密度。2月下旬，按照省、市要求对昔阳县正常营业的网吧安装“文网卫士”监管软件，网吧监管升级。3月，向昔阳县涉及公共视听载体的单位和企业发放《关于加强昔阳县户外公共视听载体管理的通知》，规范公共视听载体的播放内容。5月23日—24日，联合消防队对位于高层和地下的网吧、KTV、文物等人员密集型场所进行夏季消防安全大检查，发放《人员密集场所消防安全知识宣传单》。6月16日，在博物馆门口、政府广场举行安全生产日宣传活动，制作宣传版面2块，发放宣传单1000余份，并在KTV、影院、网吧、印刷厂等场所，张贴“人人争当安全员”活动公告。暑假前后，联合县公安网安大队、乐平派出所，对营业中的13家网吧负责人和管理人员进行教育培训和法律法规测试，以中小学校园周边的书店、二元店、打字复印店、文化用品店为重点，开展“护苗2017”行动。

9月27日—30日，配合市文化市场行政综合执法大队组织举办“三区”人才支持计划文化市场法律法规培训会，县文化执法队所有成员、12乡镇及城区社区管委会文化站站长、文化市场经营单位负责人共60余人参加培训。

对照文化部公布的网络音乐产品黑名单，对全县所有娱乐场所实施了比照检查；联合经贸粮食局、工商质监局等职能部门对出版物市场、大型超市等是否存在“问题地图”进行全面排查；与网信办、网安办联合对有影响力的网络媒体从业人员进行座谈安排；联合社管大队，对流动性演出活动、流动图书摊点及时发现，露头就打。

【场馆建设】 2017年，昔阳县针对“两馆”场馆面积不达标的实际情况，县委、县政府响应十九大报告提出的“坚定文化自信，推动文化繁荣”的号召，根据“创建国家公共文化服务体系示范区两馆建设指标要求”和“图书馆文化馆建设标准”，将紫光家园3层共计3630平方米商用房调剂作为“两馆”用房，在此基础上实施县文化馆、图书馆改造提升工程。12月23日正式开馆。两馆改造工程总投资300余万元。配置各种设备设施200余万元。

两馆建成后，图书馆设置了功能区12个，数字化等设施配备9件，完全达到国家三级创建标准。文化馆设置了功能区11个，数字化设施配备4件。达到馆区布局个性化、馆用设备数字化、馆藏资源特色化、馆内服务多样化。

文化馆新馆专门设置排练厅、管乐教室、弦乐教室、器乐教室、舞蹈排练室、录音室、书法室、美术室、电子阅览室、晋剧排练室、非遗馆和展厅，配备了书法体验机、电子文化墙、联网电视和投影仪等。

4月23日，图书馆联合新华书店开展“世界读书日”活动，在全县形成良好的读书氛围。

5月，图书馆主办“2017年红色五月征文活动”，积极开展“读书月”“图书馆宣传服务周”等活动。全年图书馆开展图书下乡读书活动次数达46次，为农民朋友创造更多的读书借阅、阅览机会，丰富农民群众的文化精神生活。7月10日完成示范区创建“两馆一站”31项软件指标任务；7月17日文化部来晋中对示范区创建中期督查中，选中昔阳县作为代表晋中市迎接检查3个县之一。并且于18日专程到昔阳，视察昔阳的“好人文化”、文化街、文化墙、文化公园等。

广播电视

【概况】 昔阳县广播电视台于2010年由原昔阳县广播电视中心改为昔阳县广播电视台，属全额正科事业单位。负责昔阳县广播电视新闻报道宣传、专题、广告的制作播出，广播电视事业建设，负责转播全国农村中央广播电视节目无线覆盖工作。广播电视台内设办公室、财物后勤部、广播电台、电视台、广视文化传媒部和蒙山发射台。2017年，机构人员编制43个，实有33人，其中科级4人，一般工作人员29人，台聘工作人员83人。其中本科35人，中专及以上人员81人。

县广播电视台加快农村数字微波电视“村村通”工程建设步伐，基础设施建设上了新台阶。至年底农村微波数字电视用户已发展到3万余户。全县12乡镇实现了微波信号覆盖。广大农村地区可以收看到包括晋中台、昔阳台和央视一、三、五、六、八等频道在内的57套数字电视节目。连同网络公司有线电视用户2.7万余户，全县城乡电视用户已达到5.77万余户。

【新闻宣传】　2017年，县广播电视台牢牢把握正确的舆论导向，以《昔阳新闻》和专题报道为载体，对全县经济建设和社会各项事业取得的成就和经验做法进行全方位的报道，顺利完成了县委政府重大活动的宣传报道工作。全年《昔阳新闻》共播出稿件1600余条。在《山西新闻联播》《晋中新闻联播》《晋中零距离》等栏目发稿300余条，《晋中县区特别报道》栏目发稿430余条，《廉政聚焦》《政法时空》播出15期，在晋中台发稿继续保持全市前列，其中一些特点、亮点工作报道稿件还在山西广播电视台、中央电视台播出。其中，《赵壁乡西横山村：养牛产业让群众日子牛起来》获2017年度“晋中新闻奖”系列报道三等奖。

昔阳县广播电视台

【电视专题】　2017年，县广播电视台在创新栏目的同时，对现有栏目重新整体策划、包装，对栏目风格进行合理定位，推出了《百姓视窗》和《昔阳警视》两个固定新栏目。完成对县三干会、人代会、政协会、2017年“昔阳安顺”杯山西大寨中国汽车场地越野赛、2017环中国国际公路自行车赛、2017年中国大寨“长寿·读者杯”门球挑战赛的专题报道，其中门球赛与爱奇艺网络平台首次合作实现网络直播。

【广播电台】　2017年，电台在规范化管理、标准化制播、特色化自创上下功夫。在栏目设置、节目创作上突出地方性、趣味性和大众化，开设《昔阳新闻》《畅所欲言》《乡情乡音》《生活百科》等15个自办广播节目，一些特色节目，也在网站与微信平台上进行宣传。

电台节目每日不间断播出14小时，其中自办节目每日8小时，使县委政府的声音和人民群众的心声通过调频98.4兆赫这一新的信息平台传播到广大城乡地区。推进传统媒体与新型媒体的融合工作。大量节目还在网站和微信平台上传播，扩展宣传面和影响力。

【安全管理】　2017年，县广播电视台坚持安全发展理念，以高度的政治意识和责任意识，把广播电视网络及安全播出工作作为全台工作的重中之重来抓。在全国“两会”、十九大等全国、省、市、县重要会议召开期间，直播、转播工作没有出现任何播出事故。

【基础建设】　2017年，县广播电视台新增农村用户1000余户，用户量达3.3万余户，全县十二乡镇实现了微波信号全覆盖；农网用户保障服务体制健全，加强了维修队伍力量，通过现场培训，提升服务水平的能力，及时处理用户投诉故障；对蒙山转播发射台进行基础、设备全方面升级改造，至年底，高山台基础设施建设通过省级验收，中央无线覆盖建设开通。县电视台还投资100余万元对摄像、编辑、播出等设备进行高清化升级换代，新购EDIUS8高清非编6台，SONYX280高清摄像机4台，SONYX160摄像机11台，高标清播出系统1套，户外演出音响系统1套，提高采编播效果，实现与省、市台数据传输技术匹配接轨。

新闻工作

【概况】　昔阳县委新闻中心全称中国共产党昔阳县委员会新闻中心（或昔阳县人民政府新闻办）为财政拨款事业单位，正科级建制，隶属于中国共产党昔阳县委员会宣传部管理。核定财政拨款事业编制10名，科级领导职数一正二副。2017年，中心领导班子进行了调整，现有工作人员5名，其中，正科1名，副科2名，科员2名。2017年，昔阳县委新闻中心在县委、县政府的领导下，紧紧围绕全面建成小康昔阳，牢牢把握“弘扬主旋律、打好主动仗”的新闻宣传工作主基调，服从服务于昔阳县经济建设和转型跨越发展大局，结合“两学一做”、十九大精神宣传、脱贫攻坚、“五抓五提升”城乡环境整治、旅游赛事等重要活动和阶段性工作，强化新闻策划，提高编校质量，内宣服务发展、外树昔阳形象，为昔阳县经济社会发展营造了良好的舆论氛围。

【内宣报道】　2017年，《昔阳报》刊发39期，发稿494篇。作为内宣主阵地，《昔阳报》坚定传播党的声音，做好党的十九大、习近平总书记系列重要讲话精神，省、市会议精神，县人大、政协两会，三干会等具有全局性、综合性的会议精神进行宣传报道。在消息报道的同时，开设了《学讲话，见行动，促发展》《砥砺奋进的五年》《两学一做》《两提一创》《喜迎十九大　展现新作为》《十九大时光》《全面学习贯彻落实党的十九大精神》《十九大精神进基层》《十九大精神大家学》等专栏，做好系列精神学习传达宣传。围绕环境整治、脱贫攻坚、招商引资、赛事活动、昔阳好人评选等重点工作，开展宣传，助力工作推进。专版刊发《谱写新时代松溪儿女脱贫攻坚的绚丽乐章》《不忘初心　牢记使命　只争朝夕率先脱贫》《誓让偏远山村焕生机》《贫困土地蒸腾新希望》《产业带起来　机器转起来　农户富起来》《树立榜样，引领风尚，让凡人善举蔚成主流民风》等大型稿件为昔阳县2017年脱贫摘帽工作的顺利完成以及昔阳县2017年度的好人评选活动营造浓厚氛围。开设《脱贫攻坚在行动》《环境整治进行时》《新时代，新气象，新作为》等专栏，重点宣传报道昔阳县脱贫攻坚、环境整治等工作的先进经验、典型做法。

【外宣报道】 2017年，昔阳外宣工作，传统纸媒和网络媒体同步推进。纸媒以《山西日报》《山西晚报》《晋中日报》《晋中晚报》为主要宣传目标，网络以中新网、人民网、山西新闻网、黄河新闻网、今日头条等主流网站为重点，加大外宣力度，树立昔阳形象。

全年，报纸发稿480余条，其中：省级媒体《山西日报》《山西晚报》等发稿20条，市级媒体《晋中日报》《晋中晚报》等发稿460余条；网站发稿1100余条，其中：人民网、中国新闻网、新华网等央级媒体发稿350余条，山西新闻网、黄河新闻网、科学导报等省级媒体发稿690余条，晋中新闻网等市级媒体40条。全年昔阳刊发在《晋中日报》《晋中晚报》头版头条的稿件共8条。内容涉及招商引资、环境整治、脱贫攻坚、赛事旅游、学习贯彻十九大精神等，很好地反映了昔阳县的重点工作。2017年在《晋中日报》发表专版15期，就昔阳县各乡镇、县直各单位在党建、环境整治、脱贫攻坚、学习贯彻十九大精神等方面的工作进行集中宣传报道。

“两提一创”专业技能培训

【接待服务】 2017年，新闻中心以良好的服务搞好记者接待工作，配合《山西日报》、山西省电视台、《晋中日报》、晋中市电视台、人民网、中新网、山西黄河网、山西新闻网、晋中新闻网等国家、省、市主流媒体在昔阳开展各类采访活动，共接待各级各类新闻记者33批290余人（次）。其中，在昔阳县举办2017年“昔阳安顺杯”山西·大寨中国汽车场地越野锦标赛、2017环中国国际公路自行车赛晋中赛段、2017年中国·大寨“长寿·读者杯”门球挑战赛等大型赛事，中心立足省市媒体，重点瞄准国家主流媒体，邀请省市20多家媒体进行细致深入、全方位的宣传报道。

体育运动

【概况】 昔阳县体育运动中心是主管昔阳县体育工作的全额事业单位，为正科级建制。内设办公室、群体股、竞训股、少体校、体育经济管理股。2017年，机构在编14人，其中：行政管理人员6人、专业技术人员8人。其主要职责：发展体育事业，全力推进全民健身运动深入开展，组织各级各类赛事，提高体育运动水平，促进社会主义物质文明和精神文明建设融合发展。2017年8月，昔阳县体育运动中心被国家体育总局授予“2013-2016年度群众体育先进单位”称号。

【体育设施】　2017年，昔阳县体育运动中心积极向上级争取项目资金，在沾尚镇和城区社区北关社区分别建设了农民健身广场和笼式足球场，为赵壁乡北岭沟村安装了健身器材。沾尚镇农民健身广场坐落于沾尚镇沾尚村，是2016年中央集中彩票公益金资助的建设全民健身设施工程。该项目占地面积1620平方米，总投资50万元，是集健身、娱乐、休闲为一体的农民文化健身广场。沾尚镇农民健身广场分室内、室外两部分。室内部分建筑面积120平方米，设乒乓球室、综合健身室等室内健身场地；室外部分建筑面积1500平方米，有篮球场、羽毛球场、乒乓球场、健身路径、看台等设施设备。室外广场配备了灯光设备，可满足广大人民群众多样化健身的需求。北关社区笼式足球场坐落于城区社区北关社区，是2016年中央集中彩票公益金资助的建设全民健身设施工程。该项目占地面积600平方米，总投资30万元。该项目以开展笼式足球健身活动为主，亦可转换为人造草面层上可开展的其它健身项目。赵壁乡北岭沟村的健身器材包括健身路径1套6件，建设面积800平方米，篮球架1副。鼓励社会力量办体育、建场地，是昔阳县全力增加体育设施的一大亮点。平西责任有限公司和四通集团出资40余万元，新建封闭式草坪灯光门球场地3块，给全县门球爱好者提供了理想的健身运动场地。

【公共体育服务】　2017年，昔阳县文体活动中心继续免费向社会开放，为全县人民提供高品位、高质量的健身场地，并相继在体育场馆举办了昔阳县三级干部会、“五一”职工篮球赛、羽毛球赛、创建“全国柔力球之乡”验收、中国·大寨“长寿·读者杯”全国门球挑战赛、昔阳县2018年春节晚会等大型会议和文体活动。2017年，昔阳县体育运动中心努力健全、完善体育单项协会组织和健身站点建设，4月，新成立了昔阳县游泳协会，新设立以柔力球为中心的健身辅导站50个，培训与新增社会体育指导员107名，其中：一级社会体育指导员2名、二级社会体育指导员35名、三级社会体育指导员70名，使全县社会体育指导员首次突破千人大关，达1200名。

“昔阳安顺杯”山西·大寨中国汽车场地越野锦标赛发车仪式

【全民健身】　2017年2月，昔阳县体育运动中心组织了体育大拜年系列活动，包括：昔阳县迎“两节”职工象棋赛、农民象棋赛、五人篮球技巧赛、毽球赛、乒乓球赛、羽毛球赛等；3月，昔阳县体育运动中心组织了李家庄乡“桃花节”踏青旗袍秀、健步行活动，昔阳县第三届石马寺古庙会文化旅游节徒步活动；4月，昔阳县体育运动中心承办了迎“五一”“农信杯”职工篮球赛、拔河赛，“健康杯”职工羽毛球赛；5月，昔阳县体育运动中心在昔阳县文体活动中心田径场主办了申报“全国柔力球之乡”暨晋中市老年运动大会五项展示活动，在昔阳县文体活动中心体育馆协办了晋中市煤炭系统第十六届老年运动会；6月，昔阳县体育运动中心组织了迎“七一”职工乒乓球赛，小学生乒乓球赛；8月，昔阳县体育运动中心在昔阳县文体活动中心田径场主办了第九个全民健身日展示活动；9月，昔阳县体育运动中心承办了“九九重阳”万人登高活动，庆“十一”、喜迎十九大职工乒乓球赛，喜迎十九大山西省第四届门球精英交流赛；10月，昔阳县体育运动中心承办了中国·大寨“长寿·读者杯”全国门球挑战赛；11月15日—16日，晋中市二、三级社会体育指导员培训（昔阳站）在昔阳县体育馆开班。

【精品赛事】 2017年7月7日—10日，“昔阳安顺杯”山西·大寨中国汽车场地越野锦标赛在昔阳县大寨汽车文化主题公园开赛。该项赛事是经国家体育总局批准的国家顶级赛事。来自全国的30余支车队、100余辆赛车、200余名赛车手云集昔阳，参加了UTV组、汽油厂商组、柴油厂商组、汽油改装组、柴油改装组、女子组、公开组、开放组8个组别的比赛。中央电视台、中国体育报、新华网、新浪网等40余家媒体对大赛做了全方位的报道，CCTV-5对决赛进行了现场直播。该项赛事的主题是“越野昔阳，寻梦大寨”，旨在探索体育、文化、旅游融合发展之路。昔阳县体育运动中心协办了该项赛事。

9月12日，2017环中国国际公路自行车赛首次落户山西晋中，在昔阳、和顺、左权、榆社4县举行，全长197.7千米。本次大赛的主题是“红色太行、户外天堂、家国晋中”。来自全世界的16个国家和地区的22支车队132名专业运动员参加了晋中赛段的比赛，200余家国内外媒体对赛事进行了全程报道。昔阳赛区作为晋中赛段的首发站，协办了出发仪式、业余组比赛、嘉年华活动以及34.5千米的专业组赛道比赛。

10月2日—6日，中国·大寨“长寿·读者杯”门球挑战赛在昔阳县文体活动中心田径场隆重开赛，这是该项赛事举办以来首次落户县级城市。该项赛事由中国门球协会、《门球之苑》编辑部主办，山西省门球协会、昔阳县体育运动中心、昔阳县门球协会承办。本次大赛的主题是“挥洒球场、寻梦大寨”。来自全国24个省市的80余支代表队1300余名门球爱好者参加了本次比赛。

史志工作

【概况】 昔阳县史志研究室为参照公务员管理事业单位，正科级建制，参照公务员法管理，编制数13个，现实有人数7人，在岗6人，1人离岗，临时工2人，核定领导职数3人，1正2副。主要负责全县地方党史资料的征集、研究、编纂，开展党史宣传教育；拟定地方志规划和编纂方案，编纂地方志书，地方综合年鉴；搜集、保存地方文献和资料；协调指导部门、乡镇专业志编纂。

【中共党史研究】 2017年，昔阳县史志研究室完成《晋中党史人物》昔阳部分的纂稿任务，其中涉及昔阳县46位党史人物，6万多字。完成山西省第二批党史教育基地申报和资料完善上报工作，顺利通过山西省党史办公室验收，大寨展览馆成为全省第二批党史教育基地。与作家孔令贤合作在《中国报告文学》中发表《摇篮曲》《扼太行》《中流砥柱》脊梁三部曲，真实再现昔阳人民在抗战期间艰苦卓绝的斗争历史。启动《中国共产党昔阳历史》的编纂工作，并完成近10万字的抗战部分的编写工作。

【《昔阳县志》（1979—2010）出版】 历时8年，《昔阳县志》（1979~2010）正式出版，全书分上下两册，36编，260万字，内容涵盖了自1979年至2010年昔阳县地域范围内的自然、政治、经济、文化、社会的历史与现状，特别是对昔阳县的历史变迁和发展演进，作了比较全面的记述，展现了昔阳县改革开放以来所取得的巨大成就，所记述的史实客观翔实，是对昔阳的历史与现状，做了一次全面系统的调查研究，是对县情、诸多行业情况的再认识。昔阳县史志研究室被山西省地方志办公室授予“山西省地方志编纂先进集体”称号。

【信息化建设】 昔阳史志研究室联合昔阳县政协、洲鑫电子商务有限公司打造《昔阳史志》微信公众平台，2017年6月正式开通，2017年底关注人数近万人。平台分《昔阳党史》《昔阳县志》《昔阳文化》3个板块。即时发送动态信息、方志常识、地情文化等内容。完成《山西方志》微信公众平台供稿任务，史志研究室提供的大寨村、红旗一条街稿件和二月河的文章《昔阳感觉》，体现了地方特色、发挥了名人效应，受到山西省地方志办公室的通报表扬。

【年鉴编纂】 2017年，昔阳县史志研究室完成2017版《山西年鉴》昔阳部分的组稿、供稿任务，字数2923字。完成《中共山西年鉴》昔阳部分的供稿任务，字数6391字。完成《晋中年鉴》昔阳部分的供稿任务，字数7116字。启动2018《昔阳年鉴》的编纂工作。

档案管理

【概况】 昔阳县档案馆于1960年1月8日正式成立，属于昔阳县委、昔阳县人事委员会直属机构，工作由昔阳县委直接领导，主要集中管理昔阳县委、县人事委员会直属机构的文书档案。2007年，昔阳县机构编制委员会办公室以昔编办字〔2007〕14号文件指出：将昔阳县档案馆（挂档案局牌子）调整为昔阳县档案局（挂档案馆牌子）。昔阳县档案局为参照公务员管理的正科级事业单位，事业编制10名、有工作人员9名，其中正科1名，副科2名，离岗正科1名，其余人员5名。内设四个科室，分别为：综合办公室、信息技术室、监督指导室、档案管理室。具体负责制定昔阳县档案事业发展计划和档案工作规章制度，并组织实施；监督指导本行政区域内的档案工作；依法查处档案违法行为；收集和接收我馆保管范围内对国家和社会有保存价值的档案；对所保存的档案严格按照规定整理和保管；采取各种形式开发档案资源，为社会利用档案资源提供服务。昔阳县档案局位于昔阳县新建南路197号，建筑面积786平方米，其中库房面积405平方米，分4个档案库房，其中3个库房为密集柜，一个库房为铁皮柜。年内，保存了132个全宗10.06万卷3.09万件档案，1.07万卷（册）资料，馆藏档案包括革命历史档案、民国档案和新中国成立后档案。

【重大活动】　2017年12月5日，山西省档案局一行7人到县档案局开展调研。调研组一行实地查看了档案库房、阅览室、数字化加工室等场所，并召开座谈会听取了昔阳县档案工作就建筑与设备、经费与人员、档案基础业务、社会服务功能等方面的情况汇报。

【宣传工作】　2017年，昔阳县档案局于6月9日国际档案日开展了以“档案——我们共同的记忆”为主题的宣传活动。发放档案宣传资料2000余份，《中国的世界记忆遗产》宣传册100份，现场、街头解答群众疑难问题30余例。

【接收征集】　2017年，昔阳县档案局共接收档案2215卷进馆，同时注重征集有价值的档案资料进馆，征集全国人大常委会委员郭凤莲参加全国人大常委会议第十届和第十一届的档案资料471卷进馆，为档案资源的整合和共享打下了良好基础。

9月5日档案法宣传日活动

【档案编纂】　2017年，利用馆藏档案，昔阳县档案局与昔阳县政协文史委员会共同编纂《昔西抗战历史记述》，将八路军在昔西的抗战历程，昔西地方政府及人民的抗战经过，日军在昔西制造的事件惨案等进行详细记载，再现了昔西的辉煌抗战史。

【档案开放】　2017年，昔阳县档案局制定《档案馆档案开放鉴定工作制度》《档案馆档案鉴定制度》。对应开放的档案严格按照鉴定开放程序和范围，逐卷逐条进行鉴定。全年，昔阳县档案局鉴定馆藏1987年档案，共鉴定82个全宗，应鉴定档案总数830卷，其中开放636卷，9722条；控制193卷，1062件，1.09余万页；接待前来查阅利用档案资料人员，提供档案利用服务，共接待870人（次），查阅档案资料

2400卷，免费复印档案6100余张。

【信息化建设】 2017年，昔阳县档案局完善档案信息化建设制度，包括档案信息上网制度、档案数字化加工安全管理制度、档案保密及责任追究制度。全年完成土地局专业档案全文数字化扫描374卷5.54万页，截至2017年底，共数字化扫描1201卷、1508件，17.75万页，容量13.42万MB。新增目录7683条，其中文件级目录7813条，归档目录516条，年内共完成文件级目录录入33.19万条，案卷级目录录入9.28万条，归档目录录入2.28万条。

【档案降解密】 2017年，按照有关规定，对1987年涉密档案做了鉴定和降解密工作。

【业务指导】 2017年，昔阳县档案局业务指导人员深入基层，到各单位面对面培训，手把手指导开展档案规范化管理。对县委办、政府办、文化局、司法局、公安局、大寨镇、政法委、统战部等30个单位开展档案整理。

【农村档案】 2017年，为落实《山西省农村土地承包经营权登记档案管理办法》，确实做好农村土地承包经营权确权颁证登记档案，昔阳县档案局主动服务，提前介入，定期参加确权工作例会，督促做好确权档案在形成和收集阶段的齐全完整。选取土地确权工作全部完成较好的乡镇农村，高标准整理确权档案，树立标杆，作为样板，以点带面，全面推开，截至12月，完成70%。

旅　游

【概况】 昔阳县旅游发展委员会是旅游综合统筹管理机构。正科级建制，行政编制6名。主要负责对旅游业发展和监督管理活动进行综合协调，统筹旅游资源保护开发。2017年，立足“山水昔阳、户外天堂”旅游发展定位，深入挖掘自身独特的人文和自然资源，不断强化体育赛事和旅游市场的融合对接，坚持“旅游+”发展思路，深入开展旅游景区景点体制机制改革，大力发展全域旅游、生态旅游、乡村旅游等全方位旅游新业态。

在第12届和第13届“中外避暑旅游口碑金榜”中，昔阳县位列中国避暑休闲百佳县榜，大寨村被评为中国百佳避暑小镇和十佳避暑小镇。大寨、井沟被评为中国乡村旅游模范村，大寨景区还先后获得“山西最美旅游村”“全省十佳红色旅游景区”“晋中十佳文化旅游景区”等荣誉。大寨黄金饼被评为“全省特色旅游商品”和“全省十佳旅游休闲食品”。在全市“晋韵杯”餐饮烹饪技能竞赛活动中，“大寨国宴”被评为“晋中十佳创新宴席”，昔阳吊炉烧饼被评为“晋中十佳风味名饼”，昔阳金鹿酒被评为“晋中十佳特色饮品”，祥池老家猪头肉被评为“晋中十佳特色肉制品”。

【旅游发展】 2017年，昔阳旅游产业在全域旅游发展大背景下，力求多元、丰富和可持续性，在原有基础上大力发展红色文化游、太行风光游、生态休闲游、历史宗教游。成功开发国家AAAA级大寨景区和AAA级石马寺景区。正在开发的景点共10个，分别是黄庵垴景区、瓮山景区、红旗一条街、水磨头渔乡、龙岩大峡谷、崇家岭生态度假村、太行民居毛家老宅、潘掌生态园、井沟太行乡土文化博览园、中山自由呼吸生态园。全县星级饭店1家：三星级饭店大寨旅行社大酒店，从业人员70人左右。另外，全县有102家农家乐旅游客栈。旅行社1家：即大寨旅行社，从业人员10人，主要业务是组团、接团。另外有21家驻昔阳旅行社营业部，从事旅游业务。

【厕所革命】 2017年，昔阳县积极响应和扎实推进国家倡导的“厕所革命”。全县现有高标准水冲式旅游厕所75座，各景区、乡村旅游点新建高标准水冲式旅游厕所45座。解决旅游景区公共服务功能上的短板问题。

旅游专列“唱响红歌·寻梦大寨”活动

【旅游宣传】 2017年，昔阳县多渠道开展旅游宣传营销，借助“发现晋中·爱上晋中”山西晋中文化旅游招才引资推介会，组织北京颐和园昔阳旅游推介专场；参加北京国际旅博会、第三届山西文博会等活动；举办“唱响红歌·寻梦大寨”800人旅游专列活动、第三届石马寺古庙会文化旅游节、第四届红叶文化旅游节；开展“百人百镜”全域旅游摄影大展、“5·19”中国旅游日、“9·27”世界旅游日等宣传活动；借助山西大寨中国汽车场地越野赛、环中国国际公路自行车赛、“长寿·读者杯”门球挑战赛三大赛事成功举办，将体旅文化深度融合，充分展示全县特有的人文历史和旅游文化，有力推进了昔阳旅游的蓬勃发展。全年游客接待量254.88万人（次），同比增长25.35%，旅游综合收入22.14亿元，同比增长26.59%。

乡(镇、区)

XIANG (ZHEN、QU)

乐平镇

【概况】 乐平镇位于太行山西麓，晋中市东侧，北接李家庄乡，南邻大寨镇、西与西寨乡、沾上镇毗邻，东与界都乡相连，阳涉铁路、207国道贯穿南北，317省道横贯东西，交通极为便利。乐平镇为全县政治经济文化中心。2017年，全镇总面积182平方千米，辖48个行政村，18个自然村，共有人口1.4万户，3.03万人，耕地3313.33公顷。乐平镇地下矿藏资源丰富，尤以煤炭、石灰岩、黏土、陶土和沙板石为丰。煤炭是全镇的主导产业，在煤炭的带动下，建材、铸造、运输、机电、饮食、商业服务在全镇蓬勃发展。水利资源丰富，鸣水、沾水、松溪河等三大河流交汇于此，为农业生产提供了得天独厚的条件，农作物以蔬菜、玉米为主。特种养殖以肉鸡、肉鹅、鸵鸟、山猪为主，种植双孢菇、油牡丹、柱状苹果、药材等。

【经济综述】 2017年，全镇国民生产总值实现13.2亿元，人均纯收入达9902元。农业产值约644万元，粮食总面积2746.99公顷，总产值1.83万吨。第二产业产值约2159万元，第三产业产值约3.17亿元。固定资产投资1.6亿元。

【脱贫攻坚】 2017年，乐平镇涉及脱贫贫困户698户，1071人，涉及46个行政村，没有贫困村。动态调整之后全镇建档立卡贫困户694户，1064人。其中，298户低保543人，239户“五保”240人，157户一般贫困户281人。经过12月系统人口自然变更，由于死亡减少贫困户46人，销户29户，涉及8个村30户34人由于收入来源不稳定、住房条件差、医疗支出多、年老残疾等原因不能退出。针对乐平镇694户，1064个贫困人口，坚持精准发力，精准施策，与帮扶单位一起因户施策，确保脱贫成效。抓产业发展带动一批。培养16家合作社带动符合条件的贫困户194户297人，分红16.81万元。抓基础设施建设帮扶一批。通过实施河道清淤、四好公路建设、环境综合整治，不仅大大提升基础设施建设水平，美化绿化了整体环境，而且对30户30人符合条件的贫困户提供临时岗位，户均增收1000元。抓技能培训拓展就业一批。联合农委、人社局、企业累计培训贫困人员120人，实现劳动力就业30人。抓民生保障社会兜底一批。通过认真筛查，评议，537户贫困户（其中低保户298户543人、“五保户”239户240人）实施社会兜底保障，社会兜底率达77.4%。138户贫困户（其中农村低保户5户9人、“五保户”4户4人，一般贫困户129户）享受到民政救助帮扶、为300个贫困家庭开展健康扶贫双签约服务、为80户建档立卡贫困户实施了危房改造、为26户贫困户住房实施小修小补、为两户贫困家庭学生办理5000元助学金；对贫困户多的村优先安排一事一议财政奖补资金。至年底，635户984人按照县贫困退出方案要求，经过严格程序实现脱贫。

【环境整治】 2017年，乐平镇党委制定详细规划，突出重点拆违；动真碰硬攻坚，实施强制拆违。全年共拆除“违建”346处，3.14万平方米，腾退土地5.97万平方米，完成第三轮摸底“违建”99处，3567平方米，腾退土地7671.5平方米，任务内“违建”数全部清零。栽植各类景观树木3000余棵，喷绘文化墙1.5万余平方米，道路硬化3550平方米。重点打造了瑶湾、李家沟、西南沟、安平、庞家峪等亮点村。严厉取缔“散乱污”企业，共排查出“散乱污”企业31家。

【项目建设】 2017年，重点抓了投资1.1亿元的安平鼎丰瓦斯发电项目；投资1.1亿元的阳煤寺家庄低浓度瓦斯发电项目，正在加紧施工；投资1亿元的山西大寨华源药业项目，已完成主体工程；投资600万元的李夫峪氧化锌项目，已投产达效。新发展10万只大型肉鸡、柴鸡养殖基地2处，肉鹅养殖基地1处，实现年销售额110余万元。此外，特别注重了投资小、见效快、带富能力强的仿真花项目，以安坪为中心，辐射带动15个村300余人就业。旅游发展投入更足，以西南沟传统村落建设项目为契机，深度打造崇家岭生态游、毛家沟大院文化游、凤凰山休闲游，充分吸收剩余劳动力，增加农民收入。

【民生改善】 2017年，乐平镇重点实施“6+2”惠民工程，建立完善24个红白理事会、1个便民服务大厅，48个便民服务代理点、47个村级卫生室、8个日间照料中心、8个大公园、15个小游园。全年发放低保、“五保”困难救助金386万元，危房改造90户，报销医疗费用1697万元。乐平镇48个行政村、18个自然村中有一个行政村和一个自然村不参与土地确权，其余村的土地确权已经完成。加快推动温家庄、庞家峪、下讲堂、石山、中思乐5个村实施了农村引水安全巩固提升和维修养护工程。继续开展农村贫困户危房改造工程。严把政策关、程序关、验收关，全面保障建档立卡贫困户住房安全。严格把握住全年252户“五保”、360户低保评定工作。

【文化事业】 2017年，乐平镇积极推进基层公共文化服务工作，完善了镇村两级公共文化服务中心建设，各村村级综合文化服务中心建筑面积不低于200平方米，建立图书阅览室、电子阅览室、多功能活动室，文体活动广场配套活动器材，村综合文化服务中心配备1名专职管理人员。做到农家书屋免费开放，制度健全服务周到。成立了48支文艺队伍，做到了村村有队伍，全年下思乐、瑶湾等村代表乐平镇参加了柔力球活动，取得了良好成绩。

【安全生产】 2017年，乐平镇紧抓安全生产不放松，把安全生产作为发展的根基。年初与48个行政村签订安全生产目标责任书，明确责任，细化分工。扎实开展安全生产"大排查、大整治"专项行动和配合国家、省、市环保专项督查工作，规范有证洗储煤场5个，拆除非法洗煤场2个，清理不达标储煤场15个，排查安全风险点1400个。继续实行安全生产"日排查周上报月汇总"制度。实行隐患登记上报制度。充分发挥村安监员的作用，对涉及本村行政区域范围内的煤矿、非煤矿山、危化品企业、烟花爆竹、消防安全、道路交通、人员密集场所、建筑施工、地质灾害等行业，一旦发现安全隐患，立即上报。开展人人争当安全员活动。发挥企业主体作用，以安全生产"十个零"为目标，开展全员参与隐患排查，围绕企业标准化达标升级，实现安全生产过程风险管控。加强应急管理队伍建设工作。开展学习宣传《山西省安全生产条例》和《中共中央国务院关于推进安全生产领域改革发展的意见》活动。

大寨镇

【概况】 大寨镇位于县城南部，2001年2月16日由原大寨、洪水、杜庄3个乡合并而成，北与县城接壤连片，西与和顺交界，东南与赵壁乡、三都乡毗邻，属典型的北方干石丘陵山区。全镇总面积182.99平方千米，约占全县总面积的9.4%，下设57个行政村，14个自然村，总人口1.34万户，3.08万人。大寨镇具有丰富的煤炭、耐火材料、石灰石等矿产资源和虎头山森林公园、石马寺等旅游资源。镇政府位于中国名村——大寨村。

【经济综述】 2017年，大寨镇国民生产总值实现9.7亿元，其中农业产值约633万元，粮食总面积2477.47公顷，总产值1.65万吨，畜牧业产值2153万元；第二产业产值约2159万元；第三产业产值约3.17亿元。固定资产投资1.25亿元。全年人均纯收入9435元。

【组织建设】 2017年，大寨镇突出党委书记第一责任人职责，班子成员履行分管党建责任，明确全镇3大区、12片、57个支部书记党建职责。注重党员发展质量，严格按照发展党员的程序和要求，共发展党员17名，转正16名；加强"百村示范"党建创新工程，新建活动室3个，改扩建5个，提档升级4个，55个村活动场所均达标，同时整顿转化软弱涣散村党组织6个。健全“三会一课”、民主生活会制度、民主集中制等6方面、35项制度，实现用制度管人管事管钱，有效规范了党员干部行为。组织7300余人次参与“两学一做”知识竞答，并通过诗歌朗诵赛、学习贯彻十九大精神文艺汇演、主题党日活动、镇村微信学习平台、党史图片展等途径开展形式多样的学习活动。

【村级换届】 大寨镇于2017年10月26日全面启动村委换届选举工作，到2017年12月底全面完成了村委换届及交接的工作任务。全镇共选出主任57名，副主任23名，委员138名，共218人，其中女性41人。新一届村委成员中平均年龄47岁，其中45岁以下83人，占总人数的38%。高中文化以上的村主任共21人。

【精准扶贫】 2017年，大寨镇把脱贫摘帽作为首要政治任务。强化就业帮扶方面：环卫保洁、环境整治等岗位优先聘用贫困户，带动80多贫困户增收，共计4万余元；镇村实施的各类工程用工优先向贫困户倾斜，户均收益1000元；加强劳动就业培训，各项培训由县里特派专家到各村轮流授课，真正让贫困户学有榜样、做有办法；对外劳务输出优先聘用贫困户，解决就业问题。培育特色产业方面：大寨镇形成光伏、种植、养殖三大块产业形式，成立16个种养合作社，共带动全镇563户贫困户受益。集中光伏项目实施地点在安家沟村，200千瓦占地0.37公顷，占地费用5600元，带动安家沟和小南山各20户贫困户，每户分红3000元，总计12.56万元。散户光伏全镇安装12处光伏点，共计48千瓦，涉及3个村，12个贫困户，每户每年可稳定增收3000余元。种植合作社共有6个，带动全镇25个村的贫困户脱贫增收，种植油牡丹4.67公顷，黄桃套种中药材20公顷，药材射干、苹果树、玉露香梨共26.67公顷，中药材种植57.33公顷，黄桃套种药材射干1公顷。全镇共有养殖合作社10个，带动6个贫困村和5个非贫困村的贫困户增收。以“企业+合作社+贫困户”的形式，通过入股分红脱贫摘帽，带动全镇563户贫困户脱贫。

安家沟肉鸡养殖

【环境整治】 2017年，大寨镇违章建筑共计388处，面积15.62万平方米。限期拆除118处，面积1.51万平方米；责令整改18处，面积1.17万平方米；补办手续252处，面积12.93万平方米；截至12月底，总计拆除118处违建，涉及31个村，总拆除面积1.52万平方米，实际腾退土地4.36万平方米，大寨镇国、省、县、乡、村道重点区域违建实现清零目标。

治乱提质方面，全镇治乱提质资金共计投入约636.51万元，57个行政村实现“全行动”，集中打造一村一景特色村6个（大寨、河南、洪水、杜庄、潘掌、石马），累计对230处进行了有效整改。一村一街景一墙一主题建设。大寨镇文化墙建设完成5500多平方米，形成特色规模的村7个：河南村传统文化一条街、闫庄窝村的“梅兰竹菊”文化墙、洪水村的“国学知识”一条街、石马村的“党建知识”一条街、上郭庄村的“大寨精神”一条街、神堂岭的“村规民约”一条街，东沟村的“传统文化”文化墙等，将文化文明内化于心、实践于行，建设和谐优美、文明有序的美好新家园。

【民生保障】 2017年，大寨镇推行“一事一议”在杜庄、河南等21个村实施。累计实施项目10个，申请财政奖补额147.5万元，村民筹资人数1.19万人，自筹资金17.83万元，村集体投入9.20万元，批复建设包括环境整治、公共活动场所建设、村内道路建设、人畜饮水工程建设、维修水毁桥梁工程等项目。发放高龄补助金20.62万元；完成了特困人员的清理核查；发放残疾补贴17.7万元，295户共295人；优抚对象235人，其中包括在乡在职退伍军人54人补助73.31万元、烈士子女15人补助6.12万元、农村退伍军人153人补助26.62万元、新增农村退伍军人13户。本年度全面完成低保、“五保”任务，低保户790人共451户；“五保”户265户、共265人，集中供养19人；完成全民参保登记工作。2017年县里下达危房改造任务，已完成163户的改造。其中，一般户32户，低保户7户，建档立卡贫困户124户。土地确权方面，全镇57个村3.43万块地共计2574.3公顷，其中后龙凤垴未开展（52.07公顷），5个拆迁村暂不确权（209.31公顷），其余全部确权。

【文化体育】 2017年，按照昔阳县创建国家公共文化服务体系示范区的要求，大寨镇推进基层综合性文化服务中心建设，70%的村（40个村）综合文化服务中心都达到《山西省村综合文化服务中心建设服务标准》，为提高昔阳县公共文化服务水平，加快构建文化强县提供有力支撑。9月12日，配合完成“2017环中国国际公路自行车赛晋中赛段”昔阳赛区任务，大寨段起点为大寨红旗广场，途经15个村庄，乐平镇成立应急小组，保证赛道畅通，比赛顺利进行。

【林政工作】 2017年，大寨镇加强森林防火宣传，强化责任落实，加大火源管理和火案查处力度，全年无森林火灾发生；加强群众义务植树活动宣传，完成荒山造林106.67公顷，义务植树13万株，育苗21.33公顷；加强林业资源管护，建立镇片村三级护林网络，严厉打击野生动植物资源的违法行为，无乱砍滥伐、偷拉盗运和非法移植活林木情况发生；完善国家级公益林，完成9个村公益林面积322.53公顷；配合县林业局，做好退耕还林工程质量监督和后期管护工作。

【项目工程】 2017年，大寨镇固定资产投资任务数为4.3亿元，大寨镇固定资产投资项目4个，累计完成投资1.25亿元，全部是新建项目。大寨·知青红色年代记忆馆改建规划项目，4月开工，1月—10月累计完成投资1525万元。安家沟标准化鸡场建设项目，开工时间2017年3月，1月—10月累计完成投资4266万元。盛大庄园经济林建设工程，2月开工，1—10月累计完成投资3477万元。小南山牛场建设项目工程，2月开工，1—10月累计完成投资3270万元。

李家庄乡

【概况】 李家庄乡是昔阳县的北大门，地理坐标为北纬37°38′—37°40′，东经113°41′—113°48′之间，东邻界都乡，北与平定县交界，南、西与乐平镇接壤。乡政府所在地在南渡海村，距县城5千米。李家庄乡属丘陵地带，地势西高东低，平均海拔960米，境内最高山峰莲花山海拔1087.1米。全乡总面积38.05平方千米，占全县总面积的2.0%，耕地面积19176亩，占全县耕地总面积的4.16%。下辖安阳岭、黄龙辿、石寨沟、王家山、东庄、南庄、西庄、北南沟、石坪、北渡海、南渡海、先掌、铺沟、王家庄等15个行政村。全乡共有6691户，1.69万人。

【经济综述】 李家庄乡矿产资源丰富，有煤、铝矾土、耐火黏土、石灰石等。煤炭储量广、煤层浅、易开采，含煤面积11.4平方千米，已探明储量9600万吨，胜利煤业和北坪煤业两个整合矿井，年产量分别为45万吨、90万吨。

【粮食生产】 2017年，李家庄乡农业以种植玉米、谷子、豆类为主，推进以双孢菇种植、温室大棚蔬菜种植、经济林种植为主的农业产业化建设。

【项目工程】 2017年，投资500万元，创建现代农业示范园。其中，合作社240万元，生产性企业232万元，种养大户28万元。现代农业示范区核心片区总体思路是以让农民充分分享农业产业化增值收益为出发点和落脚点，以培植农业新型经营主体为重点，按照各级打赢脱贫攻坚战的决策部署，围绕农民专业合作社、生产性企业、种植大户深入推进，改变传统的散户小规模经营，新型经营主体占据绝对的主导地位，产业化链条进一步延伸，实现小区域范围的现代农业三大体系全配套，生产力和生产关系双发展。投资200余万元，建设北渡海村莲花山山地公园。乡村两级共同筹资，改善莲花山基础设施，在山顶新建观景台，在山底硬化场地300余平方米，计划增设健身器材，新建体育运动场，供村民及外来游客娱乐。北南沟新村为昔阳县重点移民搬迁工程，总用地面积3.65万平方米，总建筑面积3.36万平方米，包括砖混结构住宅楼6栋，学校—村民活动中心一栋，村办公楼一栋，礼堂一座，以及村民活动广场、道路等附属设施。建成后，将成为集住宅、办公、文化活动、道路、公园绿化为一体的综合住宅小区。至年底，北南沟小学已投入使用。6栋住宅楼主体已完工。

【城乡环卫】 2017年，李家庄乡针对在“五抓五提升”环境综合整治攻坚行动中凸显出的问题，因地制宜、一村一策，实行精细化管理。至年底，全乡已拆除违建223处，共计2.88万平方米，腾退土地3.97万平方米，完成率100%。207国道沿线已完成绿化带补植补种1900米，其中包括400余棵油松、420株灌木黄刺梅、46株海棠，粉刷国道两侧立体墙面8700余平方米。全乡15个行政村共计投资404万元，已完成墙面粉刷4万余平方米，新建小公园5个，各类文化墙2300余平方米。

【社会管理】 2017年，南渡海、北渡海、铺沟、王家庄、石坪、东庄、南庄7个村共2281户接入天然气管道，其中1414户完成壁挂炉安装，临时气站主体设施已完工。李家庄乡共有行政村15个，至年底，土地确权工作完成清查摸底工作的村数15个。土地确权开展确权村数12个，占全乡的80%，涉及农户5277户，土地886公顷，剩余东庄、西庄、北南沟3个村因露天开采，土地未复垦暂不确权，只开展了前期的清查摸底工作。至年底，全乡12个确权村均已签订合同。

【组织建设】 2017年12月5日圆满完成换届任务，共选出支部书记、村委主任各15人，其中，“一肩挑”的3人，支部成员69人，村委成员73人，全过程始终保持稳定。乡党委坚持把基层党建工作纳入经济社会发展全局来谋划、布局，以党建促发展，抓党建惠民生，全乡基层组织建设和各项工作呈现出整体推进、重点突破、创先争优的良好态势。全力塑造两级班子“内核”。全面履行党建主体责任。按照“可量化、可考核、可追究”要求，将基层党建“软任务”分解为清晰、具体的“硬指标”，落实“确定目标、逐月推进、定期督导、年终考核”机制，使厘清责任与落实责任同步，使党建主体责任传递到每一根“末梢神经”。

三都乡

【概况】 三都乡位于县域南部，地理坐标为北纬37°26′—37°32′，东经113°40′—113°44′。属山地地带，地势东南低、西北高，平均海拔1052米，属温带大陆性气候区，年平均气温9℃。北边、西边紧邻大寨镇，南接和顺县，东连赵壁乡，界李线、毕路线、杜北线纵横交错，交通便利。全乡总面积70.13平方千米，约占全县总面积的3.6%。下辖14个行政村，4个自然村。全乡共有人口10278人，占全县总人口的4.58%，人口密度为149人/平方千米。耕地为11157亩，人均耕地为1.08亩。煤、铁、铝钒土资源丰富，特别是铝钒土探明储量达2100万吨，是全县的经济强乡。境内有著名的西峪惨案遗址，是省级爱国主义教育基地、红色旅游景区。

【组织建设】 2017年，三都乡把基层党组织建设作为党建工作的首要任务来抓，不断强化基层党组织成员的政治理论学习，持续推进“两学一做”学习教育常态化制度化和开展维护核心见诸行动主题教育活动。党的十九大召开后，乡党委以各种形式入村宣讲、入户宣讲学习党的十九大精神，切实把全乡广大党员干部群众的思想和行动统一到了党的十九大精神上来。建立健全各项规章制度，严格执行民主集中制，加强和规范“三会一课”制度、党费收缴等组织管理制度建设。建立党委委员党建工作联系点制度，要求每个党委委员每周到村支部检查指导工作不得少于2次，乡党委每月至少召开一次专题会议，听取工作情况汇报，研究解决重要问题。

【村级换届】 2017年6月，三都乡全面启动村级“两委”换届选举工作，到2017年11月底全面完成了村支部及村委会的换届选举任务。以村级“两委”换届为契机，选优配强了村党支部书记、村委主任，健全了村级“两委”班子和其它基层组织。

【脱贫攻坚】 2017年，三都乡成立了脱贫攻坚领导组和扶贫工作站，制定了《2015年—2017年经济社会发展规划意见》和《三都乡“十三五”脱贫规划》及分年度计划，出台了《三都乡建档立卡实施方案》《三都乡建档立卡“回头看”实施方案》。研究扶贫攻坚工作专题会议不少于20次，细化工作任务、压实工作责任，全面落实中央、省、市、县的各项特惠、普惠政策。至年底，全乡低保668户1141人、“五保”119户119人，做到了应保尽保，特困户救助533户，救助金额61.8万元。全乡危房改造510户，改造补偿总金额714万元，贫困户132户，补偿总金额184.8万元。易地移民搬迁80户217人。大学生资助22人，资助金额11万元。“雨露计划”资助67人，补助金额13.4万元。建档立卡困难家庭学生享受资助190人，金额23.15万元。贷资入企86户，分红金额23.65万元。落实扶贫水毁项目7个，资金103万元。60岁以上贫困人口城乡居民养老保险参保率达到100%，贫困人口城乡居民医保参保率达到100%。严格贯彻上级健康扶贫“双签约”政策，村医、乡卫生院、县医院三级医生与全乡278户325人的贫困户签订了健康扶贫协议，并且村医与乡村干部经常入户，跟踪服务，解决了全乡贫困户看病难的问题。义务教育阶段无辍学儿童，群众幸福指数和满意度不断提高。全年，脱贫583户1035人，贫困发生率由2014年建档立卡时的25.22%降到2017年年底的0.59%。

【民生工程】 2017年，全力完善基础设施和公共服务设施建设，投资497.7万元，完成了翟絮、黑洼、李家河、韩家沟4村的通村道路建设；投资184.26万元，在西峪、黑洼、吕二岩、翟絮4村实施饮水安全巩固提升工程；完成新造地150亩；完善提质了村民活动室7个，日间照料中心5个，村民文化阅览室14个（贫困村7个），村级卫生室14个（贫困村7个）；全乡栽种树木10万棵，修建3个小公园，垃圾池165个（贫困村64个），街心公园 1.28 万平方米（贫困村 4800 平方米）。

【综合治理】 2017 年，三都乡围绕“平安三都”建设的奋斗目标和总体要求，严格按照上级要求成立了三都乡社会综治工作中心，深入推进中心工作建设，严格落实工作职责和工作制度，制作综治工作中心版面 8 块，将制度上墙，14 个行政村成立了矛盾调解中心，完善办公场所，配备心理疏导员（村医兼任）。翟絮、井沟、西峪、路家峪 4 个村安装了监控摄像头，对维护治安起到了积极作用。创新工作思路，推行乡统一指挥，村级群防群治，民警包片（一村一警）联合防控工作体制，完善防控预案，集中整治突出治安问题，杜绝了各类案件的发生。通过开展安全生产隐患大排查、大整治行动，妥善处理各类信（上）访事件，全面加强矛盾纠纷化解，全乡各级调委会共排查调处各类民间矛盾纠纷 134 起，成功调处 134 起，调处成功率 100%。全年共接待来访群众 160 人（次），受理网上信访件、上级批件和群众来访，共登记信访案件 69 件，其中反映村矿矛盾 18 件、占地补偿 9 件、福利享受 1 件、宅基地纠纷 2 件、户口办理 3 件、安置补偿 2 件、涉军群体 2 件、土地纠纷 2 件、其他 30 件。全年办结信访案 59 件，发生一起赴晋中市上访。

【安全生产】 2017 年，三都乡成立了安全生产监察队，召开安全生产工作例会 12 次，落实领导干部“一岗双责”安全生产责任制，切实把安全生产工作放在心上，抓在手上。落实安全生产目标管理责任制，将目标任务和控制指标层层分解下达至各村、企业，并逐级签订责任状，层层抓好落实，确保责任到位。把道路交通、非煤矿山（矾石）、学校等场所作为专项排查整治重点。对排查出的隐患情况进行整改。全年未发生一起安全生产事故。

【拆违治乱】 2017 年，三都乡党委政府召开专题会议认真研究部署整治工作，确定整治重点，扎实安排各项工作。在各村显要地段悬挂“拆违治乱提质”宣传横幅和标语 30 余条，张贴《“五抓五提升”环境卫生大整治通告》80 余张，并通过农村广播播放《“五抓五提升”环境卫生大整治通告》，最终让“拆违治乱提质”整治行动家喻户晓，深入人心。拆除违建 69 处，总面积 1.03 万平方米，腾退土地面积 1.75 万平方米。界李线三都段、翟絮进村道路、路家峪进村道路、西峪沿街道路、延家底村、旮旯口进村道路完成绿化种植松树、柏树 2200 余棵。路家峪村、翟絮村实现村外圈养牲畜 7 家（总计 2700 只羊），路家峪村口绿化 100 平方米。西峪村新修公园 1000 平方米，完成纪念岩壁整修。全乡出动机械 300 余次，人力 800 余人次，清运垃圾 2000 余立方米。新建或改建文化墙 3440 平方米。

【乡风文明】 2017 年，三都乡开展了“优秀共产党员”“三都好人”“和谐家庭”“创业带头人”四个评选活动，并在各村开展了“两示范一标兵”评选活动，宣传正义美德、弘扬正能量。加强文化基础设施建设，进行公共文化服务体系示范区建设活动，完善提质各村的图书阅览室和综合文化服务中心，激发群众参与文艺活动的热情。积极配合文化部门开展好文化下乡活动，丰富人民群众的文化生活。农村电影放映工程稳步推进，文化活动频率逐步提高。把法治文化纳入公共文化服务体系，制作法治宣传栏20余栏，喷绘宣传标语12条，走村入户进行法制宣传12次，宣讲法律课程10次，提高全乡居民的法律意识。

【产业项目】 2017年，三都乡大力发展贫困村产业项目，采用“公司+合作社+贫困户”的模式，发展龙头产业，增强带动效应。全乡共有扶贫合作社13个，在带动贫困户脱贫增收上起到了重要作用。乡政府投资30万元为西峪、井沟、小咀垅底为主的旅游区做了总体规划，成立了三乡之都旅游开发公司，兴办农家乐7户，开发了“1314”徒步路线；成立了集旅游观光与产品销售为一体的“山西东合丰牧农牧产品开发有限公司”，并建成了一期肉牛屠宰加工项目；建成了申邦强峪小杂粮加工厂。以上龙头企业，为全乡经济发展注入活力，为农业转型发展注入动力，能够有效带动养殖产业的发展，形成可持续性的产业发展链条。

【亮点工程】 山西东合丰牧农牧产品开发有限公司，是集旅游观光与产品销售为一体，从事肉牛养殖、屠宰、分割、肉制品深加工及熟制品的生产和销售的一所农牧产品开发公司。公司成立于2017年3月，注册资金3000万元，地址在昔阳县三都乡西峪村8号。公司投资3400万元，租用三都乡人民政府农场建设用地，建设包括屠宰车间、生产车间、库房、办公场所，共计3000余平方米的牛、羊屠宰加工基地一座，加工基地设计生产能力年屠宰加工肉牛、羊1.8万余头。西峪小杂粮加工厂，由昔阳县申邦强峪农牧专业合作社牵头，全村175户贫困户参与其中，总投资140万元，其中晋中市审计局争取资金30万元，山西省财政帮扶贫困村资金100万元。加工厂占地面积700平方米，建筑面积460平方米，安装小米全自动加工机械和杂粮加工机械。昔阳县三乡之都旅游开发有限公司成立于2017年3月，注册资金100万元，地址位于昔阳县三都乡西峪村。通过自筹、融资、引进公司经营的方式，投资2.4亿元，打造西峪村、小咀垅底村、井沟村连片开发的集红色革命教育、徒步生态园、民俗文化村落观赏为一体，观景、体验、农业科普贯穿全程的大旅游项目。已完成投资570万元，建成西峪红色广场、西峪惨案烈士纪念碑、西峪惨案博物馆、纪念亭及相关的绿化建设、井沟村文化广场及雪龙生态园、西峪村到井沟村29千米往返徒步路线。

赵壁乡

【概况】 赵壁乡位于昔阳县东南，距县城25千米，下辖40个行政村和6个自然村，人口2.5万人，耕地4466.67公顷，有贫困户3894户8618人。于2001年2月16日撤乡并镇，由原赵壁乡、凤居乡、白羊峪乡合并而成。赵壁乡是昔阳县最大的农业乡镇。乡党委政府围绕项目建设、基层党建、脱贫攻坚、环境整治等各项中心工作，拼搏奋进争上游，实干担当创一流，推动全乡经济社会各项事业取得长足进步，特别是随着阳煤化工园区的落户扎根、双孢菇产业的发展壮大，全乡工农副业齐头发展，基础建设持续改善。

【经济综述】 2017年，赵壁乡经济总收入3.6亿元，人均增收501元，农业人均可支配收入7261元。

【经济发展】 2017年，赵壁乡新型工业升级步伐加快。依托昔阳县规划建设昔阳经济开发区的重大历史机遇，引进了3家企业都将在2018年开工建设。据估计，现有项目全部达产后可实现产值30多亿元。黄岩220千伏变电站建成投入使用，连接317省道的9.8千米高标准园区道路完工通车，通讯网络实现全覆盖，全乡工业发展基础厚实。

特色农业增效势头强劲。晋中双孢菇产业发源昔阳，昔阳双孢菇起步赵壁乡。从2009年起步种植以来，全乡双孢菇种植稳定在30万平方米，全乡农民人均增收536元，带动就业2428人，成为双孢菇之乡。四通润农菌业被国家标准委确定为国家双孢菇标准化栽培示范项目，2015年赵壁乡被国家质检总局命名“国家级出口双孢菇质量安全示范基地。”2017年，对双孢菇产业继续提质增效，通过前东峪晋泰菌业双孢菇烘干切片加工和东平原蔬菜加工，形成集种植、生产、储存、加工、销售为一体的产业链条。全乡积极发展新兴产业促增收，因地制宜地发展苹果、黄桃、玉露香梨、辣椒、杂粮、中药材等产业，拓宽农民增收新渠道，特色农业越来越成为全乡农民发家致富的“香饽饽”。依托金刚禅寺，打造集宗教文化体验、山水生态游憩、乡村民俗度假等于一体的乡村休闲文化游。

【民生事业】 农村道路方面，2016年至2017年，实施公路提质完善和窄路面拓宽等公路建设项目15个，改造里程60余千米，丰稔路、楼坪沟，赵壁至石瓮段、口庄至白羊峪段等也相继完工通车，“四好”农村公路成为全乡脱贫攻坚战的新引擎和美丽乡村建设的新走廊。

2017年重点解决了徐峪、陈家庄、李家坡、脉山头等村网络信号。全乡40个行政村已经全部实现通讯信号覆盖。全年共投资179万元，对10个村进行了水利工程改造。全乡40个村全部实现安全饮水。全年共改造231户，补助资金323.4万元，改善村民的生活条件。在川口建设1个流动养老院。

【公共服务】 2017年，赵壁乡教育资助方面享受学前资助的幼儿共38人，享受义务教育阶段“两免”的学生为413人，“一补”的为50人，享受“阳光助学”的学生共计16人，享受“雨露计划”的学生99人。

【医疗保障】 2017年，赵壁乡新农

合参保人数为2.22万人，参保率达到96.6%，其中8641名贫困人口参合率达到100%。享受大慢病报销的1909人（次），补偿金额29万余元。全乡共有40个卫生室，健康扶贫入户837户，惠及915人。

【民生保障】 全乡共有“低保”944户，1569人，“五保”294人，其中集中供养9人，分散供养285人，做到了应保尽保，全乡共运行日间照料中心22个，其中2017年新运行7个，为236名老年人提供一日三餐和休闲娱乐的场所，保证老有所养，老有所乐；享受临时救助的有1200余人，救助金额达160万；享受高龄老人补贴的612人，共计20.27万元；享受残疾人护理补贴的353人，合计21.18万元；优抚对象276人，发放优抚金63.57万元。

【环境整治】 2017年，赵壁乡党委政府秉承“绿水青山就是金山银山”的理念，以彻底改善农村农民的生产生活条件为目的，开展拆违治乱提质的环境整治行动。全乡共拆除违法建筑230处，面积1.45万平方米，腾退土地5.1万平方米。清理生活建筑垃圾636堆，整理不规范绿化带5处，修补缺失照明设施13处，修复破损路面6450平方米，整治牲畜散养点9处，整治违规加水点2处，整理无序电杆15处，农村脏乱差得到了根本性转变。全乡增设入村标识景观石21块，新建农村小游园13个，新建公厕20个，垃圾池55个，砌筑各类围挡墙4600平方米，硬化街道广场1.7万平方米，新栽植绿化树木9000多株。塑造文化主题宣传墙，喷涂墙面15000多平方米，建设新型文化墙4300平方米，累计投入资金1000多万元，打造一村一特色样板村6个、双示范村35个。

【脱贫攻坚】 2017年，赵壁乡坚持脱贫帮扶与主动增收相结合，产业扶持与劳务增收相结合，脱贫退出与稳定增收相结合。各村帮扶单位因村制宜，科学制定帮扶措施，对照贫困村和贫困户退出标准开展工作。按照昔阳县建立“县领导包点、乡镇主抓、部门帮扶、工作队驻村、干部包户”责任体系，800多名干部开展“不落人、全覆盖”帮扶。在南横山、北思贤等村建设村级电站9处2638千瓦，覆盖26村，已全部并网发电，该项目的实施除可实现贫困村的集体经济破零，带动520户贫困户户均增收3000元。全乡带资入股额1245万元，自主创业贷款1139.7万元，共计2834.7万元。根据各村实际情况，按照“六个一批”“六个精准”的要求，突出“特色种植、畜牧养殖、培训就业、易地搬迁、光伏扶贫、金融扶贫、特色加工、新增造地”八大工程，脱贫攻坚工作序时推进。

【特色产业】 2017年，在双孢菇等菌业种植提质增效基础上，香菇、平菇、黄金针菇、秀珍菇产业在赵壁乡逐步做大做强。发展林果经济，在西平原、李家坡等村种植玉露香梨20.67公顷，黄桃20公顷。中药材种植，18个村种植柴胡、板蓝根、连翘等药材106.67公顷。水深订单种植辣椒3.33公顷，脉山头种植荞麦杂粮5.33公顷，楼坪等六村种植黑小米8.6公顷。特色种植产业可带动贫困户 987 户 2253 人。

赵壁乡畜牧养殖项目共涉及 24 个行政村 44 个专业合作社，50 个散户养殖，发展驴、牛、羊、猪育肥，梅花鹿特种养殖。可带动贫困户 1112 户 2547 人。通过前东峪晋泰菌业双孢菇烘干切片加工，东平原蔬菜加工、黄岩服装加工，仿真花制作，斜峪沟、东寨、梨园掌等农产品加工等小微企业带动 335 户贫困户增收。

【培训就业】 2017 年，赵壁乡贫困户中身体健康状况为健康的普通劳动力共有 2792 户，5074 人，按照贫困户申报意愿，积极联系农委、人社局进行产业和就业培训，年内已进行产业项目培训 6 期，培训人员 287 人。

【易地搬迁】 2017 年，赵壁乡全乡符合易地搬迁申报条件的共 9 个行政村，6 个自然村，2017 年，共申报 56 户 139 人，全部完成搬迁。全年在脉山头、李家坡、北岭沟、东平原、南思贤新增造地 33.33 公顷，带动贫困户增收。

闫庄乡

【概况】 闫庄乡位于山西昔阳县城东南，在县城东北 25 千米处。东与孔氏乡接壤，南与皋落镇毗邻，西连赵壁乡，北接界都乡、东冶头镇，总面积 105.39 平方千米，辖 14 个行政村，总人口 9089 人，总户数 3460 户，全乡可耕种面积 2052.4 公顷，人均耕地 0.23 公顷。是昔阳县的重点产粮区之一，主要农作物有玉米、谷子、豆类等。乡政府驻地闫庄村。

闫庄乡地势西高东低，东部山峰重叠，最高处 1262.9 米；中西部丘陵起伏，形成天然盆地，土地肥沃，是一个典型的纯农业乡镇，也是昔阳县重点产粮区之一。留皋公路、冶赵公路、闫西公路在闫庄村交会，交通便利。闫庄乡政府下设 14 个机构，其中包括财政所、纪检委、畜牧站、林业站、水利站、民政所、劳保所、计生站，农技推广站、合医办、妇联、文化站、土地所，共计 39 人。另外还有 16 个党支部，包括 14 个村委党支部、联校支部以及机关支部，共计 56 人。

【林果业】 2017 年，闫庄乡苹果种植面积已达 245.33 公顷，已由台上村发展到峰洼、张柱、楼上、民安等邻村，形成连片发展势头。引导推进药材种植，中药材种植合作社已超过 10 个，种植规模达到 346.67 公顷，成为全乡的标志性产业。

【特色产业】 特色产业壮大。2017 年，百科盛农牧有限公司成功运营，该企业总投资 1700 万元，项目占地 1.33 公顷，已全部完工。该企业主要开展农技培训，农资销售，玉米、药材收购等，已流转 6 公顷试验田进行种子试验，对全乡农资提供、农产品销售起到不容忽视的作用。扶持民安村山鸡养殖项目。该项目已经落实了养殖用地，基本建成完工，各种证件也几近办成。建成后，将配套孵化室、育种室等多套设备，山鸡养殖规模达到 1 万只左右，为闫庄乡特色产业发展注入新动能。

【土地利用】　做好土地开发。2017年，推进造地43.33公顷。做好土地改良。年初在东庄、张家庄等开展66.67公顷土地的垫地工程，促进丰产增收。

【环境整治】　2017年，闫庄乡坚持以改善人居环境为目标，拆除违建、清理四堆、优化环境。至年底，共拆除违建104处，违章建筑面积6377.96平方米，腾退土地1.32万平方米。在此基础上，以“一村一主题、一街一景点”为目标，大力开展环境整治提质工作。绘制文化墙1000平方米，喷绘外墙2.2万平方米，种树5000棵，种花50千米，维修景点40个，共计投资298.6万元。

【脱贫攻坚】　脱贫攻坚聚力推进。全乡共有建档立卡贫困人口1712户，3871人。坚持产业发展助推脱贫攻坚的总体思路，确定了“光伏、金融、药材、养殖、水果、加工”等特色产业扶贫措施，对接产业扶持政策，积极争取项目资金，使产业发展和政策扶持无缝对接，形成了“政策扶持、主体带动、群众参与、全产业覆盖”的良好局面，取得了贫困村“六有”目标全部完成的优异成绩。光伏发电稳定收益，新建村级光伏电站6座，装机容量1100千瓦，带动11个贫困村集体经济收入分红16.5万元，带动贫困户220户，每个贫困村20户，户均收入3000元；新增户用分散式光伏电站45户，每户年均收入在4000元以上。种养加链条式发展。特色种植养殖发展迅猛，涵盖猪、牛、羊、鸡、山鸡、孔雀、大雁养殖，水果、药材种植和粮储加工等诸多产业环节，申报产业扶贫项目42个，其中养殖类26个，种植类16个，带动贫困户1200户（养殖产业725户，种植产业475户）。金融扶贫红利普惠，全乡金融扶贫带动贫困户达577户，其中贷资入企贫困户272户，户均收入2750元，自主创业贷款115户，周转金红利90户，户均收益560元。全乡有4个村的28户贫困户享受易地搬迁政策优惠，70人享受易地搬迁政策。社会兜底保障有力，全乡低保、“五保”类贫困户429户642人。通过一系列帮扶措施的对接落地，实现了全乡建档立卡贫困户全产业带动，全方位覆盖的良好效果。

【土地确权】　土地确权圆满收官。闫庄乡共辖14个行政村，3个自然村，自2014年起，通过试点先行，陆续推进各村开展确权、登记、颁证试点工作。2017年，已全部完成三榜公示，全部签订合同，此次土地确权共涉及承包户3210户，二轮合同面积207.47公顷，分地人口8291人，承包地块1.35万块。

【民生工程】　2017年，赵壁乡投入公路及乡村道路建设的资金高达1300万元，重点投资的韩库线拓宽硬化工程张家庄路段全线贯通，鸦窝至西掌路段全部完工。东庄村3.5千米的村道硬化工程有序进行。“6+2”工程建设稳步推进。投资31万元，建设了7个村级卫生室，实现卫生保健和村医诊疗全覆盖。投资10万元，在峰洼建一所日间照料中心。公共运行项目全覆盖，投资 42 万元，每个行政村在改善生产生活设施、服务功能上实现了新的提升。

【防火防汛】 2017 年，闫庄乡认真落实森林防火责任制和防洪救灾应急预案，明确责任，广泛宣传，强化巡逻，规范管控，逐级分区划片落实责任。建立专业队伍，配备瞭望员、巡查员、守护员，实行特险期全天候值守制度。安全生产警钟长鸣，扩大工作范围，加强对农机安全、企业生产安全类别外的食品、道路、学校、客运、消防、用火、特种设备等多个领域的安全监管。

【村级换届】 2017 年 9 月，闫庄乡全面启动“村级两委”换届选举工作，到 2017 年 12 月底全部完成。新一届的“两委”班子成员在年龄、性别、文化程度等方面较上一届明显优化，为加快农村基层党组织建设，巩固党的执政基础，促进本乡农村全面协调发展奠定坚实的组织基础。

皋落镇

【概况】 皋落镇位于昔阳县城东南约 39 千米处，是晋、冀两省和昔阳、和顺、内邱 3 县交界处，3 条出省路与河北省贯通，交通较为便利，区域面积 188.32 平方千米。皋落镇境内地形东南高、西北低，山地和丘陵占总面积的三分之二。境内白羊山主峰海拔 1884 米。皋落镇森林资源丰富，林地面积 1.3 万余公顷。全镇共 18 个行政村，4996 户，1.18 万人，耕地面积 2344.8 公顷，是昔阳县粮食主产区之一。境内有昔阳县古八景之一的“皋落奇峰”。镇政府位于昔阳县第一大村，也是太行文化名村皋落村。

【经济综述】 皋落镇是昔阳县的农业大镇，农业是皋落的支柱产业，是农民增收的主渠道，全镇共有耕地 2266.67 公顷，全面完成土地确权工作，积极引导农民选用优质良种，大力开展农业实用技术培训，确保粮食稳产增收；苹果树种植面积达 200 公顷，着力用好打响“杨赵河”商标，推动苹果产业提质增效；大力实施核桃低产林改造工程，完成低产林改造面积达 60 公顷，挂果面积达 366.67 公顷；柴胡、板蓝根、连翘等药材种植面积 233.33 公顷，成为农民增收致富的好渠道。

镇党委政府把旅游业作为农业发展，农民增收的抓手，以发展全域旅游为切入点，以秀丽皋州旅游开发公司为依托，大力发展红色文化游、自然风光游、田园体验游、穿越徒步游和古村自驾游，完善瓮山景区基础设施建设，打造碧霞观生态旅游观光园，举办首届碧霞观生态旅游与农家美味艺术节，积极延伸产业链条，丰富旅游产品，提升经济效益。坚持把招商引资作为发展的重中之重，全力做好招商引资这篇大文章，引进计划总投资 1.42 亿元的鑫锦石英石厂项目，前期已完成投资 2000 万元，至年底，工程主体已完工，已进入设备调试阶段；引进的晋晶、泰荣顺新型建材厂，已开工建设。

【脱贫攻坚】 2017 年，皋落镇采取

“专业合作社+基地+贫困户”的产业扶贫模式，以发展产业带动农村劳动力就业，促进贫困群众增加种养收入，实施24个特色产业扶贫项目，其中养殖项目12个、种植项目12个，项目内容包括牛、羊养殖和黄桃、中药材、蔬菜种植，共带动443户872人，24个产业扶贫项目全部与建档立卡贫困户建立利益链接机制，贫困户最低可享受500元分红，最高享受2620元红利。30户贫困户还实施散户养殖，带动62人增收。

紧扣技能培训和就业促进主线，提高贫困家庭劳动力就业培训实效。利用贫困户就业对接和相互支持机制优势，实现就业供需信息有效对接，加大贫困劳动力转移输出力度；落实面向贫困群众的公益性岗位，全面完成各类贫困人口培训任务，拓宽农民致富渠道，158人进行劳动技能培训，35人得到就业岗位。

用足用好金融扶贫政策，91户贫困户实施小额贷款434万元，230人受益，59户贫困户实施贷资入企，127人受益。同时，用好用活集体产业发展基金，采取“村集体+合作社”的模式，参与收益分配，引导鼓励广大群众参与集体经济建设，夯实集体经济发展的群众基础和投入保障。

【民生改善】 2017年，皋落镇党委、镇政府高度重视以改善民生为重点的惠农政策的落实，着力解决群众的利益问题。以镇道改善提升、行政村村道扩宽、建制村道路硬化为重点，争取上级资金，高标准铺设皋落至车寺、马蝉咀、小东峪3条9.7千米乡村路，窄路面加宽罗家井、西庄、碧霞观3条4.5千米出村路，极大地方便了群众的出行；以人民群众住有所居、居住安全为目标，实施农村危房改造，共改造173户，现已全部竣工，群众居住条件得到明显改善；实施“煤改气”工程，在皋落、南庄、库城三个村进行试点，共涉及1490户，并建成供气站点1个，改善了群众的人居环境创造条件，新建占地面积6720余平方米皋落镇医养中心，维修翻新窑洞20孔，硬化大院3772平方米，拆除土石方246方，工程的建设，使老弱病残人员有所居、有所养、有所医、有所乐，实现了护、养、医无缝对接，成为弱势群体安享晚年的新家；以建设美丽乡村为目标，大力开展环境整治，拆除违建45处，清理生活建筑垃圾230堆、小广告140余条、道路两侧杂草杂物5200余米，清理河道3000余米，修复路边矮墙3000余米，栽补树木3500余株，新建垃圾池41个，硬化场地2000余平方米，喷涂墙体20000余平方米，绘制文化墙3600余平方米。

界都乡

【概况】 界都乡位于县域中部，由原界都乡、瓦邱乡合并而成，地理坐标为北纬37°36′—37°41′，东经113°46′—113°54′，东邻冶头镇，南靠闫庄、赵壁两乡，北与李家庄乡和平定县接壤，西与乐平镇相连。省道317横贯东西，形成“一川四沟”之全景，交通便利。乡政府设在北界都村，距县城 17 千米。

界都乡地势西南高，东北低，由一川四沟构成，属山川地带。平均海拔 1050 米，最高处 1349.9 米。四道沟内山多地少，道路崎岖不平，沟深坡陡。松溪河穿境而过，但枯水期潜流于地下，导致水资源缺乏。年平均气温 9.3°C，无霜期 155 天—162 天，平均降水量 480 毫米左右，且分布不均，是昔阳最干旱的区域。

界都乡总面积 130.35 平方千米，约占全县总面积的 6.7%。下辖 23 个行政村，4 个自然村。界都乡共有 6243 户，13802 人，占全县总人口的 5.8%，人口密度为 106 人/平方千米。耕地面积为 2631.4 公顷，占全县耕地总面积的 8.4%，人均为 0.19 公顷。

【公共设施】 2017 年，界都乡共有村级组织活动场所 23 个、标准化幼儿园 4 个、大众食堂 8 个、村民活动室 23 个、红白议事大厅 5 个、街心公园 8 座、老年人日间照料中心 8 个。

【经济建设】 2017 年，界都乡传统种植产业有玉米、谷子、大豆，新型种植产业以中药材为主，主要品种有板蓝根、决明子、连翘等。养殖业以猪、牛、羊、肉鸡等为主。另有农副产品加工业、光伏发电、仿真花制作。全年经济总收入 7990.19 万元，其中农业收入 1636.15 万元，实现农民人均可支配收入 6025.35 元，同比增长 8.19%。其中，人均工资性收入实现 4168.41 元，同比增长 8.57%；人均家庭经营性收入 1275.25 元，同比增长 3.79%；人均财产性收入 59.21 元，同比增长 23.3%；人均转移性收入 522.43 元，同比增长 15.4%。

【项目建设】 经济开发区区域划定涉及界都乡北界都、南界都、柏叶底 3 个村。界都乡新建年产 50 万吨环保节能自动化竖窑活性石灰项目，投资主体为山西晋祥能源投资有限责任公司。建设地址位于昔阳县界都乡北界都村荆泉沟，工业广场拟占地面积约 4.4 公顷，矿区面积 51.67 公顷。主要建设内容土建工程包括通路、通水、通电、平整场地、成品库房、综合办公楼、料场等。安装工程有破碎机组，3 套 6 座环保节能竖窑自动化生产线，磨粉机组，中控室等设施。

长岭传统村落 2014 年成为中国第三批传统村落，2015 年 2 月规划传统村落保护与复修。2016 年 4 月古村落保护维修工程正式动工。2016 年 10 月被评为中国景观村落。2017 年投资 180 余万元，集中对 9 个古院落进行维修保护。投资 150 万元，开展村庄美化、亮化、硬化工程建设，

陈家北窑北楼

3000余米主下水管铺设工程已经完成，完成下水管的入户对接，做到全部污水并网集中处置。投入10多万元栽植各类绿植花木，新增路灯20盏，投资80余万元，对160余户农厕进行了改造，投资50多万元修建了4000平方米的生态停车场，新建了2个高标准的旅游公厕，投资30余万元对学大寨时期的排房进行了整修和美化。

【脱贫攻坚】 界都乡按照2014年标准，精准识别贫困村23个，建档立卡贫困户2569户，贫困人口5528人。2016年完成10个贫困村整村退出，2014年至2016年，共计退出贫困户1894户4315人。2017年8月动态调整后全乡共有建档立卡贫困户2550户5495人。剩余的13个贫困村实现整村退出。截至11月29日，乡级公告已全部公示2017年减贫747户1355人、复合2016年以前脱贫1771户4084人、预留未脱贫户29户49人。

【肉鸡养殖】 2017年，界都乡与昔阳县厚基伟业农牧科技有限公司跨区域合作，采取“公司+合作社+农户”的异地养殖的方式，全乡14个贫困村成立12个合作社吸纳930户贫困户入股，养殖肉鸡19.5万只。晋中市煤炭局为帮扶的团大庄、团前庄、东峪、石门、里车掌5个村每村出资15万元作为股金入股昔阳县厚基伟业农牧科技有限公司，每村每年分红1万元，壮大了村级集体经济。930户贫困户每户入股1000元，每年可分红1000元。2017年度的红利98万元已全部到位（贫困户分红93万元，5村集体分红5万元）。

【光伏项目】 界都乡2017年在北界都、崔家庄、西固壁等7个村建立了7个集中光伏基站，装机总容量1950千瓦，总投资1560万元。于2017年6月30日并网发电，辐射带动的19个村380户贫困户每户每年增收3000元。另外，建有基站的7个村每村每年分红2万元，其余16个村每村每年分红9000元用于集体经济破“零”。团前庄、大瓦邱、长岭、里安阳沟4个村的34户贫困户实施了屋顶式分散光伏项目，每户享受财政补贴2万元，年均增收5000元以上。

【仿真花加工】 昔阳县仿真花制品加工产业脱贫项目位于昔阳县界都乡北界都村，项目实施主体为山西秀芳仿真花制品有限公司，以界都旧中学闲置资产为场地，占地1.1公顷，投资500万元，已安装各类加工机械设备36台，并长期雇用北界都村贫困户30余人参与制品加工、公司管理服务等工作，人均月工资1000元。

该项目无污染、占用土地少，可复制、易推广、见效快，能就地消化农村剩余劳动力，让贫困群众在家里就能赚钱，靠双手经过培训就能脱贫，是一项“短平快”的适时富民项目。公司2017年3月26日开业运营，辐射城区社区和7个乡镇、29个村，带动900多个贫困户闲散妇女和劳动力参与仿真花制品加工。全县已建立代办加工点10个，培训工人2000多人（次），完成订单交货200万支，产品合格率达99%，其中贫困户增收30余万元，人均增收300余元。

【金融扶贫】 2017年，界都乡共有450户贫困户申请金融扶贫贷款2200余万元，采取贷资入企、政府贴息的方式，每户每年增收2750元。石门村等13个村共237户申请了周转贷，户均增收560元。

【易地搬迁和危房改造】 2017年，界都乡南沟掌村等6个村的94户贫困户申请并享受了易地搬迁项目，全年共改造危房62户，已全部完工。

【基础设施建设】 2017年，界都乡实施人畜安全饮水项目，在石门、达井、里安阳沟等11个村实施了安全饮水工程，总投资约559余万元，凿深井3眼，砌筑水窖9个，维修水窖5个，解决了石门、里安阳沟等5村祖祖辈辈靠天雨解决吃水的安全饮水问题。建设道路拓宽工程，投资96万元在南沟掌村实施了道路升级改造工程，投资445万元的2016年“7·19”水毁修复工程全部完工，涉及全乡23个行政村。

【环境卫生整治】 2017年，界都乡“五抓五提升”环境整治攻坚行动，共拆除违建210处，拆违面积1.09万平方米，腾退土地面积1.63万平方米，清理各类积存垃圾1.5万余立方米，清理生活建筑垃圾170堆，清理无序广告50处，整治占道经营1处。

【社会扶助】 2017年，界都乡共有低保301户452人，“五保”151户153人，两项受益金额131.96万元，实现了应保尽保。全年发放临时救助款63.33万元，为468户1677人解决了眼前的生活难题。

界都乡在脱贫攻坚方面实施的措施、项目共计40余项，群众获益共计1500余万元，间接受益980余万元。村集体经济收入最低达到1.4万元，最高达8万元。

东冶头镇

【概况】 东冶头镇距离县城25千米，位于东经113°54′01″–113°58′55″，北纬37°33′29″–37°41′51″之间。东与孔氏乡接壤，南与闫庄乡相连，西与界都乡毗邻，北与平定县相接。省道317线、冶（头）赵（壁）2条公路在这里交会。东冶头镇地势西高东低，山势缓和，水利资源丰富，自然条件优越。海拔639.4米—1006.8米，松溪河由西向东贯穿，自然地理分布在松溪河南北两大部分。东冶头镇境内南北长21千米，东西宽7千米，总面积133.63平方千米。全镇辖25个行政村，共6147户13970人，党员824人（其中农村党员732人，机关党员92人），农业劳动力5563人，耕地面积1616.49公顷，人均收入5000元。

【公共设施】 2017年，东冶头镇商业街共有各类经营店铺70余家，有餐饮饭店、诊所药店、杂货店、电脑维修、理发、蔬菜食品、花卉园艺、汽车摩托修理、装潢装修、建材批发等。驻镇站所或单位有派出所、法庭、工商所、电管站、中心卫生院。全镇现有学校6所，1所初级中学，5所小学校（东固壁、静阳、东冶头、葱窝和北庄等小学）。全镇25个行政村都建起了标准化的村级组织活动场所、卫生室和群众文化活动广场。全镇有15个村建起了老年日间照料中心。

【经济综述】 2017年，东冶头镇国民生产总值约1亿元，人均年收入5800元。东冶头镇是纯农业乡镇，经济收入主要来源于种植业，全镇种植玉米1575.73公顷，谷子91.47公顷。特色产业优势明显，双孢菇种植面积5万平方米，设施蔬菜13.33公顷，莲菜种植面积20公顷，优质红薯26.67公顷；雀鸣村鸣丰合作社种植黄桃20公顷；以李家垴和口上为主，全镇种植干果核桃166.67公顷；年产虹鳟鱼2万尾；万头生猪养殖场1个，蛋鸡养殖3万只，肉鸡养殖8万只，肉牛养殖60头，山羊养殖约1万只。

【工程项目】 2017年，东冶头镇韩库线（乔家峪沟）建成通车，全长10千米，共投资500万元；活石至韩信窑1.7千米道路硬化完毕，投资约50万元；天圣庙至活石道路建设启动，2017年，路基已经建设完成，道路全长1.8千米，投资166万元；辿上村1.9千米入村道路硬化工程已经规划完毕，投资152万元。安全饮水方面，里峪掌、阳坡和前峪掌3个村联合实施安全饮水工程，钻探深井并配套入户管网，总投资100万元。天圣庙村新钻探深井一眼，投资约40万元。农田水利基本建设方面，天圣庙、葱窝和静阳三个村实施了土地复垦工程，涉及土地168.11公顷。全镇25个行政村实施了水毁工程，共投入资金约500万元。

【光伏发电】 2017年，东冶头镇在扶贫部门及帮扶单位帮扶下，实施了100千瓦扶贫光伏电站建设项目。总投资80万元，其中上级帮扶资金50万元，自筹资金25万元，帮扶单位资助配套安防工程资金5万元。受益贫困农户25户37人，电站于2017年5月31日并网发电。东冶头、静阳等20个村实施了1945千瓦光伏电站，也已并网发电。光伏项目使近900人从中受益。

【生猪养殖】 2017年，以昔阳县鑫泰养殖有限责任公司为龙头带动东冶头镇生猪养殖业蓬勃发展。昔阳县鑫泰养殖有限责任公司，位于昔阳县东冶头镇天圣庙村，距县城30千米。公司始建于2002年，由天圣庙村前任村党支部书记王会林创办。企业占地4.67公顷，拥有职工80余人，年存栏生猪1.6万余头，年出栏商品猪2.6万头。

昔阳新大象农牧有限公司6000头种猪场建设工程，总投资1.2亿元，在东冶头村落地动工，已投入各项资金2300万元，完成了妊娠舍、分娩舍、后备保育舍等各分项工程的基础工程建设。

【肉鸡养殖】 2017年，昔阳县瑞祥农牧专业合作社4万只肉鸡养殖项目，在东冶头镇里峪掌村建设完工，采取“合作社+贫困户”的经营模式，里峪掌村107户贫困户全部入社，年底第一批肉鸡已经出售，贫困户每户分红1000元。吉隆4万只肉鸡养殖项目正在推进中。

【红薯加工】 2017年，东冶头镇东

固壁村红薯种植历史悠久，常年种植面积保持在400亩左右，亩产约1750千克。因其特殊的水分和土壤条件，产出的红薯口感甘甜而远近闻名，红薯远销县内外。昔阳县志扬农产品加工合作社规划实施了红薯深加工项目。形成“种植—加工—销售”一条龙的红薯深加工产业，提升产品竞争力，增加产品附加值。2017年，主要产品为红薯粉条。项目总投资150万元，机械设备投资30万元，项目总占地6000平方米，厂房占地2000平方米。每小时可加工红薯250千克。东固壁村红薯粉条的加工以鲜薯为原材料，经过加工形成细腻的红薯淀粉。

【休闲旅游】 东冶头村“荷塘月色”生态休闲旅游观光示范园位于东冶头村南，紧邻317省道，距水磨头渔乡3千米。示范园规划占地1000亩，总投资4000万元，由昔阳县宏力农牧专业合作社负责实施。观光园计划工期2年，2016年3月开工，2017年年底主体工程完工。观光园包括游船赏莲采藕、蘑菇采摘体验、稻蟹立体种养、“鱼龙混杂”喂养、珍奇动物观赏、影音休闲娱乐、中药材观赏学习、自助家庭烧烤和个人种植体验9个板块。

水稻种植

该项目建设过程中的用工，60%以上的就业岗位优先提供给建档立卡贫困户，已用工60人，拨付工资8.6万元。

【环境整治】 2017年，东冶头镇开展“拆治提”行动，环境整治工作以片区展开，做到各片有亮点、村村有特色。全镇共拆除违建162处，面积1万余平方米，腾退土地2.25万平方米。清理生活建筑垃圾134堆，清理河道垃圾20余吨，治理乱停乱放车辆2处，清理违规广告23处，牲畜散养点12处，规范绿化带4处，治理土路30条，标线缺损1处，修复路灯32盏，破损路面4250平方米。挖掘深厚的文化底蕴，因地制宜开展村庄环境整治。全镇共新建公园、绿园7个，植树1.5万多株，垒矮墙2000多米，喷涂墙面近6万平方米，墙面绘画1600多平方米，打造了一批各具特色的示范村。2017年，全镇重点打造了以古都文化东冶头村、国学文化静阳村、乡村记忆里峪掌村、宜居宜业东固壁村、边塞雄关口上村、江南渔乡水磨头村、党建文化李家堖村为代表的一批美丽文化乡村。

【社会保障】 2017年，东冶头镇充分调动各方能力，切实筑牢民生保障。努力确保百姓享受教育、医疗的权利和住房安全。通过“雨露计划”“阳光助学”等措施保证547名农村学子顺利入学；全年危房改造涉及19村167户。努力改善贫困村的基本生产生活条件，在里峪掌、阳坡、韩信井、天圣庙、北庄和前峪掌等村，实施人畜饮水工程项目。通过社会兜底脱贫将自身无发展能力或家庭困难的人群纳入低保、“五保”，保障他们的基本生活所需。全镇共有570户855人享受低保、“五保”。

【脱贫攻坚】 2017年，东冶头镇把脱贫攻坚作为首要任务来抓，坚持以“抓党建练队伍、抓产业促增收、抓基础保民生、抓环境提质量”为工作措施。2014年，全镇有建档立卡贫困村25个，建档立卡贫困人口2323户6053人，2015年回头看贫困规模2295户5404人，2016年核查调整贫困规模2386户5361人，2017年动态调整贫困规模2346户5304人。2014年脱贫367户943人，2015年脱贫167户428人，2016年脱贫1141户2539人（8个贫困村整村退出），2017年脱贫781户1669人（15个贫困村整村退出），截至2017年年底，全镇未脱贫35户88人，剩余2个村没退出。

【社会管理】 2017年，东冶头镇制定出台《东冶头镇便民服务制度流程规范》，规范服务项目、服务标准；开展便民服务中心人员培训，增强业务水平，提高办事效率。大力开展培训教育。通过干部教育、科技培训、法律法规政策宣讲等培训教育促进全镇精神文明建设。全年，对镇村党员进行专题培训8次，邀请有关专家在养殖、种植等方面进行专业技术培训和讲座23次，培训1300余人（次）。

加强综治维稳工作。做好矛盾排查化解工作，杜绝进京赴省上访；开展打非治违工作，坚决打击涉黑人员。全力确保安全生产。定期开展安全隐患排查治理工作，尤其是对学校、饭店等人员密集场所进行检查督导；严厉打击违法灌装油气等服务和非法开采矿山等活动；大力度开展森林防火工作，全年未发生森林火情和安全事故。

【组织建设】 2017年，东冶头镇党委全力践行党建主体责任，认真履行党委书记第一责任人职责，加强镇党委班子建设，严格执行党建双月联席会议制度，定期组织开展党建调研，带头学习践行党建理论，并带领班子成员在脱贫攻坚、环境整治及推进“两学一做”学习教育常态化制度化过程中履行使命、担当重任。以村“两委”换届为契机，整顿转化辿上、韩信井、北庄三个后进支部，并通过微信晒、群众评、比实绩等方式为村主干打分，建立完善“比学赶超、相互竞争”激励机制，增强抓党建促发展的凝聚力、战斗力。强化党建阵地建设。按照“六有五服务”标准，建成东冶头、李家堖等7个党建示范村，完成口上、南坡庄、静阳村活动场所提档升级，稳步推进“五小工程”，改善硬件条件，夯实党建阵地。结合“维护核心、见诸行动”主题教育，继续通过专题培训、“七一”党课、政策宣讲、知识竞答等形式提高学习实践针对性，并以党员干部“八进”活动和现代晋剧《第一书记日记》巡演为载体筑牢“四个意识”，走访党员群众

1200 多人（次），开展面对面交流 15 次，驻村帮扶 14 次，为群众办实事 42 件。

针对昔阳县委巡查组提出的 3 方面、17 项问题，联系实际深入剖析，逐条整改，确保落实。严格执行县委实施意见、积分制管理等制度，实行周检查、月巡查、半年考核与年底评估相结合的监督措施，加强第一书记和驻村工作队管理，全面激发了干事创业内生动力。按照 20 项流程，新入党 4 人，转正 6 人，并严格执行信息化管理。经过全方位筛选，确定 25 名德才兼备的村级后备干部。认真开展“领头雁”培训、党员冬训和新任村主干培训，每月坚持乡村主干集中学习，并适时组织各种实用技术培训，切实发挥示范、辐射和带动作用，不断提升实际服务能力。东冶头镇在全市率先完成村支两委换届，一大批群众口碑好、宗旨意识强、综合素质高的中青年人才成为村主干，增强“两委”班子干事创业活力。

孔氏乡

【概况】　孔氏乡位于山西省昔阳县东北部，面积 220 平方千米，317 省道穿境而过，东与河北省赞皇县接壤，是昔阳县的东大门。全乡辖 21 个行政村、5 个自然村，共 4870 户，1.17 万口人，耕地 589.27 公顷。孔氏乡属典型的山地丘陵地貌，山多坡陡沟深，自然景观奇特。由于海拔较低，无霜期长，水源充足，适宜多种农作物生长。因有种植水稻、小麦的传统和物产丰富的特点，素有“昔阳小江南”之雅号。全乡发展经济林 2466.67 公顷，其中核桃树 2000 公顷（含本地、矮化两种）、板栗树 133.33 公顷，其余干果林 200 公顷，果木树 133.33 公顷。孔氏乡是文化乡，多次被市、县命名为文化先进乡，策划编排了方台村的“弦腔”剧目，现已申报市级非遗项目。孔氏乡是旅游名乡，有龙岩大峡谷旅游区，有卧佛寺、娘娘庙、晒书台，有南营村千年古树，有孔氏村的千年唐槐。

【乡域经济】　2017 年，孔氏乡党委、政府狠抓项目建设，努力确保全乡固定资产投资的增速和重点项目的顺利推进。2017 年度孔氏乡固定资产投资任务 2.76 亿元，主要集中在龙岩大峡谷旅游开发项目上。

【基础设施建设】　2017 年，孔氏乡完成丁里线公路建设工程。工程总投资 5420 余万元，全长 20 千米，贯穿整个龙岩大峡谷景区，丁里线的建成将全面带动沿线村旅游开发、核桃干果、林下经济、太行崖柏等产业的发展，带动沿线村脱贫致富。完成孔氏大渠建设工程。该工程总投资 452 万元，全长 16.38 千米，浇灌土地 1600 亩，惠及松溪河下游 5 个村。对一期工程中的水毁渠段和二期工程剩余 4 千米进行了修复，已竣工验收。完成各村水毁修复工程。2016 年“7·19”暴雨之后，全乡各村护村坝、田间路等基础设施损毁严重。总投资 423 万元，在全乡 21 个行政村及 2 个自然村实施水毁修复工程，已全部完工验收，各村的基础设施恢复明显。完成孔氏乡文化中心建设工程。工程总投资180万元，建筑面积1000平方米，上下两层，框架结构，已竣工。该工程的建成将改善孔氏乡政府的办公条件。

【特色产业】　农林牧产业发展方面，2017年发展养殖项目25个，带动贫困户407户1099人，散户养殖共带动贫困户51户；发展种植合作社12个，带动贫困户109户267人；发展水果种植23.67公顷，林下药材种植53.33公顷，板栗种植113.33公顷；新建优质核桃深加工厂和核桃板栗干果产品加工厂各一个，共带动贫困户82户189人。发挥传统优势，实施核桃树提质增效133.33公顷，产业结构不断优化。光伏扶贫产业方面，在孔氏村流转土地0.8公顷，建成315千瓦的集中式光伏电站一座，辐射孔氏、王寨、杓铺3个村，带动贫困户60户，发展分布式光伏发电106户，现已并网发电，电费按季度结算。

【脱贫攻坚】　2017年，孔氏乡辖21个行政村，5个自然村，总人口1.17万人。全乡有21个贫困村，贫困户2613户6202人。2017年，孔氏乡围绕全县脱贫攻坚整体安排部署，不断壮大干果经济林、林下经济等传统产业，积极发展乡村旅游、分布式光伏扶贫等新型产业，把产业发展和贫困村、贫困户联系起来，做到产业和项目对村、对户、对人。成立全乡扶贫工作站。至年底，全乡21个村集体经济破零，除郝家村外，20个贫困村已整村脱贫，松树岩、郝家两村代表全乡全县顺利通过了省扶贫办脱贫攻坚第三方验收，脱贫攻坚的各项任务完成。

【环境整治工作】　2017年，孔氏乡按照上级的安排部署，以317省道沿线为重点，积极开展环境整治工作。在具体整治过程中，全乡以整治非法储煤场、加水站违建为重点，拆除违建72处，腾退土地102532平方米。投资240余万元，打造一村一景特色村2个（南营村、丁峪村），新建公园1个，新修垃圾池51个，栽树9000余株，垒挡墙3000余平方米，绘制文化墙590余平方米，喷涂墙面2万余平方米，修建筑池401米，安装护栏910余米，硬化广场2800余平方米，在已拆除的煤场上覆土造地3.9万平方米，全乡各村特别是317省道沿线环境改善明显。南营、洪川、山上三村进入全县环境整治“红榜村”，并上报参加全县“最美乡村”评选活动。

【环保工作】　2017年，孔氏乡开展“铁腕治污行动”，出台了实施方案，成立了领导组，进一步落实环保责任，加快解决重点、难点环境突出问题。对中央环保督查组督查的非法木炭窑和废旧金属加工厂进行了清理取缔，坚决整改属地范围内存在的环保问题；通过造地、种树等方式对王寨村松溪河出境断面附近河滩进行了综合整治，彻底改善采水点附近的生态环境面貌，确保松溪河出境断面水质稳定达标；对全乡的非法储售煤场、加水站等“小散乱污企业”进行清理取缔；严格管控秸秆焚烧，将禁烧工作目标、任务、职责层层落实，在全面禁烧的基础上，实现在全乡范围内不发生焚烧秸秆现象。

【社会保障】 2017年，孔氏乡结合全乡脱贫攻坚，通过产业扶贫、低保兜底、办理危房改造、实施易地扶贫搬迁等方式为帮助全乡群众解决实际困难和问题，努力做好民生工作。危房改造方面，完成295户任务，已完工并进行县乡验收。异地扶贫搬迁方面，涉及全乡16个村205户641人，后续程序正在进行。社会兜底方面，2017年共办理低保贫困户884户1479人，“五保”167户167人，合计1051户1646人，临时救助461户913人，贫困群众生活得到保障。健康扶贫方面，全乡“双签约”共登记双签户108户134人，除已死亡14人外，其余全部实现双签，全乡贫困群众的医疗保障不断完善。改善人畜饮水条件方面，总投资400余万元，在全乡15个村完成人畜饮水工程。同时，为18个村134户412人办理了488万元自主创业贷款，为14个村163户403人办理了815万元金融扶贫贷款，两项合计1263万元。

【旅游开发】 2017年，孔氏乡深化龙岩大峡谷景区开发。成立了旅游公司，配合县交通部门，完成丁里线旅游路的施工任务，配合县旅游部门，新建11个旅游厕所，完善景区基础设施。同时，重点展开三教河古村落开发、崖柏交易市场建设、农家乐开发等工程项目，深化景区开发力度，活跃景区经济，带动景区内群众增收脱贫致富。新建南营稻香源农业主题公园。总投资3800万元，造地18.67公顷，打造一个集规模化有机果蔬种植、农业产业核心示范、有机农产品加工配送、农业生态旅游观光、休闲度假为一体的新型生态休闲农业示范基地。2017年，建成鱼塘5个，餐饮服务场所的建设已在施工。

【社会管理】 2017年，孔氏乡狠抓森林防火工作，依托村综治员、村主干、乡政府日常巡逻等综合手段实现全乡全年无火点发生。安全监管方面，强化安全生产监管，确保社会稳定，确保无重大安全事故发生。信访维稳方面，孔氏乡党委政府积极与各村委会沟通，并多次与法院、民政、国土等部门进行协调，积极推动问题的解决。

【组织建设】 2017年，孔氏乡加大整顿后进的力度，针对山上、活利坡2个后进村党组织薄弱、班子不健全、基础设施落后的问题，成立了全乡集中整顿软弱涣散党组织工作领导小组，明确整改清单，增强后进村党员干部党性意识，激发后进村党组织活力。全力保障党建经费，孔氏乡2017年共下拨给21个村党建经费37万元，除下拨常规党建经费3.5万元外，另外下拨经费33.5万元，支持贫困村开展党建工作，全年共慰问困难党员59人，合计发放2.55万元，有力推动了全乡党建工作。

【村级换届】 2017年，孔氏乡完成村支部和村委换届任务，配强村级班子，村支部和村委会换届中，成功选出一批政治过硬、情况熟悉、经验丰富的村支部书记。

沾尚镇

【概况】 沾尚镇位于昔阳县西部，是昔阳的西大门，东与乐平镇相连，南与西寨乡、和顺县毗邻，西与寿阳县接壤，北与平定县交界，317省道贯穿沾尚全境，距晋中市87千米、太原市112千米。沾尚镇辖26个行政村，7个自然村，2017年10月份最新统计，沾尚镇在册人口4018户，8935人，常住人口4100余人，总面积259.23平方千米，耕地面积1600公顷，林地面积1.01万公顷，森林覆盖率28%。沾尚镇属高寒山区，海拔在1190米—1666.5米之间，潇河水贯穿沾尚全境，水源丰富，无公害蔬菜、小杂粮是本地特产，林、牧、菜是三大传统优势产业。全年种植玉米933.33公顷左右，薯类和杂粮为400公顷，蔬菜为266.67公顷，牛存栏1100余头，羊存栏5800只。

【组织建设】 2017年，沾尚镇建立健全沾尚三级干部抓党建机制，将驻村第一书记、包村镇干部和村支部书记组成3人小组，增加了支部力量；成立整顿领导组，大力整顿软弱涣散党组织，制定整顿工作方案，建立了问题台账，排查梳理主要问题，明确了整改措施、时间节点和责任人；按照“四个专题”“七个一”的规定动作开展各项活动，发挥典型示范带动作用，推动沾尚镇“百村示范”创建工作开展；严格落实党建规章制度，召开专题组织生活会及民主评议党员会，共有687名党员参加评议，参与率达89%，共评议出优秀党员30名，占沾尚全体党员的4%；合格党员735名，占沾尚全体党员的96%；落实党委书记讲党课和支部主题党日活动制度，落实县委“1+10”党建目标责任考核机制，并制定了年度目标考核办法，实行考核奖惩制度；加强党员和后备干部建设。全年共确定14名入党积极分子，发展了3名预备党员，6名预备党员完成转正，建立了36人的后备干部人才库。严格按照要求完成28个党组织、754名党员信息采集，并按时录入中国共产党员信息系统，进一步摸清了党员底数。

【村级换届】 沾尚镇于2017年10月26日全面启动村委换届选举工作。共选出主任26名，副主任29名，委员101名，共156人，其中女委员27人。新一届村委成员中平均年龄53岁，其中50岁以下54人，占总人数的35%。较上一届村委，在年龄、性别、文化程度等方面明显优化，为加快农村基层组织建设、巩固执政基础，促进本镇农村全面协调发展。

【精准扶贫】 2017年，沾尚镇政府把脱贫摘帽作为首要政治任务，实施了产业扶贫，沾尚镇共种植中药材121.4公顷，种植黑木耳1.2万多棒，种植小杂粮24.47公顷，种植高产玉米2.67公顷，牛存栏1106头、羊4860只、鸡5100只、猪220头。村级光伏电站项目，共有14个村280

户贫困户享受了每户3000元的收益，天津仿真花工艺制作产业落地沾尚村，计划总投资500万元，前期投资40多万元，安装40多台机器，占地600平方米。实施了金融扶贫。沾尚镇共有14个村实施金融扶贫，为88户办理发放贷款449.5万，其中自主创业12户69.5万元。实施了异地搬迁。全年在300口人以下的贫困村实施异地扶贫搬迁（马道岭、北庄沟、此沟、谷兴沟、中大寨、卷峪沟、西峪口、明水头、瑶村、前大寨、阳赛、瑶会），沾尚镇有12个村58户157人实施了搬迁。实施了生态补偿。共有退耕还林760公顷，其中涉及贫困户719户213.33公顷，第一批退耕还林补助140元/亩，延长上一轮补助90元/亩，提高新一轮退耕还林补贴2300元/亩，分5年兑现。实施了健康扶贫。建档立卡贫困户中因病致贫返贫人员涉及26个村，共计有247户256人，其中重病为2人，大病为81人，慢病为128人，其他45人，完成健康扶贫“双签约”。实施了打工就业。各村的工程项目优先考虑本村贫困户参与建设，为贫困户增加收入。与驻镇企业和合作社达成协议，企业用工优先从贫困户中选择。先后与金星硫化厂、金粮肉鸡厂、仿真花企业沟通，解决贫困户就业问题，2017年金星硫化厂解决3户贫困人员的就业，金粮肉鸡厂提供30个就业岗位，仿真花企业解决50个就业岗位。积极向贫困户提供公益性岗位。国家级公益林护林员中有贫困人口6人，未成林造林地的管护人员有贫困人口49人，防火巡逻员中有贫困人口5人，环境卫生保洁员中有贫困人口13人。实施了千亩造地工程。两年来在7个村启动了“千亩造地工程”，新造土地246.53公顷。实施了社会兜底。在家庭收入测算的基础上，将贫困户中80岁以上老人、一二级残疾人、24种重大疾病人员等这三类人，列为重点对象，按照有关程序，办理低保、“五保”。发展各类脱贫带动主体。横河金粮肉鸡养殖场、广阳金星硫化厂、此沟忠红养殖厂以及上海斯能风电公司、白羊岭煤矿、黄岩汇煤矿、北坪煤业、丰汇煤业和安顺煤业9个企业参与带动脱贫。

【环境整治】　2017年，沾尚镇共拆除179处，拆除建筑面积8136.15平方米，清理柴堆、煤堆、粪堆、土石沙堆430处，动用铲车挖掘机共5200小时，运输垃圾13400立方米，修复破损路面2600米，清理河道3200米，清除了喷涂广告120处。确定沾尚村、新口上村、中大寨村、北头村、松曲村为样板村，做了48个文化墙，写了68条宣传标语，喷涂了2.8万平方米的墙面，在317省道沿线栽植4.5米成林柏树1630株，3米油松1500株，金叶榆900株，云杉600株。在新口上村打造完成群众活动休闲园，在马道岭村打造完成潇河生态小游园，在北头村打造完成国防教育宣传基地，在沾尚村建起农民体育公园，提升沾尚镇的整体形象。

【民生保障】　2017年，沾尚镇实施了水毁工程项目总投资265万元，完成了21个贫困村的水毁工程建设。在广阳村实施了总投资260万元水利灌溉工程项目，现已基本完工，完工后可为33.33公顷土地提供灌溉服务。完成了此沟村2.06千米、马道岭村0.43千米进村道路建设工程，总投资105万元。北头村、大寨口村、沾尚村、坡底村、此沟村、安丰村6个村的饮水安全工程，总投资162万元，全部完工。在明水头、瑶会、瑶村、卷峪沟4个村新建网络信号塔。同时联通公司完成了24个村的光纤改造，沾尚全部通互联网。2017年发放民政救助80.64万元，惠及828人；医疗救助22.85万元，惠及45人；新办理了低保户112户186人，“五保户”20户20人。医保补偿3093人（次），补偿金额共计411.1万元。完成了117户的危房改造，完成了24个村土地确权的资料整理工作。

【文化体育】　按照昔阳县创建国家公共文化服务体系示范区的要求，沾尚镇积极推进基层综合性文化服务中心建设，70%的村（18个村）综合文化服务中心都达到《山西省村综合文化服务中心建设服务标准》，为提高沾尚镇公共文化服务水平，加快构建文化强县提供有力支撑。

【林政资源】　2017年，沾尚镇加强护林防火工作。提早警示教育、提早安排部署，组建队伍、划分区域、明确职责、细化措施、不留死角、全方位防控，大力度宣传；落实河长制。成立河长制领导组和办公室，镇长为总河长，沿潇河和安丰河各村村主任为所辖河段河长，责任到人，做好本镇两条河流的监察管护工作。

【项目工程】　2017年，沾尚镇固定资产投资完成6800万元。主要是造地工程和金星硫化厂改扩建项目。实施造地115.07公顷，涉及4个村，分别是广阳86.67公顷，横河造地20公顷，谷兴沟4公顷，沾尚4.4公顷，新口上复垫土地2.8公顷。上海斯能30兆瓦的光伏发电续建项目完成。总投资2.7亿元，涉及广阳、胡丰、中山3个村，占地93.33公顷，在2016年基础上，2017年继续投资5000万元，完成了30兆瓦的续建工程。横河金粮肉鸡厂完成了配套设施，开始试生产，年可出栏肉鸡240万只。引进天津仿真花项目，计划总投资500万元，前期投资40多万元，安装40多台机器，占地600平方米，年内已投入试运行。

西寨乡

【概况】　西寨乡位于昔阳西部沾岭山上，最高海拔1698.8米，国土面积199.95平方千米。2017年，辖21个行政村，2415户，5326口人，耕地1000公顷，森林覆盖率52%。西寨乡是清漳河东源，清漳河始于柳林背，境内河流长19.75千米，流域面积76平方千米；同时也是龙门河发源地，全长16千米，始于东、西五川流经次峪沟入潇河。乡政府位于西寨乡村。

西寨乡政府下设13个机构，其中包括财政所、纪检委、畜牧站、林业站、水利站、民政所、劳保所、计生站，农技推广站、合医办、妇联、文化站、土地所，共计30人。其中农村党支部21个，1个机关支部，1个学校支部，1个农民经纪人联合会支部，共607名党员。其中，村党支部书记21人，其余支委65人，女性干部5人，连选连任17人；村委主任21人，其余村委68人，女干部17人。

【特色产业】 西寨乡主导产业是蔬菜种植。2017年，茴子白种植的面积达到533.33公顷，发展西红柿、玉米套种豆角、北瓜、大白菜、紫甘蓝、菜花、西芹等高效蔬菜133.33公顷，全乡蔬菜种植总面积达到400公顷。在抓好绿色蔬菜的同时，发展桔梗、连翘、黄芪、柴胡、板蓝根等中药材33.33公顷，打造了宋家沟、闹林沟村藜麦、荞麦种植示范基地。

【项目建设】 2017年，西寨乡在坚持做好绿色蔬菜主导产业的同时，坚持以农民发展为中心，以产业富民为核心，紧抓产业结构调整，强化项目引进，发展特色产业，相继开发建设清漳源生态农业观光示范园和丰茂菌业有限公司香菇种植示范园。清漳源生态农业观光示范园，以生态开发为宗旨，集种植、养殖、农家乐、农业信息化生产、旅游观光为一体。利用西寨乡独特的地域优势，打造贾庄村羊肚菌培育种植并试种成功。羊肚菌种植成功推广后，弥补当地无霜期短的气候劣势，为广大农民开辟一条增收致富之路。

【特色养殖】 2017年，西寨乡利用山多坡广、牧草肥美、水源充足的优势，因地制宜建设了多个特色养殖基地。其中漳漕、小都、司家沟、武家川、直峪寺、东五川等村建设了山羊、肉牛养殖基地，茶臼沟村建设了土鸡、野猪养殖基地。特色养殖产业的发展，解决了农村富余劳动力，带动了农民增收致富。

【环境整治】 2017年，按照市、县“拆违治乱提质”和“五抓五提升”城乡环境大整治总体工作部署，全乡环境整治攻坚行动扎实开展。拆违见效，违建清零。全乡涉及14个村的40处违章建筑全部拆除，拆除违建面积1934平方米，腾退土地面积5802平方米。非违拆除。在违建任务清零的前提下，决定对影响重点工程、村容村貌、村镇规划的非违建筑进行拆除。全乡涉及9个村67处非违建筑全部拆除，拆除面积7175平方米，腾退土地面积1万余平方米。全乡合计拆除建筑面积9109平方米，腾退土地面积1.59万平方米。治乱有效。西寨乡党委政府按照“高起点、高标准、高要求，大力度、大整治、大改观”的要求，集中治理“四堆”、“六乱”等“脏乱差”问题。全乡共出动工程机械车辆900多台（次），参与人数达5000余人（次），清理农村街道“四堆”900多处，集中清理建筑、生活垃圾320处、1000吨，集中治理无序广告乱贴乱画，厕所、圈舍乱搭乱建等“六乱”问题90多处，清理未处理秸秆1公顷，清理裸地1处，修复缺失、不规范绿化带16处，种植2400余株松树、云杉、金叶榆、竹柳等。清理河道3000多米，垒砌路沿300多米。新建垃圾池21个，新建公共厕所10个。提质增效。通过破解资金、人员等难题，突出典型引领，实现全面提质。以三烈村风情休闲基地、司家沟村民俗传统记忆体验、直峪寺村户外山水自然风光感受、七截村重温老家回忆、茶臼沟村红色文化教育5个示范村和昔西县政府旧址所在地闹林沟、东五川两个重点村为引领，形成辐射效应带动全面提质。

【脱贫攻坚】　西寨乡共有一个贫困村，建档立卡贫困户为164户261人，其中“五保”89户89人，低保30户54人，一般贫困户45户118人，2015年脱贫64户145人。2017年除22户33人继续保留外全部脱贫。通过政策宣传、驻村帮扶、精准施策等措施，巩固脱贫成效，促进贫困户增收。产业扶贫。漳漕村全益双盈农牧专业合作社发展黑白木耳栽培项目，新建黑白木耳食用菌棚23个，获得了良好的经济效益和社会效益，带动64个贫困户145人，贫困户已保底分红户均1000元。逸景农牧种植专业合作社引进了食用菌种植项目，新建大棚44个。带动贫困户181户460人脱贫增收，保底分红户均1000元。综合生态庄园项目依托王振秀农牧专业合作社吸收贫困户发展种植中药材20公顷，13个贫困户保底分红户均1000元。稻香园农产品加工厂已开工，建设面积500平方米，产品主要为利用传统石碾工艺加工小杂粮。常青农牧专业合作社肉驴养殖已开始圈舍建设，14个入社贫困户，保底分红户均2000元。漳漕村辰康农牧专业合作社新建羊场600平方米，新购种羊10只，能繁母羊380只，吸收19个贫困户入社，贫困户保底分红户均1211元。易地搬迁。向贫困户宣传昔阳县2017年易地搬迁集中安置的扶贫政策，全乡41户113人得到实惠。兜底扶贫。积极推进低保扩面工作，让丧失劳动能力的贫困老年人和大慢病家庭，真正享受到国家的兜底扶贫政策，共17户25人为新增低保户。生态扶贫。生态绿化扶贫项目由漳漕村锐青扶贫攻坚造林专业合作社实施，20个建档立卡贫困户入社，户均收入1500元。金融扶贫。全乡对12个建档立卡贫困户发放了49万元的贴息贷款，户均收益2750元。光伏扶贫。分散式户用屋顶光伏项目实施完成，已有19户开始发电，正常稳定发电后，每年户均增收3000元。危房改造。全乡76户完成了危房改造，实现“两不愁三保障”的目标。健康扶贫。健康扶贫双签约和义诊活动积极开展，30个村义诊全覆盖，和45个大慢病进行了双签约，中国人寿保险的大病保险实现贫困户全覆盖。教育扶贫。享受教育扶贫资助一人，享受资助5000元，“雨露计划”6人，每人2000元，教育资助13人，共计1.7万元。社会保障。建档立卡贫困户政府代缴养老保险每人100元，特困残疾人代缴新农合150元。

【红色旅游】　西寨乡是抗日革命老区，红色文化历史悠久。在抗日战争期间，西寨是昔西县抗日政府的所在地，是八路军抗日的主要活动地区之一，曾留下了刘伯承、聂荣臻、陈赓、秦基伟等老一辈革命家的足迹。为了铭记革命先辈抛头颅洒热血的英雄事迹，在原山西省委书记陶鲁笳的指导下，1945年建成了庄窝烈士陵园，将三位英烈牺牲的沾岭村更名为三烈村。依托西寨乡优越的自然生态和富有特色的景观资源，按照“一线三点”总体布局，2017年投资120万元，实施三烈点一期工程，以现有原始森林为依托，增加欧式经典元素打造独树一帜的休闲旅游摄影基地。投资80万元，对闹林沟村和东五川村的昔西政府旧址进行修缮，挖掘昔西县政府旧址和烈士陵园等红色文化资源，将红色人文景观和绿色自然景观相融合，促进大众化旅游向体验式旅游发展，建设“风情秘境”休闲绿境。以此增强发展活力，推动经济发展。

【土地确权】 2017年，西寨乡土地确权圆满收官。西寨乡共辖21个行政村，9个自然村。自2014年起，通过试点先行，陆续推进各村开展确权、登记、颁证试点工作。至2017年年底，已全部完成张榜公示，全部签订合同，此次土地确权共涉及承包户1474户，二轮合同面积755.51公顷，承包地块1.09万块。

【民生工程】 2017年，西寨乡基础设施不断完善。全乡用于公路及乡村道路建设的资金70万元，重点投资的西五川路段已完成路基建设。“6+2”工程建设稳步推进。投资8万元，在红占村建成一所日间照料中心。公共运行项目全覆盖，投资63万元，每个行政村在改善人居环境，打造生态宜居乡村等方面实现了新的提升。

【防火防汛】 2017年，西寨乡认真落实森林防火责任制和防洪救灾应急预案，明确责任，广泛宣传，强化巡逻，规范管控，逐级分区划片落实责任；建立专业队伍，配备瞭望员、巡查员、守护员，实行特险期全天候值守制度。安全生产警钟长鸣，扩大工作范围，加强对农机安全、企业生产安全类别外的食品、道路，学校、客运、消防、用火、特种设备等多个领域的安全监管。

【村级换届】 2017年9月，西寨乡全面启动“村级两委”换届选举工作，到年底全部完成。新一届的“两委”班子成员在年龄、性别、文化程度等方面较上一届明显优化，为加快农村基层党组织建设，巩固党的执政基础，促进本乡农村经济、社会、政治、文化全面协调发展奠定了坚实的组织基础。

城区社区

【概况】 昔阳县城镇居民管理委员会于2011年6月更名为昔阳县城区社区管理委员会，2013年6月13日正式挂牌成立，为昔阳县人民政府直属财政拨款事业单位，正科级建制。辖区地域面积20.06平方千米，现辖17个社区居委会，共有一个党工委，下辖18个基层党支部，包括1个机关党支部，7个社区联合党支部和10个社区党支部，1285名党员。截至2017年年末，辖区总人口为5.73万人、2.13万户。小学6所，幼儿园5所，有在校学生2348人。2017年，城区社区管委会被昔阳县委、县政府评为“昔阳县劳动模范单位”；被昔阳县好人事业促进会授予优秀组织奖。

【区位优势】 辖区位于城乡接合部，是县政府所在地，也是全县的政治、经济、文化中心。辖区村（居）民主要从事农作物种植、建材、铸造、运输、机电、饮食、商业等行业。

2014年，辖区的西大街村、东关村、钟村、南关村、河西村、落雁头村、武家坪村等七个城中村相继完成了“撤村转居”工作，并成立了7个股份有限公司；截至2017年10月，辖区的留庄村、北关村、赵家沟村、树条峪村、胡窝村、河东村全面完成了“撤村转居”工作，稳妥实现了由村到社区的转变。

【经济综述】 2017年，城区社区固定资产投资完成1.54亿元，服务业增加值完成5510万元，居民人均纯收入达1.3万元。城区社区农作物播种面积达到538.9公顷，其中玉米播种面积454.26公顷，谷子播种面积66.97公顷，大豆播种面积12.93公顷，杂豆播种面积0.19公顷，糜黍播种面积4.55公顷，杂粮种植面积84.69公顷。在赵家沟种植油用牡丹3.33公顷，在钟村种植药材0.47公顷。城区社区养鸡2.2万只，养羊1880只，养牛80头，养猪20头。

【社会保障】 社会事业管理工作全面加强。完善低保工作，低保标准和补助水平不断提高。规范完善了申请、审核、公示审批等环节，强化资金的发放管理，确保了低保资金及时足额发放到低保户手中。2017年，完成对2016年的城市低保复核627户，1102人。2017年新办理低保143户，222人，现城区社区共享受低保770户，1324人。分类发放补贴、救助资金。全年为辖区213位城市困难残疾人（每人50元/月）和56位城市困难高龄老人（每人30元/月）、失能老人（每人60元/月）办理了生活补贴以及为28位重度残疾人办理了护理补贴（每人50元/月）。为297位80岁以上高龄老人办理生活补贴9.87万元。加大医疗救助力度。严格按照相关规定，为62个困难家庭提供了医疗救助，为辖区内778人办理了临时救助，救助金62.43万元。大力开展保障性住房申报审核工作。全年城区社区为辖区内797户居民办理了保障性住房的申请、审核和复核（新办理廉租房49户，公租房13户，经济适用房34户；复核廉租房、公租房735户）。

【基础设施】 2017年，城区社区管委会对西大街、武家坪等6个社区办公场所实施了硬件提档升级工程，社区办公场所面积达到500平方米以上并顺利通过上级部门验收。同时，结合“两学一做”示范点建设，开展“一社区一主题”活动，创办了12个社区志愿者服务站、打造了西大街社区的“人大代表之家”和落雁头、南关社区的综合服务中心等一系列党建品牌，新建南路社区在仁和家园开设了全县首家老年餐桌，以精细化服务，确保社区工作紧贴居民需求。

【项目建设】 稳步推进辖区内重点工程。2017年，城区社区辖区内共实施了新西街南关社区拆迁改造、江口西街钟村段开发以及赵家沟棚户区改造和原花炮厂开发等房地产开发项目，涉及总投资约6亿元，已完成投资1.5亿元。赵家沟村48户拆迁户约7000平方米已全部完成拆迁安置，1栋高层楼完成地基工程，其余1栋高层和1栋多层完成土方工程；新西街南关段南北两侧82户已完成拆迁安置，3栋高层住宅楼的主体工程已全面完工。全力服务县级重点工程。全年共完成了城壕街拓宽改造、朝阳街延伸、沾岭路开通以及易地搬迁等县级重点工程的拆迁、征地工作，共拆迁安置62户8659平方米、征地2.67公顷、迁坟83座。北关幼儿园建设前期的600平方米房屋拆迁安置工作已完成，北关幼儿园主体工程已完成封顶。棚户区改造工作，昔阳县氮肥厂、铁厂旧住宅小区综合整治项目共计投资400万元，已完成招投标工作并开工。河东村安装净水设备投资11万元，五月份已完工；胡窝村整修排水渠和安装下水管投资9万元，已完工。

【社区换届】 2017年11月，城区社区不等不靠、先行先试、规范操作、严把程序，首次按“城市居民组织法”在村改居的13个村，进行了居委会换届选举。选举出1152名居民代表和110个居民小组长。

【拆违治乱】 2017年，城区社区共拆除违建191处，拆违面积约4万平方米，腾退土地约8公顷。城区社区对辖区内最大的违章建筑（南关旧砖厂）和最大的违建片区（留庄旧煤矿片区）以及最大的违建“城中村”（南关社区）探索实行了“自拆+助拆+帮拆”的拆违模式。

全年，城区社区共清理四堆211处；粉刷墙面2.85万平方米；清理卫生死角76处1366吨；清理建筑垃圾60处4616立方米；清理河道垃圾831吨；清理小广告600处；修复裸地1.2万平方米；新建绿地2.21万平方米。在治乱工作方面，城区社区赵家沟村和落雁头社区结合本辖区实际，重点对小西外环沿线的环境“脏、乱、差”进行了专项整治。

全年，城区社区共新建文化墙4798平方米，栽植景观树木400棵，河道两侧栽植树木292棵，新建了南关小游园和河东村河滩公园。南关社区在全县开展的“五抓五提升”城乡环境卫生大整治工作中，在常家街投资20万元实施了文化上墙、油画上墙工程，并栽植景观花木100余棵，打造成法治文化一条街，形成独特的社区文化。

【信访维稳】 2017年，城区社区严格实行包片、包社区干部和社区两委主干“三结合”稳控制度，聘请昔阳县迅逸律师事务所的专职律师担任法律顾问，将涉法涉诉的信访案件分离。2017年共受理信访案件17件，办结13件，办结率为76%。解决11名“两参”转业军人的安置问题。

【社会综治】 2017年，城区社区高标准建设完成5个综合治理中心社区试点，大力发展基层维稳队伍建设，各社区完成矛调中心设立工作，总结表彰了综治先进单位和个人。

【宣传工作】 2017年，城区社区以迎接省级文明县城复查验收工作为契机，广泛深入各小区、各社区开展了以“社区是我家，安全文明靠大家”为主题的宣传活动，并配合昔阳县委、县政府顺利通过了复查验收工作。

【社区文化】 2017年，城区社区以创建国家级公共文化服务体系示范区为契机，以12个社区文化活动中心为依托，以各居民小区为阵地，以“八一”物资交流会、两节文化活动、社区棋牌大赛、小区广场舞为载体，引领社区群众开展了丰富多彩的文化活动。支持群众组建文艺队伍、组织形式多样的社区文艺活动，成功举办了元宵节社区文艺晚会、春节广场舞大赛、迎春杯社区棋牌大赛、元宵节及“八一”戏曲晚会，进一步丰富了社区文化生活；开展“昔阳好人”“好家庭”评比活动，加强民风教化。

城区社区举办“八一”戏曲晚会

国家级传统村落

【概况】 2017年，昔阳县共有国家级传统村落7个，分别是界都乡的长岭村，大寨镇大寨村，乐平镇西南沟村，皋落镇北岩村，赵壁乡东寨村、楼坪村，孔氏乡三教河村。

【长岭村】 长岭村隶属山西省昔阳县界都乡，位于昔阳县中东部，环山叠翠，土地肥沃，村域面积7.5平方千米，耕地1700亩，在册160户，600余口人。

村庄分布在一条长长的黄土蛾眉大岭上，故取名长岭。地形东高西低、北高南低、呈阶梯状。村庄整体随地势而建，从西向东宛如一条长龙，有“龙岗”之称谓。

长岭村始建年代无准确资料考证，但从地名、出土文物和老一辈人的传说，约形成于商周时期，春秋时期属晋国。现存的《重修观音堂记》石碑立于明万历十二年（1584年）。长岭村历史悠久，尤以古建筑为最，明清串珠式对称的四合院——陈家大院，依地势而建，既独立又相通，高低错落，院落或为层楼式建筑，或为多进式建筑。12个古建筑大街门，样式各异，大气磅礴。牌匾、石雕、砖雕、木雕、鸱吻令人赏心悦目，风格各异的建筑制式让人心旷神怡。长岭古村以独特的自然风貌，悠久的历史人文景观，古老的建筑群，吸引着来自各地寻幽探古的游客。2014年长岭古村成功入选第三批中国古村。2015年长岭古村成为中国古村落保护与发展专业委员会“公益性动态咨询服务试点村落”并颁发证书。

【大寨村】 大寨村地处县城东南部，全村有219户，532口人，1.88平方千米，海拔为1162.6米。这里属于太行山土石山区，由于长期风蚀水切，形成七沟八梁一面坡的地貌。自然环境十分恶劣，群众生活异常艰苦，新中国成立后进行治山治水，在七沟八梁一面坡上开辟了层层梯田，并通过引水浇地改变靠天吃饭的状况。因此，得到了毛主席的肯定和表扬，并于1964年发出了“农业学大寨”的号召，大寨从此成为全国农业战线上的一面旗帜。这种时代感也深深烙印在当地民居风格上。大寨村建筑整体风貌讲究整齐有序，装饰简单朴素，但气势雄壮，犹如行兵列阵。下窑上房，窑作一线，房如队列，依山等高线而建，鸟瞰如一列列火车飞驰。建筑色彩以青石青砖为主。窑成拱形，顶平，房顶如人形。木门窗。建筑装饰讲究简单朴素整洁。现在的大寨村是一个优美的公园山村，层层梯田庄稼葱绿，田田池水波光旖旎，人造森林郁郁葱葱，处处果园硕果累累。大寨村窑洞整齐，街道干净、清洁，人民热情好客。大寨的交通、通讯等基础条件已经大有改善，是一个成熟的农业旅游区。

【西南沟村】 西南沟村位于昔阳县城西6千米，据昔阳县志考证，因位于鸣水河西南方，山沟中而得名，故称西南沟。西南沟村地势西南高，东北低。村落以毛家大院为始，逐渐形成。毛家大院始建于清代嘉庆后期，属典型的清代民居建筑群，背靠姬家岭大山，面临毓秀河。毛家大院历经清道光、咸丰、同治、光绪、宣统五年至民国7年（1918年），早期建筑风格体现“以礼为本，尊卑有序”的中国传统文化，民国时突出了“中西合璧”的思想。从高山远处望去，毛家大院的布局如“双喜”状。如今的毛家大院已成为西南沟村的代名。毛家大院整体建筑坐西朝东，占地8325平方米，建筑面积2298平方米，建于清嘉庆年，道光、同治年间进行大规模扩建，光绪年、民国时又进行了局部改建。大院依山而建，现存建筑有九德堂、三益堂、聚福巷、英贤巷、演武厅，共两堂两巷6组大院、15座小院，房屋120余间，窑洞20余孔。大院布局为一、二、三进四合院式。主体建筑坐中，左右厢房对称，对内院院相通，对外院院有门，木雕门楼、砖雕影壁、石雕门枕石，三雕艺术随处可见。

【北岩村】 北岩村位于皋落镇东部，全村150口人，占地1.33公顷。北岩村以其地理位置得名。因坐落在北圪梁石崖中，故取名北岩村，是真正的名副其实。

由于南北岩峡谷特殊的地理位置，历史上曾属于环管地带，俗称世外桃源。朝天沟、东山塄根、人马山、大水窑、东家掌、庙眼、天龙洞、南北大石崖等地散居的古人被山外人称为山人、野人和恶人。据说，人马山为春秋遗址，东家掌的将军墓为战国古墓遗址，那里的灰坑、洞穴随处可见，人们在那里捡到过很多石器、镖头、箭镞。南北朝北魏年间建的恢弘的寺院标志的遗物，村民捡到并保存的铜人为隋朝开皇六年（586年）、十二年（592年）间，明清时期的建筑风格犹在，清末重修龙王庙的碑铭犹在，文化大革命时候出土的古墓和在底老住户的族谱可证实，北岩村在北魏前就已形成村落。

北岩村四周为山，中间平地作耕地用，入村须经过一山洞，居住选址狭小稳定，建筑多用当地石材，工艺简单原始，从其生活、生产、宗教信仰等方面，可以说北岩村是中国几千年传统农耕文化的缩影，体现中华民族农耕文化的智慧与思想。

【东寨村】　东寨村位于赵壁乡中部。户籍人口927人，村域面积4.8平方千米。东寨村历史悠久，逾越千年。五代十国末期，因战争防御需要，曾在立岩寨顶瞭哨，山下东狭沟和亚圆山一带驻军，安营扎寨。现在村东边的“寨沟”“寨咽咀”就是当时安营扎寨之地。营寨往里的村庄自然以寨取名，成为“寨里村”。金朝祯佑年间（1213年—1216年），“寨里”改为“东寨村”，经过反复查阅考证，从唐代的“卧龙山庄”演变到今天的“东寨村”，已经过1257年的自然沧桑和社会变革。千年古寨变新村，是历代勤劳的东寨人民辛勤耕耘的结果。东寨村坐落在亚圆山坡上。坐北朝南，居高气爽，村庄地势是北高南低，民宅建筑亦顺势而造，南北高低落差极大，住宅造型分三层，最上层是高大宽敞，具有明清建筑特色的四合院，且一家有几个大院相连通，院内主房都坐北朝南，下面是细凿石碹窑洞，上有楼房、廊檐，再加上石雕门墩，砖雕影壁，木雕门窗，显得十分雄伟而古雅。王氏建筑群的装饰主要是砖雕、石雕、木雕等，这些构图简洁明快、高雅古朴，反映出当时主人深厚的文化底蕴和高远的理想追求。院落形式多为四合院、多进院落。如“铭新堂”分前、中、后三院；“春圃轩”分上下院；精致的砖雕、木雕、石雕、彩绘点缀中，处处显示出了传统文化和宗教信仰的浓厚色彩，及民间工匠的劳动智慧，同时也寄托了主人的理想、信念、情趣和追求。如“书声”“琴韵”“竹苞”“松茂”“连年有余”“麒麟”“寿桃”等砖雕、石雕和木刻，寄托了主人富贵吉祥、福寿安康的生活理想。

【楼坪村】　楼坪村，位于昔阳县城东南赵壁乡，距县城35千米。村域现占地8公顷，面积3平方千米。全村户籍人口800人。楼坪村东邻河北省邢台市，南与和顺县接壤，属太行山脉余脉。村内现存有集中连片的民居院落9处，祠堂1处，古戏台1处，为清代本村地主李贵乾宅院，保存较好。前明时期，这里的先人原居本县怀仁乡西湾。后因孔姓人氏于此结庐子居，乡人谓称庐子平。渐随日俱长，李、师、乔等姓氏家人逐步迁来。据明嘉靖二十七年（1548年）乐平县志载，“庐子平归怀仁乡水谷都辖”。故依志为据，村落立庄该始于明。清乾隆中期，村人修职郎李春荣之祖立堂号“天聚生”。以顺应天时，凝心聚力，由小做起，发展壮大。靠经营布匹、食盐，行商发达后，遂置地兴木，筑楼扩院。易村名“楼子坪”。至清末，李家李怀乾、李进乾、李贵乾兄弟这代，已有商业、牲畜交易、土地3块资本运营。财力聚生便广置田产，大兴土木，占地面积7500平方米，建筑面积2627平方米的“天聚生”民居至此工就。昔阳解放后，本县人民政府在1946年6月将名更为“楼坪”。

楼坪村产业类型为农业，主要种植玉米、谷子。养殖业为家禽、家畜。

【三教河村】 三教河村位于孔氏乡东南部，村域面积6.8平方千米，户籍人口167人，常住人口105人。坐落在古河道两岸，分为东庄和西庄。村西庄依靠西面山坡背风之处建筑房屋，村东庄在古河道旁建筑院落。当初村落形成的原因为此地为交通要道。向东通河北省，西连昔阳县东冶头、闫庄、皋落。北边是孔氏乡大小十几个村落的主干道。三教河地处三条河流交汇中心，最初建筑亦顺势而造，依靠山坡跟冲积滩平缓之处选择地址。最先住宅多为石碹窑洞和砖瓦结构的瓦房。至今遗留下来的部分建筑可以想见当时全貌的宏伟。住宅造型分3层，最上层是高大宽敞的窑洞，下面是细凿石碹窑洞。上有楼房、廊檐，再加上石雕门墩，砖雕影壁，木雕门窗，显得十分雄伟而古雅。西庄的主要居住区在西面山坡。最早开始的建筑多为延续明清风格砖瓦结构，精致的砖雕、木雕、石雕、彩绘点缀其中。三教河村在抗日战争时期依据地理环境优势曾经组建兵工厂生产枪支弹药支援前线，可惜在20世纪30年代遭遇战火焚毁。

申荟阳

申荟阳（1926-2017），昔阳县河上村人，中共党员。中国建筑工程总公司原党组成员、常务董事、人事部经理，正局级离休干部（享受副部级医疗待遇）。

申荟阳于1938年2月加入共产党（公开身份是以山西省牺牲救国同盟会简称“牺盟会”的名义活动），同年5月参加革命，负责村公所宣传抗日、组织自卫队、接待过往抗日军民、发放路条、传递情报等事务，后担任支部副书记。1938年秋被昔东县委（公开名义为昔阳八路军联络处）抽调到训练班集训。1940年年底调任中共平昔中心县委小报社工作，1941年11月调中共太行一地委秘书处，1942年10月调中共太行分局秘书处，后到八路军129师司令部六科（训练科）工作，又到太行区党委秘书处任干事。在129师司令部工作期间曾为时任师长的刘伯承元帅翻译的苏军训练教材《合同战术》一书抄写译稿并亲历了当年为刘伯承元帅举办的60岁祝寿活动。1944年调到河南，从1944年至1950年，先后在太行八地委沁阳县、博爱县、焦作地委等任区宣传委员、县武工队政委、焦作地委秘书干事、机要科副科长、科长，1950年8月调沁阳县委任宣传部部长，不久任县委副书记。1952年8月留调原平原省（该省于1952年12月由中央决定予以撤销）总工会，任秘书主任。

申荟阳于1952年12月与爱人李学义一同调派北京，分配在初建的中央建筑工程部任办公厅研究室组长。1953年初调设计总局和部人事司任科长、处长。1960年在建工部人事司、政治部干部部任技术干部处处长。1972年调建筑科学研究院政工组，1973年春按照国务院指示，参与重新组建中国建筑科学研究院。1979年，国务院决定成立国家建筑工程总局，申荟阳任总局干部局副局长、科技委员会委员、总局技术职务评委会副主任，参与了机关内部机构设立方案的制定和人员的调配。

1982年，中央决定政企分开。原国家建筑工程总局撤销，成立中国建筑工程总公司，经中央组织部决定，他任总公司党组成员、常务董事兼人事部经理。1986年12月离休后被推选为总公司职工思想政治工作研究会副理事长。1982年12月，任中建总公司党组成员兼人事部经理后，参与了中建总公司的组建工作。申荟阳和老伴李学义积极响应党中央的扶贫号召，从20世纪60年代至2013年捐献现金和物资折合人民币40多万元。

陈自卫

陈自卫，1946年生，孔氏乡李家庄村人。中共党员。研究生导师，副研究员。1970年8月北京化工学院机械系毕业留校工作。曾任机械设计研究室主任。1992年5月调入塑料机械及塑料工程研究所，从事科研工作，技术职务为副研究员。陈自卫从事科研10余项，发表论文10余篇，获国家专利奖4项和国家科技进步三等奖1项，教育部科技成果奖1项。他的主要科研项目有：全程视窗平行同向双螺杆挤出机，北京贵宾楼饭店低压配电系统的设计开发，Φ65、Φ90排气式挤出机的设计，Φ120直径的高分子量聚乙烯用单螺杆挤出机的设计，“塑料拉伸缠绕膜”石化项目的设计，化学交联聚乙烯管材技术的试验研究及推广，化学交联聚乙烯专用料的设备技术改造，工程塑料的共混改性。

胡志宏

胡志宏，1946年生，乐平镇红土沟村人。中共党员。大专学历。高级工程师。历任阳泉矿务局一矿团总支书记、工会宣传部干事、宣传部部长、选煤厂副厂长、党委宣传部部长、党委副书记、党委书记等职，2004年退居二线。胡志宏所在单位1994年—2004年连续10年保持“山西省精神文明建设先进单位”称号，先后荣立山西省集体三、二、一、特等功各一次，并荣获山西省“五一”劳动奖章一次。2001年7月1日，被中共中央授予“全国先进基层党组织”称号。胡志宏代表一矿党委在人民大会堂领奖并受到江泽民、胡锦涛等党和国家领导人的接见。他所在的单位2002年被中央文明办命名为“全国精神文明建设先进单位”。胡志宏本人被阳煤集团公司、阳泉市委市政府、山西省企工委、国家煤炭工业协会授予“优秀党务干部”“优秀共产党员”“优秀党务工作者”“全国煤炭系统造林绿化先进个人”“经济建设功臣”等称号。2001年获阳泉市“五一劳动奖章”，2002年记一等功一次，2002年、2003年两次获山西省“五一劳动奖章”，2003年省委、省政府授予“党管武装好书记”称号。

李彦良

李彦良，女，1948年生，昔阳县东冶

头村人。山西省作协会员，无党派。1967年平定师范毕业后曾在凤居乡川口村、黄岩村、东寨村的学校和东冶头中学当教师。后调至平定。1983年考入山西师范大学。毕业后担任过平定教师进修学校副校长、校长。2008年在阳泉教育学院副院长任上退休（正处，副教授）。曾以“教育功臣”和“拔尖人才”受到过阳泉市委和政府的嘉奖。在1987年—2008年的20年间，曾先后当选过平定县人大代表2届，其中常委会委员1届。政协平定县副主席2届。阳泉市人大代表4届，其中常务委员会委员3届。山西省人大代表2届。李彦良爱好写作，出版的科研成果有《校本培训模式研究》，文学作品有《三音集》《瓦妮说童年》《点击金秋》三本散文集和诗集《山溪淙淙》。曾被“平定女子文学社”和“阳泉评梅女子文学社”四度聘为名誉社长。被《新锐散文》《诗之原》《瀚海观山》等网络公众号平台聘为签约作家和专栏作者。

王玉国

王玉国，1954年生，闫庄乡张家庄村人。中共党员。西北农业大学农学院生理生化专业硕士研究生毕业，教授，山西省中青年学科带头人。担任山西农业大学农学院生物技术系主任、山西省植物生理学会副理事长。王玉国多年从事生物技术的教学与科研，他的研究方向是植物细胞与组织培养，植物逆境生理。多年来先后主持承担省级科研项目5项，其中“大豆小真叶外植体再生植株研究”和“枣树快速繁殖技术研究”获山西省科技进步二等奖。发表相关论文30余篇、论著5部，主编和参编教材专著3部。1998年获“山西省高教系统优秀党员”称号，2000年获山西省“五一”劳动奖章，2001年获“山西省师德标兵先进个人”称号。

赵 平

赵平，1956年生，昔阳县人，系空军总医院中西医结合正骨疗法治疗科（全军重点医学专科中心、国家中医药管理局脊柱软伤专病中心）主任，主任医师，空军级专家。1983年毕业于辽宁中医学院中医系。1991年获得第四军医大学中西医结合专业硕士学位。中国中医科学院、北京中医药大学、大连医科大学硕士研究生导师，安徽医科大学客座教授，空军总医院博士后工作站导师。中央保健委员会会诊专家，中央军委保健会诊专家，世界中医药学会联合会脊柱健康委员会顾问、中华中医药学会推拿委员会副主任委员，中华中医药学会整脊委员会副主任委员，北京中医药学会推拿委员会主任委员，全军中医药学会骨伤推拿专业委员会副主任委员，《中国骨伤》《北京中医药杂志》《空军医学杂志》《中华老年多器官疾病杂志》《中国组织工程杂志》《航空军医》等杂志编委，《Trials》《BMJ》杂志审稿人等。

赵平教授对手法治疗脊柱损伤退变性

疾病的机制做过较为深入和系统的临床试验研究。赵平教授是“新医正骨疗法”的学科带头人，对于解放军空军总医院全军中西医结合正骨治疗中心的学科建设和发展做出了重要贡献。赵平教授曾经主持国家“863计划”，军队“八五”、“九五”重点攻关，北京首发基金中医重点支持、军队临床高新技术等课题10余项。其主要研究成果曾获得全军科技进步奖5项（含一等奖1项）。国家发明专利4项，实用新型专利3项；发表专著6部，参编著作5部，在国内外专业期刊上发表中英文论文70余篇。

2011年获得中华中医药学会颁发的“全国优秀整脊推拿人才”称号，2016年荣获中央保健委员会颁发的“中央保健工作先进个人”称号。

李小晶

李小晶，女，1956年生，昔阳县人。中共党员。工商管理硕士，高级经济师。中国物资储运总公司总经济师，中储发展股份有限公司董事、北京中储国际货代有限公司董事长。

1982年7月李小晶毕业于甘肃工业大学铸造专业，分配至机械工业部电器工业局从事国家电工行业标准化管理和质量管理工作。1985年后在机械电子工业部质量安全司从事机电产品质量监督管理工作，在机械行业质量刊物上发表多篇论文，被国家质量监督局任命为首批国家级质量监督员。1990年调入机械工业部政策法规体改司，任体改处副处长，负责机械行业企业改革、改制和重组上市工作，参与国务院组织的“深化企业三项制度改革”“转换企业经营机制”及“国有资产管理体制”等多方面的调研及相关政策的研究制定。组织制定了若干推进机械企业深化改革的政策措施，积极推进机械企业的股份制改造工作。组织并参与多家机械企业境内A股和首批境外H股的重组上市工作，成为国企改革方面的专业人士。

1994年调入中国物资储运总公司，任企业策划处处长。前期主要负责企业改革、改制工作。通过对总公司下属天津公司的改造重组，成功运作了内贸部属企业第一家上市公司（中储股份，600787）。争取财政部资本金上划政策，使中储总公司与下属70多家企业建立产权纽带，成为内贸部属行政性公司中第一家与下属企业建立产权关系的总公司，为企业的公司制改造奠定了重要基础。成功地运作了中储系统多个子企业的公司化改造。1998年担任总经理助理，2001年担任总经济师，先后负责企业的生产经营管理、安全管理、法律事务、资产结构调整、企业重组、改制和资本运营工作。2002年完成MBA学位学习后，又负责组织制定中国诚通控股公司（中储母公司）的企业发展战略和中储总公司战略发展规划，并负责组织完成与此配套的若干个分战略制定。她还负责研究制定中储系统组织结构调整、机构改革等实施方案。中储的这些工作得到诚通集团和国资委的充分肯定及较高评价。

凌中南

凌中南，1964 年生，李家庄乡南庄村人。河南农业大学农业经济管理专业研究生班毕业，中共党员，推广研究员。历任河南省农业厅副科长、科长，河南省植保植检站副站长、党支部书记，河南省农业厅外景外事处处长兼河南省农业对外经济合作中心主任，兼任中国植物保护学会理事、中国作物学会会员、河南省植物保护学会副理事长。

凌中南长期从事农业科学技术的研究及推广应用，先后主持或参与完成 30 多项农业科研攻关任务。“优质高产多抗新品种豫芝 8 号的选育和应用”2004 年获国家科技进步二等奖，获省部级科技成果奖 20 项，其中一等奖 2 项、二等奖 5 项，在省以上学术刊物发表论文 39 篇，其中在国家级刊物上发表 18 篇，编写出版专著 9 部。

凌中南被河南省委组织部、人事厅、省科协授予“河南省第三届青年科技奖”，被农业部授予“全国蝗虫防治先进工作者”，多次被全国农技中心评为“全国病虫测报先进个人”“全国病虫防治先进个人”。

赵军良

赵军良，1963 年生，昔阳县赵壁乡西横山村人，理学博士，研究员（三级），在山西省农业科学院蔬菜研究所从事科研工作。1998 年—1998 年，被公派到世界名校荷兰瓦赫宁根农业大学（现荷兰瓦赫宁根大学），访问学习 1 年。

1989 年 7 月，在山西省农业科学院蔬菜研究所从事科研工作。1999 年 1 月—1999 年 9 月，在欧洲名校芬兰赫尔辛基大学工作 9 个月。于 2000 年 4 月晋升为副研究员，2006 年 12 月晋升为研究员。2006 年 9 月—2007 年 8 月，被公派到世界名校美国常春藤大学康奈尔大学，访问学习一年。2014 年被评为山西省农业科学院科技创新模范。2015 年 8 月—2015 年 10 月，第三次被公派到美国名校密西根州立大学，高级访问学习 3 个月。2016 年兼任山西科萌种业有限公司董事长。

赵军良主持完成国家科研项目 1 项，省级项目 8 项，院级项目 3 项，市级项目 1 项；参加国家级、省级、院级各类科研项目 20 余项。在各类学术期刊发表专业论文 50 余篇，其中第一作者 37 篇，被世界著名的期刊文献检索工具 SCI 收录 2 篇。制定山西省地方标准 2 个。培育蔬菜新品种 10 个，其中 2 个通过国家新品种审定，8 个通过省级认定。获得山西省科技进步奖二等奖 1 项、三等奖 4 项，获得山西省农村技术承包奖一等奖 2 项、二等奖 4 项。获国家发明专利 4 项。

郝占庆

郝占庆，1964 年生，沾尚镇猛彪村

人。1985 年山西农业大学林学系毕业，1988 年获中国科学院沈阳应用生态研究所理学硕士学位，1997 年加入中国共产党，2000 年获中国科学院沈阳应用生态研究所理学博士学位。郝占庆一直从事森林生态学、生物多样性等方面的研究，历任中国科学院沈阳应用生态研究所所长助理、研究员、博士生导师、森林生态与林业生态工程研究中心主任、研究所学术委员会委员兼林业学科组组长、森林生态重点实验室主任、中国科学院研究生院教授，兼任中国科学院长、白山森林生态系统开放研究站学术委员会委员、辽宁省植物学会副理事长、辽宁省生态学会常务理事、中国林学会森林生态分会理事及《应用生态学报》《生物多样性》《Far Eastern Botanical Journal》编委。

郝占庆多次受中国科学院派遣，赴美国、俄罗斯、朝鲜、波兰、韩国、匈牙利、奥地利、加拿大进行考察访问并参加国际学术会议，其中在大会作报告 5 次。

郝占庆先后主持完成国家自然科学基金项目 3 项，中国科学院创新项目课题 3 项，国际合作项目 1 项，国家科技部特别支持项目 1 项。发表学术论文 50 余篇，其中英文论文 20 篇、编著出版《长白山多样性及其格局》专著 1 部，参编专著 3 部。2000 年获辽宁省科技进步奖三等奖。

周怀平

周怀平，1964 年生，千亩坪村人。中共党员。1987 年毕业于山西农业大学土壤农业化学系，获农学学士学位。现任山西省农业科学院农业环境与资源研究所书记、副所长、研究员，兼任土壤环境与养分资源山西省重点实验室副主任、山西省土壤肥料学会副理事长，山西大学生物工程学院硕士研究生导师。国家旱作节水农业学会理事，中国植物营养与肥料学会养分循环与环境专业委员会委员。2010 年 11 月到 2011 年 10 月期间，以省筹公派访问学者身份赴澳大利亚墨尔本大学交流访问 1 年。

他长期从事耕地质量培育、旱地农田土壤水肥资源持续利用及工农业、生活废弃物资源化利用等研究工作，连续承担了国家“七五”至“十二五”科技攻关（支撑）和省部级项目的研究和技术推广工作，现为山西省重点研发计划项目“旱作农田有机培肥土壤质量提升与养分循环研究”课题主持人，先后获得国家、部省级的科技成果奖励 9 项。在《中国农业科学》《植物营养与肥料学报》等学术刊物上发表论文 30 余篇，其中第一作者文章 21 篇，参加了《中国土壤肥力演变》《农田土壤培肥》等 6 部著作的编写工作。

李海真

李海真，女，1965 年生，昔阳县人，理学硕士，研究员，南瓜育种专家。本科毕业后分配在山西农科院蔬菜所工作，2002 年 5 月调北京市农林科学院蔬菜研究中心。曾获“山西省青年科技奖”，被授予“山西省青年科研专家”荣誉称号并荣立二等功。获“中国园艺学会十大青年科技奖”奖励，获山西省“三八”红旗手，“巾帼建功十标兵”等荣誉称号。兼中国园艺学会南瓜分会副会长。

李海真多年来一直从事蔬菜遗传育种、瓜类新品种选育及推广应用研究工作。开展了西葫芦、南瓜大孢子培养及分子标记辅助育种方法和技术的研究。参与和主持了15项国家级、省级重点科研课题。

在国内首次参与发现了裸仁中国南瓜和矮生中国南瓜种，在经典遗传学和分子遗传学水平上对其进行了详细的研究，并利用这些优良的性状开展了新品种的选育和利用工作。参与和主持育成的“早青一代”“阿太一代”“京葫系列”等西葫芦品种及“无蔓南瓜系列品种”“京栗系列南瓜品种”“裸仁系列南瓜品种”，已成为早中晚熟配套、长蔓和短蔓品种配套、鲜食和加工品种配套、菜用和籽用品种配套、食用和砧木品种配套、食用和观赏品种配套的系列南瓜品种，深受市场欢迎，已推广应用到全国各地。

其中“京红栗”“京绿栗”“短蔓京绿栗”“京蜜栗”等六个南瓜品种的选育项目于2005年1月通过北京市科委鉴定。1998年至今上述品种累计推广面积200多万亩，为农民增收2亿元，取得了显著的社会和经济效益。短蔓印度南瓜、无蔓南瓜的育成填补了国内在这项研究领域的空白。

陆续开展了与南瓜作物遗传育种相关的部分应用基础研究，在省市级基金项目的支持下，系统开展了南瓜和西葫芦的重要经济性状的遗传规律研究以及综合品质、抗性的评价与鉴定技术研究。从分子水平上开展了南瓜作物遗传和亲缘关系的研究，开展了南瓜无蔓基因的精细定位研究，开展了南瓜营养保健活性物质的综合评价研究工作，开展了南瓜作物DH育种体系的建立等一系列工作，在南瓜育种与相关分子标记辅助育种工作及DH育种方面居国内领先地位。

白 莲

白莲，女，1980年生，西寨乡西寨村人。主攻国画，先后任太原市杏花岭区美协理事、美协副主席。2004年4月，在山西省博物院举办《张永乾·白莲中国画展》。2005年，作品《学步》获山西省第十五届美展三等奖，《阳光地带1》参加山西省书画展获三等奖，《阳光地带2》参加山西省风华三晋青年美展获三等奖。2012年，先后在晋中龙湖紫云轩举办张永乾·白莲中国书画展，在河南洛阳翰墨名人艺术馆举办张永乾·白莲中国画邀请展。《上台前》入选庆祝中国共产党第十八次全国代表大会胜利召开山西省美展。2013年，《花季》入选丹青绘彩妙笔华章太原市迎春书画展。2015年，《花季，雨季》入选太行风骨·山西省纪念抗日战争胜利七十周年书画展，获优秀奖。同年，《青春记事》参加中国美术家协会主办的2015全国中国画展，《豆蔻年华》参加中国美术家协会主办的纪念潘契兹诞辰100周年全国中国画展，《傣家小景》参加杏花岭区举办的纪念中国人民抗战胜利暨世界反法西斯战争胜利七十周年书画摄影展。在太原瑞石艺术空间举办“水墨情缘”张永乾·白莲中国画展，在山西翼城举办张永乾·白莲·常娜中国画邀请展。

2017年受省、市、县表彰的劳动模范（单位）

工作单位	奖 项
昔阳县交通运输局	晋中市劳动模范单位
昔阳县公路管理段	晋中市模范集体
山西云创众创有限公司	晋中市模范集体
昔阳县丰汇煤业丰汇煤矿	晋中市模范集体
昔阳县自来水公司	晋中市模范集体
昔阳县大寨镇工会联合会	晋中市模范集体
昔阳县爱卫办	县“五一”劳动模范集体
昔阳县食品药品监督管理局	县“五一”劳动模范集体
国网昔阳县供电公司	县“五一”劳动模范集体
昔阳县城区社区管理委员会	县“五一”劳动模范集体
昔阳县大寨镇大寨村	县“五一”劳动模范集体
昔阳县住房保障和城乡建设管理局	县“五一”劳动奖状
昔阳县民政局	县“五一”劳动奖状
昔阳县公安消防大队	县“五一”劳动奖状
昔阳县城市社会秩序管理大队	县“五一”劳动奖状
昔阳县赵壁乡	县“五一”劳动奖状
昔阳县东冶头镇	县“五一”劳动奖状
昔阳县国土资源局	县“五一”劳动奖状
昔阳县城区社区管委会东关社区	县“五一”劳动奖状
昔阳县赵壁乡东寨村	县“五一”劳动奖状
昔阳县城区社区管委会钟村社区	县“五一”劳动奖状

2017年受省、市、县表彰的劳动模范（个人）

姓　名	工作单位及职务	奖　项
张卫芳	昔阳县洁城清运有限公司街道保洁员	晋中市劳动模范
樊兰珍	晋中市鑫阳顺建筑工程有限公司安全科科长	晋中市劳动模范
武　栋	昔阳县农村信用合作联社党委书记、理事长	晋中市劳动模范
李怀明	昔阳丰汇煤业有限责任公司掘进队班长	晋中市劳动模范
王　涛	国投昔阳公司瓦斯发电厂机务专业工程师	晋中市劳动模范
刘丽萍	昔阳县洁城清运有限公司街道保洁员	晋中市劳动模范
高　翔	阳涉铁路有限责任公司铁路员工	晋中市劳动模范
乔乃曦	昔阳县人民医院内科主任	晋中市劳动模范
樊兰珍	晋中市鑫阳顺建筑工程有限公司安全科科长	晋中市劳动模范
韩秋庆	安顺乐安煤业有限公司班长	晋中市劳动模范
王志录	昔阳县煜峰种植专业合作社主任	晋中市劳动模范
贺志勇	昔阳县源泉养殖专业合作社主任	晋中市劳动模范
王会林	昔阳县东冶头镇天圣庙村党支部书记	晋中市劳动模范
延旭东	昔阳县三都乡三都村党支部书记	晋中市劳动模范
赵　强	昔阳县公安局交警大队大队长	晋中市劳动模范
李江艳	昔阳县中学校教师	晋中市劳动模范
李列峰	阳煤集团昔阳化工有限责任公司树脂车间聚合工段工长	晋中市劳动模范
张兴华	昔阳县孔氏乡党委书记	晋中市劳动模范
任树华	昔阳县赵壁乡党委书记	晋中市劳动模范
李　纲	昔阳县委办副主任、爱卫办主任、园林局局长	晋中市劳动模范
张卫平	昔阳县公路管理段段长	晋中市劳动模范
郑敬东	昔阳县交通局主任科员	晋中市劳动模范
王　栋	昔阳县水利局主任科员	晋中市劳动模范
樊海燕	昔阳县电视台副总编	晋中市劳动模范
乔建江	昔阳县市政园林环卫所所长、城建管理监察大队大队长	晋中市劳动模范
马晓峰	昔阳县城区社区管委会南关村乾元商贸有限公司董事长	晋中市劳动模范
马海平	昔阳县公安局副局长	晋中市劳动模范
李树仁	昔阳县爱卫办副主任	晋中市劳动模范
赵富华	昔阳县卫生和计划生育局局长	晋中市劳动模范

续表

姓 名	工作单位及职务	奖 项
杜稳生	昔阳县教科局副局长	晋中市劳动模范
李晓东	昔阳县卫生监督所环境卫生科科长	晋中市劳动模范
卜建中	昔阳县工商和质量监督管理局乐平所所长	晋中市劳动模范
李邦荣	昔阳县自来水公司经理	晋中市劳动模范
郭晓玉	昔阳县移动公司经理	晋中市劳动模范
王秀清	昔阳县疾病预防控制中心主任	晋中市劳动模范
张慧慧	昔阳县文化局副局长	晋中市劳动模范
李青录	昔阳县东冶头镇东固壁村支部书记	晋中市劳动模范
张翠林	昔阳县污水处理中心厂长	晋中市劳动模范
赵旭亮	昔阳县赵壁乡副乡长	晋中市劳动模范
张晓栋	昔阳县东冶头镇副镇长	晋中市劳动模范
翟华华	昔阳县大寨镇副镇长	晋中市劳动模范
梁 亮	昔阳县交警大队干警	晋中市劳动模范
梁 栋	昔阳县公安消防大队副中队长	晋中市劳动模范
赵成文	昔阳县城区社区管委会赵家沟村社区支部书记	晋中市劳动模范
李忠元	昔阳县城区社区管委会留庄村社区支部书记	晋中市劳动模范
张胜国	昔阳县闫庄乡河上村支部书记	晋中市劳动模范
赵永军	昔阳县孔氏乡丁峪村支部书记	晋中市劳动模范
王晓红	昔阳县委办公室副主任	晋中市劳动模范
马春云	昔阳县政府办副主任	晋中市劳动模范
张庆成	昔阳县财政局副局长	晋中市劳动模范
王丽军	昔阳县皋落镇副镇长	晋中市劳动模范
张彦平	昔阳县园林局副局长	晋中市劳动模范
张院生	昔阳县孔氏乡水利水保站站长	晋中市劳动模范
光永福	昔阳县东冶头镇畜牧站站长	晋中市劳动模范
王瑞珍	昔阳县人民医院办公室主任	晋中市劳动模范
张五棠	昔阳县界都乡长岭村主任	晋中市劳动模范
闫丽丽	昔阳县新闻中心副主任	晋中市劳动模范

第五届“昔阳好人”

董彦林，男，1961 年 5 月生，昔阳县赵壁乡黄岩底村人。

从 1993 年 1 月起，董彦林把舅父接到家中照顾，24 年如一日尽心尽力服侍舅父。二十多年来，舅父的生活诸方面都由他操持，不只是衣食住行，还亲自给舅父洗手、洗脸、剪指甲、洗脚、洗澡、理发。因为舅父白天呐喊、骂人、说脏话，晚上也不怎么睡，不时地捣墙、拍床，影响邻居休息，所以必须陪床，制止舅父的无意识行为。

赵银娥，女，1967 年 12 月生，昔阳县李家庄乡东庄村人。

赵银娥是乡镇卫生院一名普通的内科大夫，26 年来，她在平凡的岗位上奉献着，没有节假日，没有星期天。她的电话二十四小时开机，早就成了病人的服务热线，只要病人拨通电话，述说病情寻医问药，无论认识与否，她都不厌其烦耐心解答，为防语音不清出错，凡涉及药名就用短信回复。以病人为中心，以服务树信誉，是她行医 26 年的工作信条。来乡镇卫生院的病人大多是最基层的农民，因为没钱看病，在家小病拖成大病，万不得已才进医院。因此为他们看病，必须精打细算，既得看好病，又得省钱。作为感谢，病人送的红包，她一概拒绝收受，遇到实在难以推辞的也都作为住院押金交到了住院处。病人到医院看病是他们最脆弱的时候，她身体力行带动倡导周围的同事要关爱病人，以诚相待，以情暖人。她深感自己岗位的重要，不仅维系着群众的健康、快乐，甚至维系着一个人的生命、一个家庭的命运。她珍惜为病人服务的每分每秒，即使自己在病重期间，也不愿多休息一天。有一年她一个月做了“胆囊切除术”“子宫切除术”两个大手术，但卧床休息总计不超过 20 天，刚刚能下床就上班了。她患有关节炎，晚上经常在膝关节疼痛中醒来，不能入睡。晨起关节肿痛不能下床，家人劝她休息，但她总是服几片止痛药强行下床，家人搀扶着溜达几圈，但凡能独立行走，即使瘸拐着双腿也要上班。她总觉得让病人在门诊等着，或者约好的病人失信了，心里过意不去，再难也要上班。

她敬畏自己的职业，常说是医生这个身份让她懂得怎样平等、善良、真诚地对待每一个生命，懂得奉献的价值和乐趣。

她热爱自己的职业，视自己的病人如亲人，她没有豪言壮语，只有默默奉献。

于喜风，女，1957 年 5 月生，昔阳县东冶头镇卧龙山村人。

2001 年，小叔子因外出打工时的一场车祸高位截瘫，除了意识清楚，能模模糊糊发出几个音节外，已经和植物人没有什么区别了。面对这场灾难，于喜风揽下了这个“大麻烦”，开始了她漫长的照顾生涯。然而，老天并没有因为于喜风的善良而厚待她，2015年，丈夫王怀庆身患重病，撒手人寰，留下了看病期间借下的债务和形同植物人的小叔子。于喜风用她自己瘦弱的肩膀担起责任。

巩文梅， 女，1972年11月生，昔阳县赵壁乡东寨村人。

巩文梅与丈夫王永兵一起照顾他们的奶奶，冬天安排好取暖，一日三餐伺候周到，婚后多年，特别是近三年，1000多日日夜夜，他们夫妇默默地坚守孝道。老人在他们的用心陪护下，思维清晰，红光满面，神采奕奕。

王换良， 男，1957年11月生，昔阳县东冶头镇前岩村人。

35岁之前，王换良是村里的一名赤脚医生。凭着自己的刻苦钻研与长期的临床实践，独自琢磨出了一些疾病治疗的方法。在他双目失明的26年时间里，从没间断过给乡亲们看病。经他手的病人，看好的不计其数。可他从来没有收取过乡亲们一分钱，更没有接收过任何的馈赠。用他的话来说就是：“我虽然身残了，但是我的心不残。我能为村里人做点事，我就会尽心尽力去做，能给人看病是我的心愿。因为这是好事，能减轻病人的痛苦，还能减少病人家里的经济费用，又能体现我这个残疾人活着的价值，这样的事我何乐而不为？”26年如一日，他为百姓的平安健康默默无闻地无私奉献着。

高艳斌， 男，1982年11月生，昔阳县乐平镇巴洲村人。

救儿童彰显男儿本色

放学回家的路上，高艳斌看见一个厕所旁聚集了很多人，走过去一打听才知道是有个孩子掉进厕所里了。他赶紧跑进厕所，发现厕所里很暗，厕所下面传来一个孩子无助的哭喊声。高艳斌二话没说从掏粪口跳进了厕所。刺鼻的气味让他睁不开眼睛也喘不上气来，粪汤先是淹到他的肚子，越往里走淹得越深，慢慢淹到了胸脯，他艰难地前进着，几次都差点跌倒，好不容易走到了小男孩身边，他一把抱住了小男孩，随后，他将小男孩双手托起，吃力地慢慢返回来。小男孩得救了。

用真爱塑造“体育人生”

高艳斌毕业于体育学校，他深深地爱着体育教师这个职业，不管是体育课，还是运动会，都会看到他奔波、忙碌的身影，特别是他组建的“校园足球队”，在县里颇有名气，深得学生及家长的喜爱。

孝父母弘扬优良家风

百善孝为先。高艳斌父母年岁已高，饮食起居他都给予无微不至的关心照顾，不仅如此，对待自己的岳母比自己的亲生父母还要用心。

2016年大事记

1月

6日，晋中市委书记张璞深入昔阳县

大寨镇大寨村和界都乡克栳桧村调研“冬季行动”开展情况。

7日，县委常委班子召开“三严三实”专题民主生活会，市委常委、军分区司令员孙宪春到会指导。县领导丁雪钦、王根元、张驰、郭跃鹏、郭丰慧、李军、郭春林、马建军、柴颖则参加民主生活会，县政协主席王录文、县人大常委会副主任宋瑞生列席会议，会议由县委书记丁雪钦主持。

25日，县委书记丁雪钦、县委副书记、县长王根元等县四套班子领导先后深入十二乡镇、社区对昔阳县困难党员、“五保”户、低保户、优抚对象、残疾人和困难职工进行春节慰问。

26日，市委常委、市委组织部部长唐立浩一行对昔阳县2015年度目标任务完成情况进行综合考核，县委书记丁雪钦主持会议。

27日，晋中市副市长任忠就昔阳县重点工程建设和安全生产工作进行调研。县委书记丁雪钦，县委副书记、县长王根元全程参加调研活动，县委常委、常务副县长郭丰慧，县长助理成建忠参加调研座谈会。

2月

2日，省委组织部召开全省优秀乡镇党委书记表彰会，昔阳县界都乡党委书记张月清荣获“全省优秀乡党委书记”称号。全省1196个乡镇中最终有92名乡镇党委书记荣获这一殊荣。

15日，县委副书记、县长王根元深入重点煤矿企业就节后煤矿复工复产、安全生产和全年工作计划等情况进行调研。

3月

2日，中共昔阳县委第十四届六次全体会议召开。全会贯彻落实党的十八届五中全会、省委十届七次全会和市委三届七次全会精神，听取讨论了《县委常委会工作报告》，审议通过了《中共昔阳县委关于制定国民经济和社会发展第十三个五年规划的建议》、县委十届六次全会决议和有关事项。

是日，脱贫攻坚大会召开。会议深入贯彻落实中央扶贫开发工作会议和省、市脱贫攻坚会议精神，全面部署今后两年昔阳县脱贫攻坚工作，动员全县上下齐心协力，坚决打赢脱贫攻坚硬仗。

4日，举行第三届“昔阳好人”颁奖仪式。杨勇、张明柱、乔千虎、王福寿、程维花、凌保军、王维庆、刘和平、乔爱红、李显美共10人被评为昔阳县第三届“昔阳好人”。

10日，省国土资源厅党组书记、厅长许大纯到昔阳县，就土地开发整理工作和项目建设等情况进行调研指导。

15日，省政协副主席、市委书记张璞就“冬季行动”项目建设、农村基层党建、农民增收等工作深入昔阳县调研。

30日，县乡领导班子换届工作会议召开，会议传达贯彻了中央、省、市关于换届工作会议精神，安排部署昔阳县换届工作。

是日，2016年度卫生和计生工作会议

召开。会议对2015年度昔阳县卫生计生工作做了总结回顾，对2016年的重点工作作了安排部署。

31日，副县长石立军主持召开清收农村信用社不良贷款动员会，全面启动县农村信用社不良贷款清收工作。

4月

8日，昔阳县农业农村工作会召开，县委副书记、县长王根元，县委常委、政法委书记李军，县委常委、组织部部长郭春林，县人大常委会副主任王志勇，副县长石立军出席会议，十二乡镇党委书记、城区社区管委会党工委书记、县委办、发改局等部门负责人参加会议。会议由政法委书记李军主持。

是日，由县委宣传部、县文化局主办的爱国主义题材电影《北雁南鸣》首映仪式在文体活动中心举行。县委副书记张驰、副县长赵海斌、电影编剧李粤庆及昔阳县老干部、老知青代表，县直机关单位党员干部、群众、学生代表等，共计1000余人参加了首映仪式。首映仪式由赵海斌主持。

14日，市委副书记刘志宏深入昔阳县调研脱贫增收工作。

22日，“两学一做”学习教育工作会召开，会议传达了中央和省市有关精神，对昔阳县“两学一做”学习教育工作进行具体安排与部署。县四套班子领导及12乡镇、城区社区管委会、各相关部门负责人参加会议。县委副书记张驰主持会议。

26日，昔阳县组织工作会议暨县乡换届培训大会召开。市委换届督导组第三组组长冯雨平就换届风气督查工作进行安排部署。县纪检、组织、人大、统战等部门相关人员就换届工作进行专题培训。

27日，县委中心组学习（扩大）会召开，会议邀请省委党校原副校长、博士生导师高健生教授做“供给侧改革”专题辅导讲座。

28日，县委书记丁雪钦深入项目建设一线就部分重点市政工程和乡村旅游工作进行调研。

5月

1日，由共青团昔阳县委、工商业联合会主办，县农信社等15家企业参加和赞助的“幸福圆梦”关爱留守儿童公益活动在好人广场举行。

3日，县委副书记、县长王根元就昔阳县2016年教育重点项目工程建设情况进行调研，县人大常委会副主任王志勇参加调研活动。

5日，“第十三届（2016）中外避暑旅游口碑金榜”在香港向全球发布，昔阳县“太行红旗”获“2016中国避暑休闲百佳县”第19名殊荣。

9日，县委副书记、县长王根元深入西水东调部分利用工程引水隧洞除险加固工程指挥部召开工程建设推进会。县人大常委会副主任王志勇及县水利局、施工单位、监理单位负责人参加会议。

10日，昔阳县举行公务用车改革取消车辆首场拍卖会。42辆改革取消公车参加拍卖，成交率95.24%，成交总价91.86万余元，溢价率达40.46%，实现了资产价值的最大化，确保了国有资产的保值增值。

11日，全国政协副主席李海峰率香港特别行政区全国政协委员考察团来昔阳县就“扩大对外开放，促进山西经济结构转型升级”进行调研。

13日，举行“昔阳县第二届石马寺古庙会”文化旅游活动。

23日，“冬季行动”总结大会召开。会议全面总结昔阳县“冬季行动”取得的成效，并就下一步把“冬季行动”转入常态化，推动各项重点工作开展做出安排部署。县委副书记、县长王根元做工作总结，县委书记丁雪钦出席会议并讲话。

25日，市委常委、组织部部长唐立浩深入昔阳县大寨镇及所辖安家庄、南峪村，就乡镇党委换届、“两学一做”学习教育和基层党建工作进行调研指导。

30日至31日，台湾农业专家莅临昔阳县考察现代农业发展情况，中国国际人才交流协会主任刘永志、中国国际人才交流协会亚非部部长张小礼及省相关部门负责人陪同调研。

6月

16日，昔阳县三级干部大会召开。会议贯彻落实了中央、省、市经济工作会议精神，回顾总结全县2015年以及“十二五”时期取得的主要成绩，谋划了“十三五”整体布局，安排部署2016年经济工作，动员全县上下站在新起点，谋求新发展，奋力开创昔阳强县富民新局面。

19日，县委副书记、县长王根元到沾尚镇新口上村传达贯彻全县三级干部大会精神，为基层党员干部讲“两学一做”学习教育专题党课。

是日，昔阳县电子商务孵化园暨农村淘宝县级服务中心举行启动仪式。昔阳县开设首批农村淘宝服务站30个，招募合伙人30个，梳理本地特色产品81个，积极开展特色中国昔阳馆企业招商，推进“企业入网，商品上网”工作，为农特产品、手工艺品上行打基础。开业当日销售额达到358万元，位列全省第一、全国第八。其中，大寨村级服务站开业当日销售额位列全国第二。

22日，“2016山西·大寨中国汽车场地越野锦标赛”新闻发布会在北京召开。

26日，晋中市委常委、组织部部长唐立浩深入昔阳县乡村、社区和企业，亲切看望慰问了部分新中国成立前老党员和困难党员，送去党的关怀和温暖。县委书记丁雪钦，县委副书记、县长王根元，县委常委、组织部部长郭春林陪同慰问。

27日，县委常委、组织部部长郭春林前往李家庄乡给乡机关党员干部和村级党支部书记讲党课。

27日至30日，县四套班子领导深入12乡镇，对昔阳县新中国成立前老党员和生活困难党员进行走访慰问。

7月

4日至5日，晋中市司法行政半年工

作分析会暨法治文化建设推进会在昔阳县召开。

5日，县委副书记、县长王根元带领考察团赴太原市阳曲县就精准扶贫工作进行考察学习和交流，县委副书记张驰、县人大常委会副主任王志勇及扶贫相关乡镇负责人参加活动。

12日，县委书记丁雪钦主持召开安全工作汇报会，分别听取了郭丰慧、耿计良、石立军、赵海斌及煤管、水利等部门负责人对昔阳县化工企业安全生产、应急救灾物资储备、民政救济、城市防汛和县城施工安全、地质灾害防治及煤矿安全生产、防汛工作情况汇报。

是日，深圳华为技术有限公司高级副总裁郑宝用一行到昔阳县大寨村参观考察。省政协副主席、市委书记张璞，县委书记丁雪钦，县委副书记、县长王根元，全国人大常委会委员、大寨党总支书记郭凤莲陪同考察。

13日，“八一”物资交流安排会召开。副县长石立军出席会议，县经商粮局、公安局、工商质监局等相关单位负责人参加会议。

是日，县委副书记、县长王根元深入安顺胜利煤业有限公司就安全生产工作进行调研。县长助理成建忠及煤管、安监部门负责人、五人专家小组成员陪同调研。

14日，县委副书记、县长王根元专题听取风力发电和光伏发电项目情况汇报。县委常委、常务副县长郭丰慧，县长助理成建忠及相关乡镇、部门、企业负责人参加会议。

是日，县政府党组召开“讲规矩、有纪律”专题研讨会，围绕“讲规矩、有纪律”这一主题，县政府党组成员在会上交流探讨在“两学一做”学习教育中的感受和体会。

15日，《大美苍松——社会主义实干家李锁寿》一书首发式暨座谈会在昔阳县举行。县委书记丁雪钦出席座谈会，书作者、李锁寿家属、老干部代表等相关人员参加座谈会。座谈会由县委常委、组织部部长郭春林主持。

18日8时至21日8时，昔阳县全境普降暴雨、大暴雨，平均降雨量226毫米，其中孔氏乡降雨量达到430.3毫米。强降雨造成昔阳山洪暴发，并伴随局部滑坡、泥石流、山地崩塌等灾害，造成较大范围的交通、电力、通讯中断，灾害损失巨大，尤其是孔氏乡、东冶头镇、赵壁乡受灾最严重。据不完全统计，此次暴雨造成直接经济损失达7.5亿元。

27日，昔阳县领导干部大会召开，会议宣布省委、市委关于昔阳县委主要领导调整决定：王根元任昔阳县委书记，免去丁雪钦昔阳县委书记、常委、委员职务。

28日，省委常委、统战部长孙绍骋带领省工商联、省中小企业局负责人，就昔阳县县域经济、民营经济、招商引资等情况进行调研。

8月

1日，举办2016年度“八一”军事日

活动专题讲座。讲座邀请国防大学教授甄泽浩进行专题授课。县委书记、县长王根元及县四套班子其他领导，12乡镇、县直单位、部门负责人聆听专题讲座。

4日，昔阳县脱贫攻坚推进大会召开，县委书记、县长王根元，县委副书记张驰，县人大常委会副主任王志勇出席会议，12乡镇党委书记、乡镇长，城区社区管委会党（工）委书记、管委会主任，10个贫困乡镇扶贫专干，县直副科以上单位一把手，驻贫困村第一书记等相关部门负责人参加会议。会议由副县长李显鸣主持。

5日，启动第四届“昔阳好人”评选活动。此次评选活动以“面向群众，突出中心，确保公平、公正、公开”为基本原则，共设助人为乐、见义勇为、诚实守信、敬业奉献、孝老爱亲5个类别，整个评选分宣传启动、推荐审核、投票评选、表彰奖励4个阶段进行。

22日，县委书记王根元主持召开县级领导干部会议，会议宣布了市委关于人事任免的决定：任命许利伟为昔阳县委委员、常委、副书记，并提名为昔阳县人民政府县长候选人；王根元不再担任昔阳县人民政府县长职务；免去张驰昔阳县县委副书记、常委、委员职务。市委组织部副部长李保安出席会议。

22日至23日，市人大副主任杨建平一行在昔阳县开展2016年度环保执法检查暨晋中环保行检查采访活动。

30日至9月2日，举办2016“沁园春矿泉水”杯山西·大寨中国汽车场地越野锦标赛。来自全国各地的24支车队、86辆赛车参加比赛。

9月

7日，中国共产党昔阳县第十五次代表大会召开。大会由执行主席许利伟主持，王根元代表中共昔阳县第十四届委员会向大会作了工作报告，马建军代表中共昔阳县纪律检查委员会作了工作报告。

8日，中共昔阳县第十五届委员会举行第一次全体会议。会议选举产生第十五届县委常委，王根元当选为县委书记，许利伟、郭丰慧当选为县委副书记。

是日，中国共产党昔阳县纪律检查委员会举行第一次全体会议。会议选举产生了县纪委常委、书记、副书记。马建军受大会主席团委托主持了会议。

17日，政协第九届昔阳县委员会第一次会议召开。大会执行主席石立军主持了大会。

18日，第十七届人民代表大会第一次会议召开。人大常委会副主任李维新主持会议。会上，许利伟代表县政府向大会作政府工作报告。

30日，县委书记王根元主持召开县委中心组会议，传达学习晋中市第四次党代会精神。

10月

1日，昔阳县首家高标准医养结合的养老中心——安康苑医疗养老中心正式启动运营。该中心由县政府投资350万元，占地9000平方米，设置床位100张，养老居室34间，设有营养餐厅、娱乐室、洗浴服务等功能区域，是集生活照料、医疗护理、精神慰藉、紧急救护、临终关怀为一体的具有健康养老全依托功能的机构。

1日至2日，县委副书记、县长许利伟就昔阳县的脱贫攻坚、经济、农业、旅游工作进行调研。

8日，贯彻落实《中国共产党问责条例》警示教育大会召开，县委副书记、县长许利伟主持会议。会上，县委常委、县纪委书记马建军对《全县落实党风廉政建设“两个责任”第三季度督查情况》和《一起贯彻落实县委、县政府决策不力典型问题》进行了通报，县委书记王根元作了重要讲话。

是日，县委书记王根元就部分重点工程项目的进展情况进行调研。县人大常委会主任李显鸣，县委常委、常务副县长李军，副县长陈立军参加调研活动，各相关部门负责人陪同调研。

是日，昔阳县第三届红叶文化旅游节暨中国画名家邀请展在县古玩城开幕。山西省人大常委会内司委主任李顺通、山西省美术家协会副主席乔亚丁、县委书记王根元、县政协主席石立军等出席活动。县委常委、宣传部部长张月清主持活动。本次中国画名家邀请展共展出由中国美术家协会会员、著名画家翟承海、陈更生、张胜利精心创作的书画作品近百幅。

11日，当代著名作家、原文化部部长王蒙到昔阳县考察文化旅游产业发展工作。

12日，扶贫、农业普查、林业及畜牧会议召开。县委副书记郭丰慧出席会议，副县长陈立军主持会议。

18日，县委书记王根元到新口上村就整村脱贫工作进行调研，并与贫困户在田间地头同劳动。县委常委、人武部部长柴颖则，副县长陈立军参加活动。

24日，昔阳县双孢菇出口泰国首发仪式在山西金谷阳光有限公司举行。此次出口泰国的16吨盐水菇，属山西省双孢菇的首次出口，实现了全省双孢菇出口零的突破。

24日至25日，市委常委、宣传部部长任秀红在昔阳县就县域经济发展、文化产业情况及宣传工作进行调研。

26日至27日，市长王成就昔阳县经济社会发展情况进行调研。

28日，县委常委会召开会议，传达学习党的十八届六中全会精神，县委书记王根元主持会议。会上，王根元及时传达了中央关于认真学习党的十八届六中全会精神的有关要求，并对抓好十八届六中全会精神的学习宣传进行安排部署。

11月

2日，市委常委、军分区司令员孙宪春，市政协副主席王继堂深入昔阳县进行调研。

7日，昔阳县召开传达贯彻落实党的十八届六中全会精神、省第十一次党代会精神工作会议，并做出安排部署。

是日，举行宣传文化部门学习贯彻十

八届六中全会精神暨第17个记者节表彰大会，县委常委、宣传部部长张月清，副县长张建岗出席会议。会议为20名2016年度表现突出的优秀新闻工作者颁发了荣誉证书。

8日至9日，昔阳县组织开展了2016年乡镇（社区）重点工程观摩评比活动，对12乡镇和城区社区管委会的35项重点工程进行现场观摩。

17日，县委书记王根元就石墨阴极碳项目拟选址工作进行现场办公，县国土、环保、发改等相关部门负责人参加调研。

是日，县委副书记、县长许利伟深入澳垴山森林公园建设工程、洪水潜流引水工程、松溪供水工程等地进行现场调研。县林业局、水利局等相关单位负责人参加调研。

18日，市人大常委会组织部分省、市人大代表对昔阳县2016年重点项目落地和重点工程建设情况进行集中视察，市人大常委会副主任、法制委员会主任委员陈定堂，副主任王纪萍、张耀明，市人大常委会秘书长、办公厅主任杨允强参加活动。

21日，脱贫攻坚推进大会召开，会议传达了全省脱贫攻坚干部帮扶工作视频会议精神，并对昔阳县脱贫攻坚工作进行了详细安排。

29日，晋中市召开脱贫攻坚推进大会，县委书记王根元在主会场参会并表态发言。许利伟、郭丰慧、李显鸣、石立军、郭春林、耿计良、王志勇、赵继胜等县四套班子领导、市驻村工作队、县帮扶单位、第一书记、贫困村党支部书记共460余人在昔阳县分会场收听收看了会议。

12月

1日，市委宣讲团在昔阳县宣讲党的十八届六中全会和省、市党代会精神。市委宣讲团成员王爱婕、冯亮分别做了主题宣讲，深刻解读十八届六中全会、省第十一次党代会、市第四次党代会精神。

9日，昔阳县脱贫攻坚工作推进会召开，县四套班子领导及八大系统、12乡镇、市直扶贫单位、县直扶贫单位、相关帮扶企业负责人参加会议。会议由县委书记王根元主持。

10日，在第三届中国农村博物馆年会上，中国名村影响力课题组发布了“2016中国名村影响力排行榜（300佳）”，昔阳县大寨村排名第四位。

15日，山西省召开铁腕治污行动会议，会议就全省的铁腕治污行动进行安排部署。县委副书记、县长许利伟、副县长张建岗及相关部门负责人在昔阳县分会场收听收看会议。

17日至18日，昔阳县成功举办了2016“一汽大众”杯山西·大寨中国汽车拉力锦标赛。此次赛事吸引了来自国内外40多支车队、110余辆赛车、220余名赛车手角逐比赛。经过两天的比赛，一汽—大众车队斩获联合会杯第一名、厂商杯第一名、国家四驱组队赛第一名；一汽—大众速腾车队获得国家二驱组厂商杯第一名。

后 记

《昔阳年鉴（2018）》经过八个月的辛勤努力，即将要面世了。200多个日夜的艰辛付出，已化作振奋的喜悦，激励我们在以后的路上更加奋勇前行。

《昔阳年鉴（2018）》是依照国务院《地方志工作条例》，根据中指组《地方综合年鉴编纂出版规定（试行）》和山西省地方志办公室《山西省综合年鉴编纂规范（试行）》编纂出版的地方综合年鉴，是一部系统记述昔阳县自然、政治、经济、文化、社会等方面情况的年度资料性文献。全书共设25个类目，45余万字，内容客观翔实，为读者了解昔阳、认识昔阳、研究昔阳、投资昔阳、建设昔阳提供帮助。

距离昔阳历史上第一部《昔阳年鉴（1998—2002）》的出版，此次年鉴的编撰已然相隔十几年。面对时间紧、任务重、人员少、经验缺乏的现实，《昔阳年鉴（2018）》能够顺利出版，离不开省、市、县各级领导和县级各部门的大力支持。市史志研究院领导、专家对年鉴的编纂修改进行了认真的指导，严格的把关，并提出了中肯的修改建议。县委、县政府主要领导十分关心年鉴编纂工作，在宏观指导、统筹安排上发挥了重要的作用。县委书记王根元、县长许利伟多次听取史志研究室的工作汇报，要求编纂工作既要按时间节点整体推进，又要实事求是、注重质量。县委副书记郭丰慧、政府副县长李丽萍把年鉴编纂工作紧紧抓在手上，多次召开专门会议安排部署相关工作。全县100多个单位部门高度重视，积极配合，保证了120多篇稿件的质量和水平。史志研究室的同志们克服人员少、任务重的困难，努力学习年鉴编纂知识，认真指导各单位的撰稿工作，对收集来的稿件仔细审核、严格把关，倒排工期，加班加点进行编辑、校对。经过六次大的修改校对，终于付印出版。在此，对长期以来关心、支持昔阳县年鉴编纂工作和昔阳县地方志事业发展的各部门、各单位及撰稿人表示衷心的感谢！由于原始资料浩繁，加之编者编纂水平有限，难免有疏漏之处，敬请读者提出宝贵意见。